揭開民國史的真相 卷四

蔣介石真相之一

掌權：南京政府

◎蔣介石與二次北伐
◎不抵抗主義到底是誰提出來的
◎九一八事變後的蔣介石
◎盧溝橋事變前蔣介石的對日謀略
◎胡漢民的軍事倒蔣密謀及蔣胡和解
◎張學良及其西安事變回憶錄

楊天石◎著

胡佛研究院陳列的蔣介石日記手稿本

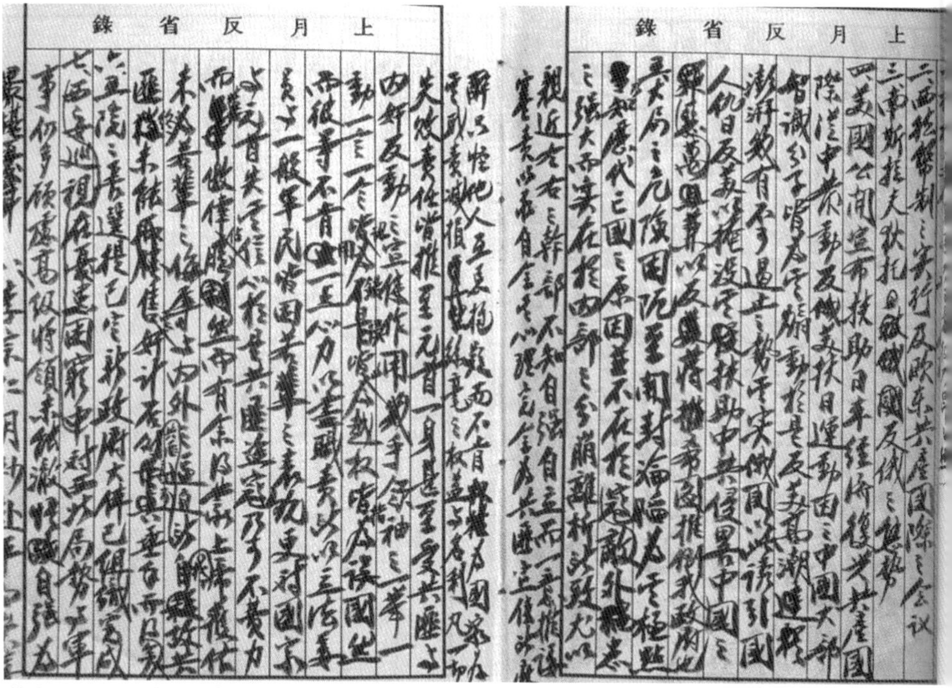

蔣介石日記手稿本（胡佛研究院藏）

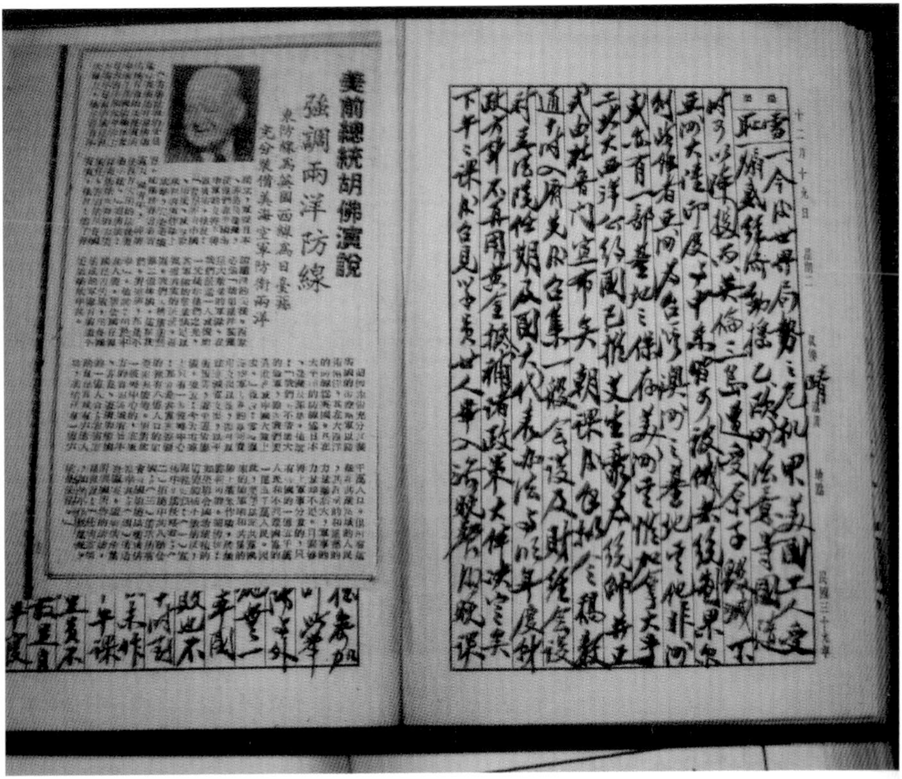

蔣介石日記手稿（胡佛研究院藏）

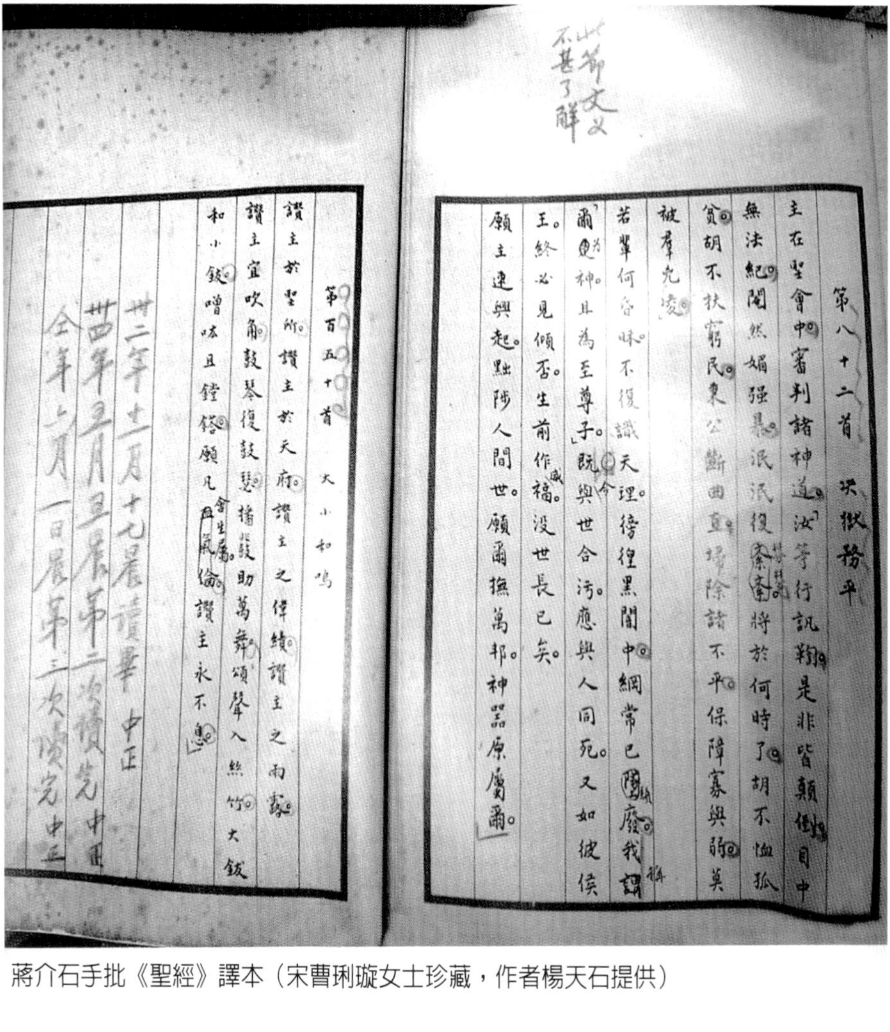

蔣介石手批《聖經》譯本（宋曹琍璇女士珍藏，作者楊天石提供）

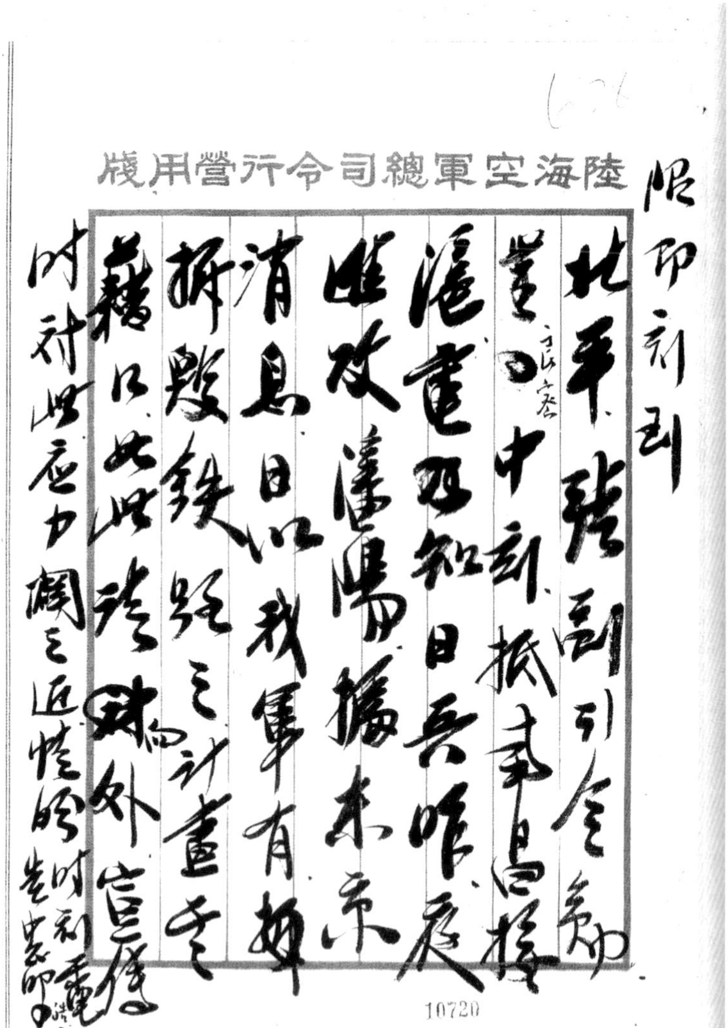
限即刻到
陸海空軍總司令行營用箋
北平張副司令勛鑒：（密）中刻抵京，接滬電及知日兵昨晨強攻瀋陽，據東京消息，日以我軍有拆毀鐵路之計畫者，藉以此為張本，外宣傳，時對此應力闢之，近情盼時刻電告。中正叩。
10720

蔣中正致張學良電。有關日軍進攻瀋陽，藉口我軍有拆毀鐵路計畫請力闢之。

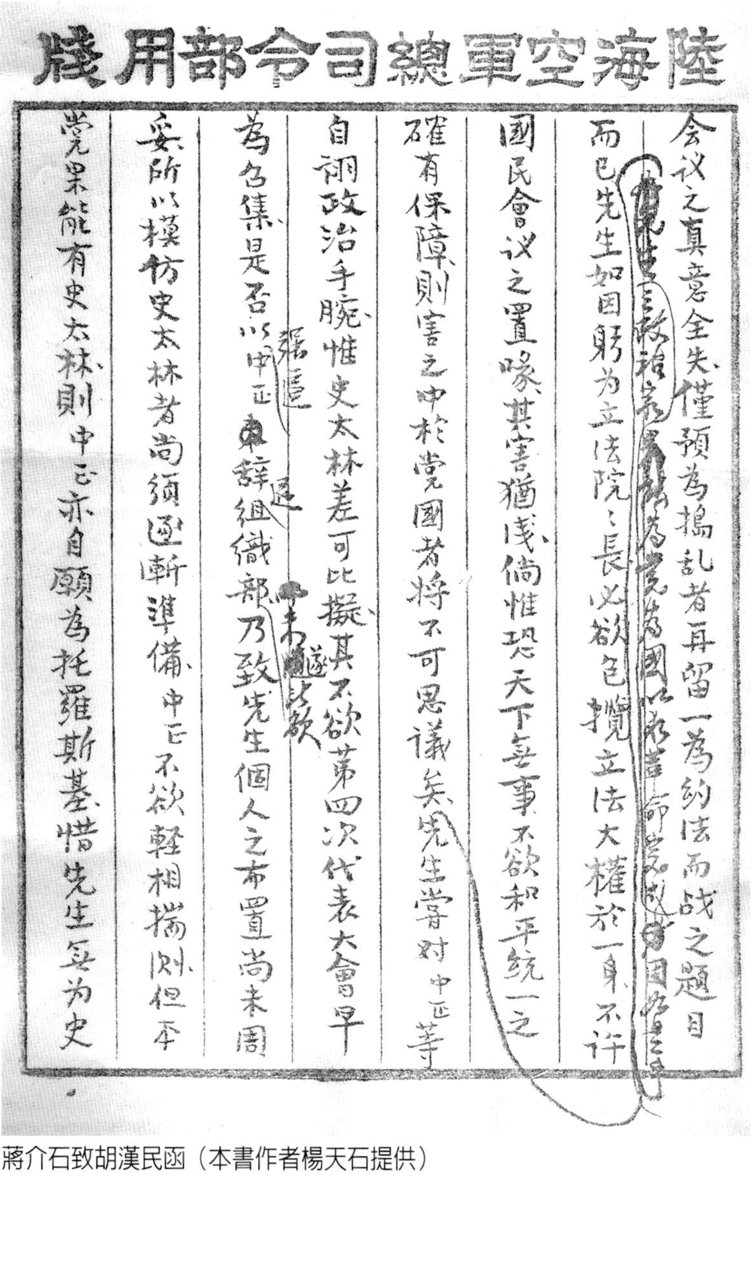
陸海空軍總司令部用牋

会议之真意全失，僅預為搗乱者再留一為紛法而战之題目

而已。先生如因此为立法院之長，必欲包攬立法大權於一身，不許

國民會议之置喙，其害猶浅，倘惟恐天下無事，不欲和平統一之

確有保障，則害之中於黨國者將不可思議矣。先生嘗对中正等

自詡政治手腕惟史太林差可比擬，其未不欲第四次代表大會早

為召集，是否以中正辭組織部，乃致先生個人之布置尚未周

妥，所以模仿史太林者尚須逐漸準備。中正不欲輕相揣測，但本

黨果能有史太林，則中正亦自願為托羅斯基。惜先生無为史

蔣介石致胡漢民函（本書作者楊天石提供）

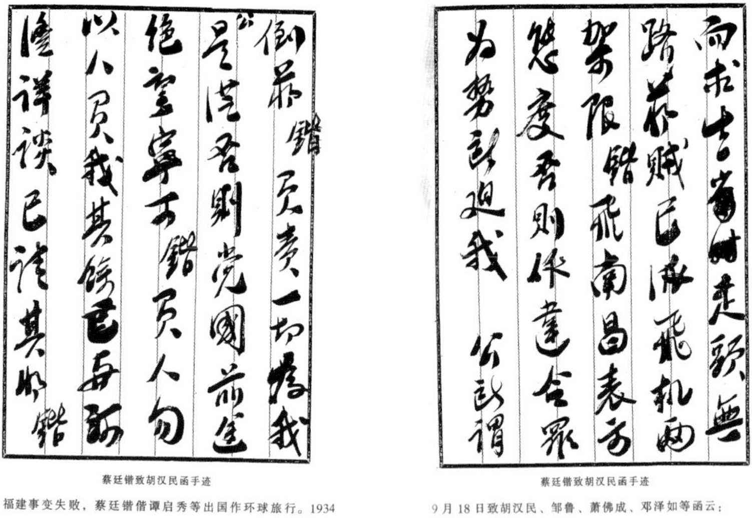

蔡廷鍇致胡漢民函手跡（作者楊天石提供）

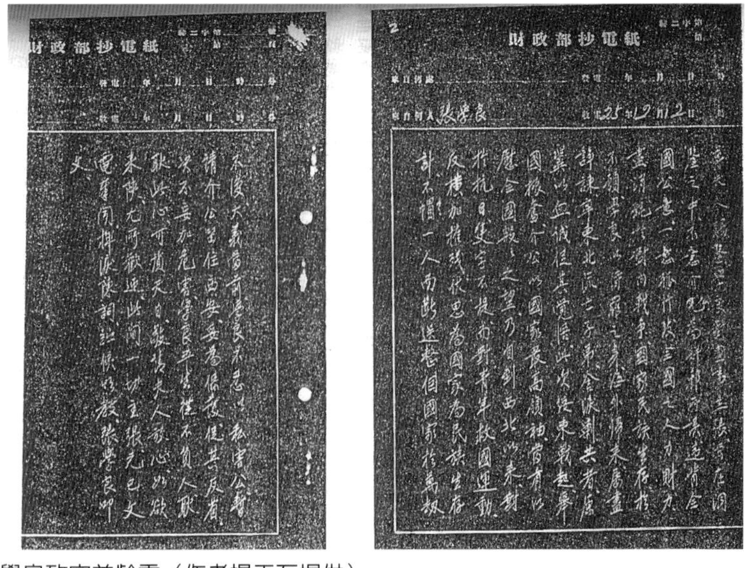

張學良致宋美齡電（作者楊天石提供）

九月十一日（　月　日）星期二

提要：十四定而后能靜靜而后能安　雪恥

氣候：陰

溫度：七十—八十度

預定一電哲生二輸送隊照舊不減三送節禮四發十一師與廿四師款五籌發動機廠與實驗室及各機附件與水雷六重砲派員監造七會李明灝彭貽賢門炳岳吳錫祺郝夢齡

注意一外交人才之培養二對彭說話三大會選舉四華北華南政制五粵桂方針六倭俄態度

本日點名訓話批閱部署晚見尤青仲武

蔣介石日記仿抄本（南京・中國第二歷史檔案館藏）

一月二十六日　朔（　月　日）　星期四

提要	
人定勝天立志	
養氣立品修行	
氣候	晴
溫度	廿度

雪恥今日全力行社組織一、剷奸商二、除漢奸三、誅反動務以實行而代宣傳并以禮義廉恥勤儉篤實服從秘密冒險忍耐為訓條四、西北事緩辦五、東北作戰聯絡事急進六、對青年運動興軍官運動皆應擬具方案七、韓人以在滿行動為主要工作八、預期三月十五日以後與倭寇作戰正式開始也上午會議

下午會客辦公

今日為陰曆元旦今夜夢為死人復活與太陽来了二義願我國家今年為起死回生之年也

蔣介石日記仿抄本（南京・中國第二歷史檔案館藏）

學堂讀書時期的蔣介石

北伐時期的蔣介石

西安事變前的蔣介石和張學良

身為國民革命軍總司令的蔣介石馬上英姿

蔣介石與宋美齡，攝於1928年。

蔣介石（前排居中）、馮玉祥（前排左二）及李宗仁（前排右二）的合照。

蔣介石與端納（後排右）的合影

Dear Professor Yang:

Below is the response I got from Elizabeth Chiang, stating that she gives permission for you to use the quotations from the Chiang Kai-shek diaries as listed in the attachment to your e-mail of August 2, 2009.

Sincerely yours,

Carol A. Leadenham

Assistant Archivist for Reference

Hoover Institution Archives

Stanford, CA 94305

本書所引述之蔣介石日記，均已由作者取得美國史丹福大學胡佛檔案館及蔣氏家族代表蔣方智怡女士之書面授權

目錄

021 撥開迷霧，解開疑問——民國史及蔣介石研究的突破　張玉法
026 自序：以揭示歷史奧秘為鵠的　楊天石
029 濟案交涉與蔣介石對日妥協的開端——讀黃郛檔之一
050 蔣介石與二次北伐
063 奉蔣談判與奉系出關
090 「不抵抗主義」到底是誰提出來的？
115 九・一八事變後的蔣介石
142 黃郛與塘沽協定善後交涉——讀美國所藏胡漢民檔案
170 盧溝橋事變前蔣介石的對日謀略——以蔣氏日記為中心所作的考察
203 「約法」之爭與蔣介石軟禁胡漢民事件

232 蔣介石拒絕以蔣經國交換牛蘭夫婦
240 胡漢民的軍事倒蔣密謀及胡蔣和解——讀美國哈佛燕京學社所藏胡漢民檔案
299 一項南北聯合打倒蔣介石計劃的夭折——台灣所藏閻錫山檔案一瞥
311 二十世紀三〇年代初期國民黨內部的反蔣抗日潮流——讀台灣所藏胡漢民資料
337 一九三五年國民黨內部的倒汪迎胡暗潮——讀台灣所藏胡漢民旅歐期間往來電報
356 張學良說：楊虎城是西安事變主角——美國所藏張學良檔案新發現
364 西安事變前後國共談判史實訂誤——評陳立夫《成敗之鑒》兼評他對於蘇墱基君的批評
393 附錄一　張學良及其西安事變回憶錄——讀張學良檔案
413 附錄二　孔祥熙所藏西安事變期間未刊電報——讀孔祥熙檔案

撥開迷霧，解開疑問

——民國史及蔣介石研究的突破

中央研究院院士 張玉法

一九九〇年代初，台海兩岸在政治上走改革開放的路已十多年，並分別在不同的改革開放道路上累積了豐富的成果，兩岸的學術交流開始熱絡。那些年我勤跑大陸各地，走訪各大學歷史系及研究近代史的機構，先後接觸到不少傑出學者，有機會讀他們的新著、聽他們對歷史研究的新見解，獲益良多。一次與政治大學蔣永敬先生聊天，我說：「大陸民國史研究實力雄厚，廣州、上海、南京、武漢、北京都是重鎮。」蔣先生說：「你讀過楊天石的作品嗎？」我說：「讀過，大多寫民國人物，很有功力！」

台海兩岸的學者研究民國史和民國人物者很多，但研究民國各色人物著有成績者較少。台灣地區的沈雲龍先生和吳相湘先生對民國各色人物下過功夫，但研究的路數與楊天石先生不同。沈先生爲黎元洪、徐世昌、黃郛、尹仲容寫過傳記，吳先生爲宋教仁、孫中山、晏陽初、陳果夫寫過傳記，皆爲專書；兩位先生也都爲民國各色人物寫過短篇傳記或掌故，用到的資料不少，平鋪直敘者多。楊先生很少搜集一般性的資料爲一個人物作全傳，他常對前人不注意的問題或疑難的問題尋找第一手資料，將問題解決。金冲及先生在爲楊先生的另一書作序時說：楊先生喜歡解答「人們感到迷惑的問題」，個人深有同感。

研究歷史人物像研究歷史事件一樣，離不開史料；新史料的開放以及在新史料中發現問題，往往使某些歷史改觀、使某些歷史人物改觀。楊天石先生研究歷史人物，喜歡用新史料就某一點突破，他只要知道那裡有不易看到的珍貴資料，必然盡量設法去看。以對蔣介石的研究爲例，早年楊先生克服許多困難，在中國第二歷史檔案館閱讀蔣介石日記的斷簡殘篇，雖然所費不貲，但仍鍥而不捨。近年蔣家後代將蔣介石日記移交美國史丹福大學胡佛研究所，並對外開放，楊先生如獲至寶，先後兩度赴美閱讀資料，並已寫就若干篇論文，包括〈不抵抗主義是誰提出來的〉、〈蔣介石建議國共兩黨合併〉、〈汪精衛出逃與蔣介石的應對〉、〈蔣介石正告邱吉爾：藏事乃中國內政〉、〈共產國際的解散與蔣介石進攻延安計劃的撤銷〉、〈蔣介石查處孔祥熙等人的美金公債舞弊案〉以及〈論國民黨的社會改良主義〉等。這些論文，有的已經發表，均一併收入本論文集。

楊天石先生早年研究哲學、文學，並有治史經驗，自一九七八年進入中國社會科學院近代史研究所民國史研究室從事專業研究工作以來，已三十年。在這三十年中，楊先生專門研究民國史和民國人物，從他的歷史著作看來，他的哲學和文學素養對他的歷史研究和寫作有一定的影響，譬如論證嚴密，長於辨析；譬如敘事常有懸疑性，然後以動人而細膩的文筆，爲讀者解惑。楊先生的歷史研究成果出版者有兩方面：一是民國史的通論性著作，包括與多位學者共同完成的《中華民國史》第一編和第二編第五卷，史事大多涉及民國史的北洋時期；一是民國人物的研究，散見結集論文所出版的各書，包括《楊天石文集》、《尋求歷史的謎底——近代中國的政治與人物》、《楊天石近代史文存》、《找尋真實的蔣介石——蔣介石日記解讀》等，其中以《楊天石近代史文存》所收集的論文最多。

《楊天石近代史文存》收論文兩百六十四篇，約一百九十五萬餘字，內容以研究歷史人物者為多。第一冊的論文有關「晚清史事」，第二冊的論文有關「國民黨人與前期中華民國」，第三冊的論文有關「蔣介石與南京國民政府」，第四冊的論文有關「抗戰與戰後中國」，第五冊的論文有關「哲人與文士」。該套巨著內容豐富，但係在大陸出版，用簡體字印刷，海外讀者不易讀得。台北風雲時代出版公司陳曉林先生有鑒於此，決定應合台灣和海外讀者的需要，在台北出版繁體本，請作者在原著的基礎上加以精選，並將新近發表和撰成的論文一併收羅進去。這是一套新書，楊天石先生重新選擇、增補、整理，題名《楊天石民國史文選》。全書分七卷，共收論文一百六十五篇。其中部分為名人掌故，部分寫政治內幕，部分為史事辨析。透過這些論文，讀者對民國史的諸多關鍵問題必能有進一步的瞭解，從而對民國史有更深一層的認識。

《楊天石民國史文選》雖然分為七卷，各卷中直接與蔣介石有關的論文多達四、五十篇，約佔全書的三分之一；楊天石先生以研究蔣介石享譽史學界，不是偶然的。蔣介石是民國史上的一個中心人物，有一段時間，全中國大部分人民曾經追隨他、崇拜他，因此產生了一些神話性、讚美性的史料與史學；但也有一段時間，蔣介石是全中國大部分人唾罵、打倒的對象，因此產生了一些汙衊性、妖魔化的史料與史學。令人興奮的是，最近二十年來，大陸學界對蔣介石的研究，已逐漸擺脫政治宣傳和個人好惡，以實事求是的態度，重新評價蔣介石。這是一條學術的路、學術不爲政治服務的路。另一方面，蔣介石自大陸撤退來台以後，有一段時間，大部分台灣人民歌頌他的領導，肯定他對台灣的生存和發展所作出的貢獻；但最近這些年，有一部分台灣人民想另建新國，攻擊蔣介石和他所領導的國民黨壟斷政權，對他醜化汙衊無所不用其極，猶如早年大陸實行社會主義革命時代。數年前，南京大學民國史研究中心主任張憲文先生來台灣講學，曾說：「蔣介石的地位在大陸有上升的趨勢，在台灣有下降的趨勢。」所以如此，中國大陸的蔣介石研究已從政治走向學術，而台灣卻又從學術回到政治。直到最近一、二年，台灣史學界始有一些學者，趁著蔣介石檔案和日記開放的時機，決定從學術上重新推動蔣介石研究。中央研究院近代史研究所和政治大學歷史系，都有這類的研究計劃；只是計劃剛開始，成果尚不明顯。

在台灣的蔣介石研究長期陷於接近真空之際，風雲時代出版社將楊天石先生對蔣介石的研究成果伴同對民國史研究的其他成果一併介紹到台灣來；對楊天石先生來說，多一個與台灣學術界對話的機會，對台灣的學者和讀者來說，毋寧是久旱逢甘霖。

從《楊天石民國史文選》中可以看出：無論對民國史的研究還是對民國人物的研究，楊天石先生都有許多突破，譬如對中山艦事件的研究、對蔣介石抗戰決心的研究、對蔣毛關係的研究等，皆爲史學界所樂道。楊先生所以能在研究中有所突破，主要得力於他的功力與學養。所謂功力，就是肯在史料上下功夫；走訪國內外，凡能找到的、看到的、前人所未用的第一手史料，他必然不辭勞苦前往閱讀；盡量從第一手資料中尋找問題、解決問題，絕不人云亦云。

所謂學養，就是本著哲學、文學、史學的訓練，堅守學術獨立的本位，坦然面對歷史證據，重建被政治污染已久的歷史，不管當政者喜不喜歡、不管社會大眾接不接受。除了功力和學養以外，楊先生能在一九八〇到二〇〇〇年代一展長才，尚得力於天時、地利、人和；人和是他在國內外史學界豐富的人脈，地利是中國社會科學院近代史研究所的研究環境，天時則是一九七〇年代末期以來中國大陸的改革開放政策。自大陸實行改革開放政策以來，大陸上的學術研究空間日廣，楊先生乃得與許多研究民國史的同好，乘風破浪，盡情揮灑，獲得非凡的成就。

我與楊天石先生同治民國史，但我對民國人物的研究不多。為他這部以民國人物為主的大著寫序頗覺惶恐，在此僅對他三十年來的研究工作和研究成果稍作介紹，作為該書在台北出版的背景說明，希望對讀者有導讀的作用。自沈雲龍和吳相湘二位先生先後辭世，台灣史學界對民國各色人物從事研究而著有成績者不多，楊天石先生這套新書，相信可以在相當長的一段時間內，填補台灣地區民國史學的部分空白。

張玉法

中央研究院近代史研究所

二〇〇八年六月二日

自序：以揭示歷史奧秘為鵠的

楊天石

人們生活在今天，規劃並創造明天，自然希望瞭解昨天，昨天就是歷史，一切過去了的都是歷史。

瞭解歷史的最重要的辦法是閱讀歷史著作。自然，這樣的歷史著作必須是真實的、客觀的、公正的。假的或摻了假的歷史書，人們不會願意看；諱飾或有所諱飾的歷史書，人們也不會樂意看。但是，歷史著作要達到真實、客觀、公正，並不容易。這是由於：一、歷史創造者的活動常常具有詭秘性，許多事件，策劃於密室，進行於幕後，公開者、示人者往往一鱗半爪，半真半假，甚至全假。二、歷史本質的顯露需要一段過程，在這一過程尚未終結之前，人們一時還難於全面認識其本質。三、歷史創造者分為不同的派別，各有不同的立場、觀點，即使對同一事件，也常常會有不同的陳述和評價。四、歷史的記錄者大都有自己的傾向、愛憎，其記錄自然也難免反映這種傾向和愛憎，有某種偏見、局限、謬誤、片面性，在所難免。五、許多事件沒有記載，或掛一漏萬，或眾說紛紜，莫衷一是。所以，研究歷史難，寫出真實的、客觀的、公正的歷史更難。歷史學家的可貴就在於能克服上述種種困難，盡最大可能為世人記錄、再現、還原真實的歷史本相。達到了這一境界，就達到了歷史科學的基本要求。

然而，在現實中，人們常常並不將歷史學看作科學，而是將之視爲工具——一種政治鬥爭的工具，或者是一種宣傳工具。例如：政治家常常從自己出發，利用歷史來宣揚本派主張的正確，批評對立派別的謬誤，或者用來宣揚某種於己有利的觀點，以期影響社會，塑造輿情，爭取群眾，爲己服務。權力機構會爲史家規定這樣、那樣的禁律：什麼可以寫，什麼不可寫；必須如何寫，不能如何寫之類。其結果是：有利於某派或某種需要者，張揚之、放大之，變造之，獎掖之；不利於某派或某種需要者，則隱匿之、縮小之、扭曲之、禁絕之。在這種情況下寫出來的歷史，往往妍媸隨意，美醜隨時，真正成了任人打扮的小姑娘。哪裡有真實可言，哪裡有科學可言！

當然，歷史學必須爲人類社會的進步和發展服務。中國古代講究經世致用，於史學，則特別強調其「資治」功能，這都是不錯的。歷史學如果不能爲人類社會的發展和進步服務，要它何用！例如，一部民國史，從總體看，無疑是中華民族爭取獨立、民主、均富和現代化的歷史，總結這段歷史，自然有助於鑒往知來，爲中華民族此後的發展「導夫先路」。又例如，在民國史上，國共兩黨有過兩次合作，兩次分裂。合作的時候，可以自稱爲「兄弟般友愛與團結」，分裂的時候，則彼此斥責對方爲「匪」。自然，這種分裂有是非之爭、原則之爭，正義與非正義之爭，但是，其中也摻雜著許多誤會、誤解、隔閡以及與派系對立伴生的猜忌和敵意。清理這段歷史，自然也有揭示真相、化解恩仇，增進民族和諧的作用。因此，本書著者贊成史家關注現實，「經世」，「資治」，但是，千萬要注意，史學的這種功能必須建立在嚴格的科學基礎上，符合歷史的真實和本質，無論如何不能也不應該違背歷史，故意扭曲、剪裁歷史以爲己用。有些人常常不懂得，人們可以被蒙蔽於一時，但卻不會被蒙蔽於永遠。扭曲者有時會取得某種效果，但有時則反是，其效果等於零，甚至是負數。林則徐有詩云：「青史憑誰定是非。」從人類發展的長河來看，歷史的真相會大白，是非也會有公論。

本書著者年輕時志在文學，但造化弄人，最終走上了研究歷史的道路。一轉眼，已經三十餘年。面對歷史學的汪洋大海，常生去日苦多，所成無幾之嘆。不過，有一點可以告慰讀者的是，本書著者一貫以揭示歷史奧秘，追求歷史真實爲鵠的，決不做諱飾歷史、扭曲歷史的勾當。當然，由於本書著者的局限，書中各文又成於多年中，自然也難免存在這樣、那樣的缺點、問題甚至謬誤。誠懇地希望專家、讀者指正。民國史充滿著政治鬥爭，治民國史有其特殊的困難。在這個領域內，政治的干擾和影響最多，未經釐清的史實最多，觀點的對立和分歧也最多，本書著者的希望是：在寬鬆、自由的學術環境下，海內外學界切磋討論，問難攻防，經過長期的不懈努力，使民國史著作的科學水準日漸提高，逐漸臻於真實、客觀、公正。

中央研究院院士張玉法教授爲本書作序，蔣方智怡女士惠允利用《蔣介石日記》，風雲時代出版公司陳曉林先生投入鉅資，出版拙著，均此致謝。

著者，二〇〇九年八月三日寫於北京九華山莊

濟案交涉與蔣介石對日妥協的開端

——讀黃郛檔之一

黃郛檔藏於美國史丹福大學胡佛研究所檔案館及哥倫比亞大學珍本和手稿圖書館。其中不少資料，沈雲龍的《黃膺白先生年譜長編》和沈亦雲的《亦雲回憶》已加利用。但是，還有不少資料尚未為人們所見。本文將根據這批資料，參考上述二書，討論一九二八年的濟案交涉。

在很長時期內，以蔣介石為代表的南京國民政府實行對日妥協政策，其開端即是濟案交涉。

一、一面抗議，一面斡旋

蔣介石在南京建立國民政府後，中國北方仍為奉系軍閥所統治。一九二八年四月五日，蔣介石在徐州誓師北伐，進展順利，但不久即遭到日本侵略者的阻撓。

四月十六日，日本駐濟南陸軍武官酒井隆少佐向參謀總長鈴木莊六建議，再次出兵山東。同時，青島總領事藤田榮介及代理濟南總領事西田畊一也向本國陳述：出兵時期，業已到來。四月十七日，日本內閣會議討論山東形勢，決定以魯軍自濟寧撤退及北伐軍中斷膠濟路為由，斷行出兵，由橫須賀派陸戰隊赴青島。四月十八日，日本外務省發表聲明，聲稱山東形勢急轉，內亂將波及日僑，出兵純屬自衛。十九日，日本首相田中義一、參謀總長鈴木莊六奏請天皇出兵山東。當日，內閣召集臨時會議，通過第二次出兵山東決議。鈴木旋即頒佈命令，加派第六師團長福田彥助率所部五千人從門司出發，向山東進兵；另以駐津之三個中隊增援。

日本侵略者一向把山東看成自己的勢力範圍。南京國民政府對日本政府的軍事干預早有估計，力求避免衝突。四月十八日，時任外交部長的黃郛致電蔣介石，請於軍事進行時，注意膠濟路沿線日本僑民利益。日本政府出兵山東後，南京國民政府採取一面抗議，一面斡旋的方針。四月二十日，黃郛與譚延闓、吳稚暉、張靜江、葉楚傖等會商，決定向日方提出抗議。廿一日，黃郛通過日本駐南京領事照會日本政府稱：「不獨公法條約蹂躪殆盡，更恐因此釀成意外，責將誰歸？」照會要求日本政府「迅將所擬派赴山東之軍隊一律停止出發」。①廿三日，國民黨中央黨部召開臨時會議，討論對付日本出兵山東問題，通過《為日本出兵山東事致全體黨員訓令》。同日，國民政府委任蔡公時為戰地外交處主任。蔡隨即分函駐滬各國領事，聲明國民革命軍對戰地各友邦僑民將盡力保護。廿四日，國民黨中常會就日本出兵山東，通過《告世界民眾書》及《告日本國民書》，呼籲世界民眾援助中國，要求日本民眾遏止田中內閣的侵略政策。廿六日，黃郛訓令江蘇特派交涉員照會日本駐滬總領事，駁斥日方的「保僑」詭辯，要求迅將擬派山東之軍隊，一律停止出動。

在提出抗議的同時，蔣介石和南京國民政府都力圖通過外交途徑進行斡旋。當時，南京國民政府尚未與日本建交，在東京只有特派員殷汝耕一人，處理兩國間的必要交涉，黃郛遂指令殷汝耕與日方洽談。四月廿五日，殷汝耕會見日本參謀本部第二部部長松井石根。松井稱：日僑集中濟南城西商埠區，遇有緊急情況，當撤至保護區內。松井並稱：如張宗昌、孫傳芳死守濟南，擬勸其開城；如負隅青島，擬勸其下野。他要求北伐軍注意「勿與日軍衝突，免計劃成泡影。」殷汝耕隨即將與松井會談情況電告黃郛，電稱：「所議成否不敢必，惟力避衝突，杜彼藉口，似屬可能。」②廿七日，黃郛隨即將殷電內容轉告在兗州的蔣介石。

殷汝耕資歷尚淺，蔣介石意欲派張群以他的個人代表的名義赴日，同時命黃郛到前方會商。四月廿七日，黃郛到上海與張群商量，認爲張群時任上海兵工廠廠長，日本之行可能被外界誤認爲與購械或訂約有關，影響內政外交。同日，二人電邀松井石根來華洽談，但松井覆電稱：待北伐軍佔領濟南後，直接赴當地與蔣介石會見。松井表示，希望張群隨往，並稱：日本與山東關係密切，佔領濟南後，何人當局，望密示，最好由張群出任，否則亦盼由與蔣有密切關係的人出任。③其間，黃郛還在上海與日本駐滬總領事矢田七太郎談話，矢田稱：根據他所得訓令及情報，在濟南的日兵決不袒奉。又稱：此次出兵，陸軍與外務省之間有嚴重約束，倘在魯日軍有挑釁或偏袒情形，請以事實見告，以便糾正云云。④

由於蔣介石堅持要張群赴日，張群遂於四月三十日東行。

二、蔣介石軍前交涉的失敗

五月一日，國民革命軍克復濟南。次日，蔣介石、黃郛先後抵達濟南。日軍第六師團長福田彥助也於同日率兵六百名抵達。蔣介石抵達濟南後，委任方振武爲濟南衛戍司令。方振武旋即會晤日軍旅團長齋藤，聲明負責保護外僑生命財產。五月三日，日軍製造了駭人聽聞的濟南慘案，殘殺國民政府駐山東外交特派員蔡公時等十七人，燒毀黃郛辦公處，並用大炮轟擊北伐軍。當日，日本陸軍參謀本部決定向山東增兵。

濟南慘案發生的當日，蔣介石即嚴令部隊不得還擊，同時令城外的中國軍隊於下午五時以前撤離濟南，並將此事通知福田彥助，請其約束部下。四日，蔣介石應福田要求，派高級參謀熊式輝與日軍參謀長黑田周一舉行談判。據熊式輝後來回憶，「對方一種驕橫無人性的態度，並不是真心約來會商和解，似爲故意對我加以激怒，求能擴大事態，阻礙我軍之渡河北進。」⑤黑田提出：一、濟南商埠街道，不許中國官兵通過；二、膠濟路與津浦路不許中國運兵；三、中國軍隊一律退至濟南二十里外。黑田並稱：「你是蔣總司令代表，請予簽字。」熊式輝當答以須返後請示。同日，蔣介石將濟南慘案經過電告南京國民政府。當夜，蔣介石與第一集團軍前敵總指揮朱培德、總參謀長楊杰及熊式輝等會商，決定分兵渡過黃河，繞道北伐。五日，蔣介石僅留少數部隊維持治安，本人偕黃郛退駐濟南城外黨家莊，同時函告福田彥助，盼其停止特殊行動，維持兩國睦誼。六日，蔣介石電飭北伐軍各部：「舉凡有礙邦交之標語與宣傳，尤應隨時取締，勿以一朝之憤而亂大謀。」⑥

日本侵略者並不因蔣介石的退讓而稍戢凶鋒。五月七日，福田彥助提出五項條件，要求蔣介石在十二小時內答覆。條件爲：一、有關騷擾及暴行之高級軍官，須嚴厲處刑；二、對抗日軍之軍隊，須在日軍陣前解除武裝；三、在南軍治下嚴禁一切反日之宣傳；四、南軍撤至離濟南及膠濟路兩側沿線二十華里外；五、爲監視右項執行起見，在廿四小時以內，開放辛莊、張莊兵營。同日，蔣介石派熊式輝、羅家倫赴濟南，與福田彥助談判，接受了福田所提部分條件：一、蔣介石同意，在「調查明確」後，按律處分「不服從本總司令命令，不能避免中日雙方誤會之本軍」。二、本革命軍治下地方，早有明令禁止反日宣傳，且已切實取締。三、膠濟路兩側二十華里以內各軍，已令其一律出發北伐，暫不駐兵。四、辛莊、張莊兵營，暫不駐兵。同日，蔣介石並下令免去賀耀祖的第三軍團總指揮兼第四十軍軍長職務，算是在履行福田所提要求。

蔣介石只在幾個問題上表達了和福田的不同意見。例如，蔣介石要求同樣「按律處分」日本軍隊；濟南及津浦路不得不駐紮相當軍隊維持秩序等。此外，蔣介石要求交還前爲日軍阻留的部隊及所繳的槍械。八日，熊式輝、羅家倫到達濟南日軍司令部。福田和熊式輝是日本陸軍大學時的同學，但態度傲慢，言語橫蠻，「完全暴露出一種更無商量餘地之猙獰面貌」，⑦聲稱已經逾期，拒不討論蔣介石所提對案。福田並提出最後通牒，聲稱「認定貴總司令並無解決事件之誠意，爲軍事之威信計，不得不採取斷然之處置，以貫徹要求」。⑧事實上，此前福田已下令轟擊濟南，破壞黃河鐵橋，攻佔辛莊營房。

福田的蠻橫態度打碎了蔣介石以忍讓求妥協的幻想。五月八日，蔣介石致電譚延闓及黃郛，稱：「中正至此，雖欲對福田繼續談判，亦恐無從著手。應請鈞府立即向日本政府提出嚴重抗議，並以此事實宣告全世界。」⑨此電表明，蔣介石準備改變單一的軍前交涉方式，企圖開闢新的途徑了

三、爭取英、美出面干預

蔣介石企圖開闢的新途徑，是以出讓「優先經濟利益」為條件，爭取英美出面干預。五月九日，蔣介石致電李濟深，告以和福田談判情況。電云：「國尚未亡，已受亡國待遇。弟必與諸武裝同志服從中央訓令，含淚忍辱，節節退讓，並恐小不忍而亂大謀。但彼步步進逼，自江日（三日）起炮擊不輟，濟南一帶，死傷遍地。虞（七日）占辛莊、張莊，庚（八日）逼黨家莊，大有繼續侵迫之勢。萬一退無可退，其將奈何！」蔣介石稱：「能決此事，樞紐已不在軍事，而在外交；不在前方軍事，而在轉移能力之英國。」他要求李濟深派遣曾任廣東省政府委員的朱兆莘赴港，與港督密談，考察英、日兩國是否協調，中國在不得已與日方破裂時，英國取何態度？有何法補救？同時和英方共籌監阻、制止日本行動的策略。電稱：「如能，則我方可與優先經濟利益。滬英領職微，不如港督之易轉移英內閣政策。總之，絕俄之後，必有與

國。吾兄聘港，實具先見。如北伐成功，則對外自能次第解除縛束。」⑩該電注明：「百萬急，限即刻到」，可見當時蔣介石惶急萬分的狀況。

其後，蔣介石又曾要求黃郛將福田條件交美國駐滬領事，請美領從中調解。與此同時，譚延闓也致電日內瓦國際聯盟秘書長德蘭孟及美國總統柯立芝，要求他們調查公斷，並以王寵惠、李石曾、伍朝樞爲駐英、法、美代表，報告濟案真相，爭取國際支持。但是，這個時候，蔣介石還沒有放棄和福田談判的念頭。五月九日，蔣介石聽取熊式輝彙報後，再派何成濬與福田交涉，告以第四十軍軍長賀耀祖「因不聽我令，未能避免衝突，業經免職」；同意濟南城內不駐兵，由武裝警察維持秩序。當日，蔣介石致電譚延闓、黃郛，要他們立電張群，轉請松井石根注意：「倘福田仍進逼，則中已至無可再讓之地。」⑪其間，張群致電蔣介石，報告與田中義一會談情況。田中稱：不袒奉，至北伐將完成時，彼當助統一中國；不妨害北伐之進行，但他又表示，護僑、護路問題屬於軍事，由福田負責。⑫蔣介石得到張群傳遞的資訊後，極爲高興，於十日致電黃郛表示，如果日方能「不妨礙我津浦路交通，予以自由運輸，則對於反日運動，中正可以極嚴厲手段阻止之。如此，則向來關係依然繼續，且亦加厚。中正爲增進睦誼計，亦可以向日軍道歉，表示真誠也。」⑬隨後，蔣介石又致黃郛一電，要黃以自己的名義將上述意思轉告矢田或電告殷汝耕，不要用他的名義。⑭黃郛夫人在幫助譯電員翻譯這些電報時，曾懷疑文句錯了，「翻密本至再，此較外傳膺白所承允者爲甚也」。⑮胡漢民曾批評蔣介石「勇於對內，怯於對外」，⑯誠然。

何成濬與福田會面後，福田堅持蔣介石必須完全接受他提出的五項條件，並須於日軍之前，將曾抵抗日軍的方振武、賀耀祖、陳調元三軍團全體解除武裝，並將肇事軍官處以嚴刑。這是極具挑戰性和羞辱性的條件。何成濬詢問濟南城內情形，福田稱：「此非爾等所應問！」何成濬只能返回兗州，向蔣介石覆命。五月十一日，福田電蔣介石云：「對本司令官之要求，不知是否全然承諾。請賜覆，賜覆以後再派遣貴代表。」⑰蔣介石接電後，於十三日致電譚延闓，要求「示以方針」。譚與何應欽商量，認爲「遷延愈久，犧牲更愈大」，但不敢決定，又致電黃郛、蔡元培、張靜江，要求三人速商密覆。但蔡等也不敢決定，商量後，覆電要蔣介石「斟酌前方情形，全力主持」，將皮球踢了回去。⑱

蔣介石寄希望於英、美。五月十一日，參事李錦綸自紐約致電黃郛，告以「目下美國國會殊無助華之希望」。⑲五月十四日，李濟深覆電蔣介石，告以英國駐廣州領事的意見云：「宜繼續守鎮定態度，經濟絕交，足制日本死命。中日若決裂，英必守中立。」李濟深並稱：「美領意見略同。初戰美必不參加。宜宣布日兵橫暴證據，以博世界輿論之同情，最爲上策。」⑳至此，英、美明確表示了不介入的態度，蔣介石的希望落空了。後來，朱兆莘曾以私交關係致電英外長，請制止日本侵佔山東，以維持遠東和平。不久，得覆電稱，英不便明白表示，但表同情並副期望云云。㉑

在一籌莫展之際，蔣介石遂決意甩開福田彥助和軍前交涉的方式，將這一棘手的問題踢回南京國民政府，完全通過外交途徑去處理。

四、東京交涉

還在五月十二日，黃郛就曾致電殷汝耕，要他告訴日本政府，要求將濟案移歸後方辦理。十四日，蔣介石致電譚延闓稱：「日方利於以武力擴大，不利於以外交解決，故日政府避與我政府交涉，而陰使福田與軍事當局威逼。」因此，蔣介石要求南京政府正式通告日本政府，表示「願與日政府以外交方式解決之，總司令責專北伐之軍事，未便兼顧外交。」㉒同日，蔣介石又致電黃郛，除重申致譚延闓電所提主張外，又提出與田中義一進行非正式談判，如懲辦高級長官以賀耀祖為限，解散軍隊亦以賀部為度，「則解散軍隊亦可允許，甚至中正道歉亦所不辭」。㉓電末，蔣介石針對前此譚延闓等人的推宕，特別強調說：「此事當以軍事移歸外交為主，不可再以『斟酌前方情形』了之也。」此後，濟案交涉遂轉入與田中義一的磋商為主。

濟南慘案發生後的第二天，殷汝耕曾會見田中，田中要殷轉告蔣介石，「極力消弭，勿使擴大」。殷稱：「既雙方初無敵對意，將來自可和平了結。目下以撲救為主，不宜爭執是非。」據殷汝耕致黃郛電，田中對此「拍掌贊同」。㉔五月十三日，殷汝耕再次會見田中義一，田中稱：（一）對中國革命完成，抱負多年，惜不在位，且時未至，亦未發見中心人物。（二）認蔣為收拾時局的唯一人物，且時機已至。（三）內閣已安定，本人較其他首相更能支配陸、海軍，舉國一致。（四）決心幫助蔣座完成中國革命並鞏固之。（五）濟案已明瞭，乃共黨操縱一部分軍隊所計劃，使蔣瀕於困難，至爲遺憾。（六）已電命前方收束，且派人往授意旨，今後日軍決無別項行動。（七）爲促進北伐計，已囑前方速使中國軍隊利用津浦線，但須預先關照日軍，以免誤會。（八）已命將濟案歸外交交涉，將來雙方形式上之解決自不可少，但決無苛求。田中並稱：內閣解決濟案的方針爲：決不以利權爲交換條件；決不偏袒北方，妨礙革命；對中國決不採武力壓迫政策等。田中還表示：張作霖不久必處決，請注意勿使滿洲化爲戰區；請猛進，勿躊躇，革軍下北京，不過統一初步，望蔣早定收拾時局，裁兵、建設之計劃，日本當協力貫徹。田中建議蔣介石派張群赴濟南，他同時派腹心前往，洽談使南軍迅速利用津浦路問題。田中還表示，他將另派腹心駐南京、上海，以爲聯絡。殷汝耕當即將蔣介石的態度，特別是「抑制民眾激昂之苦心」詳細告訴了田中，同時提出：（一）除恢復津浦路交通外，希望速將「興奮部隊」調防。（二）暫時協定須顧雙方面子，如放還官兵，交還槍械。（三）種種聲明，須有具體表示，如勸張作霖下野，撤回顧問等，以釋中國民眾疑慮，緩和反感。田中表示；今後日軍決不致興奮；照顧面子云云，不難照辦；至於具體表示，不便明言，請拭目以俟。田中並答應殷汝耕，以後互相聯絡，囑咐他不必經外務省及軍部，可以隨時直接會晤。㉕

田中的上述甜言蜜語使黃郛有如釋重負之感。他立即將殷汝耕與田中會談情況電告蔣介石，並於十五日覆電殷汝耕云：「兩國當局能如此苦心，吾人多年努力或不致全歸泡影。」㉖他指示殷向田中交涉：一、電令停止福田向蔣直接交涉；二、另由田中派定人員與中國政府辦理。電稱：「至統一後裁兵、建設，具有用心，互助共榮之真精神，非此不足以實現也。」爲了保證交涉的成功，黃郛小心翼翼，避免一切可能刺激日方的舉動。十五日，南京國民政府會議，決定徹底掃除奉軍，通令全軍迅速前進。黃郛得知後，立即致電南京，要求「萬不可宣布」，「如已見報，應宣傳至山海關止。值此形勢緊張之際，弟因國際上有所聞，關係太大，不敢不言」。㉗

田中對殷汝耕的一席話說得似乎頗爲圓融動聽，然而，當時日本陸軍系統勢力膨脹，驕狂不可一世，日本政府並不能完全支配強硬派軍人。十六日，殷汝耕將蔣介石的密電轉給田中義一，隨後會見松井石根，松井答稱：「全案固應歸外交辦理，然兩軍間必須有臨時協定」，其要點爲：蔣介石表示歉意；處罰肇事軍幹部。松井並稱：此事早了一日，北伐早進展一日，勿過拘泥。㉘同日，矢田會見黃郛，稱得日外交部電：一、嚴懲賀、方、陳之條件，可不再提，但須蔣道歉；二、懲罰肇事軍隊之直接負責者；三、已令福田，對津浦運輸速予南軍以便利。黃答以無論條件如何，第一先當移歸後方交涉。㉙

南京國民政府成立後，蔣介石的權勢如日中天，炙手可熱，日本軍方則企圖給蔣一點顏色看，煞煞他的威風。十七日，黃郛電殷汝耕稱：日本當局既對蔣個人及對中國統一抱有極大希望，「既責望其將來，宜先愛護於今日。在前方訂一臨時協定，對於希望蔣收拾時局一層不無影響」。㉚他要求殷前往磋商，「通歸後方交涉」。同日，再電殷汝耕云：田中如果希望蔣成爲「收拾時局之中心人物」，則應免除蔣「現處地位之困難」；應不傷蔣「對國內之威嚴」。

㉛十八日，殷汝耕再次會見田中，田中稱；「日決定防止滿洲戰亂，已於本日正式向南北提出覺書，並於昨召集英、美、法、意各使，宣示內容，奉張如不放棄政權，與南軍抗戰，則戰敗後思回滿而不能；肯和平接受，仍可退保關外。」殷根據黃郛十七日電的要求與田中商量，田中正躊躇間，佐藤在旁言道：內閣不能一一抹殺福田主張。現軍事協定已電令縮小範圍，總須顧及福田面子，乃能圓滿。據此，殷汝耕電覆黃郛，認爲「濟案癥結，在我方欲避開福田，另覓交涉，而日方則礙於福田，故有先訂臨協之說。」殷建議：「敷衍福田，使之軟化，我以表示遺憾形式代道歉。」㉜十八日，殷汝耕再訪松井石根，松井仍不同意移交後方交涉，但表示道歉並不含十分嚴重意味。同日，殷汝耕又得到外務省方面消息，對道歉一點，願減輕程度，以期速了，但一筆抹殺，則難辦到。㉝黃郛要顧全蔣介石的面子，日本政府則要維護以福田爲代表的強硬派軍方的面子，雙方意見堅持不下。同日，福田催促蔣介石派代表到軍前商量，蔣介石死活不同意，他要求黃郛和福田商量，聲稱「濟南交涉已奉國民政府命令，移歸外交部辦理」，建議黃郛催松井石根速往青島，張群也去青島；如松井不來，則派張群赴東京談判。㉞

從四月下旬起，黃郛等就邀請松井石根來華，但松井遲遲不肯動身。十八日，蔣介石致電黃郛稱，「請注意，弟已認爲絕望也。」㉟黃郛與蔣介石有同感，十九日電覆蔣介石稱：「絕望一說，我早見及，恐增煩惱，不忍言耳！」㊱

五、日方圖窮匕首現與黃郛下台

日本長期垂涎我國東北。一九二七年田中義一上台後，認爲從蔣介石「撲滅共產黨並樹立與各國之關係」方面，「漸漸可以看清他的真正面目」，㊲決定以支持蔣統一「中國本土」爲代價，換取他承認日本在東北的特殊權益。日本出兵山東，主要目的就在於想對蔣介石施加壓力，以同意北伐軍通過爲條件，換取蔣對日本在東北特殊權益的承認。果然，在對蔣介石的壓力施加到一定程度後，日方就圖窮匕首現了。

五月十八日，日本駐華使節分向南京國民政府及北京安國軍政府遞送覺書。其致南京國民政府覺書稱：「滿洲治安之維持，在我國極爲重要。如淆亂該地方治安，或者造成淆亂原因之事情發生，我國政府應須極力阻止之，故戰事進展至京、津地方，其禍亂或及滿洲之時，我國政府爲維持滿洲治安起見，或將不得已有採取適當而且有效之處置。」㊳同時，矢田並將日本政府對覺書的說明書出示黃郛，詢問南北和平談判有無可能，如不能，則對奉系採取兩種辦法：一、不戰而退，准予出關，但不許南〔軍〕追；二、戰敗而退，須先向日軍繳械，始能出關，然仍不許南追；三、張（作霖）出，不准再進。總之，日本侵略者準備動用武力，阻止北伐軍和南京國民政府的力量進入東北。出兵山東，不過是牛刀小試，做一點樣子給蔣介石和南京國民政府看。黃郛致蔣介石電稱：「昨送覺書，彼欲乘機解決滿蒙之心畢露。」㊴這是正確的。

濟南慘案初起時，日人頭山滿等即出面調停，主張「雙方各自認其曲於理法之下」。㊵

五月二十日，頭山滿又致電蔣介石稱：「（日本）當局曾謂，不必由閣下直接，只須由適當之人表示歉意」，又稱：「在救國救民大神（伸）之下，些微面子有何問題！只要於將來目的無大障礙，希望從速解決。」㊶同日，張群電告蔣介石：松井石根的答覆爲：一、因滿蒙問題發生，難以來華，如必待其來居間調停，恐曠日過久，徒失時機，且近來日方論調漸趨強硬，政府頗難處理，華方恐亦有同等困難，望速了結，免滋枝節。二、交涉統移後方，難以照辦。三、道歉一層，不含十分嚴重意味。松井石根建議：蔣介石直接與福田彥助一晤，口頭酌量表示。至於懲罰肇事長官一層，張群的意見是，賀耀祖已免職，僅處罰其下直接負責長官即可，但須寫進正式公文。張群借頭山滿來電勸蔣介石說：「可見日方主張不能再有讓步。」張群同時表示，自己赴日於事無濟，應請蔣本人酌量辦法。㊷

頭山滿、張群、蔣介石之間函電磋商的同一天，譚延闓、張靜江、李烈鈞、于右任、蔡元培、何應欽、黃郛等召集外交委員會會議，會議決定：一、前方臨時協定既經多次接洽，日方堅持不允免除，唯有由前方速派代表前往辦理，以便結束。二、道歉以我方雖曾有令保護僑民，仍不能避免衝突，引以爲歉爲辭。三、覺書因含有確定日本在滿特殊地位之關係，擬簡單答覆，大意爲連年用兵，爲求統一，東省日僑自當保護，同時以口頭表示，張作霖能下野，退出北京，自無用兵必要。㊸這一決定，在締結前方臨時協定問題上接受了日方條件；在道歉問題上，有保留地接受了日方條件；在東北問題上則以回避法婉轉地拒絕了日方的要求。會後，黃郛擬偕張靜江赴前線與蔣介石商量。

然而，就在此刻，形勢卻發生了戲劇性的變化。

自濟案交涉，黃郛就備受各方，包括國民黨內部的指責。五月十六日，黃郛致電譚延闓、李烈鈞、何應欽，抱怨說：「寒日（十四日）《國民革命軍日報》與真日（十一日）《京報》論調，備致譏訕，橫施責難。查該兩報均係政府或總部關係創辦，對外已困難萬分，若內部再不我諒，將何以振作勇氣？」㊹日本提出覺書後，輿論指責更甚。五月十九日，蔣介石到鄭州與馮玉祥會晤。蔣介石稱：「膺白外交辦失敗了，一般老先生均不滿意。」㊺馮建議任命王正廷爲外長。

一九二六年，馮玉祥出潼關參加北伐，王正廷應聘參加馮幕。次年，又經馮推薦，出任隴海路督辦。因此，王正廷和馮關係較密。蔣介石同意馮的意見。五月二十日，蔣介石致電黃郛稱：「昨去鄭州，與各方詳商大局，謂近日外交緊急，請兄暫行辭職，並望從速，否則，各國外交亦受影響，我軍到達京津，更難辦理也。」㊻蔣介石要求黃郛「暫辭」外交部長，專任外交委員會委員職務。同時，蔣介石致電譚延闓、張靜江，說明變更理由：「日本外交業已絕望，必須接近歐美。王正廷與歐美素洽，與日本亦接近。」㊼五月廿二日，黃郛致電南京國民政府，要求辭去本兼各職，電稱：「受命三月，無補時艱，乃外交正切進行，而情志終難曲達」，要求「謹避賢路」。㊽廿四日，蔣介石致電黃郛稱：「兄辭外長本職，對內對外，皆足表示態度，不可再辭兼職，以免外人猜測，如政府慰留，則觀察形勢，不必堅辭。」㊾廿五日，譚延闓致電黃郛慰留。同日，黃郛致電譚延闓：「事理人情，餘勇已兩無可鼓；且去職既係應前線意旨之求，再來又何能收內外相維之效！」他要求「迅選賢能，立予接替」。㊿六月十日王正廷致電黃郛，引用黃過去所說「我輩視同一體，應爲互助」，要求黃擔任外交委員會主席，爲黃拒絕。51同月廿七日，王正廷再次致電黃郛，要求他出任駐德大使，黃郛乾脆連信都不回了。52

此後，黃郛長期隱居於浙江莫干山，儘量疏遠當局，決心不再從政，多次辭卻南京政府的徵召。這種情況，一直保持到一九三三年華北危急時止。

一九二八年十二月，黃郛致張群函稱：「濟案所受刺激，公私兩項皆爲生平未有之傷心事。」又稱：「此一段內外交迫之傷心史，實令我沒齒不能忘。」53次年，蔣介石組織導準委員會，自任委員長，意欲以黃郛爲副委員長，黃郛仍然不就。蔣介石致黃電有「爲三十年友誼勿卻」之語，黃郛覆電則稱：「欲保三十年友誼於不敝，故不必共事也。」54字裏行間，顯然蘊含著對蔣介石的怨意。

六　結束語

一九一九年，王正廷參加巴黎和會期間，拒絕在和約上簽字，獲得輿論好評。一九二一年，被北洋政府任命爲魯案善後督辦，在與日本談判收回青島及膠濟路方面，也做過一些有益的工作。他接任外交部長後，對福田彥助的各項無理要求置之不理，擬訂了一份《濟案交涉要點》，提出「原則上日本須首先撤兵，然後正式開始交涉」。其撤兵具體步驟則提出，「日本先不妨礙中國行政官吏到濟執行職務」；「由交通部計劃津浦路通車，日本不加阻撓」；「（日軍）由濟至青之間，分期撤兵，自開始日起，一個月以內，爲終了之期限」等。㊺這就較黃郛任外交部長時期強硬了。

儘管蔣介石在關鍵時刻撤換了黃郛，但是，濟案交涉的主角是蔣介石，基本方針是他確定的。黃郛夫人說：「這次蔣先生自己在前哨，凡對方的要求，都先到蔣先生手，亦只有蔣先生能作決定。」㊻在這一過程中，蔣介石的對日、對外妥協性格已經鬚眉畢現，後來南京國民政府的外交路線，正是由此繼續發展的。

【附記】

一九九〇年，我訪問美國時，在哥倫比亞大學珍本和手稿圖書館讀到黃郛檔，很感興趣。當時曾確定以《二次世界大戰前中國政府的對日外交》為研究課題，本文為第一部分。現值本文發表之際，謹向支持該項研究的美國國際教育協會（Istitute of International Education）和哥倫比亞大學東亞研究所的黎安友（Andrew J.Nathan）、曾小萍（Madeleine Zelin）教授致謝。

（原載《近代史研究》一九九三年第一期，略有修改，此據拙著《海外訪史錄》收錄。）

①沈雲龍《黃膺白先生年譜長編》上冊，台灣聯經出版事業公司，一九七六年版，第三三二至三三三頁。

②黃郛《致蔣介石電》，一九二八年四月廿七日，黃郛檔，美國哥倫比亞大學珍本和手稿圖書館藏，以下凡未注出處者，均同。

③黃郛：《致蔣介石電》，《黃膺白先生年譜長編》，第三三六頁。

④同②。

⑤《熊式輝回憶錄》，打字本，哥倫比亞大學珍本和手稿圖書館藏。

⑥《濟南日中軍事衝突面面觀》，《國聞週報》第五卷十八期，第五頁。

⑦《熊式輝回憶錄》。

⑧《黃膺白先生年譜長編》，第三四二頁。

⑨蔣介石：《致譚延闓、黃郛》，《黃膺白先生年譜長編》，第三四三頁。

⑩蔣介石：《致李濟深電》，一九二八年六月九日。

⑪蔣介石：《致譚延闓、黃郛電》，《黃膺白先生年譜長編》。第三四五頁。

⑫張群：《致蔣介石、黃郛電》，《黃膺白先生年譜長編》，第三四五頁。

⑬蔣介石：《致黃郛電》，《黃膺白先生年譜長編》，第三四六頁。

⑭同上

⑮沈亦雲：《亦雲回憶》，第三九三頁，台北傳記文學出版社，一九七一。

⑯胡漢民談話，香港《遠東日報》，一九三一年三月四日。
⑰譚延闓：《致黃郛、蔡元培、張靜江電及電末注文》，一九二八年五月十三日，黃郛檔。
⑱同上。
⑲見黃郛檔。
⑳《電蔣總司令》，一九二八年五月十四日，黃郛檔。
㉑李濟深：《電南京蔣總司令》，一九二八年五月廿二日，黃郛檔。
㉒《黃膺白先生年譜長編》，第三五〇至三五一頁。
㉓同上，第三五一頁。
㉔《殷特派員自東京來電》，一九二八年五月五日，黃郛檔。
㉕殷汝耕：《致蔣介石電》，一九二八年五月十四日，黃郛檔。
㉖黃郛：《電殷特派員》，一九二八年五月十五日，黃郛檔
㉗黃郛：《致譚延闓電》，一九二八年五月十五日，黃郛檔。
㉘《殷特派員來電》，一九二八年五月十六日，黃郛檔。
㉙黃郛：《致蔣介石電》，一九二八年五月十六日，黃郛檔。
㉚黃郛：《電殷特派員》，一九二八年五月十七日，黃郛檔。
㉛黃郛：《電殷特派員》（二），一九二八年五月十七日，黃郛檔。
㉜《殷特派員來電》，一九二八年五月十八日，黃郛檔。

㉝《殷特派員來電》，一九二八年五月十九日，黃郛檔。
㉞《黃膺白先生年譜長編》，第三五三頁。
㉟《殷特派員來電》，一九二八年五月十九日。
㊱黃郛《致蔣介石電》，一九二八年五月十九日，黃郛檔。
㊲《帝國の對南方態度》，日本外務省檔案微卷，SP53，第二四七頁。
㊳《黃膺白先生年譜長編》，第三五三頁。
㊴黃郛：《致蔣介石電》，一九二八年五月十九日，黃郛檔。
㊵《黃膺白先生年譜長編》，第三四二頁。
㊶張群：《致蔣介石轉頭山滿來電》，一九二八年五月廿一日，黃郛檔。
㊷《黃膺白先生年譜長編》，第三五五頁。
㊸同上，第三五四頁。
㊹黃郛《致譚延闓電》，一九二八年五月六日，黃郛檔。
㊺《亦雲回憶》，第四二五頁。
㊻蔣介石：《致黃郛電》，一九二八年五月二十日，黃郛檔。
㊼《張家璈日記》，一九二八年六月廿八日，未刊稿。
㊽黃郛：《致南京國民政府電》，一九二八年五月廿二日，黃郛檔。
㊾蔣介石：《致黃郛電》，一九二八年五月廿五日，黃郛檔。

㊿黃郛：《致譚延闓電》，一九二八年五月廿五日，黃郛檔。
(51)王正廷：《致黃郛電》，一九二八年六月十日，黃郛檔。
(52)王正廷：《快郵代電》，一九二八年六月廿七日，黃郛檔。
(53)《亦雲回憶》，第四四五頁。
(54)同上，第四四四頁。
(55)黃郛檔。
(56)《亦雲回憶》第三九二頁。

蔣介石與二次北伐

一九二六年七月，蔣介石在廣州誓師北伐，但是，到第二年四月，和共產黨決裂，北伐陷於停頓。一九二八年四月，蔣介石在江蘇徐州宣布第二次北伐開始。同年六月，奉軍退出北京，南京國民政府宣布北伐成功，全國統一。總計，國民革命軍自徐州出師至勝利，前後不過兩個月。

在中國近代軍事史上，太平天國的北伐失敗了，民國初年的北伐僅開其端，迅即以孫中山讓位於袁世凱告終，但是，蔣介石率領的二次北伐卻成功了。戰爭進行得很順利，發展很迅速，結局也比較圓滿。其原因，值得加以探討和總結。

一、前期北伐為二期北伐打下了堅實的勝利基礎

前期北伐是國共兩黨聯合進行的戰爭，其迅速取勝，固然由於外有蘇聯軍事援助，內有工農大眾的積極支持，但是，也和國民革命軍正確的戰略、策略有關。

前期北伐時，國內存在著吳佩孚、孫傳芳、張作霖三大軍閥集團，在西南地區的雲南、貴

州、四川等省，存在著若干軍閥小集團。因此，軍閥的力量總體大於國民革命軍，形勢對於北伐並不利。但是，軍閥集團之間存在著深刻的矛盾，便於國民革命軍分化利用，各個擊破。有鑒於此，國民革命軍採取遠交近攻的策略，首先進攻距國民革命軍最近，對廣東根據地威脅最大的吳佩孚集團，而對遠在北方的奉系張作霖集團和偏處東南五省的孫傳芳集團則採取聯絡政策。奉系集團在一九二二至一九二四年間，曾與孫中山有過反對直系軍閥的聯盟，這時因勢力膨脹，也企圖統一全國，便同樣採取遠交近攻政策，計劃首先奪取吳佩孚集團掌握的河南、湖北等省的地盤。雙方信使往還，雖未完全達成一致意見，但已在事實上建立了反對吳佩孚集團的聯盟。①孫傳芳集團當時還沒有統一全國的力量，因此，以「保境安民」、「人不犯我，我不犯人」相標榜，企圖坐山觀虎鬥，在國民革命軍和吳佩孚集團鬥得兩敗俱傷時出而收漁人之利。國民革命軍利用孫傳芳的這一心理，多次派代表和孫傳芳談判，要求孫在北伐軍攻擊吳佩孚時保持中立。②這樣，國民革命軍就可以集中力量首先擊潰吳佩孚的軍事力量。

吳佩孚素以善於治軍和作戰著稱，曾經有過橫行中原、不可一世的輝煌時期。國民革命軍於一九二六年七月北伐時，吳佩孚並沒有把國民革命軍放在眼裏。他當時正忙於在北方和傾向革命的馮玉祥的殘部作戰，企圖在消滅了馮的殘部之後再揮師南下。這樣，國民革命軍就得以順利攻取湖南，取得了先聲奪人的勝利。在吳佩孚匆匆趕到南方時，軍隊的頹勢已成，難以扭轉了。

孫傳芳眼看吳佩孚即將失敗，國民革命軍的進攻又已嚴重威脅自己的勢力範圍，決定出兵援吳，國民革命軍不得不分兵開闢江西戰場。在艱難的拉鋸戰之後，國民革命軍擊潰了孫傳芳的援軍。爲了不給孫傳芳喘息的機會，蔣介石改變了攻克武漢後即繼續北上進攻河南的方針，轉而自江西揮軍東下，進攻江蘇、浙江、上海等地，以期徹底擊潰孫傳芳集團。不久，國民革命軍即克復長江下游地區，孫傳芳率部隊北上投奔張作霖。

吳佩孚的軍隊在汀泗橋、賀勝橋作戰時遭到了決定性的失敗，不得不退保武漢，吳佩孚本人並一直退到了河南境內。武漢三鎮在受到北伐軍的長期包圍後終於被攻破，吳佩孚退到河南的軍隊遭到了奉系集團的沉重打擊。一九二七年四月，武漢國民政府出師河南，經過艱難的血戰，終於擊敗了張學良等率領的奉系精銳，並勝利和自潼關東出的馮玉祥軍會師。③

前期北伐消滅了吳佩孚軍閥集團，沉重打擊了孫傳芳軍閥集團，重創了奉系精銳。這就爲二次北伐打下了堅實的基礎。

二、國民黨內部因一時團結而加強了力量

一九二七年四月，蔣介石在上海發動「清黨」，和共產黨決裂，原來共同合作的戰友成了刀兵相見的仇敵。蔣介石既失去蘇聯的援助，又失去工農的支持，但是，國民黨卻因內部的一時團結而加強了力量。

第一次北伐期間，國民黨內形成蔣、馮、閻、桂四大軍事派系。在這些派系中，馮玉祥的

國民軍原來接近蘇俄和武漢國民政府，是一支受到共產黨某些影響的「赤色」力量；閻錫山長期依附北方政權，和奉系軍閥關係密切，喜歡觀望風色，見機行事；桂系雖然曾和蔣介石合力反共，但是在一九二七年八月，又曾和武漢國民政府呼應，逼蔣下台。因此，蔣介石要再次北伐，首先必須調整內部，團結馮玉祥、閻錫山、李宗仁等軍事派系。

蔣介石下野後，馮玉祥、閻錫山決定共同行動，進攻奉系，南京國民政府也派兵北上配合，但進展不大。十一月八日，蔣介石自日本歸國，於十二日致電閻錫山，聲稱「現敵盡力絀，務望內部糾紛徹底解決，團結一致，揮師北伐」。④同月廿八日，閻錫山致電南京國民政府軍事委員會主席團，表達化解矛盾、團結北伐的願望，電稱：「黨務事小，北伐事大，允宜蠲棄一切，努力殲敵，完成革命大業。」⑤同日，閻又致電蔣介石，稱：「值此強敵當前，凡我同志，允宜乘千載一時之機，共禦外侮，黨務係內部事，縱略有糾紛，任何時均可從容解決。」他要蔣「力勸本黨同志顧念大局，一致殲敵」。⑥十二月二日，馮玉祥致電閻錫山，邀閻共同擁蔣。十一日，閻錫山、馮玉祥聯合致電南京國民黨中央和國民政府，推崇蔣介石「效忠黨國，智勇兼優」，要求恢復他的總司令職務，以便統一指揮，完成北伐。閻、馮二人的聯電，標示著這兩大軍事派系的進一步和解。不久，桂系也對蔣的復職表示贊成，並同意派兵北伐。⑦

一九二八年一月九日，蔣介石宣布恢復行使國民革命軍總司令職權。二月初，國民黨在南京召開二屆四中全會，改組國民黨和國民政府，決定全軍北伐，在兩個月內會師北京。十六日，蔣、閻、馮的代表在河南開封舉行會議，決定將馮、閻的隊伍分別改編爲第二和第三集團軍，同時初步分配了北伐任務。兩天後，蔣、馮在鄭州互換蘭譜，結爲「生死相共」之交。接著，蔣介石又以桂系和兩湖部隊爲主成立第四集團軍，以李宗仁爲總司令，命其待機北伐。這樣，蔣、閻、馮、桂四大派系就在北伐問題上達成了一致意見，國民黨由此出現了前所未有的團結局面。當時，蔣系第一集團軍有兵力廿九萬人，馮系第二集團軍有兵力卅一萬人，閻系第三集團軍有兵力十五萬人，桂系第四集團軍有兵力廿四萬人。四者相加，總兵力達到九十九萬人。在國民黨的軍事史上，可以說是空前強盛的時期。

三、江浙金融資產階級給予經濟支持

經濟是政治的命脈，也是軍事的命脈。戰爭需要出動足夠數量的兵員，配備精良的武器、充足的糧餉，這些，都需要財政支持。一九一二年孫中山之所以未能堅持北伐，讓位於袁世凱，主要原因就在於無法籌集支持北伐所必須的經費。⑧蔣介石要向奉系進攻，自然也必須解決這一問題。

辛亥革命前後，中國資產階級發展不足。在政治上，他們最初支持立憲派，企圖在中國實行君主立憲制度；武昌起義後，他們雖然贊成民主共和，但是，在孫中山和袁世凱之間，他們寧願選擇袁世凱。北伐時期，中國資產階級有了一定的發展。一九二七年，他們在共產黨和蔣介石之間選擇了後者。蔣介石當時之所以能取勝，其原因之一就在於得到江浙金融資產階級的支持。二次北伐前，爲籌集經費，蔣介石特派宋子文於一九二八年一月到上海，邀集張家璈、陳其采、李銘、貝祖詒等銀行家聚會，討論發行一千六百萬元國庫券事宜。三月四日，蔣介石又親到上海，壓迫張家璈認購。張內心雖然不滿，但又不願和南京政府決裂，決定先行墊款六百萬元。⑨

二次北伐計劃之所以能付諸實施，得力於江浙金融資產階級的財政支持。

四、三路大軍並出，粉碎奉軍先發制人的進攻

奉系曾經是北洋軍閥中最強大的一支力量。國民革命軍廣州北伐時，奉系有兵力約卅五萬人。當時，奉軍入關不久，統一北洋各派，正是如日中天之際。南京北伐軍在徐州誓師北伐時，奉系兵力發展至六十萬人。其中，張學良、楊宇霆的第三、四方面軍作戰能力較強，是奉軍的精銳，而張宗昌、孫傳芳的部隊則已在此前的作戰中遭到重大損失。因此，國民革命軍的總體力量已大大強於奉軍。

蔣介石的部署是三路大軍並出，從正面與側面進攻奉軍。其中正面戰場由蔣介石的第一集團軍和馮玉祥的第二集團軍擔任，分別進攻山東與直隸（今河北省）；側面戰場由閻錫山的第三集團軍擔任，進攻奉軍的腰背。李宗仁的第四集團軍則作爲預備隊，待機調往前線。

奉系明白力量對比不利於己，因此力謀先發制人，集中精銳，先行擊敗山西閻錫山與河南馮玉祥的部隊。但是，奉軍在山西方面進展甚微，河南處於僵持狀態，而在山東方面則全面潰敗。

二次北伐的主戰場在山東。蔣介石以劉峙、陳調元、賀耀祖三個軍團的優勢力量北進，兵力強盛。奉系由於將主力投入山西、河南戰場，山東方面僅以張宗昌的直魯軍和孫傳芳的餘部抵擋。張宗昌雖曾以鉅金聘請德國人爲其在魯南構築防禦工事，但該部戰鬥力極弱，一觸即潰。孫傳芳雖也是國民革命軍的手下敗將，但該部比較能戰鬥，也較有計謀。他出奇兵突襲第一集團軍的後方，一度威脅江蘇北部的重鎭徐州。蔣介石緊急徵調馮玉祥的第二集團軍支援，殲滅孫軍主力，蔣馮兩軍會師。五月一日，蔣介石的第一集團軍順利進入山東省會濟南。

張宗昌和孫傳芳在山東的失敗牽動奉軍全線，張作霖不得不下令轉攻爲守。閻錫山乘機衝出山西，馮玉祥在克服了後方的叛亂後也揮軍北上，展開反攻。奉系集團的形勢越來越不妙了。

五、對日忍讓，繞道北伐

日本在山東保有巨大權益。國民革命軍北伐後，日本政府即積極謀劃出兵山東，阻撓國民革命軍北伐。四月十九日，田中義一通過駐上海總領事轉告蔣介石：「如果在濟南附近發生戰爭，日本便會出兵。」⑩廿一日，日本首批部隊到達濟南。五月三日，日軍在濟南悍然開槍射擊中國軍民，慘殺中國外交官員蔡公時等十七人，製造了震驚中外的濟南慘案。隨後，日軍又提出苛刻的帶侮辱性的條件，強迫蔣介石在十二小時內接受。

面對日本的挑釁，白崇禧主張採取強硬態度。四月廿九日致電蔣介石云：「日本出兵，意圖妨礙北伐，我軍應繼續進攻，勿爲所懾。若存投鼠忌器之心，則不但延殘餘軍閥之生命，且縱鄰邦之野心。」對此電，蔣介石答稱：「日本出兵，不足妨礙北伐之進展，決無因外兵中止革命之理也。」⑪蔣介石不願影響既定的北伐目標。事件發生前，即決定對日軍的挑釁不加抵抗。五月二日，他在日記中寫道：「不屈何以能伸，不予何以能取。犯而不校，聖賢所尙。小不忍而亂大謀。聖賢所戒。」⑫五月四日，蔣介石與第一集團軍前敵總指揮朱培德、總參謀長楊杰等會議，決定中國軍隊大部分退出濟南，分五路渡過黃河，繞道北伐。次日，閻錫山致電南京國民政府，強調「非大忍不能大有爲」，電稱：「仍當擺脫一切，迅速北進，攻克京津，則一了百了矣！」⑬同月九日，蔣介石致電在廣州的李濟深，要他派人到香港，尋求英國當局的援助，電中稱自己：「含淚忍辱，節節退讓，並恐小不忍而亂大謀。」⑭十日，中國軍隊全部撤離濟南。十一日，蔣介石致電白崇禧稱：「國危已極，身受更苦，惟多難興邦，毫不悲觀，只期共同一致，則五年之內，必雪此奇恥也。」⑮

濟南事件是蔣介石實行對日妥協的開端，其整個交涉過程雖有過於軟弱的一面，但是，其目的在於堅持北伐，有其可以理解的一面，人們對此不應苛責。

五月九日，閻錫山統率的第三集團軍東進，佔領河北南部的重要城市石家莊和正定。十日，蔣介石致電李宗仁，鼓勵他從京漢線揮師北上，電云：「情勢如此，津浦路已難進展，以後作戰，全賴京漢一線。務望兄處迅即督師北上，京津果下，日人失卻爪牙，或稍斂其侵略之野心。」⑯十一日，馮玉祥統率的第二集團軍韓復榘部也北上抵達石家莊，與第三集團軍會師。十三日，蔣介石指示閻錫山，要求閻督率所部，盡一切可能以最快的速度佔領北京。十九日，蔣介石又與馮玉祥會商，確定了三個集團軍分工合作、進軍京津的計劃，要求各軍主力於五月廿五日之前集結待命，聯合包圍奉軍。

國民革命軍步步進逼，張作霖不得不再度下令總攻，他調動兵力圍攻第二集團軍，使孤軍深入的山西部隊一度受挫。不過，閻錫山要求前線部隊堅韌抵抗，並調兵增援，終於轉危爲安。廿八日，第二集團軍迫近保定，離北京只有一、二百多公里了。

六、軍事進攻與政治談判並行，和平進入北京

一九二七年「四・一二」政變後，中國的政治局面出現了複雜的形勢。一方面，蔣介石與張作霖在反共上已經一致。另一方面，由於吳佩孚、孫傳芳兩大集團已先後被擊敗，奉系呈現頹勢。因此，蔣、奉都萌生了以政治手段解決雙方矛盾的意願，在日本東京、中國大連、北京、南京等地多次談判。山西閻錫山集團也從中斡旋，勸奉方服從三民主義，改換旗幟，歸依

南方，共同「討赤」。不過，奉方雖表示可以接受三民主義，但不肯放棄自己原來的安國軍旗幟，企圖以長江為界，南北分治。⑰這樣，蔣介石就不能不首先對奉系加以軍事打擊。

發生濟南慘案，蔣介石以政治手段解決奉系的意圖再度萌動，同時，奉系內部也進一步發生變化。舊派中的常蔭槐、國務總理潘復、新派中具有愛國思想的張學良、楊宇霆等，都主張「停止內爭，一致對外」。⑱連孫傳芳都表示：「日人欺我太甚，本人受良心之責備，不願再事內爭。」⑲五月九日，張作霖宣布停戰，國內政治問題交給國民公正裁決。十六日，派出使節赴南方商談。

形勢變化，南京國民政府於十一日晚開會討論，李烈鈞等主張「寬大」，「除張作霖外，奉方將領中有覺悟者，願一視同仁」。⑳遠在前線的蔣介石認為，張作霖之所以宣布停戰，是由於「精疲力盡」，不能不採取「緩兵之計」，因此，他要求部隊繼續前進。㉑但是，他也主張利用這一形勢，離間奉系和日本的關係，同時喚起北方將領的愛國覺悟。他指示吳忠信和北方南來的使節談判，先後提出的條件是：一、同心救國，奉軍退出關外，鞏固東北國防；二、允許奉方參加國民會議，一切國事交國民會議解決。三、張作霖下野。㉒同時，蔣介石又指示閻錫山派人作為國民政府的代表，在北京和張學良等磋商。五月廿八日，南京北伐軍根據蔣介石部署開始總攻，進抵北京周圍，形成大軍壓城之勢。

除山東外，日本在東北也擁有巨大權益。在北伐軍節節勝利的情況下，日本政府決定以逼迫奉系退回關外為條件，阻擋北伐軍進軍東北。五月十七日，日本駐北京公使芳澤向張作霖提交備忘錄，要求奉軍撤回東北。張作霖內外交困，不得不於同月三十日下總退卻令。六月三日，日本關東軍在瀋陽附近炸毀了張作霖乘坐的列車，張作霖不治身亡。此前，國民政府的代表和張學良之間的談判曾出現僵局，但因張作霖的暴亡，奉軍全線撤退。

在北伐的四個集團軍中，第一、第二、第三都有資格接收北京，但蔣介石考慮到閻錫山與日本和奉系的關係都較好，由閻執行和平接收京津的使命，可望得到日本及奉方的諒解與合作。六月八日，第三集團軍波瀾不驚，和平地進入北京，長達十六年的北洋軍閥統治由此結束。一九二八年十二月，蔣介石又通過談判，順利促使張學良改懸青天白日旗，實現了全國統一。

戰爭是政治的繼續。當政治衝突無法以通常的方式解決時，雙方往往訴求於戰爭。但是，在一定的條件下，又可以用非戰爭的方式達到預期目的。中國古代有所謂「不戰而屈人之兵」的說法，視爲解決軍事對抗的最理想的境界。在二次北伐中，蔣介石交替使用軍事打擊和政治談判，最後以政治談判解決了和奉系的矛盾，應該說，其處理是成功的、圓滿的。

七、戰後格局

辛亥革命後，中國的統治爲北洋軍閥所接替。前期北伐和二次北伐打倒北洋軍閥，實現全國統一，完成了辛亥革命的未竟之業，這在近代中國的發展史上是有意義的。

爲進行二次北伐，蔣介石團結了馮、閻、桂三大派系；在戰爭過程中，也比較好地處理了和這些派系的關係，但是，這些派系都在戰爭中發展起來了，不久，就因權力分配等原因，和蔣介石發生利益衝突，並進一步發展爲中原大戰，中國再度陷入軍閥混戰的痛苦中。

①關於廣東國民政府與奉系談判情況，見《陸山致（畏公）譚延闓密函》、《楊丙致譚延闓密函》、《楊宇霆致張靜江等函》，未刊稿，中國第二歷史檔案館藏；又見《蔣作賓致蔣介石函》、《張靜江、譚延闓致蔣介石函》，「蔣中正總統檔案」，《革命文獻拓影》，北伐時期第五冊，台北國史館藏。

②關於廣東國民政府與孫傳芳談判情況，見《何成濬致譚延闓密函》（一九二六年九月四日、九月七日），未刊稿，中國第二歷史檔案館藏。

③關於前期北伐情況，參閱作者另文《蔣介石與前期北伐戰爭的戰略策略》及拙著《中華民國史》第二編第五卷，中華書局，北京，一九九六年版。

④《蔣介石休戚相關為公後盾電》，《閻伯川先生要電錄》，第二八八頁。

⑤《上國民政府蠲棄一切完成北伐電》，《閻伯川先生要電錄》，第二九〇頁。

⑥《致蔣介石盼顧念大局乘勝北進電》，《閻伯川先生要電錄》，第二九〇頁。

⑦《劉棫請再催蔣復職電》，又《白崇禧兩湖待肅清方叔平前進電》，《閻伯川先生要電錄》，第二九七、三〇一頁。

⑧參閱拙作《孫中山和民國初年的輪船招商局借款》，《中國社會科學》，北京，一九九七年第四期。

⑨《張家璈日記》，一九二八年三月，未刊稿，上海圖書館藏。

⑩張群《我與日本七十年》，台北一九八一年版，第三十六頁。

⑪「蔣中正檔」，《革命文獻拓影》，北伐時期第十九冊。

⑫古屋奎二《蔣總統秘錄》，台北中央日報社版第七冊，第廿六頁。

⑬《上國民政府擺脫濟南日軍橫阻迅速北上電》，《閻伯川先生要電錄》，第三三二頁。

⑭黃郛檔，美國哥倫比亞大學珍本和手稿圖書館藏。

⑮《致白總指揮》，「蔣中正檔」，《革命文獻拓影》，北伐時期第十九冊。

⑯《致漢口李總指揮、白總指揮》，「蔣中正檔」，籌筆，第十九冊。

⑰《楊丙致蔣介石等密函》，未刊稿，中國第二歷史檔案館藏。

⑱參見常蔭槐與張學良、楊宇霆往來函電，未刊稿，中國第二歷史檔案館藏。

⑲《孫傳芳致潘復電》（一九二八年五月九日），《申報》，一九二七年五月十七日。

⑳《趙丕廉日本迫晉和奉張作霖通電求和》，《閻伯川先生要電錄》，第三二四頁。

㉑《蔣介石致閻錫山電》（一九二八年五月十二日），《民國閻伯川先生錫山年譜初稿》（三），台北商務印書館一九九〇年版，第九六五頁。

㉒《蔣介石致譚延闓電》（一九二八年五月十二日），中華民國重要史料初編——對日抗戰時期，緒編（一），一九八一年版，第一九五頁；《蔣介石致閻錫山電》（一九二八年五月十四日、十五日），《民國閻伯川先生錫山年譜初稿》（三），第九六八頁。

奉蔣談判與奉系出關

北伐開始時，張作霖、吳佩孚、孫傳芳三大軍閥集團在中國北方和東南地區鼎足而立。奉系為了擴張實力，消滅吳佩孚集團，和北伐的國民革命軍取聯絡姿勢。吳佩孚和孫傳芳遭到北伐軍重創後，奉系一派獨大。一九二七年四月，蔣介石在南京成立國民政府，雙方一面軍事對抗，同時也通過各種管道進行談判，但始終未能談攏。一九二八年四月，蔣介石發動二次北伐，奉系在軍事上受到沉重打擊，又受到濟南慘案影響，基於民族大義，與南京國民政府重開和談，終於在重重複雜因素影響下，達成協定，退往關外。

一、公開喊話與秘密談判

奉系與蔣介石之間的談判始於一九二六年八月間楊丙和蔣作賓的先後使奉。當時，奉蔣之間有著消滅吳佩孚集團的共同目的。談判中，雙方雖有利益衝突，但大體和諧。同年十一月，孫傳芳投靠張作霖，山東軍閥張宗昌則企圖借援孫的名義南下，因此，奉系和蔣介石之間的矛盾有所發展，但是，雙方仍須合力反對吳佩孚，談判不得不斷續進行。

一九二七年初，奉系觀察到蔣介石和中共以及蘇聯顧問之間存在著矛盾，便想借此分化國民革命陣營。張作霖密電蔣介石稱：「赤俄黨人，亟宜驅逐，共產分子只許其存在，不許其發展。如能容納斯意，則南北可以停戰，協商和平統一辦法。」①同月七日，奉軍總參議楊宇霆發表談話，將張作霖在密電中提出的條件公之於世，聲稱只要南方改變其「赤化」與「聯俄」兩項政策，便可達成妥協。他說：「奉方所反對者，不過爲其赤化政策，與俄人干涉內政兩事耳！如南方幡然棄此二事，而允納吾人意見，則妥協固可能也。」②當時，蔣介石與鮑羅廷的矛盾已初步顯露，楊宇霆估計蔣有可能改變，聲稱「現時蔣介石一派，與俄人在相互利用之中，在或時期以後，想蔣介石亦能自棄上述政策也。」

楊宇霆談話後，國民革命陣營的內部矛盾進一步發展。三月十六日，奉軍參謀長于國翰發表談話稱：「奉方對於南北妥協，並無絕對贊否之意。只要黨軍果能驅逐共產分子，不再依賴俄人解決中國之爭，未始不可與之協力，以謀中國之發展。否則奉方縱至僅留一兵一卒，亦必與之周旋。」這一段話與前引楊宇霆所述基本一致，但對蔣介石的反共要求更高。

這一時期，盛傳蔣介石派魏邦平到北京洽商，在北方的王寵惠、鄭洪年南下，③均無確據。但是，三月中旬，確有人自南昌到北京和奉系當局接觸。此人當月初曾在南昌和蔣介石晤談，「勸其以穩健謀進步，可完全學土耳其革命成功者之基馬耳氏」，蔣表示同意，囑咐此人到北京調查奉系「對於國事前途之真正態度」。這則消息透露出，蔣介石也在試圖摸清奉系的底牌。④

「四一二」政變改變了中國的政治組合，奉系提出的條件已不成問題。在此情況下，奉系通過喊話，肯定蔣介石的轉向，要求他進一步表明誠意。五月二日，楊宇霆在瀋陽發表談話稱：「中國非資本主義國，三民主義之精神，雖在安國軍方面，亦非所反對。蔣介石最近之傾向與安國軍之主義主張一致之意味，殊深其感。惟歷史的國民革命軍與安國軍歸於一致，或為至難，然吾人以完成共通理想之意味，名稱如何，姑作別論。」⑤接著，又陸續發表談話，聲稱：「就歷史上言之，奉軍與南軍雖極相反，而兩者均為愛國之政黨，則為不能否認之事實。」⑥楊宇霆表示不反對「三民主義」，承認國民黨是「愛國之政黨」，表明奉系在努力向國民黨人示好。⑦

在歷史上，奉系和國民黨之間確實有一段關係不錯。一九二二年，孫中山曾派伍朝樞到瀋陽，約定雙方會師武漢，以後又曾共同組成粵、皖、奉三角同盟，反對直系。五月十五日，《晨報》發表《奉方要人談話》，追敘舊情，強調要看蔣介石的「真正態度」。談話稱：「關於南北妥協問題，雨帥（指張作霖——筆者）對於國民黨素無惡感，其前此曾與孫中山合作，從可證明，惟深惡赤化之禍國耳。妥協問題，只看蔣介石之真正態度如何。」

公開喊話曲折地反映出雙方秘密談判的狀況。一九二七年五月上旬，蔣介石的代表與楊宇霆在大連初步會晤。⑧同月，蔣介石派蔣方震訪日，張作霖也派航空署督辦張厚畹到東京。雙方會談後一致同意：一、負責在各自勢力範圍內消滅共產黨；二、由各方代表召開政治會議，然後再召集國民會議，實現統一。但是，蔣方要求以隴海鐵路為線劃分勢力範圍，奉方則要求以長江爲界，而且反對將來的統一政府以三民主義爲綱領及實行一黨制。雙方爭執不下，未能達成協定。⑨奉系雖然聲稱不反對三民主義，但是並不願意奉爲自己的綱領。

二、閻錫山出面斡旋，企圖組織奉寧晉三角同盟

日本政府關注中國政局，希望在中國出現南北兩個政府，以便分而治之。日方人士一面促進寧奉直接談判，一面積極動員閻錫山出面斡旋。五月上旬，日本駐華使館武官本莊繁將奉蔣大連談判情況面告山西在北京的代表潘連茹：「奉寧妥協事，現正進行中。奉方只有兩個條件，一、剷除共黨；二、與俄脫離關係。如寧方能施行此二條件，津浦戰事立即停止。楊宇霆返奉即爲此事。大約妥協步驟先停戰，以長江爲界，成立南北兩政府，然後徐圖統一政府。」他表示：日本「不願受干涉之嫌疑」，「百帥（指閻錫山——筆者）對南無惡感，對北關係又深，俟相當時機，百帥能爲一言，實中國前途之福」。⑩同月底，日本老牌特務阪西利八郎由東京經大連回北京，也發表談話稱：「余對於中國時局，以爲南北兩方均宜放棄武力主義，而講求收拾之策。」「北方標明之主義爲討赤，而南方蔣介石亦實行撲滅共產黨，張、蔣主義既無不同，戰爭亦難有結果，故余之意見，以爲此時促進張、蔣之妥協，分地而治，實爲當務之急。」⑪

當時，日本有關方面還準備了第二套計劃：支持蔣介石統一關內，命奉系退出關外，華北

地區改由晉系接管。五月二十日，田中首相致電駐華公使芳澤謙吉：「一、如蔣派仍持近來之態度，我方將予以精神上之支持，助其達成政治上之企圖。二、目前，張在其勢力範圍內，應迅速收買人心，維繫眾望，制訂利國福民之策。」⑫同月廿五日，日本武官土肥原密告潘連茹等：奉軍將退出關外，北方政局由山西維持。他表示，希望山西方面出面斡旋南北，「早息戰爭，以免再現寧、漢等地之騷亂，而度赤俄之陰謀」⑬。土肥原並偕閻錫山的妹夫薄永濟到太原活動。後來，在「分地而治」的計劃破產後，土肥原的「以晉代奉」計劃逐漸爲日本政府和軍方所採納。

蔣介石也看中了閻錫山。閻雖是國民黨元老，但孤懸北方，標榜「保境安民」，和奉系保持不即不離的關係。北伐開始後，閻逐漸傾向南方。四月五日，閻錫山宣布山西全省服從三民主義。南京國民政府成立後，蔣介石即派何澄（亞農）到山西，動員閻錫山出面做張作霖的工作。蔣指示閻稱：「奉天若以主義爲依歸，政治解決，非不可能。」當時，孫傳芳、張宗昌的殘餘勢力正盤據於蘇皖北部，構成對南京的直接威脅，蔣希望通過談判減輕壓力，電閻稱：「非使孫、張完全退出蘇、皖境外，有事實之表示，無以見合作之誠。先決問題，似即在是。」⑭

當年三月，張作霖發現閻錫山不穩，曾先後派張學良、韓麟春、于國翰到山西，勸閻和奉系合作，「共挽狂瀾」，⑮閻則反勸奉系和南方合作。⑯四月七日，閻的駐京代表李慶芳受命向張作霖進言：「莫若利用民黨以制共產。以多數制少數，以好辦法代壞辦法。」。⑰南京國民政府成立後，李再次面晤張作霖，建議他「聯蔣討共」。張表示，接受閻的意見，已分電張宗昌與孫傳芳，對蔣勿再進攻。⑱閻見事有可為，於五月十一日覆電李慶芳，要求張接受三民主義，電稱：「民族、民權、民生為共和國自然之趨勢，雨帥何妨標此旗幟，以團結各方，共同討赤？」⑲同日，再電李慶芳稱：「雨帥既贊成聯蔣，請聯合各方成立一『討共大同盟』，一致討共，根本劃除共黨，為國除害」。⑳

最初，閻錫山的斡旋頗為順利。六月一日，楊宇霆、李慶芳、于國翰等人集議，確定「保持北方大局，進行國家統一」的辦法四條：一、討伐共產，組織討共同盟軍；二、贊成三民主義，以免階級鬥爭；三、政治統一問題，由國民會議解決；四、一致對外，解除國際束縛。㉑六月五日，閻錫山致電蔣介石，報告說：「此間日來力說奉方服從三民主義，更換旗幟，頗有進展。」㉒八日，閻錫山特派政務處長兼警察廳長南桂馨為議和專使抵京，偕同李慶芳拜訪楊宇霆。南桂馨提出，寧奉合作的先決條件是奉方易幟，除贊同三民主義外，應懸掛青天白日旗，改稱國民革命軍。㉓接著，又拜見張作霖，勸奉方採納三民主義，組織奉、寧、晉三角聯盟。㉔閻的打算是，和奉系談妥後，南桂馨即離京南下，向蔣介石通報。

閻錫山的估計顯然過於樂觀了。奉系雖然歡迎閻出面調停，但對蔣介石是否能切實反共還存有疑慮，要看一看；同時，奉系當時還保有強大的軍事力量，不肯輕易按蔣介石的條件就範。六月六日，奉軍外交處長吳晉發表談話，將閻錫山出面調停一事公之於世，並將蔣介石的變化說成是對張作霖主張的依歸。他說：「此次奉方討赤，原在消滅過激之共產黨，並非與國民黨爲難」。「現蔣介石既反對共產黨，並對於過激黨徒極力取締，是其主張已與雨帥主張相同。閻百川現既出任調停，而蔣介石在最近又有與雨帥合作之表示，雨帥自無不贊成。」在作了上述一番表態後，吳晉話峰一轉說：「現在共產黨之根據地，爲武漢與湖南，則消滅過激黨，肅清武漢與湖南之責，雨帥任之也可，閻百川任之亦可，即蔣介石任之亦無不可。」㉕吳晉的這一段話表明，奉系當時還保持著向南擴張的強烈興趣。

閻錫山要奉系改掛青天白日旗，張作霖卻要國民黨下旗。六月八日，張作霖招待日本記者團，發表談話說：「夫蔣果真反對共產主義，何故現尙揭揚青天白日旗？」他要蔣明確立場，徹頭徹尾、表裏如一地反對共產主義，聲稱：「若三民主義真以國利民福爲宗旨，則予亦自贊成。若徒以國利民福爲假面具，而實質上仍行共產主義，則予輩固將竭力以聲討排斥之也。」他表示：「須蔣真能反對共產主義，且能將俄人逐盡，並完全脫離過激赤化主義，而後不辭對蔣妥協。」㉖

南桂馨到達北京後，奉軍要人隨即舉行會議，研究對策，決定對蔣持寬容態度，聲稱「蔣中正先時雖與安國軍有敵對行爲，但蔣果能以誠心討伐共產之目標，來與安國軍妥協，安國軍自可容納，而友好之。」㉗會議決定對三民主義不持反對，但先決問題是「共同討赤」。晉方既主張奉晉寧三角同盟，應先由三方面攤派隊伍，「會剿赤化軍」；至於國家大局，俟赤化平定後，召開國民會議從長計議。㉘會議還給閻錫山出了個難題：希望晉方將開入直隸境內的軍隊，即日移向黃河北岸。十日，張作相對記者發表談話，聲稱三民主義彼亦贊成，但不能即懸青天白日旗。奉軍有百餘團可戰。㉙奉系的這種強硬態度自然使南桂馨不悅，雙方發生「言辭衝突」，南桂馨只得折返太原。

從不反對三民主義到「彼亦贊成」，顯示出奉系頭領在繼續作出讓步，但是，奉系終究不甘心將國民黨人的政治綱領全盤接過來。六月十四日，吳晉發表談話，傳達張作霖的意旨：在三民主義之外，再加上「民德主義」。他說：「三民主義爲建設國家之基礎，自無不可。惟中國爲禮義之邦，自來對道德異常重視。現在人心不古，道德淪亡，即以軍人而言，倒戈等事，層見迭出。雨帥擬於三民之外，增加民德一項，共成四民，以維國本。」㉚張作霖畢竟是封建軍閥，他所關心的是利用傳統道德，防止軍人「倒戈」。同日，張作霖宴請應召北上的張宗昌、孫傳芳及吳俊陞、張作相、張學良、韓麟春、楊宇霆、潘復等人。席上，張宗昌、孫傳芳堅決反對與蔣妥協。張稱：「魯南防務險固，士氣壯，尚堪一戰。」㉛孫稱：「以黨治國，絕對不能同意。」會後，吳晉發表了更爲強硬的談話：「易幟一層，雨帥絕不能承認。……不但於法律上無所據，且有一黨包辦之嫌。」㉜

從一九二〇年揮師入關之日起，張作霖的野心就不斷膨脹。一九二六年十一月，在天津被推爲「全國討赤聯合軍總司令」。這時，正準備在北京成立安國軍政府，升任「大元帥」，以便爲進一步晉升「總統」作好鋪墊。㉝六月十六日，張作霖通電表示：「此後海內各將帥，不論何黨何系，但以討赤爲標題，即屬救亡之同志。不特從前之敵，此時已成爲友，即現在之敵，將來亦可爲友。」又稱：「一切主義，但於國利民福不相衝突，盡可共策進行。」㉞張作霖的想法是，在「討赤」的旗幟下，盡可能將各派力量收容過來。

六月初，南桂馨在京說和不成，怏怏而歸。六月十八日，安國軍政府在北京成立，但閻錫山保持沉默，並且電囑李慶芳不參加軍政府下設的內閣。張作霖「登基」時，李慶芳僅「隨同參觀，並未持柬致賀」。㉟廿八日，奉方派遣衛戍司令邢士廉爲特使趕赴太原，企圖拉住晉方。邢特別聲明，此行是由於「前次晉方代表來京，言語上曾有些衝突，雙方感情不無誤會，亦當前往當面解釋」。㊱爲了保證邢此行成功，張作霖特別致電閻錫山，聲稱「非停戰不可以救民，非議和不足以殲赤」。他親熱地對閻表示：「我兄既謀斡旋南北，議和罷兵，作霖仍本初衷，總以利國利民福爲前提，決不因一己之私，置人民於不顧也。」㊲同時，張學良也電閻解釋，前次南桂馨來京受挫，乃係奉方內部「有一、二人未明世界潮流趨勢」所致。電稱：「現徵得各方同意，甚願息事寧人。」㊳

六月廿九日，邢士廉抵達太原，但閻錫山托病不見，指派其總參議趙戴文等代爲接待。閻通過趙等表示：一、希望北京政府依照三民主義徹底改革一切。二、希望雨帥從速與寧蔣妥協。邢既不肯允諾以「懸掛青天白日旗及改稱國民革命軍」爲先決條件，也不答應進行「徹底改革」，只表示：「雨帥此時對於妥協之具體意見，在先停戰，一切糾紛，待召集開國民大會解決。」㊴

三、張學良是奉蔣聯合的促進派

對南北妥協，張學良態度最爲積極。

早在一九二六年七月，張學良就主動向國民黨北京政治分會建議，廣東國民政府方面應採取「遠交近攻」之計，與奉方聯合。㊵一九二七年一月，漢口發生群眾佔領英租界事件，張學良對英國駐華公使蘭普森說：「中國南北之事，不過國人對內政見未能一致，因起戰端。古詩有言，兄弟鬩於牆，外禦其侮。對外衛國，決不因對內不一致而發生影響。」㊶同年三月下旬，國民革命軍佔領南京，混亂中發生搶劫、殺害外僑，導致外艦開炮射擊事件。四月三日，國聞社記者訪問由前線返京的張學良，詢問他「何不息內爭而一致對外」時，張答云：「無論如何，絕不能因一黨一派之利害而危及國家。如彼方拋棄過激之一切運動及鮑羅廷之操縱，爲國家事，沒有什麼不可商量。」㊷兩天後，他與韓麟春聯名通電稱：「果諸公有救時之良策，愛國之真誠，同是國人，一致對外，千難萬難，又何敢辭！」㊸張學良的這些表態並非官樣文章，而是發自內心的真誠呼籲。這一點，從他稍後致張學銘的私電可知。該電云：「一念同是同種，自相殘殺，心中又怏怏焉。如有對外爭戰，在兄馬革裹屍，雖死無恨也。」㊹

閻錫山出面斡旋後，張學良、韓麟春派人持親筆函赴山西，向閻錫山表示「贊成三民主義」。㊺當時，閻覆電建議：取消安國軍，將奉軍改組爲河北（泛指黃河以北——筆者）國民革命軍。電稱：「彼方所恃以號召者，在國民革命，我亦以國民革命爲旗幟，在敵人無的可射，敵情自然和緩。」又稱：「行政在合民，凡可以結合民眾之名義，即當採取。蓋處國家，當以利害計得失，不當為虛面子所困也。」㊻六月三日，張、韓電閻，表示贊成這一計劃。電稱：「良等素抱平民主義，決無軍閥野心，但期利國福民，一切均可不計。對於改組河北九區國民革命軍一節，既於北方全局有利，良等深表贊同，無論有何阻礙，亦必毅然進行。」㊼但是，張、韓二人又有種種顧慮，詢問閻錫山：一、奉軍中思想陳舊的部分將領反對，有斷絕餉械之虞時，山西能否予以補充？二、直魯軍反對時，山西是否能予以兵力援助？三、奉軍向後撤兵時，山西能否承擔守備河北的責任？四、南方諸同志是否諒解及容納，有無何種保證？此函流露出，張學良、韓麟春當時已有撤兵北返的打算。六月四日，閻錫山覆電表示：他的計劃是組織「北方國民委員政府」，推張作霖為領袖，一、二、三各條均可不必顧慮；北方組織就緒後，即聯絡南京及各方，組織「討共大同盟」，國民黨方面當然同意。閻在電中保證：「兩兄此後有何困難之處，弟必盡力幫助。」㊽

除與閻錫山磋商外，張學良又積極與蔣介石、馮玉祥等建立聯繫。四一二政變後，張學良兩次派參謀葛光庭赴南京會見蔣介石，說明「雙方必須合作討赤之理由」。㊾其間，張學良與楊宇霆還曾聯名致函上海張某，內稱：「弟等信仰三民主義，已非一日。討賄之役，兄與其事，當知其詳。國際風雲，日趨險惡，吾人惟有一致服從先總理三民主義，同心協力，以救中國之危亡。蔣總司令忠信勤勇，千古一人，心折已久，還希再將鄙意轉達，藉求諒解。」㊿同年七月，張學良致函馮玉祥，表示「服從三民主義」之意，甚至表示願「讓出關內」。(51)多年來，奉系一直積極向關內擴張，勢力所至，一度跨過長江。張學良提出「讓出關內」，在奉系中是第一人。

然而，張學良主張和蔣介石妥協又是有條件的。七月十九日，張學良招待日本記者團，聲稱張作霖確實希望「對蔣妥協」，但他同時表示：「國旗乃屬代表國家之物，故斷然反對以一黨之黨旗，代易國旗。」對召集國民會議一事，張表示：「此事自可贊成。」他說：「國民會議，非一黨一派之會議，必須爲網羅全國各黨派之全民會議始可。故吾儕力排一黨政治。何以故？以其等於以一黨專制，代替個人專制也。」52

張學良的和平努力獲得蔣介石的回應。蔣在接見葛光亭時提出兩點希望：一、政治上服從三民主義；二、軍事願以誠懇態度，促成奉方從新的方面做去。蔣稱：「中國之事須以中國國民之意見解決之，如果北方能脫去舊軍閥帽子，則寧方不但津浦線願意無條件停戰，即進一步讓出蚌埠、浦口，亦未嘗不可。」53

四、南方來使與和談中斷

邢士廉的山西之行雖然沒有具體收穫，但他在太原見到了蔣介石派到山西的常駐代表何澄。何與楊宇霆、韓麟春、邢士廉都是日本士官學校的同學，他向邢提出幾條解決時局意見，邢回京後向楊、韓報告，楊、韓認爲「有可妥協之餘地」，邀請何澄入京。54

七月十五日，何澄抵達北京，第一日即會晤楊宇霆、張學良、韓麟春三人，開出三劑藥方：第一劑，北方政治根本改造，與寧、晉在同一旗幟之下，共同奮鬥；第二劑，現制之名義如欲保存，則須移地，惟可留一部願與寧、晉合作者，在北方共同維持大局，根本辦法，則待以後國民會議解決。第三劑，除新行之政制應行取消外，其他則略為改變，自行採用與寧、晉相同之制度，暫維現狀，後事歸國民會議解決。㊺何的這三劑藥方，其核心仍是要奉系實行「政治改革」，奉系中雖有楊宇霆等少數新派具有革新思想，但舊派勢力深厚，自然難於接受上述條件。

七月廿三日，何澄訪問張作相與吳晉：張、吳相繼表示，「大致謂政治之事，由大元帥主持」，「我輩軍人以服從為主，惟軍事政治分期解決，較為適當。」㊻談判中，奉方主張「先軍事，後政治」，何澄與返京任山西代表的南桂馨則希望「先政治，後軍事」。㊼雙方無法談攏。七月廿五日，南桂馨發表談話，聲稱「奉天內部個人的意見尚多，一時不易一致」，委婉地承認談判失敗。㊽

繼何澄之後，何成濬於七月廿九日到京。何成濬此行本受蔣介石委派前往山西，途經北京時和張學良、楊宇霆會談。楊提出奉方與國民黨各自成一團體，在國家大致上合作，內部之事則各自為政。國民黨不必自居於中華民國正統，奉方亦不以中央自居。楊宇霆同時表示：先軍事後政治。第一步商停戰辦法，第二步商合作方案。㊾何不願對此表態，建議「撇開政治專談軍事」。當時，徐州已為孫傳芳和張宗昌的直魯聯軍攻陷，南京北伐軍全線動搖，紛紛自魯南撤退，武漢的汪精衛、唐生智等人又在積極準備東征，因此，蔣介石急於穩定蘇、皖形勢。

卅一日，何成濬發表談話：「寧方之意，只要主義相同，凡事皆可有商量餘地。」「南方對津浦軍事，不主急進，故魯南已撤兵。徐州以北，不擬積極發展。惟以地理關係，徐州以南，亦絕不能放棄。只要奉軍無南攻意，南軍當然亦不願對北爲軍事上行動。」㊱八月一日，何成濬轉赴太原。同日，邢士廉對新聞記者談話，聲稱擬以解決軍事爲先，使津浦線早日停戰，寧方得以全力應付武漢方面的進攻。關於「內部問題」，邢稱：「仍由各自主持改革，很可不必互相干涉。」他表示，直魯軍的南下，「不過一時之現象。妥協果成功，南軍退江南可，魯軍退徐北亦可。」㊶其後，蘇、皖境內的南京部隊繼續潰退。八月七日，葛光庭等電催何成濬返京，企圖先行解決停戰問題，但何成濬返京時，蔣介石已因兵敗，在桂系的壓迫下於十三日辭職。

當蘇皖前線軍情緊急之際，曾於一九二六年奉命使奉的楊丙再次到北京活動。八月十三日，他在和楊宇霆會談後，密報蔣介石說：「頃晤鄰葛兄，據謂父老苦兵久矣。奉對我公，確以誠意謀和，先行停戰，其軍事區域，以現時地點爲限。奉方由鄰兄負全責簽字，公方須有負責代表簽字。雙方一經簽字，此間即下停戰令。至政治一切問題，統由國民會議解決。」不久，直魯聯軍在皖北大勝，奉方又提出以長江爲界，劃江分治。㊷廿七日，楊丙再次密報蔣介石等稱：「奉方本意在平定河南，劃江而守，與南對等議和，以國民會議解決時局。抑深知輕入長江，即令一時得意，亦不能守。此次孫氏南攻，特恐南軍不肯休戰，故爲得寸進寸之謀。

苟南北兩方能得一確實保證，以江為界，兩不相侵，則奉方未嘗不可令孫氏改圖河南，以滿其地盤之願。」同時，楊丙又致函鈕永建、胡漢民、吳稚暉三人，聲稱孫傳芳的軍隊「雖云前進，未始不可劃江分守，只要南方負責有人，迅速直接協商」云云。九月一日，楊丙密函報告奉方狀況，認為和議進行，「其結果終不外平等的聯合、基財力公平分配而已」。不過，同樣因為蔣介石已經下野，楊丙的這些密報沒有發生作用，奉蔣和談因此中斷。

蔣介石下野後，晉奉之間於十月間發生戰事。當時，蔣介石正在日本訪問。他指示閻錫山暫時與奉系妥協，保存實力，答應在日代為活動；日本政府也向蔣表示，可以負責促使張作霖退兵。⑥③十一月五日，閻錫山致電張作霖，聲稱「苟有解決途徑，仍當開誠相與」。⑥④十六日，張學良派董英斌向山西方面「謀和」，⑥⑤未有結果，晉奉兩軍陷入長期對峙中。

五、濟南慘案發生，民族大義推動和談再起

一九二八年初，蔣介石再次上台，不久即發動二次北伐。五月三日，日軍出兵山東，製造「濟南慘案」，向蔣介石及南京國民政府示威。事件發生後，南京國民政府和北京安國軍政府分別向日方提出抗議，國內各階層普遍呼籲雙方就此息爭，合力對外。五月六日，上海總商會致電張作霖、張學良等，認為南北政府同時抗議，表明「對內政見雖稍有歧異，對外仍表示一致」。電稱：「當此國難已臨，計惟停息內爭，集合全力，以禦外侮，庶彼方無機可乘，然後

付諸公論，以求最後解決。」⑥⑥五月九日，駐歐全體公使致電外交部：「日本啓釁山東，屯兵調艦，居心叵測，大禍當前，南北兩方同時抗議。對外既能一致，內爭奚啻燃萁！應請當局速決嫌怨，立息戰爭，同禦外侮，以紓國難。」⑥⑦在此情況下，蔣介石以政治手段解決奉系的意圖再度萌動，同時，奉系內部也進一步發生變化。

五月五日，日本駐華使館武官建川美次會見安國軍政府軍事部次長于國翰，要求奉軍不得反攻濟南，此事激起奉系骨幹常蔭槐的憤慨。同日，常致電在石家莊的張學良和楊宇霆，內稱：「似此無理干涉，既對南軍宣戰，又來北方牽制。國內政爭，致外人乘隙，辱我孰甚！」他要求張、楊二人電請張作霖「速息內爭，一致對外」。六日，張、楊回電常蔭槐，對濟南事件表示憤慨，聲稱「弟等雖屬軍人，究亦同爲國民，豈敢後上，且事關國家榮辱，詎容漠視不問！」但二人表示，身爲統兵大員，不宜輕易表態，要常蔭槐相機向張作霖「陳明」。常蔭槐向張作霖建議時，張有採納之意，但遭到「一二人反對」後，又改變主意。七日，常蔭槐再次致電張、楊，要求二人回京，「會同極諫，務期達到目的，免爲後世唾罵」。

五月九日凌晨，張學良、楊宇霆由保定入京，向張作霖進言並參加奉系首腦會議。與會者受到民族大義感染，普遍認爲「國內苦戰，外侮乘虛而至，亟應止息內爭，以救國家」。同日，張作霖接受常、張、楊等人意見，通電宣布停戰。電稱：「國內政見歧異，竟至波及外人。長此不已，不特無以對全國，抑且無以對友邦。作霖有鑒於此，特將彰德、正太戰勝之兵停止攻擊。」電報同時表示：「所有國內政治問題，但期國民有公正之裁決，斷不作無謂之堅持。公是公非，聽諸輿論。」68

張電發表後，形勢遂急轉直下。奉系領導人不斷發表言論，表示和解意圖。五月十日，張學良覆北京禮制館朱啓鈐電云：「濟南事變，復爲外人藉口。邦人諸友，莫肯念亂，言之痛心。」電稱：「但能息爭救國，無不遵從。」69五月十一日，他與韓麟春、楊宇霆聯名《覆上海總商會電》云：「南北一家，彼果無彎弓而射之成心，我確有免胄尋盟之真意。」70五月十一日，張作霖對孫傳芳、褚玉璞稱：「濟南之變，關係國本」，「故特退避三舍，與黨軍以迴旋之地，俾可從容交涉，並可以表示息爭禦外之決心。」71同日，他對領袖荷使歐登科稱：「此次撤兵，一爲國事艱難，不得不加體諒，一爲示和議決心，促各方覺悟。」72

二次北伐開始後，蔣介石親率的第一集團軍和馮玉祥的第二集團軍在山東的勝利，沉重地打擊了安國軍。五月九日，閻錫山統率的第三集團軍東進佔領石家莊、正定。十一日，第二集團軍韓復榘部也北上抵達石家莊，兩軍會師。奉系首領之所以急轉彎，固由於軍事上已處於逆勢，但濟南慘案所激起的民族感情的上揚也是重要原因。

六、不無遺憾的結局

蔣介石決定利用濟南慘案後的新形勢。五月十二日，蔣介石連發三電。致閻錫山電稱：奉張宣布停戰，其原因是「精疲力盡，不能抵抗我師」，必須迅速前進，決不可中其緩兵之計，但他同時提出，「我似宜利用之，以離間奉天與日本之關係。更乘此機會，喚起北方將士之覺悟，勿爲日人之倀。」⑬致吳忠信電稱：「國難方殷，彼此均應同心救國，如彼方自動出關，一切國事國民會議解決。」致譚延闓電稱：「北方宣布停戰，如其果確，則中正以爲可允其全部集結關外，以固東北國防。至一切國是，當俟國民會議解決，並允奉方參加國民會議。即唯一條件，要求奉魯軍退出關外。」⑭

和平有望，蔣介石卻保持著充分警惕。五月十五日，蔣介石致電閻錫山稱：「弟意如張作霖能下野，另由新派軍人接統軍隊，自可相當容納。倘張仍作戀棧之勢，在其所謂合力對外者，必不可恃。而我與元惡言和，將無以慰將士與國民之望。惟有明白答覆，以張去職爲停戰第一條件而已。」⑮

日本田中內閣發現奉系敗局已定，加緊逼迫張作霖退回關外。五月十五日至十六日，內閣會議決定：一、在國民革命軍未到達京津地方之前，准許張作霖撤回滿洲，同時阻止國民革命軍進入山海關以北；二、如張作霖在與國民革命軍交戰或接觸後向東北退卻，則不准南北兩軍任何一方進入滿洲。⑯會議結束後，田中立即電告芳澤，要他命張作霖「立即返回滿洲」。⑰五月十七日深夜，芳澤謙吉訪問張作霖，勸他立即將北京和平地讓與北伐軍。⑱十八日，正式照會張作霖及南京國民政府：「目前戰亂情形將波及京津地方，而滿洲地方亦將有蒙受其影響之虞」，「當戰亂波及滿洲時，帝國政府爲維持治安，將採取適當而有效的措施」。⑲

日方一面向張作霖施壓，一面和晉系代表南桂馨在天津會談。一九二七年十月，閻奉之間發生戰事後，南桂馨即離京避居天津，與段祺瑞及日本華北駐屯軍司令新井龜太郎等人來往。⑧⓪當時，馮玉祥的第二集團軍和閻錫山的第三集團軍都有資格佔領京津。但是，日本方面拒馮而表示歡迎晉軍，向南桂馨表示：馮軍到京津附近，必挑釁；晉軍單獨到此，極歡迎。段祺瑞在一九二六年下野後即蟄居天津，待機再起。他與南桂馨約定：一、日方由芳澤謙吉出面，勸告奉張於最短期內退出關外。二、奉張將中央政權及近畿維持秩序各事交段負責，由段徵求各方意見解決國事。三、奉軍撤退後，無論何方軍隊，不得侵入馬場、任邱、大城、保定一線，並由山西約同寧方勸止各軍前進；如馮玉祥部不聽勸止時，山西及寧方軍隊概不參加北進。四、山西設法約同各方贊成段解決國是電。⑧①段的意圖是由他出面組織臨時政府，對此，閻、蔣都未加理睬。廿二日，蔣介石決定，限奉軍一星期內全部退出關外，京津由山西方面和平接收。同時，又致電馮玉祥，命他贊成這一方案，以使「敵人無從離間，加強內部團結」。⑧②

奉系在宣布停戰後，決定派直隸省省長孫世偉赴南方談判。五月十六日，潘復電召孫世偉入京。孫入京後，潘復、張學良、楊宇霆等均稱：「南蔣既有意與我攜手，無論事之成否，總須前往一行，並可察其內容，徐圖應付。」五月廿四日，孫世偉乘輪赴滬。其時，張學良所派代表已在上海。一九二八年三、四月間，張學良、楊宇霆再派葛光庭赴滬，訪問何成濬等，商洽和平。濟案發生後，又派尹扶一到滬，透過何成濬等向李烈鈞、蔣介石等陳述，達成妥協條件：「奉張出關，並希望奉方加入政府，共定中原，藉以解決外交。」⑧③議決之後，由葛光庭急電張、楊，張、楊認爲可以磋商，但須選派正式代表來京，負責研究。

五月三十日，國民政府代表孔繁蔚、尹扶一抵京，會見張學良、楊宇霆、孫傳芳、張作相等人。楊表示：「內事不已，牽動外交，倘因此不國，將何顏以對國人！」他並稱：「急願息爭，一致團結，苟利國家，敢存私見！倘不踐言，願自刎以謝諸兄。」張學良等人的意見與楊大體相同，聲稱「雨帥出關，確能辦到，但須以和緩手段，使彼自動」，其他問題，俟停戰後交代表會議或國民會議解決。⑧④同日夜，張作霖下令「總退卻」。五月卅一日，孔、尹致電南京國民政府報告，要求對等停止軍事行動。六月一日，譚延闓覆電，提出辦法三項：第一，奉軍應撤至京東一帶，由奉軍長官負責整理；第二，北京已派閻錫山接收，希望奉方妥為交代。第三，北京政務善後事宜，由國民政府處理，奉方要人務須加入，共策進行。張、楊表示，第一、二條可以讓步，第三條需要考慮。⑧⑤

國民政府代表孔繁蔚與奉方代表張學良、楊宇霆在北京議定：奉軍撤離北京，退往榆關；成立以北洋元老王士珍爲首的臨時治安會，維持北京政局。六月一日，譚延闓批准雙方所議條件。六月四日，國奉談判再次舉行。張學良等同意閻錫山的第三集團軍進入北京，雙方和平交接，但張因直魯聯軍紀律壞敗，不願帶回東北，提出要以天津以東永、遵十縣爲張宗昌、褚玉璞、孫傳芳的屯兵區域。孔繁蔚則提出：一、東三省必須懸掛青天白日旗；二、服從國民政府命令；三、直魯聯軍及孫傳芳殘部必須接受改編。雙方發生爭執。當夜，張學良獲悉其父噩耗，匆促出京，同時按孔繁蔚要求，下令部隊向灤河撤退，僵局遂自動化解。

六月五日，南京國民政府任命閻錫山爲京津衛戍總司令。八日，晉軍和平進入北京。十一日，張宗昌、褚玉璞派代表與晉方代表南桂馨談判，達成協定，決定直魯軍自動退出天津，交晉軍維持治安。[86]十二日晨，張宗昌、褚玉璞率直魯聯軍殘部撤離天津。同日，晉系的傅作義宣布就任天津警備司令。

至此，二次北伐成功，辛亥以來北洋軍閥長期統治中國的歷史終於結束。它是國民黨人的一個重大勝利，但是，也是土肥原「以晉代奉」計劃的勝利。這是一個不無遺憾的結局。

① 《溫壽泉等報告張作霖與蔣介石洽合作電》，《閻伯川先生要電錄》，台北閻伯川先生紀念會一九九六年編印，第二三〇頁。

② 《楊宇霆對時局之談話》，《晨報》，一九二七年一月八日。

③ 《于國翰之談話》，《晨報》，一九二七年三月十七日。

④ 《南北妥協可能性》，《晨報》，一九二七年六月三十日。

⑤ 《楊宇霆在瀋陽之談話》，《晨報》，一九二七年五月六日。

⑥ 《時事新報》，一九二七年五月十八日。

⑦ 《楊宇霆昨日在京談話》，《晨報》，一九二七年五月十八日。

⑧ 一九二七年五月十日李慶芳致閻錫山電云：「探聞蔣代表赴大連與鄰葛會晤，蔣方震赴日亦與奉寧妥協有關。」見《民國閻伯川先生錫山年譜長編初稿》第七四七頁。

⑨ 《研究俄國對華問題的幾點主要考慮》，一九二七年六月十日；《松井少將關於中國時局的演講綱要》

，一九二七年六月十三日。均見《日本外務省檔案》（縮微）S16136。《張厚畹由日返國》：「航空署督辦張厚畹前赴日本，視察日本民間航空，……十九日返國，廿一日抵大連，日內即可抵京。」《晨報》，一九二七年五月廿四日。

⑩一九二七年五月十日潘蓮茹致閻錫山電，《民國閻伯川先生錫山年譜長編初稿》，第七四八頁。

⑪《阪西利八郎談話》，《晨報》，一九二七年六月一日。

⑫日本外務省檔案（縮微）PVM41。

⑬《蘇體仁致閻錫山電》，《民國閻伯川先生錫山年譜長編初稿》。第七五〇頁。

⑭《民國閻伯川先生錫山年譜長編初稿》。第七五六頁。

⑮《張作霖派于國翰來洽電》，《閻伯川要電錄》，第二四四頁。

⑯《國民革命軍北方軍作戰紀略》，《閻伯川先生要電錄》，第二九九頁。

⑰《李芬圃勸奉與國民黨結合電》，《閻伯川先生要電錄》，第二四六頁。

⑱《民國閻伯川先生錫山年譜長編初稿》。第七四七頁。

⑲《民國閻伯川先生錫山年譜長編初稿》。第七四九頁。

⑳《民國閻伯川先生錫山年譜長編初稿》。第七四七頁。

㉑《楊宇霆等時局主張四項電》，《閻伯川先生要電錄》，第二五四頁。

㉒《民國閻伯川先生錫山年譜長編初稿》。第七五六頁。

㉓《南桂馨與電通社記者談話》，《世界日報》，一九二七年六月十日。又，一九二七年七月十七日

《晨報》所載《晉方某要人談話》云：「寧方托晉方轉達條件……一、服從三民主義；二、改換旗幟；三、軍隊更名；四、某某兩項。」據此，這三條，其實是蔣介石托晉方轉達的條件。

㉔《晨報》，一九二七年六月十日。

㉕《晨報》，一九二七年六月七日。

㉖《晨報》，一九二七年六月九日。

㉗《世界日報》，一九二七年六月十一日。

㉘《張作相昨對新聞記者談話》，《晨報》，一九二七年六月十一日。

㉙《時報》，一九二七年六月十一日；參見《晨報》，一九二七年六月十一日，《世界日報》，六月十、十一日。

㉚同上。

㉛《奉派之同床異夢》，《時事新報》，一九二七年六月十三日。

㉜《晨報》，一九二七年六月十五日。

㉝張作霖本來是想當總統的，但是，閻錫山首先反對。一九二七年五月六日，閻錫山致李慶芳電云：「雨帥正位，我意為國家計，亦為雨帥自計，宜俟時機，方為穩妥。」見《閻伯川先生要電錄》第二四九頁。這裏所說的「正位」應指出任總統，而非如該書編者擬題時所稱「就任大元帥」。稍後，張學良解釋說：「大元帥之所以不作臨時總統，而改就大元帥職，則表示其為臨時底位置，而擬俟至將來國民會議中，再行解決全部問題。」見《張學良謂斷然反對以一黨黨旗代國旗》，《世界日

報》，一九二七年七月二十日。

㉞《晨報》，一九二七年六月十七日。

㉟《李慶芳張作霖就職未賀未晉謁電》，《閻伯川先生要電錄》，第二六〇至二六一頁。

㊱《邢士廉對新聞記者談話》，《晨報》，一九二七年七月六日。

㊲《晨報》，一九二七年六月三十日。又據山西代表稱：「前此南君來京，未承接納，而徐州會議因之成功，張雨帥事後頗為追悔，派邢士廉赴晉問病。」《晨報》，一九二七年七月廿九日。

㊳《新聞報》，一九二七年六月三十日。

㊴《邢士廉對新聞記者談話》，《晨報》，一九二七年七月六日。

㊵《陸山致畏公（譚延闓）密函》，中國第二歷史檔案館藏。

㊶《與蘭普森談漢潯案》，《張學良文集》，第三十三頁。

㊷《張學良之談話》《晨報》，一九二七年四月四日。

㊸《致各部院、各省區等通電》，《張學良文集》，第三十六頁。《晨報》，一九二七年四月八日。

㊹《張學良文集》，第四十頁。

㊺上海《民國日報》，一九二七年六月五日。

㊻《致張學良改為國民革命軍電》，《閻伯川先生要電錄》，台北閻伯川先生紀念會一九九六年編印，第二五三頁。

㊼《張學良、韓麟春致閻錫山電》，《民國閻伯川先生錫山年譜長編初稿》，第七五四至七五五頁。

㊽《閻伯川先生要電錄》，第二五五頁。

㊾《葛光庭對新聞記者談話》，《晨報》，一九二七年八月四日。

㊿《時事新報》，一九二七年六月十三日。

(51)《洛陽孔祥熙寒日來電》（一九二七年七月十四日），又，《洛陽馮玉祥來電》（一九二七年七月十八日），均見《蔣介石收各方電稿》（抄本）；參見《葛光亭談話》，《世界日報》，一九二七年七月廿七日。

(52)《張學良謂斷然反對以一黨黨旗代國旗》，《世界日報》，一九二七年七月二十日。

(53)《蔣提出妥協兩要點》，《世界日報》，一九二七年七月廿七日。

(54)《晉閻代表南桂馨談話》，《晨報》，一九二七年七月二十日。

(55)《晨報》，一九二七年七月廿三日。

(56)《何澄昨訪張、吳》，《晨報》，一九二七年七月廿四日。

(57)《葛光庭對新聞記者談話》，《晨報》，一九二七年八月八日；又，《晉閻代表南桂馨談話》：「與楊宇霆見，楊：一、政治緩期研究；二、軍事先期解決。」見《晨報》，一九二七年七月十九日。

(58)《晨報》，一九二七年七月廿六日。

(59)《晨報》，一九二七年八月八日

(60)《何成濬對人談話》，《晨報》，一九二七年八月一日。

(61)《晨報》，一九二七年八月三日。

⑥②《楊丙致蔣介石等密函》，中國第二歷史檔案館藏，以下同。

⑥③《蔣主張暫與奉妥協電》，《閻伯川先生要電錄》，第二七七頁；又《蔣以寧無望某難靠盼暫妥協電》，同上，第二八〇頁。

⑥④《致張作霖革故鼎新盼善擇之電》，《閻伯川先生要電錄》，第二八二頁。

⑥⑤《民國閻百川先生錫山年譜長編初稿》，第八五二頁。

⑥⑥《晨報》，一九二八年五月八日。

⑥⑦《晨報》，一九二八年五月十二日。

⑥⑧《晨報》，一九二八年五月十日。

⑥⑨《晨報》，一九二八年五月十四日。

⑦⓪《晨報》，一九二八年五月十四日。

⑦①《晨報》，一九二八年五月十四日。

⑦②《晨報》，一九二八年五月十二日。

⑦③《民國閻伯川先生錫山年譜長編初稿》，（三），第九六六頁。

⑦④《中華民國重要史料初編——對日抗戰時期，緒編（一）》，第一九五頁。

⑦⑤《民國閻伯川先生錫山年譜長編初稿》，（三），第九六八頁

⑦⑥臼井勝美：《中國近代日本外交》，筑摩書房一九八三年版，第二三三至二三四頁。

⑦⑦《日本外務省檔案》（縮微）：S1615-31。

⑱《芳澤謙吉自傳》，東京時事通訊社昭和三十九年版，第一〇三頁。

⑲《國民政府近三年來外交經過紀要》，外交部一九二九年印，第廿九頁。

⑳魯墨庭等：《張作霖與閻、馮、蔣、李戰爭紀略》，《中華文史資料文庫》第二卷，中國文史出版社版，第八四五頁；參見南桂馨：《一九二七～二八接收京津之經過》，《山西文史資料》第四輯，第一〇三至一一三頁；趙瑞：《閻錫山通敵叛國罪行紀要》，《文史資料選輯》第廿九輯，文史資料出版社一九八〇年版，第一六四頁。

㉑《天津南桂馨奉軍出關四條件電》，《閻伯川先生要電選》，第三三一至三三二頁。電中所稱「偉民」，隱指段祺瑞。

㉒《蔣介石致馮玉祥電》（一九二八年五月廿二日），同上，第二〇一頁。

㉓《孔繁蔚隨員談話》，《晨報》，一九二八年六月四日。

㉔《孔繁蔚、尹扶——呈譚主席及蔣總司令電》，《革命文獻拓影》，北伐時期第十七冊，蔣中正檔。

㉕《孔繁蔚隨員談話》，《晨報》，一九二八年六月四日。

㉖《閻錫山致南京國民政府軍事委員會及蔣介石電》，《中華民國史事紀要》一九二八年一至六月卷，第一〇八四至一〇八五頁。

「不抵抗主義」到底是誰提出來的？

多年來，人們一直認爲，一九三一年九月十八日夜，日軍進攻瀋陽北大營，發動事變，蔣介石下令「不抵抗」，眾口一詞，幾成鐵案。前些年，張學良在接受唐德剛的口述歷史訪問時，特別聲明，「不抵抗」是他本人下的命令，和蔣介石無關。這樣，學術界關於這一問題的研究就向前推進了一步。但是，還有若干問題並未解決。這些問題是：

蔣介石是什麼時候得知日軍進攻瀋陽北大營的？他的反應是什麼？

南京國民政府處理事變的對策是什麼？

張學良爲何下令「不抵抗」？眞的和蔣介石沒有關係嗎？

這些問題不解決，就不能認爲問題已經徹底弄清楚了。

一、蔣介石遲至九月十九日晚才從上海方面得知「事變」消息

九月十八日這一天，蔣介石上午早起後，即與宋美齡同謁中山陵。其後，參加國府會議，討論工廠檢查法等問題。九時半，登永綏艦，往南昌督師「剿共」。當日日記云：

> 下午，研究地圖，看《中山全集》。籌劃對粵、對匪策略。一、對粵，決令十九路軍先占潮汕，十八軍集中贛南。余再宣言，以第一、二、三屆委員為四屆委員。余在四全會中引咎辭職，而囑陳、蔣、蔡等應之。如果不從，則以武力牽制之。對匪決取包圍策略，以重兵掩護修路，以大款趕修道路，待路成再剿赤匪，否則，欲速不達，應難見效也。

一九三一年初，蔣介石因政見分歧，軟禁國民黨元老、立法院長胡漢民，引起國民黨分裂。五月，汪精衛、孫科等在廣州另立國民政府，與南京對立。同年四月，何應欽調集湘、鄂、贛、閩四省軍隊，對中共領導的江西中央根據地進行「圍剿」。蔣介石這一天的日記表明，他在艦上所考慮的只有兩個問題：一是如何對待廣州新成立的國民政府，解決寧粵對立問題；一是如何對待江西的共產黨。完全沒有涉及東北問題。

日軍進攻瀋陽北大營在當晚十時，是不是當日蔣介石早已寫完日記，後來的「事變」和對張學良的應變指示都沒有寫進日記呢？不是。

九月十九日，蔣介石有一通致張學良電，中云：

> 北平張副司令勳鑒：良密。中刻抵南昌。接滬電，知日兵昨夜進攻瀋陽。據東京

消息，日以我軍有拆毀鐵路之計劃，其藉口如此，請向外宣傳時對此應力辟之。近情盼時刻電告。蔣中正叩。皓戌。①

此電現存手跡原件。「皓」，十九日，「戌」，約當廿一點至廿二點之間。可見，蔣介石得知「事變」是在九月十九日晚到達南昌之後，其消息來源是上海。在此之前，他不知道事變的任何消息，也沒有從張學良處得到任何消息。自然也不可能對張學良有任何指示。過去所有關於蔣當晚如何指示張「不抵抗」的說法，有些甚至是很具體的、活靈活現的說法，例如，曾任張學良的機要秘書郭維城說：「九一八事變當時，張學良將軍在北平，一夜之間，十幾次電南京蔣介石請示，而蔣介石卻若無其事地十幾次覆電不准抵抗，把槍架起來，把倉庫鎖起來，一律點交日軍。這些電文一直到現在還保存著，蔣介石是無法抵賴。」上引蔣電可證，郭說不確。郭維城到一九三四年才擔任張學良的機要秘書，他的說法應出於猜想和傳聞。

又，蔣親自審定的《事略稿本》稱，「十九日，公艦到湖口，換船，經鄱陽湖，抵南昌，忽接急報迭來云。」將《事略稿本》所述與上引蔣致張電兩相印證，可以確認，蔣是在「事變」發生整整一天之後才得到「事變」發生消息的。當晚，他寫下的日記是：

昨晚倭寇無故攻擊我瀋陽兵工廠，並佔領我營房。刻接報，已佔領我瀋陽與長春，並有佔領牛莊消息……

事。

日記中，稱「事變」發生在「昨晚」，表明他九月十八日當夜，並不知道瀋陽發生了什麼

二、「不抵抗」命令確實發自張學良

在公開的函電中，最早出現「不抵抗主義」一詞的，是遼寧省主席臧式毅和東北邊防軍司令長官公署參謀長榮臻的電報。他們於九月十九日上午八時左右致電張學良，報告說：「日兵至昨晚十時，開始向我北大營駐軍施行攻擊，我軍抱不抵抗主義，毫無反響。」又稱：「職等現均主張堅持不與抵抗，以免地方糜爛。」②張學良接電後，即於十九日發表通電，中云：

副司令行營效日（十九日）來電云：頃接瀋陽臧主席、邊署榮參謀長皓午電稱：日兵自昨晚十時，開始向我北大營駐軍施行攻擊，我軍抱不抵抗主義，日兵竟致侵入營房，舉火焚燒，並將我兵驅逐出營，同時用野炮轟擊北大營及兵工廠。

二十日，南京國民黨的機關報《中央日報》在「我未抵抗日軍轟擊」的標題下，發表了張學良的上述通電，「不抵抗主義」五字遂首次公之於文字。張電所云，雖係轉述臧、榮二人來

電，但是，臧、榮二人不會也不敢杜撰「不抵抗主義」一詞，它一定出自九月十八日深夜張學良的口頭指示。關於此，榮臻報告說：

得知日軍襲擊北大營，當即向北平張副司令以電話報告，並請應付辦法。當經奉示，尊重國聯和平宗旨，避免衝突，故轉告第七旅王以哲旅長，令不抵抗，即使勒令繳械，占入營房，均可聽其自便等因。彼時，又接報告，知工業區迫擊炮廠、火藥廠、均被日軍襲擊。當時朱光沐、王以哲等，又以電話向張副司令報告，奉諭，仍不抵抗，遂與朱光沐、王以哲同到臧主席宅研究辦法，決定日軍行動任何擴大，攻擊如何猛烈，而我方均保持鎮靜。③

「尊重國聯和平宗旨，避免衝突」，當然就是「不抵抗」。「以電話報告，並請應付辦法，當經奉示」云云，說明張學良的指示是立即做出的，並未經過請示或研究。

一九九〇年八月，張學良在台北接受日本NHK採訪時曾說：

我那時在北京，在醫院養病。當時病剛好。那天我請英國大使去看梅蘭芳唱戲。我聽到這個報告，立刻回到家裏下命令。也不知道是怎麼個情形，我不明白，所以我當時是（此句聽不清），看看究竟是怎麼個事情。④

張學良承認，是他「回到家裏下命令」，至於「命令」的內容，很遺憾，在關鍵的地方「聽不清」。不過，張學良在他的自傳體著作《雜憶隨感漫錄》中講得很具體：

約在十點卅分許，來人報告瀋陽有長途電話，榮參謀長請我說話，有緊急事項，我立刻辭藍公使歸返。榮對我說：有日本鐵道守備隊約一中隊，向我北大營營團射擊，日本附屬地的日本駐軍亦集結活動。我囑切戒我軍勿亂動，速與日本顧問妹尾、柴山向日方高級將領交涉制止，由交涉者即向日本林總領事處接洽交涉……天曉之後，除報告政府請示外，我派員向日本北平使館矢野代辦交涉，彼答以不知其詳。

張學良要榮臻「切戒我軍勿亂動」，自然就是「不抵抗」的意思。其實，關於和榮臻的通話內容，張在事變後的第二天，已經講得很清楚、準確。九月十九日下午二時半，張學良接受記者訪問時說：

昨夜接到瀋電，驚悉中日衝突事件。惟東北既無抵抗之力量，亦無開戰之理由，已經由瀋嚴飭其絕對不抵抗，盡任日軍所為。⑤

可見，張學良和榮臻的通話主要內容，就是「絕對不抵抗」，而且，還有一句：「盡任日軍所爲」，賦予日本侵略者完全的行動自由。結合上引《雜憶隨感漫錄》所述「天曉之後，除報告政府請示外」等語，可證張學良對榮臻的指示，是在未向南京國民政府請示的情況下獨立作出的決定。

九月十九日晨，張學良在北京協和醫院召集東北幹部張學銘、于學忠等人會議，再次肯定「不抵抗主義」。報導說：

張皓（十九日）晨在協和召東北幹部，開緊急會議，以日人違反國際公法，破壞東亞和平，決取不抵抗主義，一切聽各國裁判，並電顧維鈞、湯爾和來平，向各使節說明日人暴動真相，一面電呈中央。」

這樣，「不抵抗主義」就不僅是張學良的個人意見，而是「東北幹部」的集體決定了。

張學良與榮臻通話時，「事變」剛剛開始，張學良只知道「日本鐵道守備隊約一中隊，向我北大營營團射擊」，但是「事變」的發展很迅速，日軍很快就佔領營口、長春等許多東北城市，應該說，日軍的侵略意圖暴露得很清楚了。但是，張學良仍然堅持主張「不抵抗」。九月廿二日，張學良得悉日軍有向哈爾濱推進之勢，致電東省特區長官公署轉護路軍司令部說：

頃聞日軍有向哈埠推進之訊，如果屬實，仰相機應付。維彼不向我軍壓迫，我應力持鎮定；萬一有向我軍施行壓迫之動作，該部應即避免衝突，暫向安全地帶退避，以保安全。⑥

此電雖無「不抵抗」之詞，但內容與「不抵抗」並無二致。當時，國民黨大老李石曾、張繼、吳鐵城在北平，都和張學良討論過「事變」問題。九月廿三日，吳鐵城致電蔣介石報告：

對瀋陽事件，漢兄等主張始終不抵抗，但以急速解決為妥。⑦

如果說，「事變」初起，榮臻剛剛以電話向張學良請示時，張學良以爲還是「尋常性質」，可以以「小事化了」的方式處理，但是，這時已經是「事變」後的第五天了。張學良卻仍然沒有改變「不抵抗主義」的任何表示，這就不是以判斷失誤可以解釋的了。

十二月廿一日，日軍分三路進攻遼西重鎮錦州，張學良仍無堅決抵抗打算。同日，他致電第一軍司令于學忠，電稱：「近當日本進攻錦州，理應防禦，但如目前政府方針未定，自不能以錦州之軍固守，應使撤進關內。」⑧其後，蔣介石下野返鄉，廿五日，南京國民政府電令張學良「應盡力之所能及，積極抵抗」。在此情況下，東北軍曾與日軍有所交手，但仍於一九三二年一月二日放棄錦州，退入關內。不久，蔣介石復出。同年六月，汪精衛、宋子文等自南京飛北平，會晤國聯調查團。十九日，汪、宋會晤張學良，動員張在山海關地區與日軍「小加抗戰」，但是，仍然受到張學良的堅決拒絕。關於這一過程，張學良回憶說：

見面之後，出示蔣委員長親筆函，大意是汪院長來平，為對日軍事問題，同我相商。談詢之下，汪表示政府打算在華北對日本用兵之意。我遂詢問，政府是否具有堅絕的決心，有無相當的準備。我們不要再蹈往年抗俄之覆轍。汪答曰：「不是那個樣子的事，是因為政府受到各方面的言論攻擊，希望我對日本作一個戰爭姿態，小加抗戰，至於勝敗則所不計，乃是在政治上可以應付輿論之指責也。」我聆聽之下，驚訝憤慨，遂即答曰：「政府既無準備和決心，擬犧牲將士之性命，來挽救延續政治之垮台，我不取也。」汪遂曰：「這是蔣委員長的意思。」我說：「你若說是蔣委員長的意思，蔣委員長是我的長官，他會直接給我下命令的。他不會寫信，說汪先生你來同我商討。既然說是同我商討，這種並不是真正的抗戰，而是拿人家的性命挽救自己的政治生命的辦法，我的表示是，決不贊同。」⑨

這時候，東北早就全境淪陷，日本已於當年三月成立僞滿洲國，並且進一步覬覦華北。蔣當時的計劃是，要求張學良撤換庸懦無能的熱河省主席湯玉麟，派兵「佔據熱河，與東三省義勇軍打成一片」，「威脅山海關，令倭寇使之不敢窺竊平津」。蔣認爲：「救國禦日之道，莫此爲要」，曾在日記中表示：「致函漢卿，督促其實行之。」⑩因此，蔣介石托汪精衛帶給張學良親筆信的內容，並不如張學良所述這樣簡單。即使如汪所云，只是要張「小加抗戰」，「作一個戰爭姿態」，但是，對於一個渴望洗雪家仇國恥的愛國將領來說，不正是提供了一個「爲國效力」的機會嗎？至少，可以乘機要求南京政府發奮備戰呀！然而，張學良仍然毫不動心。

三、多年來，張學良一直坦承個人責任

九一八之夜，張學良在未經向南京國民政府請示的狀況下，向東北軍下達了「不抵抗」命令；在此後的相當長的一段時期內，張學良也仍然堅持「不抵抗主義」。對此，張學良在許多場合，都如實敘述經過，坦承個人責任。

一九四五年八月，抗戰勝利。東北父老對張學良表現出異乎尋常的熱情，使張很感動。次年一月三日，他在日記中寫道：

> 今天早晨躺在床上沒起來，胡思亂想，想到東北的人們對於我個人的問題，這不單是感情的問題了，真叫我慚愧無地，難過的了不得。說起抗戰階段，我是毫無貢獻。當年在東北時，以前是承老人的餘潤，後來我不過執政三年，不但對地方沒有

造福，因為我一意的擁護中央，依賴中央，才有了中東路問題，對俄盲目的戰事。九一八的事變，判斷的錯誤，應付的錯誤，致成「不抵抗」，而使東北同胞水深火熱十四年，今天他們反而對我如此的熱誠，這可真叫我太難過了！⑪

張學良的這一段日記，承認自己「判斷的錯誤，應付的錯誤，致成不抵抗」，並沒有將責任推給別人。

一九九〇年，張學良接受唐德剛訪談時曾「鄭重聲明」，「那個不抵抗的命令是我下的。說不抵抗是中央的命令，不是的，絕對不是的。」。他說：

我現在就給你講這個不抵抗的事情。當時，因為奉天與日本的關係很緊張，發生了中村事件等好幾個事情。那時我就有了關於日本方面的情報，說日本要來挑釁，想借著挑釁來擴大雙方的矛盾。明白嗎？我已經有了這樣的情報。所以，那個不抵抗的命令是我下的。我下的所謂不抵抗命令，是指你不要跟他衝突，他來挑釁，你離開它，躲開它。

當唐德剛談到「我們聽了五十多年了，都是這個說法呢，都說是蔣公給你的指令呢。」至此，張學良連連表示：「不是，不是，不是的。」「這事不該政府的事，也不該蔣公的事。」

⑫

一九九一年五月廿八日，張學良在紐約接受東北同鄉會會長徐松林等人訪談時說：「是我們東北軍自己選擇不抵抗的。我當時判斷日本人不會佔領全中國，我沒認清他們的侵略意圖，所以儘量避免刺激日本人，不給他們擴大戰事的藉口。『打不還手，罵不還口。』是我下的指令，與蔣介石無關。」⑬

其他的資料還有很多，無須再引了。

可見，從一九四六年一月三日的日記，到一九九一年的答問，張學良始終完全承擔「不抵抗」的責任，從未涉及別人。

四、張學良為何決定「不抵抗」

瀋陽是奉系的「老窩」，是張作霖、張學良賴以立身、發跡的根據地，爲什麼當日本人來搶佔這塊寶地時，張學良會下令「不抵抗」呢？這裏，我們要引用張本人的另一段至今尚未發表的「口述史」了。一九九二年一月二日，張學良在台北接受張之宇、張之丙姊妹訪問時說：

不但中央，就是連我們（也）根本沒法子跟人打。不想打？怎麼不想打？打可（能）更壞，日本更高興。日本就希望你打呀……打了，（東北就是）我佔領的……

我們打敗了，交涉（時）你（就）得賠償了…（我）知道怎樣部署也是打不過他……人家日本人拿一個師來……那整個我們打不過呀……我們那時候沒法子跟他打……就是游擊隊搗亂，這可以，正面的作戰不行……人家一個可以當你十個……跟日本人打仗，他不投降，他剩一個人都要打呀…日本軍人實在我可佩服。

（九一八事變時）我認為日本是挑釁，找點麻煩，可以（向我們）多要點好處。（我們和日本打）好像拿雞蛋碰石頭，絕對打不過的。⑭

這一段話是哥倫比亞大學請人根據錄音整理的。爲幫助讀者能讀得比較順暢一點，我添加了少數詞，以括弧表示。

在這一段話裏，將張學良下令「不抵抗」的原因講得很清楚，一是對日本侵華的野心估計不足，認爲只是一般性的「挑釁」，「找點麻煩」；一是認爲中日兩軍軍力懸殊，根本打不過日本人。在這兩點中，最主要的是第二點。

關於張學良拒絕在山海關對日「小加抗戰」一事，張學良在接受張之宇姊妹訪問時也曾談過此事，他回憶當時的對話情況：

汪精衛：「你在山海關一定要和日本打！」

張學良問：「中央政府有什麼準備？」「沒有（準備）？打不勝，爲什麼還打？」

可見，張學良當時反對和日本作戰的理由還是「打不勝」，就不能「打」。他之所以堅持

「不抵抗主義」，有他自己的思維邏輯。

張學良自稱「愛國狂」，他的愛國主義思想早在二十世紀二〇年代即已形成。然而，在面臨強敵進攻時卻一再主張「不抵抗」。「不抵抗」當然是絕對錯誤的，然而，人們卻不能不承認，就總體而言，張學良仍是一個愛國主義者。

五、「不抵抗主義」的「知識產權」仍然屬於蔣介石

通過上述分析，讀者可以發現，九一八之夜和九一八之後，張學良的對日政策都是「不抵抗主義」，他並未向蔣請示，也非出於蔣的授意。那末，這是否意味著「不抵抗主義」和蔣介石毫無關係呢？並非。早在一九二八年五月，蔣介石就提出了「不抵抗主義」。

當年四月，蔣介石自徐州誓師，率兵北伐，目標是打下北京，結束奉系軍閥的統治。同月十九日，日本出兵山東。五月三日，日軍在濟南肆意殺害中國軍民，殘酷殺害山東交涉員蔡公時等十七名中國外交人員。四日夜，蔣介石決定中國軍隊退出濟南，分五路渡過黃河，繞道北伐。十日，譚延闓、張靜江、吳稚暉、王正廷、蔣作賓等在兗州與蔣介石會議。當日，蔣介石日記云：

> 晨，到兗州。上午，譚延闓、吳敬恒、張人傑到。會議議至下午四時，決取不抵

抗主義，宣告中外，而各軍渡河北伐，完成革命為唯一方針。故對日本，凡可忍辱，必須至最後亡國之時，乃求最後歷史之光榮。余決心，以退至運河沿岸魯西與徐北，與之決戰也。

可能這是近代中國「不抵抗主義」的最早源頭，也是蔣介石「不抵抗主義」的濫觴。當晚，蔣介石決定對日道歉，免除第三軍團軍團長賀耀祖的職務。

十一日，日軍進攻濟南城，蔣介石日記云：

聞今又攻濟南城，昨今連命其放棄濟南，消息終不得達也。決將總部移動至濟寧，余自渡河北伐，暫避倭寇。以原定目標為奉張，如轉移於倭寇，則多樹敵，有背原則也。

蔣介石的這一頁日記說明，他之所以決定對日軍在濟南的挑釁「不抵抗」，也有他自己的思維邏輯，這就是，堅持消滅奉系軍閥的原目標，不能多增加一個敵人。

蔣介石的決定，實際上是國民黨和南京國民政府的集體決定。五月九日，國民黨中央執監委員和國民政府委員召開聯席會議，決定四條：一、令蔣、馮（玉祥）、閻（錫山）三總司令會商軍事機宜，繼續北伐。二、令李（宗仁）、程（潛）、白（崇禧）三總指揮，率湘鄂兩軍，迅速由京漢線進攻，在最短期間會師北京。三、令外交部再對日本嚴重抗議。四、由國民政府致電國際聯盟，申訴日本出兵山東、殺害中國外交官及士兵民眾，炮擊濟南及其附近種種事實。⑮這裏，沒有一條提到要對日本的挑釁予以還擊。次日下午，國民黨中央宣傳部長葉楚傖在上海報告中央應付方針，聲稱：「我們要打倒日本帝國主義，先要劃除軍閥，要準備將來的抵抗，所以現在要準備體力、財力、武力，以為將來最後最大的爭鬥。」⑯「準備將來的抵抗」，其言外之意，當然就是「現在不抵抗」。十一日，《中央日報》發表文章說：「田中義一加入張作霖、張宗昌的聯軍，多方挑釁，想要我軍雙管齊下，對軍閥和帝國主義同時攻擊，以便分散我軍的軍力。我們務必不落他們的圈套，堅持各個擊破的戰略，先完成北伐，後打倒帝國主義。」⑰這一段話幾乎和蔣介石同日的日記如出一口。

蔣介石的日記表明，「不抵抗主義」的「知識產權」仍然屬於蔣介石。

六、蔣介石的「銑電」，有耶？無耶？

關於九一八時期蔣介石的「不抵抗主義」，洪紡回憶說：

> 蔣介石於八月十六日，曾有一《銑電》致張學良謂：「無論日本軍隊此後如何在東北尋釁，我方應予不抵抗，力避衝突。吾兄萬勿逞一時之憤，置國家民族於不顧。

張學良曾將這個《銑電》轉知東北各軍事負責長官，一體遵守。」⑱

洪紡當時任陸海空軍副司令行營秘書處機要室主任，隨同張學良在北平辦公，因此，他的回憶有相當的權威性。此外，還有另一個當事人趙鎭藩的回憶，他說：當年八月，東北軍第七旅旅長王以哲曾到北平向張學良彙報日軍情況，回來後傳達說：張副司令已經派人將情況報告了蔣介石，蔣指示暫不抵抗，準備好了再幹，一切事先從外交解決。要效法印度甘地對英國不合作的辦法來應付日本，遇事要退讓，軍事上要避免衝突，外交上要採取拖延方針。他寫道：

接著，又接到張學良轉來的蔣介石的《銑電》（八月十六日），主要內容是：採取不抵抗政策，竭力退讓，避免衝突，千萬不要「逞一時之憤，置國家民族於不顧，希轉飭遵照執行」等語。⑲

趙鎭藩當時是第七旅的參謀長，北大營的守衛者。他的回憶也應該有權威性。一個洪紡，一個趙鎭藩，兩個當事人的回憶都證明有《銑電》，則《銑電》的存在似乎不容懷疑。

當年七月，長春西北萬寶山地區的朝鮮族農民因挖溝引水，與中國農民發生衝突，日本以護僑爲名毆打、槍殺中國農民多人。事後，日本即在朝鮮各地掀起排華風潮，同時揚言將向滿洲增派部隊。八月十六日，蔣介石閱讀長春市市政籌備處的萬寶山事件調查報告時，寫道：

一面交涉，一面侵襲，假交涉之談判，為侵襲之掩護，其詐欺殘酷之手段，乃人類所未有之醜技，及目的已達，乃偽讓而退。此其一步一步之螺旋而進之策略，吾已見其肺肝矣。嗚呼！天下從此多事，吾甚為民眾痛惜焉。⑳

這一段話，充滿了對日本政府的種種侵略手法的驚悚之感。上文已經指出，一九二八年五月十日，蔣介石等南京國民政府要人在兗州決定，對日軍在濟南的挑釁，「決取不抵抗主義」。次日，日軍即佔領濟南。直至一九二九年三月，中日簽訂解決濟案交涉文件，日軍才陸續從濟南撤退。蔣介石有此經歷，在面對萬寶山事件時再次重申「不抵抗主義」，完全符合其思維邏輯。

不過，《銑電》的存在也還難於論定。這是因爲：第一，洪紡和趙鎮藩的回憶均係多年後的回憶，只有片斷文字，而且，關鍵的是，該電始終不見於各種文獻檔案。台灣政治大學的劉維開教授曾遍查大陸和台灣的各類檔案，包括保存蔣介石資料最爲完整的《蔣中正總統檔案》，均不見此電。因此，他主張對此電存疑。㉑

第二，唐德剛先生在訪問張學良時，曾說：「那他這種僞造文件造得好呢，都說蔣公打電報給你，說吾兄萬勿逞一時之憤，置民族國家於不顧。又說你拿著個皮包，把電報稿隨時放在身上」。唐先生這裏提到的「吾兄」云云兩句，正是《銑電》中的關鍵字語。然而，張學良仍然表示：「瞎說，瞎說，沒有這事情。我這個人說話，咱得正經說話，這種事情，我不能諉過於他人。這是事實。」「我要聲明的，最要緊的就是這一點。這個事不是人家的事情，是我自個兒的事情，是我的責任。」㉒

前文已述，張學良多次否認「不抵抗命令」和蔣的關係。上述談話中，唐德剛雖然特別引述《銑電》的關鍵字語以提醒張，但張學良仍然堅決否認。這種情況，似非老年記憶衰退可以解釋。據此，《銑電》又似乎從來不曾存在過。前幾年，曾有人在書中稱，美國哥倫比亞大學的「毅荻書齋」的展櫃中藏有《銑電》原件，經筆者電詢該書作者，該書作者自承：「此書不足爲據。」㉓

九月六日，張學良曾有《魚電》致臧式毅與榮臻等人，電稱：

> 現在日方外交漸趨吃緊，應付一切，亟宜力求穩慎。對於日人，無論其如何尋事，我方務當萬方容忍，不可與之反抗，致釀事端。即希迅速密令各屬，切實遵照注意為要。張學良。魚。子。秘印。㉔

後來洪鈁、趙鎮藩回憶的《銑電》，也許是《魚電》的誤記？

張學良在接受張之宇姊妹訪問時，曾談過他下達《魚電》的想法：

我已經得到了情報，日本要挑釁。（所以下了）不抵抗主義的命令。我的命令大概是九月，我在醫院下的命令。九月。我忘記了，反正是九一八以前。我給東北（軍下命令），日本來挑釁，我們不要跟他抵抗，……他要來挑釁，我們要躲避……沒有想到大規模的……這種大的來啦，惹得國際的問題，世界的問題都來了。㉕

顯然，張學良所說「在醫院下的命令」，當即上述九月六日給臧、榮二人的《魚電》。兩國交戰是大事，不輕啓戰端，愼重、冷靜地處理日方的挑釁是必要的，但是，愼重、冷靜不等於完全放棄有理、有節的抵抗。以忍讓求息事，完全放棄抵抗，將會助長敵人的兇焰與野心。《魚電》雖然針對小規模衝突而言，但它仍然是一項錯誤的決策。

不僅如此，張學良後來還在《魚電》的基礎上「創造性」地向前發展了，這就是要求有關部隊收繳士兵的武器。九一八事變的第二天上午十時，張學良接受天津《大公報》記者訪問時坦言：「實告君，吾早已令我部士兵，對日兵挑釁不得抵抗。故北大營我軍，早令收繳軍械，存於庫房。昨晚（即十八日晚）十時許，日兵突以三百人扒入我營，開槍相擊。我軍本未武裝，自無抵抗，當被擊斃三人。」既然中國軍人手無寸鐵，自然只能「盡任日軍所爲」了。

七、南京國民政府的對策說明它默認並且贊同張學良的處理方針

辨明九一八事變時期的「不抵抗命令」出於張學良，並不能減輕蔣介石和南京國民政府的責任。九一八事變後，張學良力圖訴諸悲情，證明曲在日方，「證明我軍對他們的進攻，都未予以還擊，更無由我方炸壞柳條溝路軌之理」。其辦法是訴諸外交。九月十九日上午的東北幹部會議，作出的決定就是「一切聽各國裁判」。在隨後召開的東北外交委員會上，顧維鈞提出，立刻電告南京，要求國民政府向國際聯盟行政院提出抗議，請求行政院召開緊急會議處理這一局勢。㉖張學良和會議參加者都同意。其後，南京國民政府採納的就是顧維鈞的方案。

蔣介石從上海方面得到瀋陽發生事變的消息後，立即致電張學良，要張向外宣傳時，「力辟」日方散佈的侵略藉口——東北軍「有拆毀鐵路之計劃」，無一語談及軍事準備與軍事鬥爭。㉗九月廿一日，蔣介石回到南京，在召開的緊急會議上提出：「先行提出國際聯盟與簽訂非戰公約諸國，以此時惟有訴諸公理也。一面則團結國內，共赴國難，忍耐至於相當程度，乃出以自衛之行動。」㉘廿二日，蔣介石致電張學良，要求張迅令青島海軍集合塘沽，以防「與日艦發生萬一之意外」㉙此後，蔣介石和南京國民政府都一心一意寄希望於國際聯盟，在相當的一段時期內都不曾指示張學良和東北軍抵抗。這就說明，蔣介石和南京國民政府在事實上默認和肯定張學良的「不抵抗主義」。

當然，揭穿日方謊言是必要的，向國際聯盟提出申訴，爭取國際輿論的同情和支持也都是

必要的，但是，沒有下達任何一個軍事準備與抵抗的指示，卻也是不正常的。戴季陶等當時就提出：「當時當地軍隊若竟無一捨死之人，恐外無以啓世界對中國之信賴，內無以立後代兒孫之榜樣。」㉚邵元沖在參加中央黨部的緊急會議也認爲：「所謂不抵抗者，乃不先向人開火攻擊，並非武裝軍人遇敵來襲擊至包圍繳械時，猶可束手交械而謂之不抵抗主義者。民族主義，國民精神喪失已盡，安怪異族之長驅，如入無人之境也。」㉛

蔣介石和南京國民政府之所以默認並實行「不抵抗主義」。其原因和張學良一樣，也在於「恐日」，過高地估計了日本的軍事實力。一九三二年一月十二日，蔣介石下野還鄉，在奉化武嶺學校演講時說：「中國國防力薄弱」，海陸空軍不足，一旦給日本提供「絕交宣戰」的口實，「必至沿海各地及長江流域，在三日內悉爲敵人所蹂躪，全國政治、軍事、交通、金融之脈絡悉斷，雖欲不屈服而不可得」。㉜應該說，這段話道出了蔣介石的思想癥結。

蔣介石和南京國民政府之所以默認並實行「不抵抗主義」，其原因還在於「攘外必先安內」的錯誤政策。當時，蔣介石正在全心全意剿滅在江西等地不斷發展的中共和紅軍的力量，自然，對外必然採取息事寧人的對策。九月二十日，國民黨中央訓令各級黨部「喚起全國國民，努力救國」，但是，其第一條卻居然強調：「危害民族生存之赤匪必須根本剷除」。㉝

九一八之後，日本進一步企圖在華東地區挑釁。十月六日，日艦大舉來滬，蔣介石指示上海市長張群說：「日本軍隊如果至華界挑釁，我軍警應預定一防禦線，集中配備，俟其進攻，即行抵抗。」㉞一九三二年一月廿八日，日軍進攻上海閘北，蔣介石和國民政府採取「一面抵抗，一面交涉」的方針，這就較「不抵抗主義」向前進了一步了。

【附記】

此文寫成，承台北政治大學劉維開教授賜告，蔣介石《事略稿本》一九二八年五月十一日記載：「上午辰刻，電馮玉祥云：已與譚、吳諸公商決，正如兄意，對日暫取不抵抗主義，各部仍以積極北伐為原則，已分頭進行矣。」據電中「正如兄意」云云，可證馮玉祥當時亦是「對日暫取不抵抗主義」的創意者之一。

①《中日關係史料》，台北國史館二〇〇二年版，第一頁。
②《東北日報》一九四六年八月廿四日。
③《九一八事變之經過情形》，《中華民國重要史料初編》，《緒編》（一），第二六二頁。
④《張學良開口說話》，遼寧人民出版社一九九二年版，第七十五頁。
⑤《盛京時報》，一九三一年九月廿一日。
⑥《張學良全集》，香港同澤出版社一九九六年版，第四九七頁。
⑦《中日關係史料》，台北國史館二〇〇二年印行，第十三至十五頁。
⑧《張學良文集》，第五五六頁。
⑨《雜憶隨感漫錄》，台北歷史智庫出版公司二〇〇二年版，第一一七至一一八頁。

⑩《蔣介石日記》（手稿本），一九三一年六月十五日。
⑪《張學良日記》，美國哥倫比亞大學珍本和手稿圖書館藏。
⑫《口述實錄，張學良世紀傳奇》，山東友誼出版社，二〇〇二年版，第四三一至四三四頁。
⑬郭冠英：《完滿的結局——李震元陪張學良紀實》，台北《傳記文學》第八十一卷第五期。
⑭張之宇、張之丙《張學良口述歷史》，哥倫比亞大學珍本和手稿圖書館藏，未刊。
⑮《昨在首都舉行的最高聯繫會議》，《中央日報》，一九二八年五月十日，第一張第二面。
⑯《葉楚傖報告中央對日應付方針》，《中央日報》，一九二八年五月十一日，第二張第二面。
⑰彭學沛：《民衆反日運動的方針》，《中央日報》一九二八年五月十一日，第一張第二面。
⑱《九一八事變當時的張學良》，《文史資料選輯》第六輯，中華書局一九六〇年版，第廿四頁。
⑲《文史資料選輯》第六集第四頁。
⑳《事略稿本》（十一），第五五〇頁。
㉑《蔣中正的東北經驗與九一八事變的應變作為》，《九一八事變與近代中日關係》，社會科學文獻出版社，二〇〇四年版，第四三五頁。
㉒《口述實錄：張學良世紀傳奇》，第四三四頁。
㉓參見竇應泰《張學良三次口述歷史》，華文出版社二〇〇二年版，第四一八頁。
㉔《張學良文集》，香港同澤出版社一九九六年版，第四八八頁。
㉕哥倫比亞大學珍本和手稿圖書館藏，未刊。

㉖《顧維鈞回憶錄》（一），中華書局一九八三年版，第四一四頁。
㉗《中日關係史料》，第一頁。
㉘《重要史料初編》，《緒編》（一），第二八一頁。
㉙《中日關係史料》，第十二頁。
㉚《戴傳賢、朱培德電蔣中正，中央決請主席回京》，《中日關係史料》，第二頁。
㉛《邵元沖日記》，一九三一年九月十九日。上海人民出版社一九九〇年版，第七七四至七七五頁。
㉜《中華民國重要史料初編》，《緒編》（一），第三一七頁。
㉝《中華民國重要史料初編》，《緒編》（一），第二七九頁。
㉞《中日關係史料》，第廿一頁。

九．一八事變後的蔣介石

九．一八事變後，日本帝國主義迅速佔領東北全境，蔣介石的對日政策受到普遍責難。同年十二月十五日，蔣介石被迫第二次下野。這是蔣介石一生中極爲困難的時期，也是他開始調整國內外政策的起點。

一、痛憤於日本侵略，但下不了抗戰決心

九．一八事變發生時，蔣介石正乘艦自南京赴江西「剿共」。他迅速感到了事變的嚴重性。九月十九日日記云：

昨晚倭寇無故攻擊我瀋陽兵工廠，並佔領我營房。刻接報已佔領我瀋陽與長春，並有佔領牛莊消息，是其欲乘粵逆叛變之時，內部分裂，而侵略東省矣！內亂不止，叛逆毫無悔禍之心，國民亦無愛國之心，社會無組織，政府不健全，如此民族，以理論，決無存在於今日世界之道，而況天災匪禍相逼而來之時乎！余所恃者，惟一片愛

國心。此時明知危亡在即，亦惟有鞠躬盡瘁，死而後已耳。①

二十日日記云：

> 聞瀋陽、長春、營口被倭寇強佔以後，心神哀痛，如喪考妣。苟為我祖我宗之子孫，則不收回東省，永無人格矣！小子勉之！內亂平定不遑，故對外交太不注意。臥薪嘗膽，教養生聚，忍辱負重，是我今日之事也。②

這裏，蔣介石除了表示收復失地的決心外，同時也對自己忙於「安內」，「外交太不注意」的狀況作了初步檢討。廿一日，蔣介石回到南京，確定了「團結內部，統一中國，抵禦倭寇，注重外交，振作精神，喚醒國民，還我東省」的方針。這一方針成爲蔣介石調整國內外政策的起點。當日召開幹部會議，蔣介石提出，首先提交國際聯盟與一九二八年《非戰公約》簽字國，「以求公理之戰勝，一面則團結國內，共赴國難，忍耐至相當程度，以出自衛最後之行動」。③廿二日，南京市國民黨員舉行抗日救國大會，蔣介石在會上發表演說，聲稱「國存與存，國亡與亡」。他並追述一九二八年北伐爲日軍所阻的情況：「我在日本炮火之中不止一次，倭寇在濟南炮擊機射，余實倭炮中遺留不死之身。」日記云：「衆乃益悲憤，因知愛國者多，而（甘心）亡國者少，國事猶可爲也。」④

同日，國際聯盟決議中日兩國停止戰事行動，雙方軍隊退回原防，聽候聯盟派員調查裁判，蔣介石認爲這是外交的轉機，也是對內統一的好機會。廿三日，張學良派萬福麟等到南京，要求蔣介石早日與日本交涉，通過外交解決東北問題，引起蔣的不快。蔣認爲張學良「不問國際地位與國際形勢，以及將來單獨講和之喪辱」。當日，蔣介石與萬福麟談話，認爲「與其單獨交涉而簽喪土辱國之約，急求速了，不如委之國際仲裁，尙有根本勝利之望，否則亦不惜與倭寇一戰以決存亡也」。⑤

蔣介石依賴國聯，寄希望於「國際仲裁」，但是，日本帝國主義卻不把國聯放在眼裏。廿四日，日本政府覆函國聯，蠻橫地拒絕調查，聲稱「滿洲事件」不容國聯及第三國置喙，主張中日直接交涉，國聯態度因之軟化，轉而贊成日本主張。廿五日，蔣介石獲悉有關訊息後，曾有主戰的念頭。當日日記云：「如果直接交涉或地方交涉，則必無良果。我不能任其梟張，決與之死戰，以定最後之存亡。與其不戰而亡，不如戰而亡，以存我中華民族之人格。」他準備將首都遷到西北，同時集中主力於隴海路。⑥廿八日，蔣介石寫下遺囑：

> 持此復仇之志，毋暴雪恥之氣。兄弟鬩牆，外侮其禦。願我同胞團結一致，在中國國民黨領導指揮之下，堅忍刻苦，生聚教訓，嚴守秩序，服從紀律，期於十年之內，湔雪今日無上之恥辱，完成國民革命之大業。⑦

十月三日，蔣介石與熊式輝商量備戰計劃。蔣介石認爲，無論和與戰，西北實爲政府第二根據地。如南京陷落，即遷都洛陽。同日日記云：「倭寇威脅之行未殺，實不知余爲何如人耶。可笑！」⑧

日本帝國主義的侵略激起了中國人民的巨大憤怒，各地抗日救國運動迅速高漲。爲了對中國人民施加壓力，十月二日，日本軍艦在南京下關示威。五日，日本政府決議對南京國民政府提出嚴重警告，同時揚言將派五十餘艘軍艦到長江舉行大示威。次日，日艦四艘即開入黃浦江。蔣介石估計日軍有「上陸、入城」甚至開戰的可能，準備屆時通告《非戰公約》簽字國各國元首，提請他們注意保守《公約》之責任。日記稱：「余決心與倭寇一戰，此心反覺安定無事也。」⑨十月十一日，英國外交部致電其駐華公使，要他勸中國不要堅持以撤兵爲交涉之條件。蔣介石感到非常「駭異」，日記云：「余決心既定，不論各國態度與國際聯會結果如何，爲保障國土與公理計，任何犧牲在所不惜，且非與日本決戰，中國斷難完成革命也。」⑩十一月十七日，蔣介石更在日記中明確地寫道：「晚與各同志談話，余決心統師北上抗日。」⑪

蔣介石早年即具有民族主義思想，同情五・四和五・卅愛國運動。九・一八時期，痛憤於日本侵略，有準備北上抗日的打算，這是他後來之所以能堅持長期抗戰的思想原因。但是，在很長時期內，蔣介石又怯於和日本作戰。十月七日日記云：「國民固有之勇氣、之決心，早已喪失，徒憑一時之奮興，不惟於國無益，而且徒速其亡，故無可恃也。而所恃者，惟在我一己之良心與人格，以及革命之精神與主義而已。」由於日本肆無忌憚的侵略，中國人民中出現了愛國救亡的熱潮，但是，這在蔣介石看來，卻只是「一時之奮興」，「不惟於國無益，而且徒速其亡」。蔣介石靠什麼呢？「惟在我一己之精神與力量」。當然，蔣介石不會認爲他個人可以打贏日本，因此，他必然是悲觀論者。日記云：「成敗利鈍，自不能顧，唯有犧牲一己，表示國家之人格與發揚民族之精神，不能不與倭寇決一死戰。明知戰無幸勝，但國家至此，亦無可再弱，決不比諸現在再惡也。」⑫十一月廿四日日記又云：「余不下野，則必北進與倭寇決戰。雖無戰勝之理，然留民族人格與革命精神於歷史，以期引起太平洋之戰爭，而謀國家之復興。」⑬

蔣介石愛惜「民族人格」，準備與倭寇決一死戰，並預留遺囑，其抗戰決心可以說是壯烈的，但又是虛弱無力的。

這一時期，蔣介石的主要努力仍然放在外交上。九月廿五日，蔣介石組織外交顧問會。三十日，組織特種外交委員會，任命施肇基爲外交部長。十月三日，先後召見顧維鈞與顏惠慶，預定顧爲國際聯盟會代表，派顏赴北平與各國公使接洽。四日，蔣介石在南京北極閣禱告，向中國基督教領袖余日章提出三項要求：一、以國民外交名義，聯絡各國國民，與日本國民主持公道。二、囑各國新聞記者往東三省監察，公平報告。三、囑太平洋協會各國有力者督促其政府注意日本之暴行。⑭八日，蔣介石與張群談話，表示「備戰不屈之決心」。同日，又與宋美齡談「爲國犧牲之決心」。⑮

十二日，蔣介石在軍校國府紀念週報告，聲稱「以忍耐不屈之精神維護領土，以犧牲無畏之精神維護公理，盡國際一分子之責任」。當日日記云：「英美二國對余擁護公理抗禦強權之訓詞皆甚震動。」⑯當時，日本政府爲了掩飾其侵略行爲，欺騙國際輿論，擬訂了一份所謂《中日和平基本大綱》，表面上聲稱「尊重中國領土之完整」，同時則赤裸裸地要求「尊重在滿洲之日本既成條約。」⑰十月十五日，蔣介石決定堅決拒絕日方的這一大綱，他和戴季陶及特種外交委員會商量之後，決定另提《東亞和平基本大綱》以爲對抗。《大綱》明確說明東三省是中國領土，但實行「門戶開放，機會均等」政策，企圖利用矛盾，吸引列強反對日本。⑱十七日，蔣介石與各國公使談話，表示對日抵抗，不簽喪辱條約之決心。十九日，再見各國公使，囑其電告出席日內瓦國聯會議的本國代表及其政府：如國聯失敗，則東方與中國之前途不可預料，請其切實注意。⑲

國聯會議幾經曲折。十月廿三日，法國外長白里安向國聯理事會提出解決滿洲問題決議草案，限日軍在十一月十六日以前完全撤兵。廿四日表決，十三票贊成，僅日本一票反對。中國在外交上打了一個勝仗，日本代表芳澤對新聞記者稱：「今日爲余有生以來最痛苦之一日。」⑳廿五日，蔣介石日記云：「昨日國際聯合會決議，倭寇雖未承認，但公道與正理已經表現。白利〔里〕安之才能究爲可佩，以決議方式甚爲得體也。」㉑

通過國聯，進行外交鬥爭，廣泛團結世界上一切反戰國家，在道義和輿論上最大限度地孤立日本，蔣介石的這一策略並非沒有可取之處，但是，國聯的決議並不能約束日本，對侵略者，必須還之以反侵略戰爭，才能制止兇焰，維護民族利益和世界和平。

九・一八事變後，蔣介石曾稱：「事在自強，而不在人助也。」㉒但是，他還是過分相信並依賴了國聯。

二、與粵方和解

一九三一年二月底，蔣介石軟禁胡漢民。五月，汪精衛、孫科、鄒魯、陳濟棠、李宗仁等在廣州成立國民政府，形成寧粵兩個政權。九・一八事變後，蔣介石意識到這種分裂的局面必須迅速結束。九月二十日日記云：

> 日本侵略東省是已成之事，無法補救。如我國內能從此團結一致，未始非轉禍為福之機，故內部當謀統一也。㉓

廿一日，他在南京幹部會議上即提出：「團結國內，共赴國難」，「對廣東以誠摯求合作」，同時表示：一、令粵方覺悟，速來南京，加入政府；二、南京中央幹部均可退讓，只要粵方能負統一之責，來南京改組政府；三、胡、汪、蔣合作亦可。㉔當日會議並決定：「抽調部隊北上助防，並將討粵及剿共計劃，悉予停緩。」㉕廿二日，蔣介石約見吳稚暉、戴季陶等，表示願交出政權，與胡、汪合作。當日，戴季陶即受蔣之命，前往湯山，勸胡漢民重新視事。廿三日，蔣介石又派蔡元培、張繼、陳銘樞到香港與汪精衛、李宗仁、孫科等會談。雙方在廿九日決定：一、廣州國民政府與南京國民政府同時通電取消；二、雙方組織統一會議，產生統一國民政府。㉖三十日，蔣介石接到汪精衛所擬通電稿，認爲「多誣辱之句」，極爲惱怒，但他決定暫時忍耐。日記云：

當此橫逆之來，既要余屈服，又要余負責。而若輩毫無負責勇氣，既不顧大局，一意搗亂，而又無能力來組織政府。既不能令，又不受命，且乘此外侮之機，勾結敵國，動搖國本，能不痛心！此時只有逆來順受，忍辱負重，以求萬一之補救。㉗

十月一日，蔣介石電覆粵方，表示在港、粵所定條件須斟酌修改，同時表示：隨時可以恢復胡漢民、李濟深的自由；本人去留問題，俟和平會議時討論。他要求粵方到南京召開統一會議。㉘十月二日，陳銘樞、蔡元培向蔣介石轉達了粵方的意見，要求蔣先行通電表示，準備下野，蔣介石極爲惱火，日記云：

是直等於兒戲！國事危急至此，而若輩尚以敵對態度要脅不止。對國內與中央則施壓迫，對倭寇則勾結遷就，是誠無人心矣！㉙

當年七月，廣州國民政府外交部長陳友仁等赴日活動，企圖在粵派與日本之間建立「中日同盟」。㉚據日本外相幣原喜重郎密告南京國民政府駐日公使蔣作賓稱：陳友仁表示，將以「滿洲利權」換取日本對粵方的援助。㉛因此，蔣介石一直認爲，日本出兵東三省，源於粵方「賣國」。本日日記所稱「（粵方）對倭寇則勾結遷就」，指此。

十月十二日，陳銘樞回到南京，向蔣介石報告赴粵和談經過，聲稱粵方堅持須先恢復胡漢民自由，然後再談和議。十三日，蔣介石、胡漢民在中山陵會見，蔣介石同意胡漢民次日去上海。十四日，蔣介石訪問胡漢民，表示「過去之是非曲直，皆歸一人任之，並自承錯誤」。日記云，胡漢民「亦感動」。㉜當日，胡漢民赴滬。不過，這以後蔣介石對粵方的態度並未好轉。十六日日記云：「晚，以粵方與展堂阻礙，內憂甚於外患，可嘆！」十八日日記云：「晚，商粵方要求事，與胡漢民之態度，可嘆、可憐又可笑也。」廿一日，蔡元培、張繼偕同粵方代表汪精衛、孫科、李文範、伍朝樞、鄒魯、陳友仁等六人到達上海。廿二日，蔣介石與宋美齡飛抵上海，與汪精衛、胡漢民等會談，議定外交方面先求得一致，以利共赴國難；黨政軍諸方面問題，留待以後會議詳商。蔣介石當日日記云：

各報所載粵方所謂代表者談話，詆毀譏刺，未改舊態，為之駭異。與各中委相見，乃知對方提推倒中央現有組織，否認根本法紀，是胡漢民有意搗亂，使余進退兩難，而若輩既不敢負此重責，又不願知難而退，更不願置之不問，可痛、可鄙、可惡、可笑、可憐，莫甚於此，而反以為得計，不僅壁上觀火，下井推石，必欲使一切罪惡責任歸之一身，置黨國敗亡於不顧，立待國家紛亂而後快，此種卑劣政客，既陷總理於前，今且毀賣黨國，不顧一切，胡賊之罪，是在毀滅黨國於其一人之手也。㉝

對孫科，蔣介石也很不滿，日記云：「以阿科爲最不爭氣，甚爲總理嘆惜也。」當日，蔣介石回京。廿三日，粵方托蔡元培、張繼攜帶汪精衛、孫科等聯名函件赴寧，提出七項要求：一、爲共赴國難，先謀外交一致行動；二、關於黨國諸疑難問題，請寧方派代表赴滬共商；三、黨國根本問題在於集權於黨，完成民主政治乃根本原則；四、召集一、二、三屆中央委員會議，產生健全的第四次全國代表大會；五、國民政府主席擬仿法、德總統制，以年高德劭者任之，現役軍人不宜當選；六、擬廢除陸海空軍總司令一職；七、在統一會議決定以前，彼此應盡之責，雙方應照常擔負。㉞

這七條的矛頭所向是蔣介石已經掌握的權力與地位，因此，蔣介石極爲反感，日記云：

（粵方）以為中央已無辦法，故提此苛刻無理之要求。倭寇藉粵方搗亂之機以逼迫中國，粵寇借倭奴之力以倒中國，而且其推出代表全為粵人，是廣東毅然成一粵國，與倭國攻守同盟以攻中央。形勢至此，殊為我中華民族羞。對此叛逆，不可再以理諭〔喻〕，惟有負責堅持，以報黨國，豈有退步之餘地乎！㉟

根據這一認識，蔣介石一面於覆函中表示：「事關內部，無不可以開誠相見，從容商談」，㊱一面則決定略加反擊。十月廿七日，寧粵雙方代表在上海舉行預備會議。廿八日，蔣介石覆電粵方各代表，「指明其無誠意之真相」。當日日記云：

胡漢民之搗亂不法，陰謀行動，不特使余個人置於死地，且必欲毀壞黨國，將總理革命至今所有革命之歷史盡毀滅無餘。小人不可與同群，信乎！㊲

三十日日記云：

粵方全為胡漢民一人所阻礙，而汪、孫則願來合作，以不願與胡破臉，故不敢明白表示，當使之有迂迴餘地。對粵應決定方針：一、如其願就範，不破裂，則暫維統一之局面，固於對外有益也；一、如其不願就範，必欲破裂，則避免內部糾紛，使之回粵自擾。胡漢民已成過去，而其過去歷史，為阻礙總理，反抗總理，今則欲滅亡本黨，叛亂革命，無足計較也。㊳

儘管蔣介石對胡漢民滿腔怒火，但是，還是決定忍耐。卅一日日記云：

此時中央實處於內外夾攻之中，各報輿論皆為反動派所蒙蔽，是非不明，人心不定，此國家之所以亂也。吾人唯有忍辱負重，以盡職責，雖舉世非之而不能動搖我堅定之志。㊴

十一月二日，蔣介石發表演講，聲稱：「只要團結能早日實現，任何委屈痛苦都能忍受。」㊵此後，蔣介石一讓再讓。三日，蔣介石召開幹部會議，決定與粵方「無條件合開」國民黨第四次全國代表大會，解決黨內爭端。當晚再議，決定「京粵兩處分開，或在中央合開，皆隨粵方之便」。㊶十一月五日，張繼會見蔣介石，傳達粵方意見，要求分別開會，蔣介石雖然不贊成，但決定「順其意遷就」。㊷七日，上海會議決定，在南京、廣州分別召開第四次全國代表大會，雙方各自選出廿四人，成立統一的中央執行委員會。這樣，分裂、對峙的雙方就找到了團結統一的途徑。

十一月十二日，南京方面以「團結內部，抵禦外侮」爲主題，先行召開國民黨第四次全國代表大會。十七日，蔣介石決定帶兵北上抗日，以此表示「對內退讓，又欲使本黨挽救對民眾之信仰，非使代表放棄選舉競爭，誠意與粵方合作，一致對外不可」。㊸當日，蔣介石派陳銘樞赴上海邀請汪精衛來京主持會議。十一月十九日，蔣介石召集中央幹部會議，決定全部接受粵方所擬中執、中監委員一百三十六人名單，蔣介石的這一意見爲四全大會第五次會議通過。

廿一日，會議通過「追認恢復黨籍案」，承認在不同時期開除的李宗仁、李濟深、白崇禧、馮玉祥、顧孟餘、汪精衛、閻錫山等三百一十四人的黨籍。㊹蔣介石作了一個前所未有的高風格的發言。他說：「以前黨員之叛變，皆非爲中央與政府，而獨爲中正一人之故，自覺愧惶無地，使黨國益陷於艱危。故從前一切錯誤，皆由余一人任之。」㊺廿二日，會議閉幕，蔣介石自覺度過了對內的一個「難關」，日記云：「增加奮鬥勇氣不少，令人發生對黨國無窮之希望也。」㊻

冰凍三尺，非一日之寒，蔣介石與粵方矛盾已深，緩和與化解都需要時間，蔣介石十一月廿二日的日記顯然過於樂觀了。

民族利益高於一切。在外敵入侵時，必須拋棄舊日的嫌隙與糾紛，一致對外。九・一八事變前，蔣介石曾宣稱：「不先剿滅共匪」，「則不能禦侮」；「不先削平粵逆」，「則不能攘外」。㊼九・一八事變後，蔣介石力謀與粵方和解，後來又進一步發展爲與共產黨和解，從而導致全民抗戰局面出現，這是順乎潮流、合於人心的舉措。

三、學生運動的困擾

中國學生富於愛國傳統，九・一八事變發生，東北大片國土淪陷，學生們不能不奮起抗爭。這本來是一件好事，但蔣介石卻感到煩惱。九月廿四日，上海各大學抗日救國會代表到南京請願，蔣介石日記中即有「上海學生狂激」之語。廿八日，南京中央大學學生一千餘人到國民黨中央黨部請願，其後，又到外交部請願。外交部部長王正廷避而不見，引起學生憤怒，衝入王的辦公室，毆傷王的頭部。同日，上海復旦大學學生八百餘人到達南京，會同中央大學、金陵大學等校學生到國民政府請願。當日蔣介石日記云：

> 今日中央大學學生攻擊外交部，打破其頭部。上海學生來請願者簇隊絡續不絕，必為反動派所主使，顯有政治作用。時局嚴重已極，內憂外患，相逼至此，人心之散墜好亂，國亡無日矣！㊽

廿九日，蔣介石接見上海第二次進京請願學生五千人，訓話一小時餘。蔣稱：「本席亦抱定與國民共同生死之決心」。又稱：請願分散政府精力，要求學生返校讀書；如願從軍，可編入義勇隊訓練。當日，學生大批返滬。這使蔣介石略感安慰，日記云：「此乃最好現象，青年愛國守法，接受痛訓，是難得之寶也。」㊾

其後，蔣介石日記中不斷出現關於學生運動的記載：

十一月十七日，南京召開國民黨第四次全國代表大會期間，中央大學學生向會議請願，要求迅速出兵東北，收復失地。蔣介石在對學生訓話後，自覺「火氣過甚」。

十一月十八日，蔣介石出席會議途中，見到學生集合請願，「心甚嫌惡」。

十一月廿三日，蔣介石對杭州來京請願學生七百餘人訓話，「以諸葛孔明《出師表》與岳武穆盡忠報國自況」，日記云：「聽者動容。」

十一月廿五日日記云：「下午，各方學生為反動派所鼓惑，來京請願北上，故意搗亂，破壞政府，勾結日本、廣東，人格喪失殆盡，而余處境之悲慘，亦未有如今日之甚者也。胡逆漢民之肉，不足食矣！」

十一月廿六日，蔣介石與上海中學生談話。下午，學生千餘人聚集國府，要求蔣介石親書誓師詞。日記云：「國民程度至此，殊為國家危也。共產與粵派必欲毀滅國府，敗壞國家，滅亡民族而後快，可嘆亦可恨也。」

不過，這一時期蔣介石儘管討厭學生運動，並且懷疑背後有人操縱，但總的來說，還是有耐心的。十一月廿七日日記云：「數日以來，對各地來京之學生接見訓話，約二萬人，可謂用盡精力以應之。幸未發生事故，且受〔收〕幾分好影響，是乃對內最難最險之關鍵乃以平順過去，豈非至誠足以動人乎！」日記又云：「對日固難，而對內更難。倭事乃由國內賣國者所發動也，胡展堂、陳友仁之肉，不足食矣！」

國難危急，蔣介石的空言保證自然平息不了學生們的請願熱潮。面對方興未艾的學生運動，蔣介石的憎惡之情日漸增加。十一月三十日，對上海工人代表及北平國民大學生訓話。日記云：「可惜而最可痛者，乃一般盲從幼稚之青年，令之安心求學以盡救國之道則不聽，煽以浮躁曠荒則樂從。國無紀律，人無道義，此國事之所以紛亂，胡、汪、孫肉，不足食矣。」

十二月二日，蔣介石接見北平及徐州各校學生請願團，表示接受請願各點，並表示中央全會之後，即當北上抗日。日記云：「（學生）無理取鬧，殊可憐。國事至此，人不成人，未知黨部所爲者何事，竟使一般群眾皆爲邪說所誘，邪黨所操縱，而與政府爲難，此皆余用人不得其任之過疚，而於他人無與也。」㊿

儘管蔣介石一再接見學生，表示抗戰決心，但是，由於不見實際行動，學生們對南京國民政府和蔣介石的態度日趨激烈。十二月四日，北平大學生示威團到達南京。蔣介石日記云：「殊爲可嘆，不向敵國示威，而向政府示威，此中國之所以被辱也，設法制止之。」當日下午，蔣介石對北平各校代表及各處大學生一千兩百人作長時間訓話。次日，北大南下示威團在南京遊行示威，呼喊「反對政府出賣東三省」、「打倒賣國政府」等口號，南京國民政府即採取鎮壓措施，蔣介石日記云：「北平大學生示威團在京暴動，毆辱軍警，乃即拘捕百餘人，惟禁止軍警開槍。」(51)

南京國民政府的鎮壓措施進一步激起了學生的反對。濟南、北平、上海學生大批在車站候車，準備到南京請願。十二月七日，蔣介石接見武漢大學及南京抗日會學生，日記云：「青年之無智無禮，殊爲民族寒心也。」八日日記云：「中大學生梟張已甚，各處學生亦爲少數共產黨所操縱。」這時，蔣介石已決定進一步鎮壓：日記云：「於此危急之局，若畏殺戮慘痛，若不準備最大犧牲，何能達此目的。如能倖免流血，則爲黨國之福；否則，惟有以菩薩心腸而下雷霆之怒，有何懼哉！」所謂「雷霆之怒」，自然是超乎拘禁以上的手段了。但是，蔣介石的主張受到部分人的反對。

十二月九日日記云：「一般書生對萬惡反動盲從之學生仍主放任，不事制裁。嗚呼！天下事皆誤於書生之手也！」同日，上海各校學生五千多人赴市府請願，要求懲辦市公安局長及市黨部工作人員，釋放被綁架學生。下午五時，學生三百餘人到市黨部請願，因無人接見，將市黨部辦公室搗毀。十日，蔣介石與有關人員商量對付辦法，決定「姑以緩和辦法應付之」。當晚，會商鎮壓辦法，何應欽態度猶疑，引起蔣介石不滿。日記云：「敬之到緊要關頭，彼必毫不負責，而且怨恨無權，此最可恨之事也。」㊾

十五日，北平南下抗日救國示威團五百餘人赴外交部示威，將各辦公室搗毀，續赴中央黨部，將蔡元培、陳銘樞毆傷，架出門外。警察鳴槍，奪回蔡、陳二人。日記云：「學生暴橫至此，而先輩猶主寬柔，竟使全國秩序不安。如此無政府放任主義，何以能完成革命立國之責任也？」十七日，南京、上海、北平、江蘇、安徽等地學生萬餘人在南京舉行總示威，砸毀國民黨中央黨部黨徽。下午，因抗議對運動的不真實報導，搗毀中央日報社。南京國民政府當局出動軍警鎮壓，重傷三十餘人，拘捕六十三人。㊿日記云：「無法已極，若再不制裁，誠欲敗壞學風，滅亡種族矣！」

不過，蔣介石這時還堅持接見學生。十二日，接見濟南學生三千餘人，在凍天立談兩小時。日記稱：「幾受侮辱」，「余挺身和解，至少四分之三以上之學生能受理解感化，而極少數之學生亦無可奈何也？」十四日日記云：「對請願學生代表解釋一一。青年有理性者居多數，而少數敗類，橫行無忌，毫無禮義，殊爲國家悲痛也。」

學生年輕熱情，有時不免有過激舉動，但是只要南京國民政府改對日妥協爲對日抵抗，學生們的愛國熱情就會轉化爲愛國的巨大力量，對政府的態度也會隨之相應改變。蔣介石只看到學生運動「分散政府精力」以及反對政府的一面，這就走進了誤區。

十二月四日，蔣介石總結失敗原因，認爲其一是「對於學者及知識階級太不接近，各地黨部成爲各地學者之敵，所以學生運動全爲反動派操縱，而黨部毫無作用，且有害之。」㊼應該說，蔣介石的這一總結沒有抓到關鍵。

四、下野及其反思

在內外交迫的情況下，蔣介石不得不考慮自己的進退問題。

爲了化解與粵方的衝突，蔣介石在九・一八當晚，就有召開四中全會、本人「引疚辭職」的考慮。㊽九・一八事變後不久，蔣介石又與吳稚暉、戴季陶談話，表示「要胡、汪合作，余交出政權」之意。㊾但是，蔣介石內心矛盾，猶豫不決。

十月十五日，蔣介石與戴季陶商量，決定電告粵方：「統一會議開始之日，即爲中正辭職之時；或粵方委員能既允擔任中央政治，則中正以付託有人，即當引退。」㊿這是決定退了，然而，十月廿七日日記云：「當此國難，決心負責到底，任何誹謗，在所不計」。卅一日日記又云：「吾人惟有忍辱負重，以盡職責，雖舉世非之，而亦不能動搖我堅定之志。完成革命，挽救危亡，惟在此一片堅決之心耳。」這就是又決定不退了。

這一時期，蔣介石不斷與李石曾、吳稚暉等人商量，意見不一。十一月廿四日，蔣介石與熊式輝商量，聲稱：「以國家利益爲前提，如果余下野之後，國家能統一，外交能解決，則余之下野不失爲革命者之立場。」㊿十二月六日，蔣介石設想了一個解決矛盾的辦法。日記云：「此時對國事只有進退二途。進則積極負責，對內開國民大會，解決國事，對外在國聯公證之下解決交涉，成敗毀譽，皆由余一人任之，以待後世之公論。退則消極負責，以助繼任人之成功。」同月七日，蔣介石與幹部們談話，表示要召開國民大會，「以本黨政權提早奉還國民」，但吳稚暉認爲「此著太險，現在只有安定制動」。㊾

吳稚暉是蔣介石的智囊。蔣介石覺得吳的「安定制動」說很有道理，準備接受。但是，廣東方面卻不讓蔣介石「安定」，始終堅持以其下野爲合作條件。不僅孫科等如此，連這時還站在南京方面的陳銘樞也如此。十二月十一日，蔣介石日記云：

> 聞真如之言，乃知哲生等必欲強余辭職始快，真如亦受若輩之迷而未深思國家大計，以余之領袖而堅強之幹部動以退讓為得計，內部之心不一，領袖之志難行。然而余不能用人，而幹部左右又不能容人，此國家之所以不定也。余對於政治哲學近得二語曰：「政者進也，貪者退也。」領袖欲進而幹部欲退，雖有大力，無以推動也！

十二日，蔣介石再次與幹部們商量進退問題。李石曾、吳稚暉、戴季陶、吳鐵城不主張蔣介石下野，何應欽、陳銘樞則希望蔣介石儘快下野。蔣對李石曾等稱：

此時救國，惟有余不退之一法，而欲余不退，唯有改為軍事時期，一切政治皆受軍事支配，而聽命余一人，則國始能救。否則，如現在群言龐雜，主張不一，不許余主持一切，彼此互相牽制，徒以無責任、無意識、無政府之心理，利用領袖為傀儡，則國必愈亂而身敗名裂，個人無論如何犧牲，亦不能救國之危亡也。(60)

召開「國民大會」，是以民主的辦法解決矛盾；「改爲軍事時期」，「聽命余一人」，是以獨裁的辦法解決矛盾。然而這兩點當時都不可能做到，蔣介石想來想去，只有下野了。

十三日，蔣介石與吳鐵城談話，表示決不能將權力讓給孫科。日記云：

與鐵城談哲生不肖，總理之一生為其所賣。彼到結果，不惟賣黨，而且賣國。余為總理情義計，良心上實不敢主張哲生當政，乃愛之也。

同日，蔣介石與陳銘樞談話，聲稱如粵方十六日尚不來，則以後不再與之調和；如十六日以前能來，則自己可早一日退讓。十二月十四日，蔣介石決心辭職，邀請各幹部會商辦法。十五日，蔣介石向中央常務會議提出辭呈，聲稱「國事至此」，必須「從速實現團結」，要求辭去國民政府主席、行政院長、陸海空軍總司令各職。㉑會上，「群言龐雜」，蔣介石覺得極度淒酸，日記云：

以手造之國家，辛勞八年，死傷部下三十餘萬，猶親生扶長之子，欲使一旦放棄，不能相見。經國赴俄不歸，民國扶持不長，皆欲使我一旦棄去。而今日又為慈母六十八歲誕辰。嗚呼！於國為不義，於黨為不忠，於母為不孝，於子為不慈，能不愧怍，未知以後如何自反，報答親恩與黨國也。

十六日，蔣介石到國民政府辦理交代。十七日，孫科等五代表到蔣介石寓所見面。十八日，蔣介石與汪精衛、陳璧君、陳公博談話。汪精衛要求蔣介石出任監察院長，蔣介石表示同意，他對孫科出任行政院長表示疑問，認爲外交部長一職，陳友仁不如伍朝樞。十九日，蔣介石參加中央執行委員會談話會，日記云：

汪派在滬選舉十人，與粵方爭持，始則粵與中央之爭，今則粵又自爭，此種爭攘權奪利之政客，毫無革命精神。

汪精衛本來與胡漢民合作反蔣，十一月十八日，在廣州共同召開另一個國民黨第四次全國代表大會，但不久即鬧翻，汪派改到上海，舉行又一個國民黨第四次全國代表大會。十二月二十日，蔣介石與陳布雷商量後，決定不參加黨務。(62)廿一日日記云：「明日開一中全會，腐、惡化分子麇集一堂，誠所謂一丘之貉也。」廿二日，蔣介石出席在南京召開的寧、粵、滬等各方合流的國民黨四屆一中全會，見到了他所憎惡以及曾被他打倒過的許多人，大受刺激。日記云：

腐惡敗類，凡為余之仇敵，皆被余打倒者，今皆齊集一堂，與之相晤。余對彼等，惟有可憐、可笑、可嘆，而毫無芥蒂之嫌。以若輩敗類，皆不足為我仇也。

蔣介石既然認爲這幫人都是「腐惡敗類」，自然也就認爲不值得與之「同群」。同日，蔣介石不顧出任監察院長的許諾，乘機離寧。

蔣介石返里後，曾進行反思，十二月廿四日日記云：

今次革命失敗，是由於余不能自主。始誤於老者，對俄對左，皆不能貫徹本人主張，一意遷就，以誤大局；再誤於本黨之歷史，允納胡漢民、孫科，一意遷就，乃至於不可收拾；而本人無幹部、無組織、無情報，以致外交派唐紹儀、陳友仁、伍朝樞、孫科勾結倭寇以賣國，而未之預知。陳濟棠勾結左桂各派，古應芬利用陳逆，皆未能信，乃致陷於內外夾攻之境，此皆無人之所致也。

「老者」，應指孫中山。蔣介石這一則日記批評了包括孫中山在內的許多人，而且將「革命失敗」的原因歸結爲「余不能自主」，這是一句反映蔣介石個人思想的高度性格化的語言，不過，這並不是他「失敗」的真正原因。前文曾談到，九·一八事變後，蔣介石有開始調整國內外政策的動向。這一則日記說明，他的思想認識還遠遠落後於現實。真正將國內外政策轉軌到對日抗戰上來，還是幾年以後的事。

（原載台北《傳記文學》一九九五年十月號，據拙著《找尋真實的蔣介石》收錄，香港三聯書店，二〇〇八年三月版。）

① 《蔣介石日記》（手稿本），一九三一年九月十九日。
② 《蔣介石日記》（手稿本），一九三一年九月二十日。
③ 《蔣介石日記》（手稿本），一九三一年九月廿一日。
④ 《蔣介石日記》（手稿本），一九三一年九月廿二日。
⑤ 《蔣介石日記》（手稿本），一九三一年九月廿三日。

⑥《蔣介石日記》（手稿本），一九三一年九月廿六日。
⑦《蔣介石日記》（手稿本），一九三一年九月廿八日。
⑧《蔣介石日記》（手稿本），一九三一年十月三日。
⑨《蔣介石日記》（手稿本），一九三一年十月六日。
⑩《蔣介石日記》（手稿本），一九三一年十月十一日。
⑪《蔣介石日記》（手稿本），一九三一年十一月十七日。
⑫《蔣介石日記》（手稿本），一九三一年十月七日。
⑬《蔣介石日記》（手稿本），一九三一年十一月廿四日。
⑭《蔣介石日記》（手稿本），一九三一年十月四日。
⑮《蔣介石日記》（手稿本），一九三一年十月七日。
⑯《蔣介石日記》（手稿本），一九三一年十月十七日。
⑰《蔣作賓日記》，一九三一年十月廿六日，南京：江蘇古籍出版社，一九九〇，第三六〇頁。
⑱《蔣介石日記》（手稿本），一九三一年十月十五日。
⑲《蔣介石日記》（手稿本），一九三一年十月十七、十九日。
⑳王芸生《六十年來的中國與日本》第八卷，北京：三聯書店，一九八二，第二六八頁。
㉑《蔣介石日記》（手稿本），一九三一年十月廿五日。
㉒《蔣介石日記》（手稿本），一九三一年十月十四日。

㉓《蔣介石日記》（手稿本），一九三一年九月二十日。

㉔《蔣介石日記》（手稿本），一九三一年九月廿一日。

㉕秦孝儀《總統蔣公大事長編初稿》卷二，台北，一九七八，第一二九頁。

㉖《粵事已有解決》，《申報》，一九三一年九月三十日。

㉗《蔣介石日記》（手稿本），一九三一年九月三十日。

㉘《京粵和平前途》，《申報》，一九三一年十月一日。

㉙《蔣介石日記》（手稿本），一九三一年十月二日。

㉚幣原喜重郎，《外交五十年》，東京：讀賣新聞社，一九五一，第一四六至一五〇頁。

㉛《蔣作賓日記》，一九三一年九月卅一日。

㉜《蔣介石日記》（手稿本），一九三一年十月十四日。

㉝《蔣介石日記》（手稿本），一九三一年十月廿二日。

㉞《粵代表致蔣介石函》，《申報》，一九三一年十月廿七日。

㉟《蔣介石日記》（手稿本），一九三一年十月廿三日。

㊱《蔣介石覆粵代表函》，《申報》，一九三一年十月廿七日。

㊲《蔣介石日記》（手稿本），一九三一年十月廿八日。

㊳《蔣介石日記》（手稿本），一九三一年十月三十日。

㊴《蔣介石日記》（手稿本），一九三一年九月卅一日。

(40) 秦孝儀《總統蔣公大事長編初稿》卷二，第一四五頁。

(41) 《蔣介石日記》（手稿本），一九三一年十一月三日。

(42) 《蔣介石日記》（手稿本），一九三一年十一月五日。

(43) 《蔣介石日記》（手稿本），一九三一年十一月十七日。

(44) 榮孟源主編，《中國國民黨歷次代表大會及中央全會資料》，北京：光明日報出版社，一九八五，第四五至四七頁。

(45) 《蔣介石日記》（手稿本），一九三一年十一月廿一日。

(46) 《蔣介石日記》（手稿本），一九三一年十一月廿二日。

(47) 《蔣總統秘錄》，台北，中央日報社，一九七六，第七冊，第一八五頁。

(48) 《蔣介石日記》（手稿本），一九三一年九月廿八日。

(49) 《蔣介石日記》（手稿本），一九三一年九月廿九日。

(50) 《蔣介石日記》（手稿本），一九三一年十二月二日。

(51) 《蔣介石日記》（手稿本），一九三一年十二月五日。

(52) 《蔣介石日記》（手稿本），一九三一年十二月十日。

(53) 《申報》，一九三一年十二月十八日、十九日。

(54) 《蔣介石日記》（手稿本），一九三一年十二月四日。

(55) 《蔣介石日記》（手稿本），一九三一年九月十八日，

56《蔣介石日記》（手稿本），一九三一年九月廿二日。
57《蔣介石日記》（手稿本）一九三一年十月十五日。
58《蔣介石日記》（手稿本），一九三一年十一月廿四日。
59《蔣介石日記》（手稿本），一九三一年十二月七日。
60《蔣介石日記》（手稿本），一九三一年十二月十二日。
61《總統蔣公大事長編初稿》，卷二，頁一六〇。
62《蔣介石日記》（手稿本），一九三一年十二月二十日。

黃郛與塘沽協定善後交涉

——讀美國所藏胡漢民檔案

日軍於一九三三年初攻佔山海關與臨榆縣城後，迅速佔領了河北省大片土地。同年五月卅一日，由蔣介石、汪精衛授權，國民黨政府華北當局負責人何應欽、黃郛與日本侵略者簽訂了屈辱的塘沽停戰協定。其後，國民黨當局又接著和日方進行了接收戰區以及與之相關的關內外通車、通郵等談判，史稱塘沽協定善後談判。

對於塘沽協定，學術界研究已多；但是，對長達一年半之久的塘沽協定善後交涉，學術界迄今研究尚少。本文將根據美國哥倫比亞大學珍本和手稿圖書館所藏黃郛檔及其他有關資料，闡述並討論這一問題。

一、國民黨中央確定「委曲求全」方針與強硬派的反對

塘沽協定簽字之後，輿論大嘩。六月二日，南京國民政府國防會議討論停戰協定，「嘖有煩言」，決定次日開政治會議再決。當日，汪精衛致電何應欽、黃郛，告以「明晨政治會議如加否認，則弟個人負責，聽候處分。」，「如監察院彈劾，弟亦準備接受」。①六月三日，國

民黨中央政治會議討論，以協定未經中央核准，即行簽字，提議懲戒前方軍事當局。汪精衛即稱，請先懲戒他本人，同時出示蔣介石六月一日的電報，其中有「中正身爲軍事最高長官，既授權處置，尤願自受處分，獨負其責」之語。②會議決議「應無庸議」。③立法院方面，經過孫科解釋，得以通過。

在南京政府外交人員中，不少人反對黃郛、何應欽簽訂塘沽協定。事前，外交部長羅文幹、常務次長劉崇傑對談判情況所知甚少。五月廿五日，何應欽派徐燕謀在密雲與日方草簽了一份備忘錄（覺書），內容與幾天後簽訂的塘沽協定大致相同。

外交部曾將該備忘錄電告出席國聯代表顧維鈞、郭泰祺、施肇基等。施覆電直率地表示，「政府目前政策，基未能表示同情。」顧表示：日方所開一切條件、內容與字面，「均片面口氣，令我難堪」。郭表示：日方條件「未免過虐」。④六月五日，羅文幹呈請辭職，蔣介石以外交緊急，要羅勉爲其難。羅隨即請病假。不久，羅被派往新疆視察。八月十八日，汪精衛以行政院院長身分自兼外交部長。廿二日，以唐有壬任常務次長。唐是留日學生，日本通，汪精衛的摯友。汪、唐二人共同執掌外交，南京政府的對日妥協政策就完全處於支配地位。

當時，蔣介石一心一意在江西剿共，急於以對日妥協換取華北安定，以便保證剿共軍事。九月六日，蔣介石、汪精衛、孫科、宋子文、吳稚暉、李石曾、張靜江、吳鐵城、孔祥熙、唐有壬、蔣作賓、楊永泰等在牯嶺召開談話會。此前，宋子文在國外曾和顧維鈞、郭泰祺、顏惠慶等擬訂了一份旨在長期抗日的計劃，其內容包括：經濟上抵制日貨，政治上激勵東北義勇軍，外交上推動國際一致行動，國內努力實現政治團結、政治緩和、實行憲政，以及制訂國防計劃、建立基礎工業、發展全國戰略運輸網等。顧、郭等並推宋子文回國向政府首腦面陳。⑤然而，廬山談話會沒有採納宋子文等人的意見，會議作出的結論是：「現在國勢阽危，興亡之機，間不容髮，對外對內，皆應委曲求全。」會議確定的對日方針爲：「除割讓東省、熱河，承認僞國，爲絕對不可能外，對其他次要問題如稅則等，仍應與之作相當之周旋，謀適宜之處置，並極力避免一切刺激日方情感之行動及言論。對華北當局，並賦以相當自由之許可權，以期應付圓滑。」⑥這就是說，完全批准華北當局在簽訂塘沽協定中的作爲，準備賦予更大的處置權；除割讓東北、承認僞滿洲國外，在其他「次要問題」上，準備向日本侵略者作進一步的妥協，同時嚴禁國內的抗日運動。所謂「對內對外，皆應委曲求全」云云，實際上專指對外。儘管南京國民政府標榜安內攘外，但正如當時美國外交官員所分析的，事實上是「安外攘內」。⑦

還在長城抗戰期間，汪精衛就曾公開表示：「在最低限度以內，我們不惜委屈求全。」⑧塘沽協定簽訂前夕，蔣介石也指示說：「事已至此，委屈求全，原非得已。」⑨廬山談話會的決議將「委屈求全」改爲「委曲求全」，除了文字上較爲冠冕外，實質並無不同。將之載入決議，標誌著蔣介石、汪精衛對日妥協政策的進一步明確，並且形成爲國策。

對廬山談話會確定的方針，黃郛非常滿意。九月十一日，黃郛致電其親信殷同稱：「此次牯會，蔣極負責，故其議決案於弟適合，而程度且出弟希望之上。」⑩廬山談話會前，黃郛曾應召南下，向蔣介石彙報華北情況，陳述對日外交意見，顯然，廬山談話會的議決案有黃郛的作用在內。

儘管廬山談話會確立了蔣、汪的對日妥協政策，但是，國民黨內部已經形成了聲勢頗盛的強硬派。「九・一八」事變之後，國民黨內部要求抗日的呼聲漸盛。塘沽協定簽定前後，逐漸形成了幾個集團。西南方面，以胡漢民為首，包括鄒魯、鄧澤如、蕭佛成、李宗仁、白崇禧等；香港和福建方面，以李濟深為首，包括陳銘樞、蔣光鼐、蔡廷鍇等；華北方面以馮玉祥為首，包括方振武、吉鴻昌等；其他方面以程潛、李烈鈞為首，包括王法勤、朱霽青、鄧家彥、傅汝霖等。他們以各種不同方式反對蔣介石和汪精衛的對日妥協政策。其中，胡漢民、馮玉祥、陳銘樞等並曾積極計劃，準備南北合作，反蔣抗日，以軍事行動推翻南京政府。⑪一九三三年五月末，馮玉祥在察哈爾組織抗日同盟軍，十一月，李濟深、陳銘樞等在福建成立人民革命政府，都是這一計劃的部分體現。因此，南京政府在貫徹對日妥協政策方面不能不有所顧忌。

塘沽協定簽訂之後，日本侵略者即逼迫南京國民政府解決和偽滿洲國的通車、通郵等問題。十一月二日，汪精衛致電黃郛，告以國防會議討論情況：「郵政、通車、關稅諸問題，關係重大，而郵政尤為各國所注視。稍一不慎，即蹈承認偽國之嫌，日本且將執以塞國聯及美國之口，故郵政問題以不談為宜。」⑫同日，再致黃郛一電云：「近來因財長更迭，乘風作浪者以為不止財政問題，實以外交轉變為主因。」⑬十月下旬，宋子文因與蔣介石意見不合，辭去行政院副院長及財政部部長職務，電中所稱「財長更迭」，指此。

十一月三日，唐有壬致電黃郛稱：「道君憤堯峰不爲牧仲之助，藉口外交政策，作推倒堯峰，以期牧仲復職之運動，道子亦加入。並聞聯合華北將領，以聯治爲名，發電攻擊中央。此事南沙已有預防，望公嚴密注意。對東軍交涉，尤乞千萬謹慎從事，完全以中央意旨爲標準，應使彼等無借口爲禱！」⑭次日，再電云：「道君鼓煽政潮甚力。今日立法院開會，指摘通郵、通車，並要求堯峰出席說明，此爲彼輩破壞計劃之第一步。」唐告誡黃郛在對日交涉時小心：「數星期內，須極端警戒，以免爲彼輩所乘也。」⑮兩電所稱道君，指李烈鈞，堯峰，指汪精衛，牧仲，指宋子文，南沙，指蔣介石，東軍，指關東軍。電中所稱「推倒堯峰，以期牧仲復職」，指當時一部分國民黨人的反汪擁宋傾向。

兩電充分反映出，以對日政策爲核心，國民黨和南京政府內部正在展開著一場政治鬥爭。

二、長春—大連—北平會談

塘沽協定簽字後，首先進行的是接收戰區談判。

根據塘沽協定：中國軍隊撤至延慶、昌平、高麗營、順義、通州、香河、寶坻、林亭口、寧河、蘆台所連之線以西、以南地區，爾後不得越過該線，不得有對日軍的「挑戰擾亂」行爲；日軍可用飛機或其他方法視察，在確認中國軍隊已遵守上項規定時，不再越過該線追擊，

「且自動概歸於長城之線」。⑯上述停戰線與長城線之間的地區（即所謂戰區）由中國警察機關維持治安。

六月廿二日，黃郛命殷同及軍事委員會北平分會代表雷壽榮赴長春，與關東軍參謀長小磯谷昭、副參謀長岡村寧次等會談。討論中沒有發生大的爭論。日本方面給了中國方面一些小的滿足，但在關鍵之處則不肯讓步。例如：一、中國方面要求停止平津上空日機飛行，以安人心，達成的協定是：日本方面禁止無意義之飛行。這就是說，只要日軍認爲有意義，仍然可以自由飛行。二、中國方面要求從速接收戰區各縣政，以便遣送難民回籍，達成的協定是：關於中國軍隊不進入地域難民之遣歸，日本方面以好意聽中國方面自由處理。三、關於撤兵區域內李際春等非法部隊的處理，達成的協定是：就李部選擇三千至四千人改編爲中國警察隊，配置於中國軍不進入地區內，由李任保安司令。其餘作爲暫編旅，移駐他所。這樣，這支由日本人豢養的非法部隊仍然得以保存。四、中國方面要求從速接收北寧路，協定是委任北寧路局與奉山路局交涉。等等。⑰

七月二日，雷壽榮、殷同、薛之珩赴大連與日方進一步會談。日方參加者爲：岡村寧次、喜多誠一、僞軍李際春、僞滿奉山鐵路局長闞鐸等。日方曾企圖令僞滿洲國代表參加，因中方反對作罷。四日，黃郛致電蔣介石報告：「此次交涉，嚴令赴連人員遵守下列二條辦理：（一）無文字交換及簽訂；（二）認定關東軍爲對手方，不得涉及僞國人員。⑱其間，唐有壬致電黃郛，告以報紙對大連會議「多肆臆測，致有第二協定之謠」。關於北寧路通車問題，唐提出，「因易惹起與僞國交涉之嫌，萬乞注意」，「以榆關爲限，即可避嫌也」。⑲六日，大連會議結束。雙方商定：（一）所有戰區以內僞軍，三分之二遣散，三分之一收編爲河北省保安隊；（二）在日軍撤走後，北寧路由中國方面管理。最初，日方曾要求蘆台至山海關一段由中、日、「滿」三方組織委員會共同管理，因中方反對作罷；（三）自十日起，中方依次接收灤東、平北地區。⑳

十一月六日，日本關東軍副參謀長岡村寧次等抵平，向黃郛、何應欽提出《關於北支善後交涉之商定案》草案一件，其內容爲：第一，日方同意「北支政權」從速接收「不含長城線之長城以南及以西地區」，爲此，「北支政權」應達成下列「諒解」：一、長城線各關門之警備權屬於日滿側；二、凡有日本軍駐屯之住民地，概不配置武裝團體。第二，「北支政權」在其接收區域內容忍滿洲側設置必要之各種機關。第三，「北支政權在接收地域內對於日軍提供必要之土地、房屋，以備暫時駐屯。第四，爲設定與「滿洲國」相互之通商、貿易、交通、通信、航空聯絡等起見，從速指定委員開始交涉。㉑這一草案實際上要求中國政府放棄長城以北和以東的大片國土，承認僞滿洲國，同意日軍在華北地區駐屯，相反，中國軍隊則必須退避。

這是較之塘沽協定更嚴酷的侵略條件。七日，雙方開始會談。岡村寧次表示：滿洲國已經日本天皇詔策承認，有日本一日，即有滿洲國一日。黃郛則表示：無論何種方案，內容如帶有承認滿洲國之意味者，在我方立場上決辦不到。岡村隨即表示：貴方苦衷，我方甚爲諒解。草案中於滿洲國境字樣，均避而不用。但有一二處，爲求文義顯明，不能不用，如有好文句，不妨酌改。㉒這樣，岡村就明確無誤地擺出了架勢：文字可以修訂，而實質則絕不能變動。當日下午，由雙方指定人員會談。中國方面爲殷同、殷汝耕、陶尚銘，日本方面爲喜多誠一、根本博、花輪義敬。當晚，黃郛、何應欽致電蔣介石、汪精衛報告說：「修改條項要點在酌量容忍其骨子，而將僞國關係字句徹底刪除。」這就是說，只要不出現滿洲國字樣，準備接受岡村所提草案的「骨子」。黃、何二人保證：「在未定議之前，雙方絕對不發表；即令定議，亦不換文，不簽字。」㉓

談判中，日方態度蠻橫。八日，黃郛、何應欽向蔣介石、汪精衛報告說：「在磋商時，遇我主張歧異之處，彼方屢次表示堅決態度，謂我方如不願接受，寧可一事不談，一任事態遷移。」㉔當日，雙方曾經達成協定，商定了一份「會談式之記錄」，共四項。黃郛、何應欽認爲第一項於我有利，第二、第三兩項係目前實際，第四項尚有待於將來商量，準備定案了。但是，二人又擔心強硬派反對並掀起政潮，向蔣、汪報告說：「默察近日中樞政情，勢有不容正式請示核准再爲定議之處，岡村等又不願久留……不得已擬先與商定，但仍聲明，具體協商仍須請示中央辦理，本件統照大連會談辦法，不簽字，不換文，不發表，以免形成外交文書。」二人並提出：「對中樞，應否暫緩提出正式報告，免爲無謂糾紛，謹候電示。」㉕

九日，再電蔣、汪說：「此次商談，得將僞國字句盡情刪除，煞非容易；北支政權，亦改爲華北當局。所有談話，不簽字，不換文，亦均做到。惟各自記錄，以免遺忘一層，勢難避免。此次到此程度，在彼方確已萬分遷就。此外，並以須俟政局稍安，方能呈報中央，指派專員，逐次協商細目，求其諒解。」㉖然而，黃、何二人並沒有高興多久，九日上午討論時，日方聲稱接到關東軍司令官的訓電，提出了一份新的修正稿，強迫中方接受。黃、何二人又不得不立即向蔣、汪報告，電稱：「談話時且不容我方爭持，表示此爲關東軍最後讓步，我應認清自己地位，瞭解此項談話爲塘沽協定之軍事善後，非同對等交涉。壓力之高，幾使我不能忍受。」㉗

面對日方高壓，黃郛等「茹痛強顏，仍與周旋」，㉘殷同甚至哀哀乞憐：「此次會談，吾人以弱者地位應付強者，既不能以力爭，又不能以理爭，只好強顏以好意奉求耳！」㉙當夜，雙方達成協定，形成了一份《關於停戰協定善後處理會談》及《關於本會談之諒解事項》的非正式文件。除了沒有出現「滿洲國」的字樣，「北支政權」改爲「華北當局」外，和岡村寧次最初提出的草案並無多大不同。十日，蔣介石指示黃郛從東京方面設法緩和，汪精衛指示「最要兩點」：一、至多只用記錄；二、記錄中聲明此爲塘沽協定未了事件之一部分，毫無承認僞國之意。㉚但是，這已經是馬後炮了。

汪精衛、黃郛、何應欽等希望悄悄地談判，儘量不留痕跡，不露風聲，不受到輿論抨擊。但是東北已失，人們不能不關心華北的命運，擔心再出現先簽字後報告的第二個塘沽協定。十一月九日，國民黨中政會召開談話會，焦易堂、石瑛、居正、陳肇英、苗培成、洪陵東等紛紛發言，認爲在與日方談判時，絕對不得議及與僞滿洲國通車、通郵、設關等問題。次日，立法院會議，意見大體相同，有人並提出：「即下決心，在華北開始軍事行動。」㉛這一切，使汪精衛極為惱怒，他致電黃郛、何應欽說：「中國人專尚虛驕，〔好〕為大言，弟不覺可氣，轉覺可悲。」他要求二人「當此紛紜眾議之際」，「堅守吾人已決定之原則，沉著進行」。㉜

黃郛、何應欽與岡村寧次等人的會談雖然只形成了一份會談記錄，沒有履行簽字、換文等手續，但它事實上是塘沽協定之後的又一個喪權辱國的協定，黃郛於事後既痛苦，又擔心。十一月十日，他致電唐有壬說：「外有強鄰，內多猜疑，吾輩身入重圍，處於迎拒兩非之窮境。痛苦之深，異地同感也。」㉝但是，他仍然認為在當時的條件下，只能妥協。十一日，他又致電蔣介石說：「我既無實力以取消偽國之存在，我又何能憑口舌以阻止偽國之進行！深盼能使各方瞭解此實際環境，外瞻內審，共濟艱危。」㉞

黃郛非常關心中政會談話會的情況和社會輿論。他很快就發現，輿論對他既不諒解，更不支持。十一月十四日，他致電汪精衛，要求辭職，電稱：「吾人猶在此忍辱含垢，勉支危局者，無非希望各方懺悔既往，奮發將來，因急公而捐私，為求伸而受屈，如此而已矣。乃連日消息傳來，事實昭告吾人，並此而亦不易得。長此以往，恐庸愚終無裨於國家，遷延將益增罪戾。」㉟十五日，汪精衛電覆黃郛，鼓勵他堅持到底。電稱：「環境之艱，橫逆之來，固已夙料，亦所不避也。」㊱

三、關內外通車問題

北寧路爲自北平通瀋陽的鐵路，以山海關爲界，分關外段與關內段。一九三三年初，日軍攻佔山海關後，關外段完全落入敵手，被改名爲奉山路；其後，日軍繼續南侵，關內段也部分失陷或被破壞。八月十三日，中國方面根據大連會議約定，收回了失陷路段，關內段全線通車。

還在大連會議期間，日方就提出恢復長城內外貿易、交通、郵政諸問題。由於這些問題的解決可能意味承認僞滿洲國，因此中方拒絕討論。北平會談期間，岡村寧次等又向黃郛、何應欽等提出關內外通車爲交還北寧路時業已承允的事實，原約十月份開始商量，一拖再拖，已不容再延。隨後，黃郛等致電蔣介石、汪精衛請示，是否應由政府決定方針，允其開始商談，以緩和空氣。十一月十日，南京國民政府國防會議議決，由主管部門迅擬具體方針，提交十四日的國防會議，再提交十五日的中政會議決。

這一切表明，南京政府準備就通車問題和日方談判了。但是，幾天之後，李濟深、陳銘樞、蔡廷鍇等在福建成立人民革命政府，揭起反蔣抗日旗幟。二十日，蔣介石致電汪精衛，囑將通車案暫緩進行。同日，汪精衛致電黃郛與何應欽稱：「閩事已爆發。十九路軍內部不一致，兩廣不贊同，其勢甚孤。但影響剿匪前途，至可痛恨！彼等口號，全襲第三黨，本不易得國人同情。惟藉口抗日，反對中央與日談判，頗足引起盲目者之附和。」㊲他要求二人善爲說辭，向日方說明困難情形：「於對方僅屬便利及面子問題，於我方則為致命傷。對方如誠意為兩國前途計，當能鑒諒。」黃、何將汪精衛的資訊傳遞過去後，日方心領神會。廿五日，駐日大使蔣作賓電告唐有壬說，參謀本部的少壯派中堅橋本少將和影佐中佐告訴他，通車事，已令岡本返關東，暫時緩辦了。㊳

十二月二日，日駐榆關特務機關長儀我誠也到平，會見黃郛，商談交還榆關問題。日方企圖與通車問題同時解決。五日，黃郛、何應欽與儀我誠也商定大致辦法報南京政府核示。七日，南京政府命黃郛繼續辦理，由殷同草擬通車辦法。但是，在福建事變影響下，國內反對妥協的呼聲很高，這就不能不使南京政府有所顧忌。於是，又出面否認。十二月十日，汪精衛在上海與宋子文、孔祥熙、李石曾等會商時局，發表談話說，華北通車問題尚未進行。

一九三四年一月底，福建事變被鎮壓。二月十六日，日武官根本博會晤黃郛，聲稱：前因閩變驟起，關東軍方面「不乘中國之危，同時並盼閩變速平，希望增長中央之力」，因此，訓令通車談判暫緩進行；現在，閩變已平，應開始談判。㊴黃郛答稱：「本人原擬閩變平後，不待貴方催促，自動的定期派員與貴方商談，不料枝節橫生，滿洲忽發生帝制問題，我國民實懷有極大之疑懼與極大之衝動，故原擬辦法未便遂行。依余觀察，此種談判，必須待國民之疑懼與衝動稍稍解除後進行，方可圓滿，故最早當在四、五月間，或有開始之望。」㊵同月廿一日，日本有吉明公使直接會見汪精衛，再次要求解決「華北與滿洲之通車、通郵問題」。二人之間有下列對話：

有吉：華北與滿洲國之通郵、通車問題若不早日解決，非但中滿關係未能完滿，在滿洲國之三十萬「漢人」及華北人民之交通上所受困苦，誠非淺少。

汪精衛：通郵、通車係技術問題，已授權與華北當局。如能籌得較好辦法，而認為時機已到，即可辦理。本人則認為尚非其時。

有吉：院長曾屢言授權華北當局。近聞中央曾訓令華北停止進行，請中央勿予以干涉，並對於華北當局所決定之辦法予以贊成。

汪精衛：華北與中央之意見始終一致。如華北有萬全之計而時機果到，則華北自可進行，中央當能予以諒解。

有吉：仍望院長早日促其實現。

汪精衛：設有辦法，而其辦法獨利於一方，而予另一方以致命傷，將如之何？

有吉：不悉尊意係指何事？

汪精衛：溥儀行將僭號稱帝，華人極為憤激。至商議通郵、通車，則無異承認偽國，贊成帝制，決非華人之所甘受。

有吉：滿洲國為既成之事實，執政改稱皇帝，不過換一名義，滿洲國仍保持其現狀，決無他圖。鄙意非要中國立刻開議，惟望改制後，一俟人心鎮靜即速圖之耳！

汪精衛：總之，華北當局與中央對於華北問題，均抱同一意見，華北認為時已

到，而有「好辦法」，中央自無問題。㊶

一九三四年二月間，日本帝國主義正積極慫恿溥儀稱帝，有吉的這次談話意在刺探中國政府態度。但是，汪精衛卻居然沒有任何抗議，並且應允解決通車、通郵問題，充分顯現出其賣國奴才相。不過，從這份記錄也可以看到，汪精衛估計到溥儀稱帝會激起中國人民的巨大憤怒，不敢貿然行事。

三月一日，溥儀在日本帝國主義導演下粉墨登場。隨後，焦易堂等在立法院提出請中央明令討伐溥儀等叛逆及逮捕漢奸案。汪精衛極爲不滿，於四日致電黃郛、何應欽說：「焦易堂等有意與行政院及北平軍政當局爲難，弟只有盡力應付，別無把握。全年以來，彼輩以我等之苦心爲其快意之資，如古代帝王觀人之炮烙以爲樣〔樂〕。」㊷三月七日，國民黨中政會開會，討論立法院建議。汪精衛以傀儡「無意志、無行動」爲理由，說明對溥儀「討伐令、通緝令不惟不必下，且不可下」。結果，會議只發表了一個宣言，採取了低調處理的態度。㊸

關東軍操縱溥儀稱帝事畢，又力圖催促黃郛等進行通車、通郵談判。三月廿三日，儀我誠也代表岡村寧次會晤黃郛，「措辭綿裏有針」。黃郛答以不久將南行，當與政府詳商辦法。㊹四月六日，黃郛到南昌會見蔣介石，討論通車、通郵等問題。同月九日，日本武官柴山兼四郎在北平發表談話，指責中國方面在履行塘沽協定各種問題上從未進展，進一步施加壓力。十一日，汪精衛應召到南昌，參與蔣、黃之間的討論。汪主張從速解決通車問題，「愈久愈糟」。

㊺

蔣、黃、汪三人的南昌會談引起了人們的警惕。四月十三日，立法院秘密會議，決定華北外交不必由黃郛辦理；通車問題決不可商，日如提議，只有拒絕等原則。黃郛不敢觸犯眾怒，四月十五日離贛後，即托辭爲父親舉行逝世五十年祭，逗留於杭州、莫干山兩地，企圖觀望風色，等待輿論沉寂下來。㊻五月九日，蔣介石電告黃郛，如提交中政會討論，「恐難通過，不如不提出爲宜，一切由弟與汪先生負責可也。」㊼但是，黃郛仍然不敢負責，於次日致電汪精衛，提出兩項要求：一、請蔣到京一行，多方疏通，務獲諒解，以免事後責難。二、請行政院給一訓令，「此訓令決不發表，惟弟可借此稍鼓餘勇耳」！㊽

日本侵略者容不得黃郛等人觀望。四月廿七日，日軍參謀部派中國班長影佐禎昭赴天津，召集駐平武官柴山兼四郎、駐濟武官花谷、駐榆關特務機關長儀我誠也及天津駐屯軍幹部會議。影佐聲稱：（一）南京政府如只辦通車，日方俟黃北返後再催其辦通郵等事。（二）如黃不北返，則向華方中央當局或地方當局促其履行所約。（三）如華方各當局均置不理時，則日方自由設法實行所約。影佐並稱：從前因等待黃郛從容運用，所以沒有急催，以後將不再延待。影佐還透露，日方將要求華北當局禁止國民黨黨部在華北活動。㊾其間，日方在北寧路各站增兵，揚言將強行通車、通郵。同時日方又規定期限，提出在塘沽協定一週年，即五月卅一日以前通車。

五月十二日，黃郛返滬，「偵知各方內情」，認爲不能再延，遂指令殷同進行。㊿十八日，電蔣介石報告通車辦法五項。次日，蔣介石致電汪精衛，提出由他以個人名義將通車辦法電陳中政會，由汪在會上說明。二十日，汪精衛覆電蔣介石，表示應由他與蔣共同提出，同時向中政會聲明，只求中政會秘密決定，不作爲中政會決議，「以維持中政會議之尊嚴」。㊿其間，殷同和日方商定最遲七月一日通車。日方表示：「此爲最大忍耐。」五月廿四日，蔣介石又生疑慮，企圖再延。廿五日，黃郛致電蔣介石稱：「今日而再圖延展，實覺無詞可措。即強爲交涉，無論如何委婉陳詞，彼必疑我生變，恐對外亦有功虧一簣之虞。抑尤有進者，京中環境，應付實至感不易；平津及上海各地輿論，與暗中策動防範、消弭、應付，亦頗覺費力。」52在黃郛催促下，蔣介石最後下了決心。三十日，中政會開會，討論蔣介石領銜，汪精衛、顧孟餘、葉楚傖附議的通車提案，張繼、焦易堂反對，「討論甚久」，最後通過：「在不承認僞組織及否認僞政權存在原則之下，可與日本交涉關內外通行客車問題。」53

當時，以胡漢民爲首的西南方面強烈反對南京政府的妥協政策，因此，提案雖然通過了，但是南京政府卻不敢公佈，蔣介石又想延至八月底實行，汪精衛發表談話時並稱，通車、通郵問題未作決定。北平《華北日報》因爲刊登了有關消息，被飭令停版，社長免職，總編輯「調京候訊」。

自六月初旬起，殷同即在大連與日方商談通車辦法。同月廿四日，決定由瀋陽日本觀光局及中國旅行社兩個商業機關合組東方旅行社辦理，六月廿八日公佈方案，七月一日通車。

四、要求取消塘沽協定

六月一日晚，有人向黃郛上海住宅園中投擲炸彈一枚，但未爆炸。二日，黃郛接到投彈者書信一封，中云：「若不痛改前非，勾結一二所謂現在首腦國賊，斷送國土，當再進一步」，「請你當心」，末署中華青年鐵血救國團上海支部。㊿七月一日，平瀋路通車。車行至塘沽以東的茶淀時被炸，死傷乘客十六人。這些事給了黃郛以很深刺激，使他懂得，在中國人民心中，積壓了對日本帝國主義太多的怨憤，也積壓了對國民黨政府，包括對他本人太多的怨憤。七月二日，他致電殷同，中云：「苟不從掃除國民心底之不平痛下工夫，今後禍患之來，實屬防不勝防。」他指示殷同，托柴山武官轉商關東軍：「能否諒解我方之誠意，與我以相當之安慰，使一年來我個人之滿面污穢得洗一洗，三年來我國民之滿腹抑鬱稍舒一舒。」㊺七月七日，他致電汪精衛抱怨說：「今日之事，功罪正未易言。人民多抱激越情緒，強敵事實有兼併野心，政府大半取迴避態度，僅三五少數人夾在其間，欲救此國難。恐國難尚未救，萬一而此少數之人，根本先不能自救，將奈之何！」電報又說：「去年，彼方乘戰勝之餘，氣焰萬丈，實已無理可喻。弟裝矮人已一年餘。通車辦後，苟再不略伸伸腰，不獨弟自身將不保，國家亦極受損。」他告訴汪精衛：「今爲公爲私，已冒險伸腰矣！」㊻其間，殷同根據黃郛指示，在北平見到日人就「剴切陳說」，據稱：梅津、柴山「稍爲感動」，但「亦只能做到感動而止」。㊼

七月十七日，黃郛致電蔣介石及汪精衛，告以已致電岡村寧次，命殷同前往談判：一、如情勢順利，擬要求無條件撤廢塘沽協定，雙方當局以各自立場各發一宣言；二、如情勢稍隔，擬提出，將戰區內一年來所發生之節外生枝之糾紛一概掃空，對於塘沽協定，雙方應共同誠實遵守，不擴大解釋，不曲為解釋。黃郛並稱，東京各關係方面，亦已派人前往活動。如此擊而中，他可以遵命北行，繼續維持數月；如此擊不中，則請求准其自劾而退。㊳七月二十日，唐有壬、殷同等在滬，與日使館參贊有野商談取消塘沽協定問題，有野宣稱：「此次會見僅係友誼性質，關於撤廢塘沽協定問題，應由關東軍負責，日本政府與此無直接關係。」㊴

七月廿四日，中日舉行第二次大連會議。中方殷同，日方岡村寧次、喜多誠一參加。殷同提議廢除塘沽協定，日方不允，提出在中日經濟提攜、中日鐵路聯運等問題未有適當方案前，不考慮廢棄塘沽協定。會議僅解決了戰區若干次要問題，如取締不良日鮮浪人、接收馬蘭峪、東陵等。廿九日，黃郛致電汪精衛，報告殷同與日方談判情況。他極為失望地說：「此行費九牛二虎之力，而所獲不過如此，日方之刁難細工，真是可惡，而又可怕！」㊵

外交鬥爭必須以國力為基礎。叩頭是不能爭回權益的。

九月十九日，黃郛北返。

五、通郵談判

通車問題解決後，日本方面繼續要求解決關內外通郵問題。

由於日本侵略者操縱溥儀建立僞滿洲國，一九三二年七月廿三日，交通部郵政總局宣布暫行停辦東三省境內郵務。其後，日方多次要求恢復關內外通郵，中國方面爲避免造成承認僞滿洲國之嫌，均加拒絕。一九三四年五月，國聯應英國要求，議定各會員國可因需要酌定臨時辦法，與「滿洲國」發生郵政關係，同時聲稱：「此種關係只能視爲行政機關之間爲維持郵政技術上之良好運用而發生之關係，不能視爲國家與國家間或政府與政府間之關係。」㊶同年九月上旬，柴山兼四郎通知黃郛，日方已委派「滿洲國」郵務司長藤原保明爲主席委員，與中國方面進行關內外通郵談判；但考慮到中國方面的意見，藤原保明等均作爲關東軍囑託代表出席。

七日，黃郛致電交通部長朱家驊，提出通郵會商步驟，供交通部參考。其主要精神有：對方所派人員應避免僞國官吏；固持不承認僞國主義；參酌國聯關於通郵之決議；以誠意爲基礎，不用成文之規定等。八日，朱家驊電覆黃郛，擬派郵政總局主任秘書高宗武、山西郵務長余翔麟、天津副郵務長曹鑒廷三人爲代表，以高宗武爲主席出席談判。同月廿八日，高宗武、藤原保明在北平東總布胡同殷同寓所會晤。藤原提出所謂《關於滿華間通訊辦法之暫行協定案》，被高宗武拒絕。雙方同意，在不涉及承認「滿洲國」的原則下，專談通郵技術問題，不作成文規定。儘管如此，後來的談判仍然是艱難的。

九月廿九日，通郵談判正式開始，討論郵票、交換郵件、日戳、郵件之種類等四項問題。日方要求使用僞滿郵票，僅將其上印製的「國」字及溥儀像取消；中國方面則主張完全避去「滿洲」字樣，另製表示郵資已付的印花。在交換郵件及日戳等問題上，中國方面堅持不與僞滿交換郵件，日戳用西曆，不用新京（指偽滿首都長春——筆者）字樣，日方也表示反對。

十月四日，繼續會談。日方稱接到訓令，必須承認滿洲郵政廳；郵票須有滿洲郵政廳五字；郵戳須用「滿洲國」現用者，等等。六日，高宗武、余翔麟回南京請示。八日，蔣介石致電黃郛，表示郵票、郵戳因關涉不承認僞國問題，有爭持必要，交換局及郵資問題不妨稍作讓步。十八日，高宗武、余翔麟攜經過核定的通郵談判大綱七條返平，繼續談判。中國方面堅持，不得貼用僞國任何種類的郵票，可另製印花，用商業性質的第三者名義發行；不可有新京、奉天地名。日方同意另製郵票，但堅持必須有滿洲郵票四字；必須用新京地名。談判瀕於破裂。

廿一日、廿四日、廿六日，三次談判均無結果。其間，黃郛表示，只要郵票上沒有「滿洲國」三字即可，其餘不妨讓步。他認爲，談判大綱所提以第三者名義出面的辦法在廬山與蔣、汪商量時未曾談過，以後又未得中央電告，不近情理，徒生障礙，一再對高宗武說：「似此晴空霹靂，非將談判打破不可！」又稱：「余年來支撐華北，備嘗艱難，通郵之事如不辦妥，則此後北方多事，余無法應付，只得一走了之而已。」㊷廿六日，高宗武、余翔麟將黃郛意見電告朱家驊。朱家驊害怕強硬派的指責和輿論的反對，不願涉嫌和僞滿打交道，於廿七日電覆高、余二人，聲稱由第三者出面是仿照通車辦法，並稱：「南中情形，尤爲複雜，弟等爲應付各方預事防範之苦衷，當亦爲膺公所諒解。」⑥③

當時，蔣介石正在北平。三十日，蔣介石召見高宗武、余翔麟，提出可由關內郵政機關致函關外郵政機關，委託其發行特種郵票，爲專貼入關郵件之用；同時聲明所謂「特種」，即係不承認僞滿郵票之意。⑥④十一月六日，黃郛致電唐有壬，認爲「久僵終非至計」。「形勢日緊一日」，要求唐與汪精衛細商，由唐親來北平解決。⑥⑤十一月七日，南京國防會議通過通郵談判新方案，提出由商辦通訊機關書面委託彼方印發特種郵票等意見，隨即電告黃郛，認爲已至最後讓步界限。十一月十日，藤原在會談時提出，日方十月廿二日所提方案爲最後方案，中方只能給予可或否的答覆，不容有一字一句的更改，其他任何新方案均不願討論。中方接受日方方案，可繼續商談技術問題，否則，日方人員即行回國。

十一月十四日，日方提出《關於通郵之申合事項案》七條，主張「通郵應由雙方郵政機關間行之」，「滿方所用之通郵郵票，不表示『滿洲國』及『滿洲』之字樣」。⑥⑥十一月十七日，中方提出會談記錄初稿六條，主張在山海關、古北口設立東方民信局辦理，並由該局另製特種郵票，專供由關外入關郵件納資之用，花紋由雙方協商。但日方只同意向中方預示，不一定必須中方同意。日方人員儀我、柴山稱：如十九日上午不能解決，十九日下午即離開北平。

十一月十九日談判時，中方要求日方作進一步的諒解，但日方卻宣告無法再談，迅速退席。廿一日，唐有壬抵平，修訂會談記錄初稿。廿三日，日方要求開會作最後商量。會談時，日方將十四日所提七條《申合事項》略作改動，要求中方接受，並稱：允諾與否，必須立時答覆，不必再電京請訓或回寓考慮；不然，即作爲談判破裂。在日方高壓下，中方於廿四日完全接受了日方的七條大綱。十二月十四日，雙方舉行最後一次會談，將通郵大綱及諒解事項寫就兩份，雙方互換一份，但彼此均不簽字。同月三十日，交通部郵政總局宣布自一九三五年一月起，實行東北通郵。

六、尾聲

自「九・一八」事變起，南京國民政府的對日政策幾經變遷。最初，持不抵抗主義，依賴國聯調解；其後，自淞滬抗戰至長城抗戰，持一面抵抗一面交涉的方針；由於長城抗戰失敗，南京國民政府遂放棄抵抗，專一於和日本侵略者的直接交涉。

塘沽協定是喪權辱國的城下之盟。在塘沽協定善後談判中，南京國民政府和華北當局堅持「不簽字，不換文」，企圖以此種方式逃避國人指責，同時則堅決不承認僞滿洲國，並且爲了防止有任何承認意味事件的出現，小心翼翼地進行了艱難的外交談判；黃郛並曾一度要求日方取消塘沽協定，對此，應該予以肯定。這一情況的出現，和全國人民日益高漲的抗日呼聲有關，也和國民黨內部對日強硬派的反對、制約有關。但是，南京政府這一時期對日外交的總方針是委曲求全，唯一的方式是通過談判，磋磨、乞求，連一點強硬姿態也不敢擺出來。其結果是，日本侵略者一施壓力，南京國民政府和華北當局就立刻屈服；南京政府和華北當局愈屈服，日本侵略者的氣焰也就愈盛，得寸進尺，慾壑難填。南京國民政府和華北當局確實是做到「委曲」了，但是，卻絲毫也「求」不了「全」，黃郛想「伸伸腰」的願望自然也就落空。

一九三五年一月十八日，黃郛離平南下。二月十八日，致電汪精衛，要求辭職。同月廿六日，離滬赴莫干山休養。其後，何應欽、汪精衛、蔣介石曾多次要求黃郛北返，均遭拒絕。四月廿二日，黃郛電覆何應欽稱：「今後對日問題，樞紐全在中央，地方交涉，業已十完八九。若中央對國際形勢認得清，對日方針把得定，則弟即小憩亦無問題，否則即遵命重返，亦無濟於事。」㊼

五月三日，天津《振報》社長白逾桓、《國權報》社長胡恩溥以親日在日租界被暗殺。廿九日，天津日駐屯軍司令梅津美治郎派參謀長酒井隆等會見何應欽，聲稱平、津「現爲擾亂日、『滿』根據地」，白、胡被殺，「係中國之排外舉動，及向駐屯軍之挑戰行爲」。㊽酒井並援引塘沽協定稱：如將來預知或有類此事件發生，日軍將「取斷然之處置」，越過長城線，重新開入戰區，「或再發生庚子事件、九•一八事件，亦未可知」。㊾這就是所謂河北事件。日本侵略者隨即以之爲藉口，要挾中國政府作更大的妥協。

五月三十日、卅一日，黃郛兩次致電蔣介石，報告與日本武官磯谷廉介談話要點，要求蔣「極力忍耐，抑制感情」，同時要求蔣回寧商議。㊿其後，蔣介石、何應欽再次電催黃郛北返，但黃郛不僅無動於衷，反而於六月十三日致電汪精衛，再次要求辭職。電稱：「兩年來委曲求全，原欲防患未然，無乃〔奈〕心長力短，不補毫末。」[71]同日，致電楊永泰稱：「事態至此，再叫我去，不啻驅我入穴，等於專制時代賜巾令自縊，未免太不近情。」[72]這就說明，連黃郛也感到對日「委曲求全」不是辦法，不願再充當替罪人了。六月十八日，國民政府任命王克敏代理行政院駐平政務整理委員會委員長，黃郛終於擺脫了對日交涉的責任。

河北事件的發生和黃郛的不願復職，說明了國民黨「委曲求全」方針的破產。在此前後，國民黨的對日外交走入死谷，形勢就要慢慢地發生變化了。

【附記】

《二次世界大戰前中國政府的對日外交研究》是作者一九九〇年訪美時確定的研究課題，曾得到美國國際教育協會（Institute of International Education）和哥倫比亞大學東亞研究所黎安友（Andrew J.Nathan）及曾小萍（Madeleien Zelin）二位教授的支持，謹致謝意。

①《致何應欽、黃郛電》，黃郛檔，美國哥倫比亞大學珍本和手稿圖書館藏。
②《何應欽將軍九五紀事長編》，台灣黎明文化事業股份有限公司，一九八四年版，第三四四頁。
③汪精衛《致何應欽、黃郛電》，一九三三年六月三日。黃郛檔。
④羅文幹《致劉崇傑等電》，《黃膺白先生年譜長編》，第五七〇至五七一頁。
⑤《顧維鈞回憶錄》（二），北京，中華書局，第二四八至二四九頁。

⑥《九月六日談話會商定之結果》。黃郛檔。

⑦*Foreign Relation of the United States*,1933,Vol.3,P.127.

⑧《大公報》，一九三三年四月廿八日。

⑨《致何應欽、黃郛電》，沈亦雲《亦雲回憶》，台灣傳記文學出版社，第四八三頁。

⑩《致殷同電》，一九三三年九月十一日。黃郛檔。

⑪參閱本書《胡漢民的軍事倒蔣密謀及胡蔣和解》。

⑫、⑬《致黃郛》。黃郛檔。

⑭、⑮《黃膺白先生年譜長編》，第六三六頁。

⑯《黃膺白先生年譜長編》，第五六九頁。

⑰同上書，第五八一頁。

⑱同上書，第五八九頁。

⑲《致黃郛》，一九三三年七月五日。黃郛檔。

⑳《黃膺白先生年譜長編》，第五九〇至五九一頁。

㉑同上書，第六三八至六三九頁。

㉒同上書，第六四〇頁。

㉓《致蔣、汪虞二電》，黃郛檔。

㉔、㉕《致汪精衛、蔣介石》，一九三三年十一月八日。黃郛檔。

㉖《致汪精衛、蔣介石佳一電》，一九三三年十一月九日。黃郛檔。

㉗、㉘《致汪精衛、蔣介石佳二電》，一九三三年十一月九日。黃郛檔。

㉙《黃膺白先生年譜長編》，第六五五頁。

㉚同上書，第六六〇頁。

㉛、㉜汪精衛《致何應欽、黃郛電》，一九三三年十一月十日。黃郛檔。

㉝《致唐有壬電》，一九三三年十一月十日。黃郛檔。

㉞《致蔣介石電》，一九三三年十一月十一日。黃郛檔。

㉟《致汪精衛》，一九三三年十一月十四日。黃郛檔

㊱《致黃郛》，一九三三年十一月十五日。黃郛檔。

㊲《致黃郛電》，一九三三年十一月二十日。黃郛檔。

㊳唐有壬《致黃郛電》，一九三三年十一月廿五日。黃郛檔。

㊴、㊵黃郛《致汪精衛、蔣介石電》，一九三四年二月十六日。黃郛檔。

㊶《汪兼部長會晤有吉公使談話記錄》。黃郛檔。

㊷《致何應欽、黃郛電》，一九三四年三月四日。黃郛檔。

㊸《致何應欽、黃郛電》，一九三四年三月七日。黃郛檔。

㊹黃郛《致唐有壬電》，一九三四年三月廿三日。黃郛檔。

㊺《亦雲回憶》，第五二〇頁。

㊻黃郛《致蔣介石電》，一九三四年五月廿五日。黃郛檔。
㊼《黃膺白先生年譜長編》，第七三四頁。
㊽同上。
㊾黃郛《致蔣介石電》，一九三四年四月廿九日。黃郛檔。
㊿同㊻。
51《黃膺白先生年譜長編》，第七三六頁。
52黃郛《致蔣介石電》，一九三四年五月廿五日。黃郛檔。
53《黃膺白先生年譜長編》，第七三六、七四五頁。
54黃郛《致蔣介石、汪精衛等電》，一九三四年六月二日。黃郛檔。
55《致殷同電》，一九三四年七月二日。黃郛檔。
56《致汪精衛電》，一九三四年七月七日。黃郛檔。
57同上。
58《致蔣介石、汪精衛電》，一九三四年七月十七日。黃郛檔。
59《黃膺白先生年譜長編》，第七五四頁。
60《致汪精衛電》，一九三四年七月廿九日。黃郛檔。
61《大公報》，一九三四年五月十八日。
62黃郛《致汪精衛、朱家驊等電》，《黃膺白先生年譜長編》，第七九三頁。

⑥③朱家驊《致高宗武等電》，同上。
⑥④高宗武等《致朱家驊電》，同上書，第七九四頁。
⑥⑤《黃膺白先生年譜長編》，第七九七頁。
⑥⑥同上書，第八〇二頁。
⑥⑦同上書，第八五九頁。
⑥⑧、⑥⑨《何應欽將軍九五紀事長編》，第三九六至三九七頁。
⑦⓪《致蔣介石電》，一九三五年五月卅一日。黃郛檔。
⑦①《致汪精衛電》，一九三五年六月十三日。黃郛檔。
⑦②《黃膺白先生年譜長編》，第八八一頁。

盧溝橋事變前蔣介石的對日謀略

——以蔣氏日記為中心所作的考察①

一九三三年一月一日，蔣介石打開日記，寫下了兩行字：

雪恥之記，已足五年，今年不再自欺乎？

倭寇警報日急，望自奮勉，毋負所生也。②

一九二八年五月，蔣介石率兵北伐，在濟南受辱，立志雪恥，至此大體五年。回首既往，蔣介石對自己的抗日表現很不滿意，希望新的一年不再「自欺」，有所作爲。鑒於日記常常最能反映一個人的真實思想和內心活動，本文將以蔣介石的日記爲主，結合其他相關文獻，考察他在盧溝橋事變前的對日謀略，檢查他是如何對待自己的誓言的。

一、避免決戰，以「和平」為推遲戰爭的手段

九一八事變後，蔣介石曾下過北上抗戰的決心，並曾爲此預立遺囑。③但是沒有實行，旋即下野。此後直至盧溝橋事變爆發，南京國民政府的部隊和日軍只進行過兩次大的較量。一是一九三二年的淞滬抗戰。一是一九三三年的長城抗戰。

一九三二年一月廿八日，日軍突襲上海，以蔣光鼐、蔡廷鍇爲首的第十九路軍奮起抗戰。當時，蔣介石尚未正式恢復公職。事變發生後，被任命爲軍事委員，三月十八日，又被任命爲軍事委員長兼參謀長。他曾有過「決一死戰」的想法，④決定遷都洛陽，劃分全國爲四個防區，電令集結兵力，號召全軍將士「爲國家爭人格，爲民族求生存，爲革命盡責任，抱寧爲玉碎毋爲瓦全之決心，以與此破壞和平、蔑棄信義之暴日相周旋」。⑤但是，事實上，蔣介石採取的是一面抵抗、一面交涉的方針。他既派中央警衛部隊組成第五軍，馳滬增援，並曾準備親上前線指揮；同時則寄希望於英美兩國駐滬總領事的調停，不願採取「強硬」態度。

二月十三日，他與何應欽研究決定：十九路軍已獲勝十餘日，「趁此收手，避免再與決戰」。⑥二十日，吳稚暉受張靜江等委託，自上海到南京，勸說何應欽「積極」輔助蔣介石指揮作戰，何不聽；吳隨後見蔣，聲稱十九路軍既已魯莽作戰，「今日之局，有如背水爲陣，惟有前進，退無餘地者也。既已無端而爲義和團，大家止〔只〕有從井救人，盲目而共爲義和團。」⑦但是，蔣不以吳的見解爲然。五月五日，中日雙方簽訂停戰協定，中國方面失去了在淞滬地區駐兵的權利。

一九三二年十二月，蔣介石估計日軍即將侵略熱河，致電張學良，要他照預定計劃火速佈置，聲稱「今日之事，惟有決戰可以挽回民心，雖敗猶可圖存」。⑧次年一月三日，蔣介石得到日軍進攻山海關的消息。還沒有等他反應過來，就又得悉山海關失守。蔣介石估計，日軍的下一個目標將是平津，準備親自北上一戰。日記云：「余決心北上，與倭一戰，以盡我心。至於成敗利鈍，則聽之。」⑨其後，他發現日軍佔領臨榆縣城後，未再進攻，估計日軍有兩個可能，一是惱羞成怒，進一步擾亂華北，一是見機而止，了結戰事。他決定堅決要求日軍退出山海關，不再遷就，同時以「兵來將擋，水來土淹」的態度積極備戰，開始籌劃調集部隊北上作戰。日記云：「無論倭寇再攻與否，我軍必如預計，急進以備其來。」但是，即使在這一情況下，他仍然寄希望於各國公使的干涉，擬以中國軍隊不願在平津地區作戰爲理由，要求各國公使出面，設法保全平津。⑩

日軍在山海關得手後，繼續進攻熱河。最初，蔣介石估計日軍如不從國內調動五師以上兵力，不會輕易進攻，⑪但他仍決定派兵入熱，認真一戰，然後再與日方談判。日記云：「今日前方部隊已開進將畢，乃爲接洽之時乎？抑待戰爭結果再與其接洽乎？然非與之一戰，則對內對倭皆不能解決也。故決與之一戰，未必果敗也。」⑫這則日記最清楚不過地道出了蔣介石決定「一戰」的目的：不戰而和吧，日方可能提出很高的條件，國內各階層人民也會責難，於是決定「一戰」，打完仗再與日方交涉。這裏，蔣介石的策略是以戰求和，重點仍在交涉，並不想認真地、長期地打下去。

儘管如此，蔣介石仍然覺得局部戰勝也並無把握，所以迅速決定以「固守」爲主。一月十八日日記云：「此戰既不能克，則當專心準備，以待其來攻可也。」三月四日，熱河省會承德失守以後，蔣介石曾要求宋哲元、萬福麟等部反攻，但在大多數情況下，蔣介石均指示中國軍隊，選擇陣地，採取固守模式。後來，他甚至嚴厲規定，有關將領不得輕易出擊。⑬

二月下旬，蔣介石在江西完成剿共佈置，在各方呼籲下，開始作北上準備。他給自己規定的任務是：支持現在戰局；收拾敗後殘局；部署華北繼起之戰局。同時提出，今後對日作戰，「以運用外交爲中心」，蔣介石稱之爲「使倭寇時受精神上之打擊」。⑭三月六日，蔣介石秘密離開剿共指揮中心南昌，九日進抵保定。十三日，胡適從北平前來問策，蔣介石表示，中國方面須有三個月的準備才能作戰，而且還只能「在幾處地方用精兵死守，不許一個人生存而退卻」，「叫世界人知道我們不是怕死的」。⑮此時，長城各口的防務雖因中央軍隊的北來而得到加強，在喜峰口等處取得過局部勝利，但主帥是這種精神狀態，自難指揮部隊取得全局性的勝利。三月廿五日，蔣介石因江西「剿共」前線戰事失利，匆匆南返，決定對「寇患」，「取守勢」；對「匪禍」，「應準備速剿」。⑯四月四日，蔣介石由南京赴贛，繼續「剿共」。同年五月五日，蔣介石決定「先行緩和華北之局勢」，將中國軍隊從長城沿線後撤，並將古北口至山海關等地劃爲「緩衝」地帶。⑰卅一日，中日簽訂《塘沽停戰協定》。

九一八事變時，南京國民政府和張學良都持不抵抗態度，受到國人詬責。此後，日軍進攻上海和長城各口時，蔣介石自然不能毫無抵抗，但是，他又並不真正想打，特別不願意調動全部力量，與日軍決戰。其原因，一由於他的興奮中心在「剿共」，關於此點，下文將要論及；

另一原因則在於蔣介石對日本的軍事實力估計過高。他認爲：日本已是現代化國家，日軍武器精良，技術高明，中國在短時期絕對無法彌補這兩大缺點。因此，在他看來，中國軍隊「有敗無勝，自在意中」。⑱他甚至估計，日軍在三天內就可以佔領中國沿江、沿海的要害地區，切斷軍事、交通、金融等各項命脈，從而滅亡中國。⑲

基於上述認識，蔣介石反對孤注一擲的作戰方法，強調對日作戰是一場長時期持久的戰鬥，必須「以時間爲基礎，與敵相持，在久而不在一時」。⑳因此，在戰略上，他反對「一線配備」與「一次決戰」，認爲那樣做，一敗之後，將永無復興之望。他說：「我們現在對於日本，只有一個法子，就是作長期不斷的抵抗，他把我們第一線部隊打敗之後，我們再有第二第三線的部隊去補充，把我們第一線陣地突破以後，我們還有第二第三各線陣地來抵抗」，「越能持久，越是有利」。㉑

《塘沽協定》簽字之後，日本軍國主義者暫時停止了對中國的軍事進攻，轉而支持地方實力派，企圖在中國建立所謂「華北國」、「華南國」、「蒙古國」，蔣介石也相應地改變了「一面抵抗，一面交涉」的方針，轉而「爲和平之最大努力」。「九一八」事變後，國內包括國民黨內部，都有一部分人主張對日本「絕交宣戰」，蔣介石認爲，在內無準備的情況下，絕交是危險的做法。㉒在此後的幾年內，他盡力維持、改善和日本的關係，並且幾度想將這種關係向前推進，企圖以此來消除交戰危險，在兩國間謀取和平。一九三四年十二月二十日，蔣介石以徐道鄰的名義發表《敵乎？友乎？》，說明中日兩國猶如「唇齒輔車」，要求日方懸崖勒馬，及此回頭，和中國友好。

一九三五年二月，蔣介石派王寵惠訪問東京，以私人身分向廣田外相傳遞「善鄰」希望，要求日方解決東北問題，取消不平等條約，維持兩國間的真正友誼。同年六月，發佈《睦鄰敦交令》，禁止中國人民組織抗日團體，發表抗日言論。九月，又命駐日大使蔣作賓與廣田交涉，提出基本原則三項，要求恢復中日邦交的正常軌道，用和平外交手段解決今後一切事件。十一月十九日，國民黨召開第五屆全國代表大會，蔣介石在會上提出對外關係報告，聲稱：「和平未到完全絕望時期，決不放棄和平；犧牲未到最後關頭，亦決不輕言犧牲。」他表示：「抱定最後犧牲之決心，而爲和平最大之努力。」㉓

蔣介石的「和平」努力反映出他爭取改善中日關係的願望，有其幻想的一面，同時，也是一種策略手段。他在日記中多次表示，對日作戰必須長期準備。如一九三二年六月十六日日記云：「倭寇咄咄逼人，戰禍終不能免，然必有相當之準備時期，始得應付裕如。」㉔一九三六年六月，蔣介石對英國人李滋羅斯說：「對日抗戰是不能避免的。由於中國的力量尚不足以擊退日本的進攻，我將儘量使之拖延。」㉕同年十月，張群與日本駐華大使川越茂會談期間，蔣介石與何應欽討論對日交涉時，曾明確表示：「如假我一年之準備時機，則國防更有基礎矣。」㉖顯然，蔣介石的「和平」努力具有拖延時間，推遲戰爭，以便作好應戰準備的目的。

中日間的差距是事實，戰爭需要準備也是事實，蔣介石主張進行不斷的、有後續力的持久戰也是正確的。但是，蔣介石對日軍實力估計過高，對戰爭中武器、技術的作用也估計過高，相反，對中國的抗戰力量則估計過低。他戰略戰術呆板，只知道打陣地戰、固守戰，不懂得集中優勢兵力攻敵一點的戰略戰術，也完全不懂得人民戰爭和敵後戰爭，這是他長期畏戰、避戰的原因。

二、企圖效法勾踐，忍辱負重，臥薪嘗膽

蔣介石是浙江人，熟悉越王勾踐臥薪嘗膽，發憤圖強，終於滅亡吳國的故事。在處理對日關係上，他時時以這一故事自勵。「九一八」事變發生後的第二天，他就在日記中寫道：「臥薪嘗膽，生聚教訓，勾踐因之霸越，此正我今日之時也。」㉗此後，他的日記中多見有關記載。一九三四年一月三十日，蔣介石會見日本武官鈴木美通，日記云：「其藐視之意，溢於眉目，非臥薪嘗膽，何以復國？」史載：越軍戰敗，勾踐被圍時，范蠡曾對勾踐說：「節事者以地，卑詞厚禮以遺之。」㉘蔣介石特別將這兩句話抄在日記裏。對「節事者以地」這句話，前人的解釋爲：「時不至，不可強生；事不究，不可強成。」蔣介石特別欣賞這一解釋，也將它同時抄下。㉙又，史載：勾踐作爲俘虜入吳後，繫犢鼻（圍裙），戴樵頭（粗布頭巾），爲吳王夫差養馬，「三年不慍怒，面無恨色」。在吳王夫差生病時，勾踐爲了取悅夫差，表示忠心，竟飲其尿，嘗其糞。㉚對此，蔣介石極爲欣賞，在日記中寫道：「勾踐入臣，不惟臥薪嘗

膽，而且飲溲嘗糞，較之今日之我，其耐苦忍辱，不知過我幾倍矣！」㉛

中國古代哲學家老子主張「欲取先予」。這一策略思想也爲蔣介石所欣賞。一九三六年一月六日日記云：「對外，未到其時，惟有先其所愛，微與之期，以保吾國。」話說得雖含蓄，但意思很清楚。這就是，日本侵略者「愛」什麼，可以隱約地答應，同月二十日日記云：「雪恥。將欲取之，必先與之。」顯然，目前的「與」並不是永遠的捨棄，而是爲了未來的「取」；一時的讓步只是爲了最終的「雪恥」。

中國古代的「以退爲進」、「以柔克剛」一類思想也爲蔣介石所採納。一九三四年四月廿三日日記云：「倭寇侮辱，非可以憤激制之，當知以柔克剛之道也。」同年十一月十日，蔣介石在山西，閻錫山向他建議，對日不必準備武力，「免日仇忌，使倭對我無法可施，而後我乃有法對倭」。對於閻錫山的這番話，蔣介石在日記中評論說：「此其專重黃老之說也。」蔣介石雖沒有接收閻錫山放棄準備武力的意見，但是卻部分地接受了他的影響。當日日記云：「如何與倭寇避免正面衝突，使其無法可施耶？」此後幾天的日記內，即有「對倭暫睦」的記載。他準備派何應欽赴日，甚至有過自身「暫時退隱」的考慮。㉜十一月廿一日，他在日記中明確地寫下了對日「應取緩和」的字樣。

基於以上思想，蔣介石主張對日「忍耐」，甚至進一步主張「忍辱」。如：

一九三三年四月十五日日記云：「倭寇欲以河北強作昔日之東北，並欲以一九三六年以前毀滅我政府，解決中國問題，是仍癡人說夢，但此時仍須以忍耐出之。」

又，同年八月八日日記云：「九一八以後，國際均勢既破，國家人民命脈之所以不絕如縷者，惟此忍辱與謹慎，乃能保此一時也。」

檢閱這一時期蔣介石的日記和有關文獻，可以發現，類似的詞語比比皆是。蔣介石經常提醒自己：「當爲最大之忍耐」，要能「受人之所不能受，忍人之所不能忍」，「非至最後之時，不與決裂」。㉝在忍辱哲學的指導下，日軍佔據東三省，他忍了；進攻上海和山海關等長城要塞，他忍了；要求中央軍和國民黨黨部、特務機關撤離平津、河北，以至成立漢奸政權「冀東防共自治政府」和具有分離傾向的冀察政務委員會，他也忍了。直至盧溝橋事變爆發，他才忍無可忍，奮起抗戰。在這方面，蔣介石表現出少見的忍耐力。這不能不和勾踐的影響有關。

應該指出，勾踐的忍辱是在抵抗失敗，國家滅亡之後，而蔣介石的忍辱則是在國家尚在，事猶可爲的時候。蔣介石的忍辱反映了他在民族敵人面前軟弱的一面，其結果是使國家權益一再受到損害。但是，也應該指出：有兩種忍辱，一種是爲了苟且偷安，另一種是爲了積蓄力量，待機反攻。蔣介石的忍辱顯然屬於後一種。

蔣介石早年即具有民族主義思想，三〇年代亦然。蔣氏一九三四年五月十一日日記云：「自道光廿二年鴉片戰爭中英白門和約起，及袁世凱接受廿一條，乃至華盛頓九國公約止，中華民族之人格與國家主權皆爲此九國公約所埋葬。」於此不難看出近百年來民族災難對他的影響。蔣介石和日本軍國主義者之間不僅有公仇，而且有私恨。一九二八年在濟南發生的「五三慘案」使他常存刻骨銘心之痛。日記曾云：「身受之恥，以今五三爲第一。倭寇與中華民族結

不解之仇，亦由此而始也。」㉞

從蔣氏日記可見，他時常勉勵自己，奮發努力，洗雪百年來的民族恥辱。一九三三年一月四日日記云：「自今日起，每日記雪恥一則，總使倭寇敉平，國恥湔雪也。」一九三四年五月十一日日記云：「中正負此傳統之污辱與重任，豈僅以本人不簽喪辱條約而得了乎！如何洗雪，勉之！」爲此，他有過率領中華健兒與日本侵略者長期周旋，在十年之內恢復東北失地的想法。㉟也有過收復台灣等地，「恢復漢唐固有領土」的念頭。㊱一九三五年八月，他曾估計，日本軍國主義的失敗「當在十年之內」。㊲

在某些時候，蔣介石甚至主張，利用矛盾，助長日本軍閥的驕橫氣焰，使其孤立。一九三三年一月十九日日記云：「倭寇之弱點安在？彼軍閥對國際與國內皆爲所厭惡。今養成其驕橫，使無忌憚。」次年五月五日日記云：對倭則「張其驕焰，多其外敵」。某次，他接見日本武官喜多誠一，對其驕橫不可一世的態度感到難以忍受，日記云：「驕者必敗，敵寇之驕，即吾人之勝，何憤激之爲哉！」㊳這裏，雖然多少有點阿Q精神，但也顯示出他對「物極必反」這一中國古代哲學命題的理解。

蔣介石也曾考慮過利用日本統治階層的內部矛盾，日記云：「此後更應注重日本內文武兩派之勝敗誰屬，當使文派抬頭以制軍閥，抑使軍閥橫行，以促其孤立乎？」㊴但是，在盧溝橋事變以前，這一策略尚未形成。

無可諱言，「九一八」至盧溝橋事變之前，蔣介石的對日外交是「妥協外交」，但是，這是一種暫時的「雌伏」，目的是爲了他日的「雄起」，用他自己的話來說就是：「我們現在要忍受暫時的退屈，來謀將來最大的進展。」㊵這是和獻媚外敵，一味屈膝投降並不相同的。

三、廣結盟國，寄希望於國際環境的變化

一九三三年三月，蔣介石在保定接見胡適，表示戰無勝利把握，交涉不會有效，要胡適「想想外交的問題」。蔣的這一意見，並非出於偶然的靈感，而是「九一八」事變以來的既定方針。從那個時期以後，外交運用在蔣介石的對日謀略中即佔有極爲重要的位置。

「以夷制夷」是中國的老傳統。一九二七年四月，蔣介石在上海發動政變之後，外交上轉向英美，將蘇俄看成敵人。一九二九年發生中東路事件，蘇聯宣布與中國絕交，兩國外交關係中斷。然而，日本軍國主義者加緊侵華，得寸進尺。這樣，儘管蔣介石仍將蘇俄視爲中國的「最後、最大之敵」，㊶但已不得不優先處理對日問題。一九三四年二月十一日日記云：「外交先日後俄。」這說明，在蔣介石此時的心目中，對日，比對俄更爲緊迫。此後，與蘇聯的關係逐漸改善。

蔣介石將和蘇聯邦交關係的改善視作對日本軍國主義者的打擊，一九三二年十二月，顏惠慶受命與蘇聯外長李維諾夫在日內瓦談判，決定恢復邦交。十三日，蔣介石在日記中寫道：「與俄復交，足使倭人膽怯，而於我雪恥復國之基，更增強一層矣。」㊷一九三三年一月，

蔣介石派兵進入熱河，視之爲對日本軍國主義的第二打擊，而將「對俄復交」視之爲「第一打擊」，㊸可見，在蔣介石的心目中，外交運用較軍事佈置更加重要。

本世紀三十以至四十年代，「北進攻蘇」一直是日本軍方的重要方略。蔣介石總結二十世紀初年日俄在中國東北開戰，俄國慘敗的經驗，幻想在第二次日俄戰爭中，俄國人能先動手出動空軍轟炸日本及其在我國東北的基地。一九三四年四月，他和汪精衛、黃郛研究形勢時曾說：

> 余料第二次日俄之戰，如倭寇內部之文武主張不能一致，則一年之後，俄必先取攻勢，以空軍作戰。如不先下手，則其海孫威與伯力先為倭寇轟炸毀滅，乃俄寇東方根據地全失，不能不退貝嘉湖以西，則成持久之局，此俄所不為也。故俄先必轟毀日本與東北倭寇之根據地，以行先著。且第一次日俄之戰，日乃不宣而戰，故俄國東方海軍全滅，為日所算，而此次開戰，則俄決不肯蹈此覆轍而坐以待倭也。㊹

基於對日俄必戰的估計，蔣介石希望利用蘇俄的力量制衡日本。同年一月四日日記云：

> 倭寇既得偽滿，其意本足，惟懼大戰將起，恐我乘勢報復，故急欲強我屈服為與國，共防蘇俄，而其又懼蘇俄報復，與我聯合，故更求急進，使制服我也。敵之所畏懼者，即我之所最上者；敵之所欲急者，即我之所欲緩也。

「敵之所畏懼者」，指的是中蘇聯合；「敵之所欲急者」，指的是日本企圖強迫中國結爲與國。蔣介石企圖以中蘇聯合抵禦日本的壓制。同年一月廿七日，蔣介石親自會見俄國大使後，判斷蘇聯有接近中國的願望。㊺不久，蔣介石也相應決定「對俄則聯絡其感情」。㊻

蔣介石希望在日俄開戰時，中國能保持中立，他最擔心的是日本強迫中國捲入戰爭。盧溝橋事變前，日本曾多次以協助中國取消不平等條約爲誘餌，要求與中國建立「攻守同盟」，共同防俄。㊼蔣介石對此一度憂心忡忡。一九三四年九月十二日日記云：「倭寇與俄開戰時，是否敢強問我態度與不許我中立，是否其不顧列強與國聯之連帶關係而強我加入其東亞戰線，此皆應研究明晰。」日記中，蔣介石設計過幾種拒絕日方要求的理由，但特別注明：「切勿與之說明不能參戰之情理。」㊽爲了避免被日方強迫參戰，蔣介石又決定對日實行諒解、和緩，從而促進日俄衝突。十一月廿七日日記云：「應急與倭寇乘機諒解，以促進倭俄之衝突。」蔣介石當時的目的是：既不得罪蘇俄，又不得罪日本，讓他們兩方火拚，中國得免於難。

一九二五年前後，蔣介石曾將英國看成頭號敵人，日記中有大量與「英夷」不共戴天的誓言。其後，英國逐步從遠東退卻，對中國的威脅日漸減少，蔣介石遂決定聯英，將聯英作爲南京國民政府的外交重點。一九三四年一月十二日日記云：「外交如非與英有切實合作之可能，則無成功之希望。」四月九日日記云：「如何乃能聯英？」五月五日日記云：「對英則確切合作。」當年十二月，蔣介石曾計劃於次年去英國訪問，並在考慮以「中英經濟合作」給予「商

務特惠」，作為和英國的「交換條件」。㊾

對美國，蔣介石態度搖擺。最初曾寄以滿懷希望。一九三二年十一月九日日記云：「世界各國外交政策，有正義而不變者，唯美國而已。」他認為，美國政府的政策建築在最重視民眾輿論的基礎上，準備喚起美國國民，使美國成為「中國最友愛之友邦」。㊿因此，有一九三三年派宋子文訪美之舉。宋子文先是與羅斯福共同發表保障遠東和平的聲明，後是簽訂中美棉麥貸款，中美關係有所發展。但是，蔣介石仍然不很信任美國。

一九三四年二月，傳說美國將承認偽滿洲國，蔣介石雖認為無此可能，但他表示「美於國際信用實無價值」。這一時期，他和宋子文的關係惡化，因此，對宋的聯美主張持批評態度，日記云：「子文信從歐美以制倭，而不能自強，抑何愚耶！」51同年三月廿五日，蔣氏在日記中指斥美國外交家「利己損人」，善於玩弄陰謀，提醒自己：「弱國如吾，能不察乎？」十月八日，蔣介石在接見美國武官時，又當面「痛斥美國態度之不正」。52但是此後不久，蔣介石就逐漸改變其「重英輕美」觀念，形成「聯美制日」的策略，並且使之份量越來越重。十一月廿七日日記云：「英美形勢已聯合對日，乃為中國存亡之轉機。」同年底，蔣介石確定了「運用英美」的總原則，將它們視為中國抗日的同盟力量。

「九一八」事變後，蔣介石也加強了和德國的聯繫。一九三三年，孔祥熙、宋子文先後訪德。一九三四年六月十日，蔣氏日記中有「催訂德廠合同」的記載。當時，中國正計劃與德方共建飛機製造廠，所謂催訂合同，應指此事。在蔣介石的催促下，該項合同於同年九月簽訂。

這一時期，德國軍事顧問團積極介入中國的國防建設，參與制訂國防計劃大綱。[53]一九三七年五月，孔祥熙再次訪德，購買軍火，及時運回，得以滿足幾個月後的對日抗戰需要。當時，蘇聯、美國、英國對中國的援助尚未開始，德國軍火成了中國部隊的重要補給來源。

蔣介石懂得：一個國家，首先必須自強，自助、自求，[54]在發展和各個國家的關係時，要堅持自主，[55]用人而不爲人用。他分析當時國際間的錯綜複雜的關係，認爲「如能運用得當，以求生存，用人而不爲人用，則未始無復興之機」。[56]三十年代，列強間正在形成新的組合，蔣介石相信：「假以時日，國際環境當有轉機」，[57]「東方戰爭勝負之分，必在歐戰決定之後，最後歐洲與世界必聯合處置日軍，以解決東方問題」。[58]證以後來的歷史，蔣介石的這一估計是正確的。

一九三四年，蔣介石以圖表形式制訂過一份《救國方略》，分「安內」與「攘外」兩部分，其「攘外」部分如下：

攘外：
- 聯絡美俄
- 厚交英意

對日：
- 以英制俄
- 先日後俄
- 以美制日

從上表可以看出，九一八事變之後，對日已經成了蔣介石外交策略的核心，也是其攘外的唯一內容。爲了對日，他在國際上廣交朋友，聯絡友邦，藉以制衡日本。對此，日方曾一再表示不滿和抗議。一九三四年四月，日本外務省情報部部長天羽英二聲明：「如果中國採取利用其他國家排斥日本」，「或者採取以夷制夷的排外政策，日本就不得不加以反對」。⑤⑨日本外相廣田弘毅也認爲，中國企圖「利用外國的影響來束縛日本的雙手」，⑥⓪於一九三五年十月，向中國駐日大使蔣作賓提出，中國須絕對放棄「以夷制夷」政策。⑥①這些地方都說明，蔣介石這一時期的外交策略打中了日本軍國主義者的痛處。

四、從「安內」為重到「攘外」為重

三十年代，中國危機重重，蔣介石面臨諸多問題，其中最尖銳、最突出的是日本的侵華威脅和中共的「紅色割據」。蔣介石在二者之間，常常感到焦頭爛額，應付爲難。一九三一年秋，蔣介石對江西蘇區實行第三次圍剿，不久，「九一八」事變發生，部分軍隊抽調北上，「圍殲之功，虧於一簣」，⑥②使蔣介石極感惋惜。此外，還有各地割據或半割據的地方實力派，如廣東陳濟棠、廣西李宗仁、白崇禧、華北馮玉祥、山東韓復榘、山西閻錫山、陝西楊虎城、西北孫殿英、新疆盛世才等，都使蔣介石懸心吊膽，難以安枕。⑥③怎樣處理安內和攘外的關係，尖銳地擺到蔣介石和南京國民政府的面前。

蔣介石以圖表形式制訂的《救國方略》，其「安內」部分如下：

安內
- 剿匪運動
  - 信賞必罰
  - 選賢任能
  - 振作士氣
  - 鞏固民心
- 五族聯邦
- 統一運動
  - 改良中央
  - 建設東南
  - 懷柔華北
  - 平定兩廣

從上表可以看出，蔣介石的「安內」所要解決的問題分三方面：一、以武力剿滅中共。這是蔣介石的興奮中心，所以列了「信賞必罰」等四條措施，期於收到實效。二、組成漢、滿、蒙、回、藏五族聯邦。三十年代，中國邊疆處於多事之秋。東北溥儀「稱帝」，內蒙古德王勾結日本，新疆蘇聯滲透，西藏英國覬覦。這些，使蔣介石感到幾年之後有可能「盡失邊疆」。(64)因此，蔣介石有過「以民族平等爲原則，組織五族聯邦制度」的想法，(65)也曾準備於十年

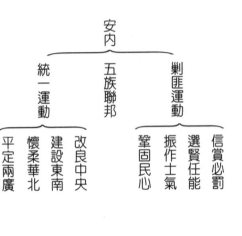

內，在滿、蒙、藏等地進行「自治試驗」。三、解決和地方實力派的關係，實現國家統一。爲此，蔣介石認爲首先要「改良中央」、「建設東南」，在此基礎上，對華北派「懷柔」，對兩廣派以武力平定。

蔣介石最初主張將安內放在優先位置。一九三一年七月廿三日，蔣介石發表文告稱：「惟攘外必先安內，去腐乃能防蠹。」⑥這是他對於二者關係的第一次明確表述。同文中，蔣介石並稱：「不先消滅赤匪，恢復民族之元氣，則不能禦侮；不先剷平粵逆，完成國家之統一，則不能攘外。」一九三四年八月二十日日記云：「非平粵桂，無以安內攘外。」可見，蔣介石所稱安內，既指中共，又指胡漢民、陳濟棠、李宗仁等地方實力派。

對地方實力派，在大多數場合，蔣介石採取懷柔、籠絡策略。對兩廣，則主意不定，策略變化較多：有時主張「武力平定」，認爲「粵非速征不可」，⑰有時主張拉一派，打一派，「聯桂制粵」，或聯湘制粵；有時主張「調和汪精衛與胡漢民的矛盾，舉胡爲總統。」⑱經過反覆思考，蔣介石主要採取了兩項對策，一是分化廣東內部。一九三四年三月十六日，蔣介石日記即有「與粵空軍聯絡」的記載。這一策略在一九三六年的兩廣事變中收到了實效。一是「緩和」。⑲

一九三四年十一月廿七日，蔣介石發表《劃分中央與地方權責宣言》，提出「和平統一」及「國內問題取決於政治，不取決於武力」等主張。《宣言》稱：「今日救國之道，莫要於統一，而實現統一，端在乎和平。吾人當此歷史上空前未有之困難，若非舉國一致，精誠團結，避免武力爲解決內政之工具，消弭隔閡，促成全國真正之和平統一，實無以充實國力，樹立安內攘外之根基。」⑳蔣介石對這一宣言很重視，視爲「政治新階段」。㉑當時，日本軍國主義者正在積極支持華北、山西、山東、華南等地方實力派和南京政府對立，企圖建立所謂「華北國」與「華南國」。《宣言》所提出的「和平統一」方針是對日本侵略者分裂陰謀的打擊。十一月廿八日，蔣介石會見王寵惠、羅文幹、孔祥熙等，決定「對胡妥協」，同時決定派孫科赴粵，與「西南派」和解。十一月廿九日，蔣介石起草致胡漢民函，日記稱：「既決心妥協，則當以至誠出之，故文句尊重如故也。」此後，至一九三六年胡漢民去世前，蔣介石對「西南派」採取的都是「和解」方針。㉒

蔣介石在提出「和平統一」方針的同時，也應允對國內政治進行部分改革。一九三三年，他有過「開放政治，以政治奉還於民」的一系列想法，但僅限於想法。㉓到了一九三四年十一月發表《劃分中央與地方權責宣言》時，他就公開提出，要保障人民依法享有言論結社自由，聲稱「不願徒襲一黨專政之虛名，強爲形式上之整齊劃一」。這些主張，顯然是對國內愛國民主人士和地方實力派的讓步。

蔣介石最不能容忍的是中共的「紅色割據」，在「九一八」事變以後，他仍然堅持「圍剿」方針，企圖在最短期間，以最快的速度剿平中共，然後再從事抗戰。自一九三二年七月至一九三四年十月，他先後組織了對「蘇區」和紅軍的第四、第五兩次圍剿，必欲除之而後快。但是，其間他也有動搖的時候。一九三三年一月二十日日記云：

近日甚思赤匪與倭寇，二者必捨其一而對其一。如專對倭寇，則恐始末之匪亂以至覆亡，或如蘇俄之克倫斯基及土耳其之青年黨，畫虎不成，貽笑中外。惟以天理與人情推之，則今日之事，應先倭寇而後赤匪也。

蔣介石認識到，在「剿匪」和抗日之間，只能二者擇一。全力抗日吧？蔣介石擔心共產黨的力量會發展起來，自己的統治最終會被推翻；全力「剿匪」吧？又不合於「天理與人情」。從這段日記看，蔣介石已經認識到，抗日是民族大義所在，必須「攘外」第一，「先倭寇而後赤匪」。一九三四年十一月十五日，他也曾在日記中寫道：「救國之道，惟在免除內戰。」，可見，上述觀點並非偶然靈感，而是經過較長時期思考的。蔣介石之所以堅持「剿共」方針，阻礙他作出正確決定的是對南京國民政府和自身命運的憂慮。

正是出於這種憂慮，在相當長的時間內，蔣介石認為內憂重於外患，視中共為頭號敵人。一九三三年四月六日，他從河北保定匆匆趕回江西，即在撫州發佈命令稱：「外寇不足慮，而內匪實為心腹之患。」⑭同月十一日，他在南昌軍事整理會議上發表講話稱：「中國存亡之關鍵，不在外患，而在內憂，不在步步侵入的日本帝國主義，而在盤據國內為國家心腹之禍的土匪，目前我們只要能安內，則攘外就不成問題，把匪剿清以後，來對付日本帝國主義。」⑮有時，他甚至把中共看成「惟一之大患」。⑯當時，國內許多部隊紛紛要求北上抗日，廣東、廣西、福建三省曾準備組織聯軍，北上參戰，但都遭到蔣介石的阻止和拒絕。

四月十五日，他致電陳濟棠說：「赣匪殊不可輕視，似不如先其所急，分工合作，南中傾全力以剿共，華北負專責以禦侮。」⑦廿一日，再電陳濟棠稱，共產黨一旦突圍成功：必然「國本動搖，立蹈明末覆轍，雖有善計，亦無法收拾，爲禍之烈，或較日寇侵略而有加」。⑧當時的國民黨和中共之間有巨大的政治分歧，但無論如何，總是「兄弟鬩於牆」，在民族敵人面前屬於內部矛盾。蔣介石視中共爲「心腹大患」，視日本侵華爲「皮膚小病」，⑨將中共看成遠比日本軍國主義者更爲危險的敵人，這就顛倒了內外矛盾之間的關係，違背了國人團結禦侮的普遍願望，一連串的錯誤也就由此而生了。

要抵抗外敵，必須以國家統一，國內安定團結爲條件。這一點，對於弱國尤爲重要。蔣介石一九三三年三月二十日日記云：「今日欲言抗戰到底，則非舉全國國民之心力彙集於一點，並統一全國之內政、財政、兵力、聽命於中央，不能有效。」這段話說得並非全無道理。問題是：怎樣才能實現統一？是以武力削平異己力量呢，還是求同存異，團結對外？遺憾的是，蔣介石在很長時期內採取的是後者。他置日益嚴重的民族危機於不顧，將本應對外的槍口首先用以對內，這就必然引起普遍的反對和抗議，最終迫使蔣介石不得不放棄這一政策。一九三四年底，蔣介石指派陳果夫、陳立夫兄弟著手解決中共問題。次年六月，雙方代表在香港會見，開始了國共兩黨間的艱難談判。⑩這一舉措，反映出蔣介石從安內爲重到攘外爲重的策略轉變。

蔣介石的改變根源於多方面的因素。一是日本軍國主義者對中國侵略行爲的不斷加深，一是國內各階層救亡圖存呼聲的加強。但是，他改變的並非攘外必先安內的政策，而是安內的方法，從圍剿共產黨改變為承認共產黨，從而實現了在抗日旗幟下的國內大團結。

五、秘密準備，以「剿共」為抗日之掩護，經營西南根據地

三十年代，日本軍國主義者對中國的侵略得寸進尺，民族危機日益嚴重，蔣介石不得不作抗戰準備。一九三三年年初，蔣介石在日記中寫下了幾則短語：「東南國防計劃。購炮雷彈計劃。備油避機計劃。」⑧1反映出他在思考國防建設問題。這以後，他不斷下達備戰指示：

二月，指示在長江沿岸馬當、田家鎮、武穴等要塞構築防禦工事。

三月，指示在江蘇、安徽、江西、湖北等省江岸分散佈置潛伏炮兵，以扼制敵艦行動。

四月，指示參謀本部次長賀耀祖迅速修建南京附近各地要塞聯絡道路。

六月，限令軍政部於一九三六年底前建立江防、航空、通信、新兵工廠的獨立生產基礎。

進入一九三四年之後，蔣介石對國防建設要求加快。當年二月，蔣介石致電賀耀祖，限於當月制訂完成東南國防、以南京為中心的防空以及東南空軍作戰等計劃，同時要求勘定江防、海防各要塞附近的步兵陣地，繪成地圖。自此，各地國防工程全面啓動。至一九三七年二月，全國各地已築成機關槍掩體、小炮掩體、觀測所、掩蔽部等各類工事三千三百七十四個。⑧2這一切說明，蔣介石在認真地準備對日抗戰了。

東南國防計劃的目的是爲了防禦，但是，既然對日戰爭是一場長期戰爭，就必須有後方，有根據地。一九三二年十一月，蔣介石等提議，切實進行長安陪都、洛陽行都的建設。[83]一九三三年八月，他和戴季陶議事，再次討論遷都西安問題。[84]次年一月廿四日日記云：「國防據點，分東北與西北兩部乎。」建設東北據點，目的仍在防禦，但建設西北據點，則是爲了加強後方。此際，國民黨正在召開四屆四中全會。會議期間，蔣介石決定將國民經濟中心逐漸西移。爲此，他提出：國家及私人大工業今後避免集中海口；開闢道路、航路，完成西向幹線；建設不受海上敵國封鎖的出入口；於經濟中心區附近不受外國兵力威脅之地區，確立國防軍事中心地；全國大工廠、鐵路及電線等項建設，均應以國防軍事計劃及國民經濟計劃爲綱領等等。該會在宣言中並提出「救亡圖存大計」，要求集中國力、充實國力，鞏固國家統一，完成一切建設，以立禦侮之根本。[85]一九三四年十月十八日，蔣介石飛抵蘭州，日記云：「黃河形勢雄壯，西北物產之豐，倭俄雖侵略備至，如我能自強則無如我何也，極思經營西北，以爲復興之基地。」次年，他下令在河南進行軍事演習，構築永久工事。此後，他又陸續下令建築武漢、青島、濟南等地的要塞工程。

在更多情況下，蔣介石傾向於以西南爲根據地。一九三四年初，他在日記中爲自己列出了多項任務，其第三十四項爲「決不任總統與行政院長，專心建設西南。」[86]同年十月，中國工農紅軍撤離蘇區，開始長征。蔣介石決定經營四川，十一月廿三日日記云：「如經營四川，應注重駐地，以對倭、俄寇與兩廣皆能顧到爲要也。」

兵不厭詐。戰爭中要講究虛虛實實，藉以迷惑敵人，備戰也同樣如此。蔣介石一九三三年八月十七日日記云：「大戰未起之前，如何掩護準備，使敵不加注意，其惟經營西北與四川乎！」次年十二月廿九日日記云：「若爲對倭計，以勦匪爲掩護抗日之原則言之，避免內戰，使倭無隙可乘，並可得眾同情，乃仍以親勦川、黔殘匪以爲經營西南根據地之張本，亦未始非策也。當再熟籌之！」這則日記透露出，蔣氏企圖在追勦紅軍的掩護下大力建設西南，以之作爲日後抗戰的根據地。

此後，蔣介石即一面在西南地區追擊長征中的紅軍，一面加緊建設西南，統一四川、雲南、貴州三省。一九三五年二月四日，蔣介石在廬山規劃國防工業方案，電令趕築西南各省公路。次月，蔣介石親自入川，在重慶發表演講，提出「四川應爲復興民族之根據地」。當時，四川政治、經濟混亂，蔣特別致電孔祥熙：告以日軍在華北「似有箭在弦上之勢力」，同時告以「我方軍事與政治中心全在四川」，要他從速確定四川金融政策。[87]接著，蔣介石又陸續巡視貴州、雲南等地，直到當年十月，才回到南京。一九三六年一月，蔣介石報告稱：日本之所以在華北挑釁，就是因爲害怕四川、雲南、貴州三省的統一，成爲中國復興基地，因此千方百計干擾，而他「看穿日本的詭計，無論如何，駐在四川不動」。[88]日本軍國主義者在華北挑釁的原因，未必如蔣介石所云，但他看出，統一西南三省，「國家民族的生存，才有最後的保障」，這是不錯的。

以駐節四川、巡視雲貴爲起點，蔣介石積極整理三省的政治、經濟，加強工業建設，發展交通，種種舉措，對於後來的抗戰都起了重要作用。一九三六年六月，蔣介石在和李滋羅斯談話時還說過：「當戰爭來臨時，我將在沿海地區做可能的最強烈的抵抗，然後逐步向內陸撤退，繼續抵抗。最後，我們將在西部某省，可能是四川，維持一個自由中國，以待英美的參戰，共同抵抗侵略者。」⑲可見，他在當時已經料到了後來戰事的發展進程並爲此作了準備。

中國現代軍事學家蔣方震極爲強調空軍在戰爭中的作用，蔣介石接受了他的影響。一九三二年七月，蔣介石決定自任杭州中央航空學校校長。一九三四年決定將航空署改爲航空委員會，自兼委員長。他在爲航空學校書寫《訓教》時，特別提出「空軍救國」的口號。凡此，都可見他對空軍的重視。這一時期，他積極倡議購買飛機，派員出國考察飛機製造工業，在國內興建飛機製造廠，建設機場，實行防空訓練，爲重要鐵路樞紐及黃河鐵橋配置防空設備，使中國空軍和防空力量得到一定加強。一九三六年十月，蔣介石到杭州主持航空學校第五、第六屆畢業典禮，對中國空軍的發展感到滿意，曾在日記中寫道：「五年之內期趕上倭國空軍，則可以保我國之安全矣！」⑳

六、結語

「九一八」事變中，中國軍隊未作任何抵抗就丟掉了東北大片江山，蔣介石和南京國民政府因此受到了國人最嚴厲的批評和指責。此後，蔣介石和南京國民政府有所改變，其表現是：

在淞滬地區和長城各口抗擊來犯日軍；在談判桌上，南京國民政府也進行過若干抗爭。但是，就其總體考察，這一時期，蔣介石和南京國民政府的對日外交仍以妥協和退讓爲特徵。蔣介石實行這一政策，有其錯誤的、應予批評、譴責的方面，也有弱國面對強國時的無奈與不得已。它是一種政策，也是一種謀略。蔣介石在對日步步退讓的同時，又以勾踐臥薪嘗膽的精神激勵自己，進行抗戰準備：對內，調整政策，比較妥善地解決了和地方實力派以及和中共的矛盾，同時建設西南基地；對外，廣交朋友，聯絡盟國。這些，都爲後來的抗戰勝利打下了基礎。

（本文為提交二〇〇〇年五月在日本東京召開的第四十五屆國際東方學者會議的論文，原載日本《國際東方學者會議紀要》第四十五冊，二〇〇〇年；《近代史研究》，二〇〇一年第二期。）

①本文寫作時，蔣氏日記尚未公佈。大陸所存只有三年：一九三一年為毛思誠摘抄本；一九三三年僅存一至二月；一九三四年為全年。由於一九三一年的日記我已在《九一八事變後的蔣介石》一文中利用過，故本文以利用後兩種資料為主。它們均為蔣介石日記原稿的仿抄本，史料價值較高。其他年份，則依據《總統蔣公大事長編初稿》及《蔣總統秘錄》二書所引。它們雖然片段、零碎，並有刪節和改動，但從可以對照的部分看，此類刪改大多屬於文字加工，因此，在目前情況下，仍有使用價值。

②《蔣介石日記》（仿抄本），中國第二歷史檔案館藏。

③《蔣介石日記》（毛思誠分類摘錄本），一九三一年九月廿八日、十一月十七日。參見本書《九一八事

變後的蔣介石》。

④《蔣介石日記》，轉引自《總統蔣公大事長編初稿》卷二，第一六八頁。

⑤《蔣委員中正告全國將士書》（一九三三年一月三十日），《中央週報》第一九一期。

⑥《何應欽致蔣光鼐、蔡廷鍇、吳鐵城、宋子文之急電》，中國第二歷史檔案館藏；參見《陳銘樞、何應欽、羅文幹致蔣光鼐電》，《中華民國重要史料初編——對日抗戰時期》，《緒編》（一），第五一三頁。

⑦吳稚暉：《在南京建設委員會招待所留別蔣介石先生書》（手跡），吳稚暉檔案，（台北）中國國民黨黨史會藏。

⑧《蔣委員長致張學良主任電》，《中華民國重要史料初編——對日抗戰時期》，《緒編》（一），第五六三頁。

⑨《蔣介石日記》（仿抄本），一九三三年一月五日。

⑩《蔣介石日記》（仿抄本），一九三三年一月八日。

⑪《蔣介石日記》（仿抄本），一九三三年一月十六日。

⑫《蔣介石日記》（仿抄本），一九三三年一月七日。

⑬蔣介石一九三三年五月六日致何應欽、黃紹竑電稱：「我軍實力不充，只能妥擇陣地抵抗，此種戰略既經擇定，宜使全線一體恪遵，怯者固不得擅退，勇者尤不許輕進。論者每持以攻為守之說，欲乘敵人薄弱之點，貪圖小利，輕於突擊，徒為局部一時之快意耳，固於事無濟，且最易牽動全線。」，見

《總統蔣公大事長編初稿》卷二，第三〇八頁。

⑭蔣介石日記，一九三三年二月廿六日，轉引自《總統蔣公大事長編初稿》卷二，第二七三頁。

⑮《胡適的日記》，一九三三年三月十三日，台灣遠流出版公司一九九〇年影印原本。

⑯蔣介石日記，一九三三年二月廿八日，轉引自《總統蔣公大事長編初稿》卷二，第二八八頁。

⑰蔣介石日記，一九三三年五月五日，轉引自《總統蔣公大事長編初稿》卷二，第三〇七頁；參見蔣介石覆何應欽電，同書卷二，第三〇九頁。

⑱《電覆陳濟棠總司令》，《總統蔣公大事長編初稿》卷二，第三二二頁。

⑲《東北問題與對日方針》，《中華民國重要史料初編——對日抗戰時期》，《緒編》（二），第三一七頁；又見《抵禦外侮與復興民族》，《先總統蔣公全集》第一卷，第八七八頁。

⑳蔣介石日記，《總統蔣公大事長編初稿》卷二，第三四〇頁。

㉑《國家興亡責在軍人》，《總統蔣公大事長編初稿》卷二，第二九四頁；參見同書卷二第二五九頁。抗戰勝利後，吳稚暉曾稱：「二十六年抗戰，蔣如在寧滬皆孤注一擲，不惟無本錢菈渝，而倭寇早據有全華，則以後局勢，恐英、美、蘇亦受德、日之優勢相壓，世界且不似今日之局面矣。」見《〈在南京建設委員會招待所留別蔣介石先生書〉題跋》（手跡），吳稚暉檔案，（台北）中國國民黨黨史會藏。

㉒《總統蔣公大事長編初稿》卷二，第一六三頁。

㉓《總統蔣公大事長編初稿》卷三，第二四八頁。

㉔蔣介石日記，《總統蔣公大事長編初稿》卷二，第二〇三頁。

㉕Frederic Leith-Ross:*Money Talk-Fifty years of International Finance*.London,P.221.

㉖《總統蔣公大事長編初稿》卷三，第二三四頁。

㉗《蔣介石日記》（毛思誠分類摘錄本），一九三一年九月二十日。

㉘《越王勾踐世家》，《史記》卷四一，中華書局整理本，第一七四〇頁。

㉙蔣介石記憶有誤，抄成「時未至不可強生事」。見其日記（原稿本），一九三四年二月十四日。

㉚《勾踐入臣外傳》，《吳越春秋》卷第七。

㉛《蔣介石日記》（仿抄本），一九三四年二月十五日、十六日。

㉜《蔣介石日記》（仿抄本），一九三四年十一月十四日、十九日、二十日。

㉝《總統蔣公大事長編初稿》，卷三，第二〇五、二〇七、二〇八、二四八頁。

㉞《蔣介石日記》（仿抄本），一九三六年五月三日。

㉟《蔣介石日記》（仿抄本），一九三二年九月十三日。

㊱《蔣介石日記》（仿抄本），一九三四年三月廿三日。

㊲蔣介石日記，一九三五年八月廿一日，轉引自《總統蔣公大事長編初稿》卷三，第二一八頁。

㊳蔣介石日記，一九三七年三月十五日，轉引自《總統蔣公大事長編初稿》卷四（上），第廿二頁。

㊴《蔣介石日記》（仿抄本），一九三四年十一月廿七日。

㊵《政府與人民共同救國之道》，《總統蔣公大事長編初稿》卷三，第二七二頁。

㊶《蔣介石日記》（仿抄本），一九三四年三月七日。

㊷蔣介石日記，轉引自《總統蔣公大事長編初稿》卷二，第二四五頁。

㊸《蔣介石日記》（仿抄本），一九三三年一月十七日。

㊹《蔣介石日記》（仿抄本），一九三四年四月十二日。

㊺《蔣介石日記》（仿抄本），一九三四年一月廿七、廿八日。

㊻《蔣介石日記》（仿抄本），一九三四年五月五日。

㊼參見《總統蔣公大事長編初稿》卷三，第一六七頁、一九〇頁、二一二頁。

㊽《蔣介石日記》（仿抄本），一九三四年八月十四日。

㊾《蔣介石日記》（仿抄本），一九三四年十二月廿三至廿六日。

㊿蔣介石日記，一九三二年十一月九日，轉引自《總統蔣公大事長編初稿》卷二，第二四二頁。

51《蔣介石日記》（仿抄本），一九三四年二月廿六日。

52《蔣介石日記》（仿抄本），一九三四年十月八日。

53《國民政府軍事機關檔案》第廿五分檔，第一一六一號，中國第二歷史檔案館藏。

54《五全大會對外關係報告》，《總統蔣公大事長編初稿》卷三，第二四七頁。

55蔣介石日記，一九三六年十一月七日，轉引自《總統蔣公大事長編初稿》卷三，第三五一頁。

56蔣介石日記，一九三二年八月八日，轉引自《總統蔣公大事長編初稿》卷二，第三四八頁。

57《電覆陳濟棠總司令》，《總統蔣公大事長編初稿》卷二，第三一二頁；又，蔣介石一九三三年四月二日演講云：「若是能抵抗三年、五年，我預料國際上總有新的發展。」見同上書卷二，第二九四至二九五頁。

㊿蔣介石日記，一九三六年三月十四日，轉引自《總統蔣公大事長編初稿》卷三，第二八一頁。

㊾《日本帝國主義對外侵略史料選編（一九三一～一九四五）》，上海人民出版社一九七五年版，第一五七頁。

⑥⓪ *FRUS*,Japan,1931-1941,Vol.1,p.230.

⑥①《總統蔣公大事長編初稿》卷三，第二三〇頁。

⑥②《總統蔣公大事長編初稿》卷二，第二〇三頁。

⑥③蔣介石一九三四年一月廿八日日記（仿抄本）云：「寧夏孫匪，新疆盛閥，必為國家大患。」又一九三四年二月十七日日記云：「西北孫匪，廣西李、白，粵陳，魯韓、晉閻、陝楊諸人，亦為邊藩之第二，可不慎乎？」

⑥④《蔣介石日記》（仿抄本），一九三四年五月六日。

⑥⑤《蔣介石日記》（仿抄本），一九三四年三月七日。

⑥⑥《先總統蔣公思想言論總集》，卷三十，書告，第十五頁。

⑥⑦《蔣介石日記》（仿抄本），一九三四年七月七日。

⑥⑧《蔣介石日記》（仿抄本），一九三四年四月三日、五日。

⑥⑨《蔣介石日記》（仿抄本），一九三四年十一月廿一日。

⑦⓪《總統蔣公大事長編初稿》卷三，第一三〇頁。

⑦①《蔣介石日記》（仿抄本），一九三四年十二月一日。

⑦②參見本書《胡漢民的軍事倒蔣密謀與及蔣胡和解》。

⑦③蔣介石日記，一九三三年三月二十日，轉引自《總統蔣公大事長編初稿》卷二，第二八五頁。

⑦④《蔣委員長告各將領先清內匪再言抗日電》，《中華民國重要史料初編——對日抗戰時期》，《緒編》（三），第三十五頁。

⑦⑤《總統蔣公大事長編初稿》卷二，第二九三頁。

⑦⑥蔣介石日記，轉引自《總統蔣公大事長編初稿》卷二，第三〇二頁。

⑦⑦《總統蔣公大事長編初稿》卷二，第二九六頁。

⑦⑧《總統蔣公大事長編初稿》卷二，第二九九頁。

⑦⑨《革命軍的責任是安內與攘外》（一九三三年五月八日），《中華民國重要史料初編——對日抗戰時期》，《緒編》（三），第三六八頁。

⑧⓪參見拙作《陳立夫與國共談判》，《海外訪史錄》，社會科學文獻出版社一九九八年版，第三九五至四〇一頁。

⑧①《蔣介石日記》（仿抄本），一九三四年一月廿七日。

⑧②據《何應欽部長對五屆三中全會軍事報告》統計，《中華民國重要史料初編——對日抗戰時期》，《緒編》（三），第三五五至三六一頁。

83 《中華民國重要史料初編——對日抗戰時期》，《緒編》（一），第五四九至五五〇頁。

84 《總統蔣公大事長編初稿》卷二，第三四七頁。

85 《總統蔣公大事長編初稿》卷三，第六至七頁。

86 《蔣介石日記》（仿抄本）一九三四年卷首。

87 《蔣委員長致孔祥熙電》，《中華民國重要史料初編——對日抗戰時期》，《緒編》（三），第三三五頁。

88 《對全國中等以上學校校長與學生講話》，《中華民國重要史料初編——對日抗戰時期》，《緒編》（一），第七四五至七四六頁。

89 Frederic Leith-Ross:*Money Talk-Fifty years of International Finance*.London,P.221.

90 蔣介石日記，轉引自《總統蔣公大事長編初稿》卷三，第三三七頁。

「約法」之爭與蔣介石軟禁胡漢民事件

一、南京政壇的一次強震

自一九三一年二月上旬起，蔣介石日記中逐漸出現對胡漢民的強烈不滿和攻擊之詞。二月九日日記云：「見人面目，受人束縛，小人不可與共事也。紀念週時幾欲痛泣，而又止，何人而知我痛苦至此耶！」①這裏，蔣介石僅用了「小人」一詞，沒有點名，但是，這位「小人」在第二天的日記中就登場了。十日日記云：「胡專欲人爲其傀儡而自出主張，私心自用，顛倒是非，欺罔民眾，圖謀不規〔軌〕，危害黨國，投機取巧，妄〔罔〕知廉恥，誠小人之尤者也。惟余心暴躁發憤，幾忘其身矣，戒之！」②從這一段日記可以看出，蔣介石認爲，「胡某」也者，罪大惡極，他使得蔣介石「暴躁發憤」，「幾忘其身」。

其後，蔣介石在日記中對「胡某」的攻擊就接連不斷。十三日日記指責其「挑撥內部，詆毀政治，曲解遺教，欺惑民眾」。③十五日日記指責其「破壞黨國，阻礙革命」，「以『司大令』（史達林）自居，而視人爲『托爾斯基』（托洛茨基）」。④廿五日日記則稱：「今日之胡漢民，即昔日之鮑爾廷（鮑羅廷）。余前後遇此二大奸，一生倒楣不盡。鮑使國民黨徒受惡名，而共產黨受其實惠。今胡則使國民黨受害，而彼自取利。飽使國民黨革命破壞，不能建設，胡則使國民黨革命阻礙，不能進取。」⑤十幾天之中，由「小人」，而「胡某」，而直書「胡漢民」，標誌著蔣介石怨憤的迅速加深和增強。

這一時期，胡漢民問題使得蔣介石性情乖戾，難以自制。十八日日記云：「近日躁急，恐將僨事。」⑥廿五日日記云：「爲胡事又發憤怒。」⑦廿六日日記云：「在湯山俱樂部痛述某之罪狀，幾爲髮指。」當日中午，蔣介石與邵力子談起胡漢民的「罪狀」時，再次動情，日記云：「心爲之碎，自知失態。」⑧

也就在廿五日，蔣介石制訂了一個處理胡漢民的十四點計劃。前四項對胡本人：一、請胡到家；二、監視護兵；三、令警察監視其家；四、請孫科往見，在「公開審判」和「自行辭職」兩者中問胡自願；同時要胡保薦立法院正副院長，並要胡函慰立法院各委員，使其安心供職；最後將胡遷往中山陵。其他十項爲善後，其內容爲：明告中央委員；開國民黨中央臨時政治會議；開中央常務會議，推任立法院院長；由監察委員提起彈劾，令國府緊急處分，嚴重監視；監察院提起政治彈劾；通告各地黨部與各軍隊等。當然，蔣介石也沒有忘記控制新聞，「令各報不准登載中央未發表之消息」。其中還包括「請立法委員組長明午吃飯」一條，考慮得相當周密。⑨

廿八日晚，蔣介石以宴客爲名，邀請胡漢民到自己的住所晚餐。胡漢民到後，便從首都警察廳長吳思豫手裏得到了一封蔣介石列數其「罪狀」並有其親筆修改手跡的信件，⑩又從邵元沖口裏得知：「蔣先生想請胡先生辭立法院院長。」胡漢民堅決要求蔣介石出面，蔣出面後，兩人激烈辯論到深夜。第二天，胡漢民具書「辭職」。當日，移送湯山軟禁。三月八日移回南京，仍然處於軟禁狀態中。

這就是本世紀三〇年代初著名的胡漢民「被囚」事件。早在同盟會時期，胡漢民就追隨孫中山，獻身革命，長期充任孫的助手，堪稱「黨國元老」。他當時任國民黨中央常務委員、南京國民政府委員、立法院長。「事發以後，舉世駭然。」⑪他的被軟禁，無異是南京政壇上的一次強震。

二、二〇年代末期至三〇年代初期的「黨治」與「法治」之爭

要瞭解蔣胡之爭，首先必須瞭解孫中山的有關思想和蔣胡之爭的歷史環境。

孫中山是偉大的民主主義革命家，他的目標一開始就定位在將中國建設爲世界上的頭等民主國家。但是，他又認爲，這個境界不可能一蹴而就，必須循序漸進。還在同盟會時期，孫中山和他的戰友們即將中國實現民主和法治的進程分爲軍政、訓政、憲政三個階段。軍政時期適用於革命軍初起之時，軍民共同受治於軍法。訓政時期適用於三年之後，各縣軍政府將地方自治權歸之於當地人民，由人民選舉地方議會議員及地方行政官員，同時制訂約法，規定軍政府和人民之間各自的權利和義務。憲政時期適用於全國實行約法六年之後，其特徵爲制定憲法，

由國民公舉大總統，公舉議員，組織國會，一切國事均依憲法而行。此後，孫中山對他的「三階段論」作過多次說明，其大原則雖始終如一，但也出現了某些相異或模糊之處。

辛亥革命後，南京臨時參議院迅速制訂了相當於憲法的《臨時約法》，它規定了前此中國從未出現過的一系列民主原則。但是，曾幾何時，《臨時約法》即被袁世凱和北洋軍閥扔進了字紙簍。為了捍衛《臨時約法》，孫中山曾多次發起護法運動，但是，也均一無所成，護法的旗號反而為曹錕、吳佩孚輩所利用。這種情況，其主要原因在於，中國社會源遠流長和根深蒂固的封建傳統和當時社會中強大的封建勢力。但是，晚年的孫中山總結經驗，卻認為其原因在於人民沒有經過必要的訓練，「未經軍政、訓政兩期，而即入於憲政」，他說：「不經訓政時代，則大多數之人民久經束縛，雖驟被解放，初不瞭知其活動之方式，非墨守其放棄責任之故習，即為人利用陷於反革命而不自知。」他甚至說：「辛亥之役，汲汲於制定《臨時約法》，以為可以奠民國之基礎，而不知乃適得其反。」⑫這一時期，他接受蘇俄經驗，比較多地強調「以黨治國」，即所謂「黨治」。一九二四年一月，孫中山起草《建國大綱》時僅云：「（訓政時期）得選舉縣官以執行一縣之事，得選舉議員以議立一縣之法律」，沒有出現「約法」二字。⑬這就為後來滋生論爭留下了縫隙。

一九二八年六月，蔣介石、馮玉祥、閻錫山等人所率領的國民革命軍和平佔領北京和天津，奉系軍閥退出關外。至此，雖有東北和新疆的易幟問題有待解決，但大體上完成了全國統一。一九二八年八月，國民黨召開二屆五中全會，宣稱軍事告終，訓政開始。會議決議，遵照孫中山「遺教」，迅速起草並頒佈約法。⑭十月三日，國民黨中央常務會議通過胡漢民、孫科提出的《訓政綱領》。該綱領規定：訓政期間，以中國國民黨全國代表大會爲國家最高權力機關，代表國民大會行使政權；平日則將政權付託國民黨中央執行委員會，由該委員會中的政治會議指導國民政府施行重大國務。同日，通過胡漢民等提出的《中華民國國民政府組織法》，規定國民政府設行政、立法、司法、考試、監察五院，其正副院長均由國民黨中央執行委員會選任。這樣，國民黨就提出了一個完整的以一黨專政爲特徵的政治體制。胡漢民的《訓政大綱提案說明書》將這一點表述得很清楚、很坦率：「一切權力皆由黨集中，由黨發施。」⑮次年的有關決議甚至說：「中國國民黨獨負全責。」⑯

一九二九年三月十三日，國民黨第三次全國代表大會召開。胡漢民在開幕詞中聲稱：「總理給我們的遺教，關於黨的，關於政的，已非常完全，而且事實上都已條理畢具。我們只要去奉行，只要摸著綱領，遵循著做，不要在總理所給的遺教之外，自己再有什麼創作。」⑰在這一思想指導下，會議「確定總理所著《三民主義》、《五權憲法》、《建國方略》、《建國大綱》和《地方自治開始實行法》爲訓政時期中華民國最高之根本法」。⑱這樣，孫中山思想就被凝固化、絕對化、法律化，而不能允許有任何發展和匡正。會議並就此作出說明，聲稱民國元年的《臨時約法》當時就「不愜總理本意」，所以後來總理即「不復以約法爲言」，⑲這就明確否定了訓政時期有制定「約法」的必要，也否定了二屆五中全會的決議。胡漢民、蔣介石等推行的「黨治」，受到了自由知識分子和國民黨內的非主流派以及部分地方實力派的反對。

早在一九二八年八月，上海四十八個商業團體就曾組織請願團，向國民黨中央黨部提出十項要求，其第一項即是「頒佈約法」。⑳一九二九年五月，胡適發表《人權與約法》，批評當時中國社會嚴重缺乏人權的現象：無論什麼人，只須貼上「反動分子」「土豪劣紳」「反革命」「共黨嫌疑」等招牌，就可以任意侮辱其身體，剝奪其自由，宰制其財產；無論什麼書報，只須貼上「反動刊物」的字樣，就可以禁止。他要求制訂憲法，至少，也應該制訂訓政時期約法，用以「規定政府的許可權」和「人民的『身體、自由及財產』的保障。」㉑

七月二十日，胡適進一步發表《我們什麼時候才可有憲法》，對孫中山手擬的《建國大綱》提出疑問。該文認爲，民國十三年的孫中山「簡直是完全取消他以前所主張的『約法之治』」。該文由此進一步地批評孫中山「根本不信任中國人民的參政能力」，其言論中有「根本性大錯誤」。文稱：「民國十幾年的政治失敗，不是驟行憲政之過，乃是始終不曾實行憲政之過；不是不經軍政、訓政兩時期而遽行憲政，乃是始終不曾脫離擾亂時期之過。」胡適明確地要求迅速制訂憲法。他說：「我們不相信無憲法可以訓政；無憲法的訓政只是專制。」㉒

胡適的呼籲受到他的朋友羅隆基、馬君武、張元濟等人的支持。羅隆基稱：「人權破產是中國目前不可掩蓋的事實。」他尖銳地提出：「明火打劫的強盜，執槍殺人的綁匪」，其「蹂躪人權」的危害，「遠不如某個人，某家庭，或某團體霸佔了政府的地位，打著政府的招牌，同時不受任何法律的拘束的可怕」。㉓同年十二月，胡適將他自己和朋友們的文章編輯爲《人權論集》。胡適、羅隆基等人的批評鋒芒直指國民黨的「黨治」，在當時的思想界掀起了要求民主、人權和法治的波瀾。繼胡適等人之後，國民黨內的非主流派和地方實力派相結合，進一步掀起批判獨裁，要求實行民主和法治的潮流。

國民黨三大之後，以蔣介石、胡漢民爲代表的國民黨主流派掌握中樞，權傾一時，但是，以汪精衛爲首的改組派和以鄒魯爲代表的西山會議派則處於失勢地位。他們以反對蔣介石的「專制」「獨裁」，要求「民主」、「法治」爲名，積極進行反蔣活動。和他們站在一起的有晉系閻錫山、西北軍馮玉祥、桂系李宗仁等地方實力派。一九二九年一月編遣會議後，他們的利益、權力、地盤受到損害，因此力圖武力倒蔣。一九三〇年二月十日，閻錫山首先發難，提出「禮讓爲國」，要求蔣介石與自己同時下野。三月十五日，馮玉祥部鹿鍾麟等人通電，擁護閻錫山爲陸海空軍總司令。自然，南京國民政府視此爲叛逆，下令通緝閻錫山，並於五月一日發佈討伐令，持續六個月的中原大戰由此展開。同年七月十三日，反蔣各派在北京聯合成立國民黨中央黨部擴大會議。汪精衛等在《聯名宣言》中指責蔣介石：「背叛黨義，篡竊政權」，將民主集中制變爲個人獨裁。宣言稱：「本黨目的在扶植民主政治，蔣則托名訓政以行專制。人民公私權利剝奪無餘，甚至生命財產自由一無保障。」㉔

八月七日，再次發表宣言，指責蔣介石借黨治名義實行獨裁，「號稱訓政，於今三年，而約法一字亦未頒佈」。宣言稱：「吾黨提出民主政治四十餘年，民國成立亦已十九年，而仍滯於極端專制之境，此誠吾黨之大恥，而國民之大不幸。」宣言表示，決於最短期內按照孫中山遺教籌備召集國民會議，制訂約法。㉕汪精衛爲此特別說明，孫中山晚年所批評的是民初制訂的「實際即是憲法」的《臨時約法》，至於《孫文學說》中所說「訓政時期的約法」，其目的在於確定政府對人民的關係，限制政府對於人民的權利的干涉程度，仍爲革命時代所必要。㉖汪精衛不是胡適，他不敢對孫中山稍有批評，只能在其學說的範圍之內做文章。九月一日，「擴大會議」諸人在北平成立以閻錫山爲主席的「國民政府」。十五日，成立包括羅文幹、周鯁生等六名法學家在內的約法起草委員會，負責起草約法並向全國徵詢意見。其間，曾計劃聘請胡適爲起草委員，胡也認真地和羅作過討論，意見「大致相投」。㉗

在南北兩個「國民政府」兵戎相見的關鍵時刻，張學良支持蔣介石，率兵入關。閻錫山被迫退回山西。汪精衛、鄒魯等眼看失敗在即，決定抓緊時間演出最後一幕，向南京政權作一次「悲壯」的宣傳戰。十月廿七日，「擴大會議」在太原繼續開會，通過約法起草委員會所擬《中華民國約法草案》，用以作爲「憲法未頒佈以前的根本大法」。該草案所規定的人民人身、財產、居住、集會、結社、言論等「私權」和選舉、罷官、創制、複決等「公權」，在相當程度上體現出現代民主思想，與胡適等人權派的觀點一致，而與南京國民政府一黨專政下的情況迥然相反。《大公報》曾評之爲「從理論言，此項草案實有許多優點」，「極合人權法理」，「比較任何國家現行憲法爲周密」。㉘同日會議即將草案公佈，「徵求全國人民真實意見及正當評判」。㉙次日，汪精衛等人離開太原，轉到天津、上海等地活動。

「擴大會議」的組成人員很複雜，其中大部分人員並不是民主派，其反蔣目的也並不都很純潔，但是，他們是非主流派或在野派，在和主流派鬥爭時，有可能看到主流派所不可能看到或不願意承認的現實，爲爭取民心，他們所批判的，所用以作爲旗幟的，也可能反映出人民的某些要求或願望。民主和法治是現代國家的基本特徵。應該承認，「擴大會議」諸人對南京國民政府以「黨治」爲名而專制、獨裁爲實的批判，對民主和法治的呼喊，以及太原「約法」的起草等等，都在不同程度上曲折地反映出近代中國的歷史發展要求。

胡適等人權派的出現，中原大戰的爆發，「擴大會議」的召開，這一切表明，在當時的中國，要求制訂約法不僅已經形成一股思潮，而且形成了一股勢力，威脅著南京國民政府的統治地位。

三、蔣胡在制訂「約法」問題上的分歧與衝突

面對自由派知識分子和「擴大會議」派的「法治」要求，國民黨主流派內出現了兩種不同的態度。蔣介石企圖接過胡適等人的口號，召集國民會議，制訂約法，而胡漢民則堅持一貫主張，反對在當時召開國民會議，制訂約法。

胡適要求制訂憲法，批評孫中山的文章發表後，招來了國民黨對自己的一場頗具聲勢的「圍剿」，極端分子甚至要求將胡適逮捕法辦。但是，蔣介石特予「優容」，沒有採取任何措施。一九三〇年十月三日，蔣介石所率領的南京「討逆軍」克復開封，閻錫山、馮玉祥、汪精衛等人的失敗已成定局。同日，蔣介石致電南京國民政府，前所未有地首先作出自我批評，聲

稱「中正自維涼德，誠信未孚，對人處事，每多過誤」。電報建議，在軍事大定之後，赦免陳炯明、閻錫山之外的所有軍事、政治上的「罪犯」，「取消通緝，復其自由」。電報甚至提出，共產黨員個人如能「悔過自新」，「得有切實保證人」，可以「暫予緩刑」，三年之後，實無「犯罪行爲」時，得確定赦免之。㉚同日另電國民黨中央，要求在最短期內召集四中全會，討論提前召開國民黨第四次全國代表大會，以便進一步討論召集國民會議，起草憲法，「準備以國家政權奉還於全國國民」等問題。蔣並提出，在憲法未頒佈以前，先行制訂訓政時期適用的約法，「使《訓政綱領》所規定，與《第一次全國代表大會宣言》中之《政綱》，益能爲全國人民所瞭解」。㉛上述兩電，通常稱爲「江電」。十月十日，蔣介石發表文告，進一步作出革新姿態，聲稱「負責建國之中央，則尤必於討逆勝利之後，緊接之以政治之刷新。」㉜

蔣介石的「江電」受到部分輿論讚許，視爲「制度上之重要改革」，「開政治的解決之端」。㉝但是，卻遭到胡漢民的頑強抵制。胡面諭中央通訊社負責人，「要等到中央常委會討論決定後才能公開。」㉞該電到十月八日方見之於《中央日報》。十一月十三日，國民黨中央委員會三屆四中全會開幕，蔣介石的提議雖被列爲主席團提案，但在會前審查時，由於胡漢民力持異議，作了很多修改。十五日，張群等人提案，支持蔣介石，要求採納「擴大會議」等「反對者的意見」，立即召開國民會議，制訂約法。提案稱：「今日通稱黨國，固非黨高於國，或黨即國之解釋；黨與國的機關，不能混合。」又稱：召開國民會議，可以密切國民黨和人民的關係，增進與人民的團結。該提案還對三全大會將孫中山遺教定爲「最高之根本法」的有關決議明確地提出異議，認爲孫中山的遺著「不含法律性質者亦復不少」。㉟但是，該案遭到胡漢民的強烈反對，胡稱：該案已經三全大會決定，不必討論。他並稱：孫中山所指約法，乃是軍政時期，對軍政府而言；民元時期的「約法」就是憲法，「非我們之約法」。「總理在《建國大綱》內，就沒有提到約法兩個字，而單講訓政了。」㊱

胡漢民在國民黨三屆四中全會的有關發言不是偶然的。早在一九二八年，他就在《訓政大綱提案說明書》和有關演說中批判民初制訂《臨時約法》的舉措，強調必須堅持孫中山設計的「訓政程序」，反對「躐等而上」。㊲一九二九年九月廿三日，他在一天中兩次發表演說，重申孫中山晚年的觀點，指責民初制定《臨時約法》，「不遵守總理訓政方案，已誤國家。」他說：人民必須首先受訓練，「到了能運用自治民權，方能有憲法」；如果「人民不知如何運用參政權，憲法豈不是假的」。他並以三全大會的決議爲依據，不點名地批評胡適等人，聲稱「總理的一切遺教就是成文的憲法」，「如再要另外一個憲法，豈非怪事！」㊳

一九三〇年一月，南京國民政府法制委員會委員長集易堂提出《人權法原則草案》十三條，擬作爲「實質約法」的一部分，但是，在胡漢民主持召開的國民黨中常會上，此案也以上文同樣的理由被決定「緩議」。㊴對於「擴大會議」諸人提出的制訂約法的主張，胡漢民更斥之爲「胡鬧」，再次強調，孫中山的「主要遺教」已被定爲「效力等於約法的根本大法」，不應將之「一齊擱開，另尋一個所謂約法」！㊵由於胡漢民的反對，國民黨三屆四中全會未能就是否制訂約法一事作出決定，僅議決於次年五月五日召開國民會議。會議通過的蔣介石有關提案也是模糊的。這次會議，蔣雖被加推爲行政院長，但「江電」所提召開國民黨四全大會等意見，或被否定，或被擱置。

三屆四中全會結束後，蔣介石加緊籌備召開國民會議。一九三〇年十二月末，國民黨中央常務委員會通過國民會議代表選舉法，次年一月，成立國民會議代表選舉總事務所，以戴季陶爲主任，孫科爲副主任。二月十五日，加派陳立夫爲總幹事。按蔣介石的意思，這個國民會議仍然要制訂約法。但是，胡漢民繼續持反對態度。一月五日，胡漢民在立法院演講，列述孫中山的有關主張，而不及約法二字。他說：「關於國民會議的一切，無論是會議前的召集，會議中的討論，必須完全遵依總理的遺教。」㊶他表示，希望大家「能深識國民會議的性質、組織效能，避免許多無謂的誤解。」㊷話雖含蓄，意思是明確無誤的。

二月廿四日，胡漢民、戴季陶、吳稚暉、張群等在蔣介石處聚會，商討約法問題。張群力主「立憲救國」，受到胡漢民的強烈批駁。胡稱自己是「真的爲約法憲法而奮鬥者」，但他堅持當時條件不夠，「各項法律案還沒有完備」，「軍權高於一切」，「約法這件東西，寒不能爲衣，饑不能爲食，有而不能行，或行而枉之，只於人民有害」。㊸同日，《中央日報》記者訪問胡漢民，徵詢胡對於國民會議的意見。胡稱：「我追隨總理數十年，總理之重要著作，我亦曾參加若干意見，從未聞總理提及『國民會議應討論約法』一語。」他提出，國民會議的議題只應限於孫中山手定的三項：謀中國之統一；謀中國之建設；廢除一切不平等條約。㊹這就將他反對國民會議討論約法的態度徹底公開了。

胡漢民的態度使蔣極爲憤怒。二月廿五日胡漢民談話見報的當天，蔣介石即在日記中寫道：「彼堅不欲有約法，思以立法院任意毀法、亂法，以便其私圖，而置黨國安危於不顧。又言國民會議是爲求中國之統一與建設，而不言約法，試問無約法何能言建設！」廿八日，他在《致胡漢民函》中尖銳地責問說：「遍查各國歷史，在革命政府成立而統一亟需鞏固之時期，是否均有一全國國民公守之大法？今即退一步而政府不提出訓政時期之約法案於國民會議，亦必由國民會議自身決定應否議及約法，乃先生必欲剝奪國民會議提及約法之權，是直欲限制國民會議，壓迫國民會議，使國民會議之真意全失，僅預爲搗亂者再留一爲約法而戰之題目而已。」㊺

蔣介石高度評價約法的作用，稱之爲「本黨與中國生死存亡之最大關鍵」。㊻他認爲，孫中山晚年並無不要「約法」的主張。《日記》稱：「總理革命，不欲民國元年參議院之約法，而主張重訂訓政時期之約法，重訂革命之約法，而非不欲約法也。」㊼他和汪精衛一樣，也只能在孫中山思想的範圍內做文章。

蔣介石雖然早年就參加辛亥革命，但始終並無多少民主思想。他此際之所以重視約法，主要是中原大戰和北平擴大會議的刺激。《致胡函》稱：他的「江」電是「積數十萬將士之鮮血、戰地無數人民之犧牲，瘡痍滿目，痛定思痛，懲前毖後，滴滴血淚之所成」。這段話雖不無美化自己之嫌，但道出了他的「政治刷新」主張和中原大戰之間的關係。同函又稱：「兩年以來，黨國多故，叛變紛起」，「不能不爲拔本塞源之計，以求戰禍之永不復行」。這段話比較真實地道出了問題的實質。中原大戰是國民黨統一中國後第一次大規模的軍閥混戰。雙方動員兵力高達一百六十萬人，其中「逆軍」傷亡三十萬，「討逆軍」傷亡近十萬。它不僅造成了人民生命財產的巨大損失，也嚴重威脅著以蔣介石爲首的南京國民政府的統治。在這種情況下，蔣介石不得不接過政敵的口號來，力圖以此爭取人心，剝奪反對派的藉口，從而穩固自己的統治。

這一時期，蔣介石思想中確有某些「刷新」的念頭。除赦免軍事、政治犯、制訂約法外，廢除國民黨代表大會的指定和圈選制度亦是一例。國民黨採用指定或圈選制由來已久。第三次全國代表大會共有代表四百零六人，其中指定者兩百一十一人，圈定者一百二十二人，選出者僅七十三人。當時就受到不少地方黨部的反對。三全大會甫經閉幕，所謂「護黨救國第一方面軍」等反蔣力量即乘時而起。北平擴大會議宣言更稱：「本黨組織爲民主集中制，蔣則變爲個人獨裁。爲三次代表大會指派圈定之代表數在百分之八十以上。」㊽針對這種情況，蔣介石曾在日記中寫道：今後「各省黨部選舉絕對自由，不再圈定，而一切議案亦絕對公開」。他還表示，即將召開的國民會議「必須自由提案，自由決議，不加限制」。㊾

儘管蔣介石的目的是「閼絕亂源」，鞏固統治，但是，赦免軍事、政治犯，制定約法，自由選舉、自由提案，議案公開等等，畢竟是在向著現代民主和法治前進。他在「江電」中重提曾作爲國共合作基礎的《國民黨第一次全國代表大會宣言》，也頗有耐人尋味之處，無奈蔣介石專制、獨裁成性，一遇到反對意見，他就又用起老套路來了。

四、蔣胡矛盾的其他方面

除了約法之爭，蔣胡矛盾還有其他一些方面：

一、胡漢民多次批評國民黨、國民政府行政院和蔣介石本人。南京國民政府成立後，即以「造成廉潔政府」相號召。二月十六日，胡漢民發表演講，指出四年中不曾檢舉過一個貪官污吏。他質問道：「我們能相信今日之政府，是真實廉潔了嗎？政府之下的公務人員，是真實都奉公守法了嗎？不待言，是一個絕大的疑問。」[50]同日，又在國民黨中央黨部發表演講稱：「目前我們黨的生氣，似乎一天一天在那裏消沉了。」「從前國民黨包辦一切，不許人家來染指，現在則包而不辦，形成了一個特殊的階級。」[51]胡漢民當時此類言論很多，其最尖銳者爲批評南京國民政府「政不成政，教不成教」，這使蔣大爲不滿，指責其「謗毀行政院」，「漫肆譏評」，「若必欲使中央信用喪失，革命無由完成而後快者」。[52]在國民黨歷史上，胡漢民是老資格，而蔣介石只是後生小輩，因此，胡漢民對蔣介石批評、教訓起來也常常不留餘地，蔣介石對此尤爲惱火，指責其「以政治一切罪惡推於中正一人之身，而以軍人不懂政治之誹謗，詆之於中外人士之前」。[53]

二、胡漢民反對召開國民黨第四次全國代表大會，要求蔣介石辭退國民黨中央組織部長一職。「江電」中：蔣要求提前召開國民黨四全大會，胡反對；及至法定時間已到，胡仍然反對。其原因，據蔣稱，是由於胡要求蔣辭退國民黨中央組織部長一職未能如願。《致胡函》稱：「先生嘗對中正等自詡政治手腕，惟史太林差可比擬，其不欲第四次代表大會早爲召集，是否以強迫中正辭退組織部未遂所欲，乃致先生之個人佈置未周妥，所以模仿史太林者尚須逐漸準備？」

三、胡漢民企圖以立法院牽制以蔣介石爲首的行政院。胡漢民認爲：「立法者只該忠於黨，忠於國，忠於由法律案所產生的政治設施。」⑭他企圖以立法來限制行政，補救行政的過失。對此，蔣介石指責其爲「阻礙革命，破壞《建國大綱》之精神。」⑮《致胡函》稱：「今先生對於政制之應單純簡捷者，必使之複雜紛糾，以致一切政治皆東牽西制，不能運用自如。」「必欲以五院院長牽制行政，且皆欲以立法院主張是從，而以立法院爲國民政府之重心。」

四、立法院擱置《郵政儲金法》。一九三〇年，行政院交通部曾將《郵政儲金法》交立法院審議，但胡漢民認爲，郵政儲金關係國家財政的周轉和挹注，因此持審慎態度，該案始終未獲通過。對此，蔣介石指責說：「行政院要案，有擱置一年之久不得通過者。」⑯

五、立法院對《中日關稅協定》提出質疑。南京國民政府統一全國後，即推行「改訂新約」運動，企圖修改近代以來列強陸續加在中國身上的不平等條約。其內容之一是改訂關稅條約，實現關稅自主。但是，南京國民政府的這一正當要求卻遭到了日本政府的蠻橫拒絕。經過艱難談判，直到一九三〇年五月，日本才在列強中最後一個與中方簽署協定。中方承諾每年從海關稅收中提取五百萬元，用以償還北洋政府向日方的借款，同時允諾三年內不提高日本對中國出口的主要貨物的關稅率；日本則承認中國的關稅自主權。㊼由於讓步較大，立法院提出質問，蔣介石當時在前方，命人詢問胡漢民：「軍情緊急，胡先生這樣幹，是不是想推翻政府？」㊽胡對來人答稱：「簽訂法律案，不經立法院認可，是違法。」他指責主持談判的外交部長王正廷「昏瞶糊塗，擅簽協定」，建議撤職查辦。㊾對此，蔣介石指責為「反對外交，妨礙稅法，擱置要案，不與通過」。㊿

六、胡漢民反對以官職為手段拉攏東北將領。一九三〇年，為了動員張學良出兵攻打「擴大會議」諸人，蔣介石曾於當年六月提名以張為陸海空軍副司令。中原大戰結束後，張學良於同年十一月到南京，蔣介石又準備簡拔張的部屬為國府委員及部長，對胡表示：「要與漢卿合作，非這樣辦不可。」但胡立即駁蔣說：「在一個政府的立場，不應該用這種拉攏湊合的卑劣手段」，「合作並不在分配官職，國家的名器也不應該這麼濫給人，而且，既然是一個中央政府，在『中央』的意義之下，對於國內的任何個人，都談不到什麼『合作』」。(61)對此，蔣介石指責為「阻礙和平，破壞統一」。《致胡函》稱：「當統一告成，東北竭誠擁護中央，我中央正宜開誠相與，示以大公，使各省心悅誠服，懷德知威，不致再為糾紛，貽禍黨國，使我人民得有休養生息之機。乃先生褊狹懷疑，必曰東北無誠意，嚴防固拒，屏諸化外，凡有提議東北之人與東北之事者，先生必從中阻撓，竭力反對。推先生之意，若必欲使中央失信於東北，引起東北對中央之惡感，使中央原定之和平政策不能實現，軍政不能統一，黨國永無安寧之日，誠不知先生是何居心也？」

七、反對蔣介石提出的「赦免軍事、政治犯」的方案。胡漢民認爲，蔣的方案過於寬大，在制訂《政治犯大赦條例》時沒有完全採納其意見。對此，蔣介石指責說：「其對於赦免政治、軍事犯亦多不贊成，今《大赦條例》與余「江電」條例相左甚多，以胡同志要主張如此，故中央同志亦無所異議。」㊷

蔣介石對胡漢民的指責尚多，如「任意破壞財政」，包庇援引廖仲愷案的嫌疑分子，引用許崇智，接濟曾計劃謀害蔣介石的陳群、溫建剛等。或無事實，或非事實，本文不擬一一列舉。

南京國民政府成立後，蔣胡之間曾經有過一段密切的合作時期，也逐漸積累了若干矛盾，涉及許多方面。但是，在各項矛盾中，胡對蔣的批評和牽制則是招致蔣不滿的主要原因。一直到一九三四年，蔣還在日記中恨恨地寫道：「五院制乃總統集權制之下方得實行。否則未得五權獨立之效，而必起五院鬥爭之端；未得五權互助相成之效，而反生五院牽制糾紛之病。胡漢民不明此理，專以私心自用，竟至黨國衰敗，而無法建立健全之中央，其肉豈足食乎！」㊸蔣是個獨裁主義者，追求、神往的是大權在握、個人專斷的「總統集權制」，豈能容得別人的批評、牽制和反對呢！

五、軟禁胡漢民事件的影響

軟禁胡漢民的當晚，國民黨中央執行委員全體到蔣宅赴宴，得知胡漢民的「罪狀」後，相顧失色，「皆噤不作一言」。⑭蔣稱：「諸同志既認展堂舉動不對，應即請其辭職。」他提議於明日召集中常會，推舉林森繼任立法院長，邵元沖繼任國民政府委員兼立法院副院長。諸人仍不敢開口。蔣稱：「諸同志既一致同意，明日即照此辦吧！」⑮陳立夫依仗他和蔣多年的密切關係，客散後拉著葉楚傖去見蔣，葉仍然一句話不說，陳也不敢提出相反意見，只勸蔣「就此罷手，千萬不要走極端」，「再予監禁是不妥的」。但蔣一不做，二不休，盛氣表示：「已經做了，就沒有辦法再掩飾了。」⑯三月二日，蔣介石在國民政府紀念週報告，「面帶怒容」，⑰指責胡漢民「在中央未有具體決議以前，徒憑個人見解，發為國民會議不當議及約法之言論」。⑱蔣報告後，國民黨中央隨即召開臨時常務會議，通過蔣介石、戴季陶、于右任、蔡元培、孫科等十二人提議，決定召集國民會議，「排除一切困難與謬見」，確立約法，推吳稚暉、王寵惠等十一人為約法起草委員。會議同時通過決議，聲稱「胡漢民同志因積勞多病」，「不足膺重要繁劇之任」，辭去本兼各職。⑲

據孫科回憶，會議情況是：「半點鐘之久，無一發言，後蔣作默認，糊塗通過。」⑳三月九日，蔣介石再次在國民政府紀念週報告，一方面繼續用「辭職」說掩蓋暴力軟禁的真相，一面大肆鼓吹「黨員、官吏無自由」論，聲稱：「革命的黨和革命的政府，因為革命的需要」，

「隨時可以限制黨員與官吏各人的自由」，「所以胡同志的行動是否自由，不是什麼重大的問題」。云云。⑪

軟禁胡漢民是中國三十年代初期的一次典型政治事件，國民黨的一黨專政進一步發展爲個人獨裁。自此，南京國民黨中央和國民政府僅存的一點民主氣氛掃地以盡。國民黨元老們記取教訓，「咸袖手結舌，莫敢一言」。⑫然而，任何獨裁統治的力量又都是有限的，人們在輦轂之下的南京無法吭聲，但是，在蔣介石鞭長莫及的地方就無所顧忌了。從三月三日起，屬於改組派系統的上海《華東日報》連續發表評論，抨擊蔣介石的「獨斷專行」，認爲「欲謀解放，除徹底反對個人獨裁，實現民主政治外，絕無他道可循」。⑬天津《大公報》也發表評論，認爲「政治意見既不能無爭，要當以言論爲工具，以多數決從違」，「軌道內之論爭，無論黨治、法治之國家胥應允許。蓋不如此，則政治必腐化，國家必退步」。⑭八日，上海各省公團駐滬聯合辦事處通電指出：「專制民主，誓不兩立」，要求南京各院長，各部長，「去職遠引」，「勿爲一姓之走狗」。⑮同月底，中國國民黨黨權運動總同盟發表《討蔣宣言》，要求開除蔣介石黨籍，撤銷其本兼各職。⑯

古應芬是胡派重要人物，軟禁事件發生後，他最早致電蔣介石表示不滿，旋即在廣東聯絡陳濟棠、鄧澤如、蕭佛成等人組織「策劃機關」，研究救胡及組織「西南政府」方案。⑰四月三十日，鄧澤如、林森、蕭佛成、古應芬等四人以國民黨中央監察委員會委員身分聯名通電，彈劾蔣介石有「違法叛黨」等六大罪狀。五月三日，陳濟棠以第八路總指揮的名義，率領所部陸海空各軍將領聯名通電，要求蔣介石「引退」。十一日，桂系李宗仁、白崇禧率張發奎等全體將領通電，聲援陳濟棠等，聲稱「本軍業經下令動員」，願與各方袍澤「趁時奮起，會師長江，底定金陵」。

「擴大會議」諸人自離開太原後，反蔣活動的重點轉入輿論宣傳方面。汪精衛於三月十四日發表宣言，指責蔣介石「一面擺酒請客，一面拔槍捉人，以國民政府主席，而出於強盜綁架之行徑」。⑱其後，連續發表文電，以「顛覆個人獨裁，樹立民主政治」及「恢復民主集權制」相號召，呼籲各反蔣派系聯合起來。⑲他探悉粵方醞釀反蔣後，即積極表示願意參加。廣東方面秘密徵詢胡漢民的意見，胡表示同意。⑳

南京國民政府內部此際也發生分化。孫科原是蔣倒胡依靠的人物，但他由於看不慣蔣的作爲，離寧赴滬，消極抗議。五月五日，致電蔣介石稱：「歷代各國元首罪己，事本平常」，要蔣「自訟自劾」。㉑廿一日，秘密偕唐紹儀、許崇智、陳友仁離滬赴港，和汪精衛、白崇禧等會面，討論兩廣合作討蔣問題。此後，他即成爲西南反蔣陣線中最激烈的人物，演說中有云：「蔣不是尋常老鼠，是一個疫鼠，傳染甚速，倘我們不忍些痛，急撲殺之，則全國皆亡不可！」㉒聯絡既有端緒，唐紹儀、鄧澤如、古應芬、林森、蕭佛成、汪精衛、孫科、陳濟棠、許崇智、李宗仁、陳友仁等於廿五日聯署，通電要求蔣介石在四十八小時之內下野。廿七日，汪精衛、孫科、鄒魯等在廣州召開「國民黨中央執、監委非常會議」，成立「國民政府」。除了原北平擴大會議的人馬之外，又新增了一批反蔣分子，形成國民黨內非主流派系的更大聯盟。一個北平，一個廣州，前後兩個反蔣的「國民政府」，用以號召的旗幟都是「民主」與「法治」。

由於九一八事變的爆發，廣州非常會議所成立的「國民政府」雖然很快撤銷了，但是寧粵對立的局面，卻一直延續到一九三六年，長達五年之久。

六、餘論

「民主」與「法治」是國家現代化的重要內容，也是現代歷史的基本走向。法律不是萬能的，但是，在現代社會生活中，法律又是極爲重要的。其中，約法、憲法等「根本大法」規定國家和社會生活的基本民主原則，規範執政者和人民彼此的權利義務，就尤爲必要而不可缺。在強權統治下，法律有時會成爲具文，但是，它提供了人民保護自己、揭露強權的武器，還是比無法好。因此，二〇年代末期，胡適等人要求在國民黨統治下制訂約法或憲法，保障人權，雖有其局限，但卻是中國現代化進程中的合理要求。擴大會議承繼這一要求，以之作爲反蔣口號，正是看到了這一不可逆轉的歷史趨勢。蔣介石將這一口號接過來，也是看到了這一不可逆轉的趨勢，但是，中國長期處於專制統治之下，個人專斷和獨裁已經成了一種思維定勢和行爲定勢。當蔣介石與胡漢民發生政見分歧時，既不能訴諸於民主的協商和討論，又不能訴諸於辯論與表決，而是無限上綱，暴力軟禁。原本是追求民主和法治的努力（雖然是表面上的和形式上的）卻變爲反民主、反法治的演示。這一事件深刻地說明了現代中國民主進程的長期性和複雜性。

胡漢民與蔣介石的矛盾不僅是複雜的，而且是多重交叉的。就胡漢民將孫中山「遺教」絕對化，反對在當時制訂約法來說，他不懂得現代的民主和法治，但是，他又企圖運用現代的多權分立制度來反對蔣介石的個人獨裁；就蔣介石來說，他準備召開國民會議，制訂訓政時期約法，顯示出他企圖邁上民主和法治的道路，或者說，他企圖以民主和法治來妝點門面，但是，當他遭到牽制，面臨反對意見時，他又用粗暴的辦法踐踏了現代民主的原則。

（原載《中國社會科學》，二〇〇〇年第一期，此據拙著《找尋真實的蔣介石》收錄，二〇〇八年三月，香港三聯書店版。）

【附記】

對胡漢民事件，蔣介石後來曾多次追悔。一九四一年四月五日《上星期反省錄》云：「對溥泉斥責事，愧悔不知所止。此為余每十年必發憤暴戾一次之惡習。回憶民十對季陶，民廿年對漢民，而今民卅對溥泉之憤怒，其事實雖不同，而不自愛重之惡習則同也。」又同年六月九日日記云：「（民國十九年冬）當時討平閻、馮叛亂以後，乘戰勝餘威，應先積極統一各省軍、民、財各政，而對中央內部謙讓共濟，對胡特予信任與尊重，以國府主席讓之，則二十年胡案不致發生，內部自固矣。」

①《蔣介石日記》（手稿本）。
②《蔣介石日記》（手稿本）。
③《蔣介石日記》（手稿本）。
④《蔣介石日記》（手稿本）。
⑤《蔣介石日記》（手稿本）。
⑥《蔣介石日記》（手稿本）。
⑦《蔣介石日記》（手稿本）。
⑧《蔣介石日記》（手稿本）。
⑨《蔣介石日記》（手稿本）。
⑩《蔣介石致胡展堂書》，原件，中國第二歷史檔案館藏，以下行文，簡稱《蔣致胡函》或《致胡函》，不一一注明出處。
⑪《第四次全國代表大會與中國國民黨之復興》，國民黨中央執監委員非常會議印行，一九三一年九月。
⑫《制定建國大綱宣言》，《孫中山全集》第十一卷，中華書局版，第一〇二頁。
⑬《國民政府建國大綱》，《孫中山全集》第九卷，第一二七頁。
⑭榮孟源主編：《中國國民黨歷次代表大會及中央全會資料》（上），光明日報出版社版，第

五三四、五四三頁。

⑮《革命理論與革命工作》，第四一六頁。

⑯《革命文獻》第七十六輯，（台北）中國國民黨黨史會一九七八年版，第八十二頁。

⑰《國聞週報》，第六卷第十一期。

⑱《中國國民黨歷次代表大會及中央全會資料》，第六五四頁。

⑲《中國國民黨歷次代表大會及中央全會資料》，第六五五頁。

⑳《商業請願團請願書》，上海錢業公會檔案，卷六十六。

㉑《人權論集》，歐陽哲生編：《胡適文集》（五），北京大學出版社版，第五二九頁。

㉒《我們什麼時候才可有憲法》，《人權論集》，《胡適文集》（五），第五三九頁。

㉓《人權論集》，《胡適文集》（五），第五四八頁。

㉔《聯名宣言》，《中國國民黨歷次代表大會及中央全會資料》（上），第八三九頁。

㉕《中國國民黨歷次代表大會及中央全會資料》（上），第八四三、八四四、八四五頁。

㉖《起草約法的意義》，《中國國民黨歷次代表大會及中央全會資料》（上），第八八一頁。

㉗《胡適的日記》，一九三〇年九月十二日、十月十一日，台北遠流出版公司影印本。

㉘《大公報》社評，一九三〇年十一月一日。

㉙《中國國民黨歷次代表大會及中央全會資料》（上），第八四九頁。

㉚《中央日報》，一九三〇年十月三日。

㉛《中央日報》，一九三〇年十月八日。
㉜秦孝儀：《總統蔣公大事長編初稿》卷二，台北一九七八年版，第三三二頁。
㉝社評《蔣請開國民會議之江電》，胡適存剪報，見《胡適的日記》，一九三一年十月七日。
㉞程思遠：《政壇回憶》，廣西人民出版社一九八三年版，第四十三頁。
㉟國民黨三屆四中全會速記錄，轉引自蔣永敬：《胡漢民先生年譜》，台灣商務印書館一九八一年版，第四九三至四九四頁；參見《中國國民黨第三屆中央委員會第四次全體會議記錄》，中央執行委員會秘書處編印，第十九頁。
㊱同上蔣永敬書，第四九六頁。
㊲胡漢民：《革命理論與革命工作》，上海民智印刷所一九三二年版，第四一一、四〇三頁。
㊳《中央日報》，一九二九年九月廿四日；參見胡漢民《從黨義研究說到知難行易》，《革命理論與革命工作》，第一三三至一三三頁。
㊴《胡適的日記》，一九三〇年一月廿九日附存資料。
㊵《國家統一與國民會議之召集》，《中央週報》，一二四期。
㊶《遵依總理遺教開國民會議》，《中央日報》，一九三一年一月十三日。
㊷同上，《中央日報》，一九三一年一月廿一日。
㊸《胡漢民自傳續編》，《近代史資料》一九八三年第二期，第五十四頁。
㊹《胡院長談國民會議意義》，《中央日報》，一九三一年二月廿五日。

㊺《蔣介石致胡展堂書》，親筆修改本。

㊻《蔣介石關於胡漢民辭職的報告》，中國第二歷史檔案館藏。

㊼《蔣介石日記》（手稿本），一九三一年二月廿五日。

㊽《中國國民黨歷次代表大會及中央全會資料》，第八三九頁。

㊾《蔣介石日記》（手稿本），一九三一年二月十五日。

㊿《監察權意義及其運用》，《中央日報》，一九三一年二月二十日。

(51)《黨的訓練問題》，《中央日報》，一九三一年二月廿三、廿四日。

(52)《蔣介石日記類抄》，一九三一年二月廿五日；《蔣介石致胡展堂書》。

(53)《蔣介石關於胡漢民辭職的報告》。

(54)《胡漢民自傳續編》，《近代史資料》一九八三年第二期，第五十六頁。

(55)同上。

(56)《蔣介石致胡展堂函》。

(57)王鐵崖：《中外舊約章彙編》第三冊，第七九八至八〇五頁。

(58)《胡漢民自傳續編》，《近代史資料》一九八三年第二期，第四十九頁。

(59)《近代史資料》，一九八三年第二期，第四十九頁。

(60)《蔣介石日記》（手稿本），一九三一年二月廿五日。

(61)《胡漢民自傳續編》，《近代史資料》一九八三年第二期，第四十七頁。

(62)《蔣介石關於胡漢民辭職的報告》；參見《香翰屏揭破蔣中正挑撥離間電》，《為什麼討伐蔣中正》，國民黨廣東省黨部執行委員會宣傳科編印，第六十六頁，一九三一年六月十五日。

(63)《蔣介石日記》（手稿本），一九三四年六月九日。

(64)《邵元沖日記》，上海人民出版社版，一九三一年二月廿八日。

(65)同上。

(66)《陳立夫回憶錄》，台灣正中書局一九九四年版，第一七四頁。

(67)《國聞週報》，第八卷第九期。

(68)《蔣主席報告約法問題》，《中央日報》，一九三一年三月四日。

(69)《國民黨中央執行委員會第一三〇次常務會議記錄》，油印本，（台北）國民黨黨史會藏；參見《中央日報》，一九三一年三月三日。

(70)《胡展堂先生被扣事件發生之經過》，《為什麼討伐蔣中正》，第一〇〇頁。

(71)《反蔣運動史》，台灣李敖出版社一九九一年版，第二六〇至二六一頁。

(72)孫科《致蔣介石電》《反蔣運動史》，第三〇〇頁；參見《陳立夫回憶錄》，第一七五頁。

(73)《華東日報》，一九三一年三月十六日。

⑩《政治之正軌與常道》，《大公報》，一九三一年三月五日。

(75)《反蔣運動史》，第二七四頁。

(76)《反蔣運動史》，第二七三頁。

⑺《程天固回憶錄》，香港龍門書局一九七八年版，第二二六頁。
⑻《反蔣運動史》，第二八二頁。
⑼《反蔣運動史》，第二九七、三一四頁。
⑽《程天固回憶錄》，第二三一頁。
⑾《反蔣運動史》，第三〇一頁。
⑿《為什麼討伐蔣中正》，第一〇二頁。

蔣介石拒絕以蔣經國交換牛蘭夫婦

蔣介石一九三一年十二月十六日日記云：

蘇俄共產黨東方部長，其罪狀已甚彰明。孫夫人欲強余釋放而以經國遣歸相誘。余寧使經國投荒，或任蘇俄殘殺，而決不願以害國之罪犯以換親兒。絕種亡國，天也，余何敢妄希倖免！但求法不由我毀，國不為我所賣，以保全我父母之令名，無忝此生則幾矣。區區嗣胤，不足攖吾懷也。

這一則日記涉及當時的一項重大事件。

本世紀二〇年代，國共合作之際，蘇俄和共產國際曾向中國派出過許多顧問，參與中國革命，加倫將軍、鮑羅廷、羅易就是其中的重要代表。一九二七年，國共兩黨關係破裂，蘇俄顧問回國。其後，蘇俄即通過其在華使館和各地的領事館繼續予中共以支持。一九二七年十二月，因蘇俄駐廣州副領事哈西斯在幕後指揮中共在廣州暴動，國民黨軍衝進領事館，將其捕殺。南京國民政府隨即宣布斷絕與蘇聯的關係。此後，共產國際陸續召回了它在中國的代表。

一九二八年六月，中共在莫斯科召開第六次代表大會，向史達林提出，要求共產國際繼續向中國派出其代表。一九二九年二月，共產國際東方部在上海成立遠東局，借此幫助中共中央工作，同時，負責聯絡東方各國共產黨。遠東局下設政治部與聯絡部。聯絡部主任爲阿布拉莫夫（Abramor），其手下工作人員有牛蘭（Hilaire Naulen）夫婦等。牛蘭，原名雅科・然德尼科，又名保羅・魯埃格（Paul Ruegg），原籍波蘭，曾在共產國際南洋局工作，一九三〇年三月奉調來華，在阿布拉莫夫手下當聯絡員，負責管理秘密電台、交通及經費等事項，同時兼任紅色工會國際分支機構泛太平洋產業同盟秘書處秘書。一九三一年六月十五日在上海四川路二三五號寓所內被公共租界巡捕房逮捕。八月九日，在上海高等法院第二法院受審。十四日，由上海警備司令部移解南京。

牛蘭夫婦被捕後，國民黨當局以爲抓到了一個大人物。他的職務被說成爲共產國際遠東局負責人，不僅指揮中共南方局，而且指揮中共長江局及北方局，就連印度、菲律賓、馬來亞、朝鮮、安南、日本等地的共產黨，也均在其管轄之下。每年活動經費有五十億元之巨云。上引蔣介石日記所稱「蘇俄共產黨東方部長」，即指牛蘭。

爲了營救牛蘭夫婦，中共保衛部門和蘇聯紅軍總參謀部上海站迅速共同制訂了計劃，由潘漢年和該站工作人員里哈爾德・左爾格共同負責。此後，宋慶齡即與他們密切配合，爲營救牛蘭夫婦做了許多工作。

宋慶齡於一九三一年七月因母喪自德國回國，八月十三日到達上海。沒過幾天，即接到德國著名作家德萊塞、勞動婦女領袖蔡特金以及珂勒惠支教授等多人來電，要求宋慶齡設法營救牛蘭夫婦。蔡特金在電報中說：「因爲您是偉大的孫逸仙理想的真實的承繼者，我希望你會熱心努力地救援泛太平洋產業同盟秘書局的工作人員。」蔣介石日記表明，宋慶齡曾於當年十二月到南京，面見蔣介石，提出以遣返蔣經國作爲釋放牛蘭夫婦的交換條件。

蔣經國爲毛氏所生，蔣緯國爲日女重松金子所生。在這兩個孩子中，蔣緯國由於活潑天真，更多地贏得蔣介石的疼愛，但是，蔣經國是蔣介石的親骨肉，因此，蔣介石對他的希望最大，教育也抓得最緊。不妨摘錄蔣介石日記及其部分家信：

一九二〇年二月七日：「下午，與枕琴先生定經兒課表。」

一九二〇年三月四日：「下午，定經兒課表。」

一九二〇年四月二日：「寫示經兒函。」

一九二〇年八月三十日：「經兒在江天輪次謁省，其言語舉止，頗爲明亮著重，心甚愛焉。」

一九二〇年十一月三十日：「下午，談起教育經兒事，母言陳腐，此兒恐爲所害，言之心痛。」

一九二二年三月三日：「經兒已考入萬竹小學四年級，頗爲喜慰。」當日，致函蔣經國，要他每日印寫楷書一二百字，並用心學習英文。

一九二二年九月十三日，寄函蔣經國，要他勤奮讀書、習字，熟讀《論語》、《孟子》等

「四書」以及《左傳》、《莊子》、《離騷》等書。函稱：「目今學問，以中文、英文、算學三者爲最要，你只要能精通這三者，亦自易漸漸長進了。」

一九二三年二月廿四日：「經兒去滬就學。」

一九二三年八月十日：「復諭經兒。近日經兒學業頗有進步，可慰。」

一九二三年十一月廿七日：「致經兒長幅書。」函稱：「凡是所學的東西，總要能夠應用才好。如其單是牢記其方法成句，而不能應用，那學問也就枉然了。」

一九二四年五月一日，寄函蔣經國，詢問其「曾看曾文正家訓否」。

一九二四年五月三十日，寄函蔣經國。函稱：「曾文正公言辦事、讀書、寫字，皆要眼到、心到、口到、手到、耳到，此言做事時，眼、心、口、手、耳皆要齊來，專心一志，方能做好。」

一九二五年八月十三日：「經兒今日與汪嬰侄等去滬，北上就學。」

一九二五年十月一日：「復諭經兒，准其赴俄留學。」

蔣經國於赴蘇後，進入莫斯科孫中山大學留學，時年十六歲。次年，他曾寫信報告學習情況，蔣介石很高興，六月十三日日記云：「接經兒稟，文理甚有進步，遞與靜江兄閱之。」

一九二八年，蔣經國進入列寧格勒蘇聯紅軍軍政大學學習，一九三〇年畢業。一九三一年，因與駐共產國際中共代表王明對立，被送至莫斯科郊外的石可夫農場勞動。次年，又被送到西伯利亞。至此，蔣經國離開中國已經五、六年了。

儘管一九二七年「四・一二」政變後，蔣經國曾痛罵蔣介石，宣布與其斷絕父子關係，但是，蔣介石還是懷念這個兒子的。

一九三一年一月廿五日日記云：「余少年未聞君子大道，自修不力，卒至不順於親，不慈於子，迄今悔已難追。」

同年十一月廿八日日記云：「邇來甚念經兒。中正不孝之罪，於此增重，心甚不安。」

又，十二月三日日記云：「近日思母綦切，念兒亦甚。中正死後，實無顏以見雙親也。」

又，十二月十四日日記云：「晚間，以心甚悲傷，明日又是陰曆十一月初七先妣誕辰，夜夢昏沉，對母痛哭二次。醒後更念，不孝罪大。國亂身孤，痛楚而已。」

又，十二月十五日日記云：「余心劇度淒酸，以手造之國家，辛勞八年，死傷部下三十餘萬，猶親生扶長之子欲使一旦放棄不能相見。經國赴俄不歸，民國猶在孩提。今日又爲先母六十八歲誕辰。嗚呼！於國於黨爲不忠，於母爲不孝，於子爲不慈，自覺愧怍無地，未知以後如何爲人以報答親恩與黨國也。」

又，十二月廿七日日記云：「嘗思傳世在德行與勳業，而不在子孫。前代史傳中聖賢豪傑、忠臣烈士每多無後，而其精神事蹟，卓絕千秋，余爲先人而獨念及此，其志鄙甚。經國如未爲俄寇所害，在余雖不能生見其面，迨余死後，終必有歸鄉之一日。如此，則余願早死，以安先人之魂魄。」

又，十二月卅一日日記云：「心緒紛亂，自忖對國不能盡忠，對親不能盡孝，對子不能盡慈，枉在人世間，忝余所生，能不心傷乎！」

這一段，大概是蔣介石一生中最倒楣的時期之一。由於軟禁胡漢民，汪精衛、孫科等在廣州造反，另立國民政府；由於採取不抵抗政策，日寇輕易地佔領了東三省。因此，蔣介石不得不引咎辭職。正像他在日記中所述，心情極度悲涼。他不僅痛惜失去了民國的元首寶座，也想起了留俄不歸的兒子。古語云：「夫不孝有三，無後爲大。」蔣介石是儒學倫理的遵奉者，他擔心拒絕宋慶齡的建議，會導致蘇方加害於蔣經國，使自己陷於「無後」境地。不過，儘管如此，他還是堅決拒絕以蔣經國交換牛蘭夫婦，顯示了他堅決反共和性格中的倔強一面。

以蔣經國交換牛蘭夫婦，這一主意顯然來自莫斯科。牛蘭夫婦被捕後，莫斯科不僅動員了許多國際知名人士出面營救，而且願意以蔣經國交換，這一事實說明牛蘭夫婦在共產國際中有相當重要的地位。同時，這一條件通過宋慶齡提出，也顯示出宋和莫斯科方面的密切關係。有資料說，宋慶齡是共產國際發展的秘密黨員，這是可能的。

蔣介石雖然拒絕了宋慶齡交換的建議，但是，他還是希望蔣經國能夠回來，也相信他能夠回來。一九三四年二月十三日日記云：「今日者母亡家破，子散國危。若不奮勉，何以對先人？何以見後嗣，勉之！」同年七月七日，和宋美齡談到自己死後的家事，立下遺囑說：「余死後，經國與緯國兩兒皆須聽從其母美齡之教訓。凡認余爲父者，只能認余愛妻美齡爲母，不能有第二人爲母也。」八月十五日日記云：「近日病中，想念兩兒更切，甚望其能繼余之業也。」可見，蔣介石雖然作了蔣經國在蘇聯被殺的最壞心理準備，但並不相信蘇聯會這麼做。

當時，在日本帝國主義者的威脅下，中蘇開始接近。蔣介石一面指令顏惠慶、顧維鈞、王寵惠等與蘇聯談判。企圖恢復邦交，一面通過外交途徑爭取讓蔣經國回歸。一九三四年九月二日日記云：「與顏、顧、王等談外交方針漸定，彼等或較諒解。經國回家事，亦正式交涉。此二事能得一結果，則努力之效漸見。」同月九日，蔣介石與宋美齡遊覽江西石鍾山，想起當年蘇軾攜帶兒子蘇邁同遊的情景，不禁感嘆經國、緯國的不能隨遊。同年十二月，蔣介石從蘇方得到消息，蔣經國不願回國，蔣介石一面感嘆「俄寇之詐僞未已」，一面則自覺「泰然自若」。他在日記中寫道：「當此家難，能以一笑置之，自以爲有進步也。」一九三七年三月，隨著中蘇關係的進一步緩解與和好，蔣經國終於攜妻兒返國。

蔣經國回來了，牛蘭夫婦卻仍然關在國民黨的監獄裏。

一九三二年七月一日，南京國民政府以「危害民國」罪審訊牛蘭。七月二日，牛蘭以絕食相抗。十一日，宋慶齡偕同牛蘭夫婦的辯護律師陳瑛意到江寧地方法院看守所探視牛蘭夫婦，勸他們進食。同日，與蔡元培、楊杏佛、斯諾等，組織牛蘭夫婦上海營救委員會，宋慶齡任主席。其英文宣言稱：「我儕與歐美各國之著作家、醫學家、法學家、科學家、藝術家、教育家及政治家，凡關心牛蘭案者，共同聯絡，爲人道正義及不可侵犯之政治自由權，而請求應准牛蘭夫婦之請求，將案移滬，或將其全部釋放。此種請求須立時應允。今日爲牛蘭夫婦在南京絕食之第十日，世界最高思想所繫之二人之生命，國民政府視之如兒戲；牛蘭夫婦果因絕食而死，任何歉意，任何理解，皆不能滌此污點。我儕欣然與世界營救總會合作，以達成功。」

十二日，宋慶齡親自找汪精衛和南京國民政府司法部長羅文幹交涉。十七日，由宋慶齡、蔡元培具保，國民黨司法當局允許牛蘭夫婦到南京鼓樓醫院就醫，牛蘭夫婦同意停止絕食。八月十九日，江蘇高等法院判處牛蘭夫婦死刑，不久改判無期徒刑。一九三三年四月五日，宋慶齡與楊杏佛、沈鈞儒等，到江蘇第一監獄探望牛蘭夫婦，詢問在獄中生活情形。十二月，牛蘭夫婦再次絕食，三十日，宋慶齡致電汪精衛、居正、羅文幹等，要求立即釋放牛蘭夫婦。次年一月十二日，因堅持絕食的牛蘭夫婦已瀕臨死亡邊緣，宋慶齡再次致電汪精衛等，重申前項要求。電稱；「君等若始終不欲牛蘭夫婦復食，不應允渠等之要求，則全世界革命輿論、自由主義輿論皆將指牛蘭夫婦之死爲國民黨所預謀殺害，皆將指此種謀殺僅與希特勒式之野蠻殘酷差可比擬。」電發，沒有任何反應。同年三月，魯迅在《關於中國的兩三件事》一文中感嘆說：「牛蘭夫婦作爲赤化宣傳者而關在南京的監獄裏，也絕食了三四回了，可是什麼效力也沒有。」直到一九三七年十二月，日本侵略軍佔領南京，牛蘭夫婦才得以乘亂越獄。

可見，蔣介石始終沒有同意莫斯科方面通過宋慶齡提出的以蔣經國作爲交換的條件。

（原載拙著《蔣氏秘檔與蔣介石真相》，社會科學文獻出版社，二〇〇二年。）

胡漢民的軍事倒蔣密謀及胡蔣和解

——讀美國哈佛燕京學社所藏胡漢民檔案

一九九〇年七月，我訪問美國哈佛大學哈佛燕京學社，承圖書館吳文津館長、善本室主任戴廉先生熱情接待，惠允披閱該館珍藏的胡漢民晚年往來函電。這批函電分訂數十巨冊，或係原件，或係抄稿。不少函電字跡潦草，未署時間，或所署不完整，而且大量使用隱語、化名，例如四工、工、延、福、門、門神、蔣門神、阿門、容甫、水雲、遠、馬、馬鳴、衣、力、黃梅、秋夢、不、不孤、跛、跛哥、桂矮、矮仔、某兄、爵、馬二先生、香山後人、漁洋後人、八字腳等。但是，一旦突破這些困難，人們就會從中發現大量三〇年代中國政壇內幕，特別是一個迄今尚不爲人所知的秘密——胡漢民晚年，基於抗日和反對獨裁的需要，曾經廣爲聯絡，組織力量，一再準備以軍事行動推翻以蔣介石爲代表的南京政權。

筆者在哈佛訪問時間僅兩週，匆匆披閱，匆匆摘錄，以下所述，係對這批資料進行初步研究後的一點收穫。

一、逼迫蔣介石下野

一九三一年初，因制訂「訓政時期約法」問題，胡漢民與蔣介石之間的矛盾尖銳化。二月廿八日，胡漢民被蔣介石軟禁於南京湯山。胡漢民是國民黨元老，時任立法院長。蔣介石的這一蠻橫做法立即激起了巨大政潮。四月三十日，國民黨中央監委鄧澤如、林森、蕭佛成、古應芬等於廣州聯名通電，彈劾蔣介石，詰責其「違法叛黨」，「究以何職權而得逮捕監禁中央大員」。五月廿七日，汪精衛、孫科、鄒魯、陳濟棠、鄧澤如、蕭佛成、古應芬、李宗仁等在廣州成立國民政府，形成寧粵兩個政權對立的局面。同年，「九‧一八」事變發生，東北大片國土淪於日本侵略者之手。蔣介石在舉國震撼，呼籲團結對外聲中，派蔡元培、張繼、陳銘樞赴香港與汪精衛會談，決定兩個國民政府同時取消，召開和平會議，產生統一的國民政府。十月十三日，蔣介石迫於粵方壓力，釋放胡漢民。

一九二七年蔣介石「清共」之後，胡蔣之間有過一段比較密切的合作關係。湯山被囚使胡漢民既憤怒又沉痛。釋放後，胡即決意反蔣。他在一封密札中說：

> 門及門系為中國致命一大毒瘡，能請西醫割去，是一治法，否則用中醫拔毒，什麼內托外消、打消方劑，亦或見效。除卻二者便無是處也。①

這裏的「門」，和其他密札中的「門神」、「蔣門神」，均指蔣介石，蓋取《水滸》中「武松醉打蔣門神」之義。這封信道出了胡漢民對蔣介石的認識，也道出了他晚年政治活動的根本目的及其策略、手段。

十月十四日，胡漢民抵達上海。十五日，致電非常會議委員汪精衛、陳濟棠、李宗仁等，認爲外患急迫，爲甲午戰爭以來所未有，其原因在於「黨內糾紛迭乘，政治舉措失當，人每欲扶黨內之一部力量爲己有」。他鼓勵非常會議的委員們「徹底覺悟，力圖團結」，改正過去種種錯誤。②十六日，對報界發表談話，批評南京政府「以無辦法、無責任、無抵抗之三無主義，爲應付日本之唯一方針，則必至國亡種滅而後已」。③廿五日，又致函廣東省市黨部，認爲國民黨已到了非進行徹底改革不可的時候；不改革，不但無以對國民，而且等於自掘墳墓。函稱：

> 自袁世凱以來，軍閥不一，其始莫不驕橫一時，而其罪惡既顯，終莫不相繼撲滅。歷史可信，公理不誣。④

胡漢民這裏明罵袁世凱等，暗斥蔣介石。他要求粵省國民黨人「不爲利誘，不爲威脅」，警惕「陰謀分拆手段」。上述電函及談話表明，胡漢民甫經釋出，立即高揭抗日旗幟，準備團結廣東國民黨人的力量，與蔣介石周旋。

「九・一八」以後，馮玉祥憂心國事，派代表到上海與胡漢民接洽。十月廿七日，胡漢民覆函馮玉祥，認爲「遼吉事起，知非舉國一致，無以禦外侮」。當時，寧粵雙方代表正在上海召開和平統一會議。胡漢民稱：「結果如何，似難預料，惟默察形勢，則暗礁孔多。」⑤同月廿八日，古應芬逝世。三十日，胡漢民致電在廣州的妻兄陳融（協之），請其轉告陳濟棠、李宗仁、白崇禧、蕭佛成諸人：

一、此間決堅持不撓，以繼湘翁之志；
二、無論如何，弟與汪決不入京；
三、迫某辭職，並促制度上限制個人權力，打破獨裁。⑥

湘翁，指古應芬，他是廣東方面的反蔣中堅。某，指蔣介石。「弟與汪決不入京」云云，表明胡漢民正和汪精衛聯盟，擺開和蔣決戰的陣勢，力圖迫蔣辭職，並對國民黨的體制進行重大改革。此電可以看作是粵方代表參加和平統一會議的鬥爭綱領。會上，粵方代表攻勢激烈，以致寧方代表蔡元培等人不得不一再以私人資格表示：「蔣下野不成問題，要盼廣東同志不要相迫太緊，不要給他面子太難過。」⑦在黨政改革案中，粵方代表提出軍人不能擔任政府主席，不得爲五院院長，廢除陸海空軍總司令職位等建議，顯然都體現著胡漢民的意圖，其矛頭直指蔣介石。

寧粵和平統一會經過激烈爭吵，確定分別召開國民黨第四次全國代表大會，選出同等數量的中央委員，進而謀求合作。在廣州「四大」上，要求蔣介石下野仍然是重要議題。胡漢民除主張「精誠團結，共赴國難」外，又提出「推倒獨裁，實行民主政治」的口號。十二月五日，會議選出的中央委員由胡漢民領銜通電，催促蔣介石下野，解除兵權，否則，決不到京參加四屆一中全會。

國難深重，加上蔣介石軟禁胡漢民的做法極為不得人心，各方吹起了強烈的反蔣風。在粵方的堅持下，蔣介石於十二月十五日通電辭去國民政府主席、行政院長、陸海空總司令等本兼各職，胡漢民的「迫某辭職」計劃取得勝利。

二、廣泛聯絡，組織反蔣力量

蔣介石下野後，國民黨隨即召開四屆一中全會，通過中央政治制度改革案，選舉林森為國民政府主席，孫科為行政院長，蔣介石、汪精衛、胡漢民三人為中央政治會議常委。一九三二年一月一日，胡漢民等通電取消廣州國民政府，成立中央執行委員會西南執行部、西南政務委員會。自此，胡漢民即留居香港，成為西南方面的精神領袖。

孫科內閣雖然成立了，但這個內閣既無權，又無錢。一月二日，日軍佔領錦州，孫科無奈，電邀蔣介石重返南京，並於廿五日辭職，由蔣介石重掌大權。廿八日，汪精衛背棄了「決不入京」的諾言，應蔣介石之邀出任行政院長，從而形成蔣汪合作局面。

汪精衛出任行政院長的當夜，日本軍隊進攻上海閘北，十九路軍在陳銘樞、蔡廷鍇、蔣光鼐等指揮下，奮起抗戰。三十日，孫科密電胡漢民云：

> 寧方對十九路抗日事，最初主退縮，避免衝突。戰事起後，則硬責將領，不得違背命令，擅起戰端。嗣知軍民一致，不可遏抑，乃表示抵抗，然仍令十九路將領只准抵抗，不必擴大云。預料日方援軍日間必到，如京方仍無徹底決心，十九路必為犧牲。聞日方計劃摧毀長江一帶軍事勢力，結果南京中央必然崩潰，屆時南方若無相當組織，中國將成無政府之局，望公與粵中籌繼續存亡，以維民族生機。⑧

南京國民政府對淞滬抗戰的爆發完全沒有準備，缺乏堅決抗擊侵略的決心和勇氣，孫科對此有清晰的瞭解。他估計，南京政府將會崩潰，建議胡漢民在南方建立「相當組織」。但是，胡漢民卻比較冷靜，他考慮到南京國民政府已經宣布遷都洛陽，準備抵抗，特別是對十九路軍是否繼續支援等情況尚不清楚，「我方如決裂過早，反使其有所藉口」，主張「暫時審察」。⑨

儘管胡漢民一時還不準備在廣州另立政府，但是，他卻在廣泛聯絡，組織力量，待機倒蔣。其聯絡重點，一是湖南與西南各省，一是華北，一是海外。當時，湖南與西南各省分別爲何鍵、劉文輝、劉湘、鄧錫侯、王家烈、龍雲等實力派所統治，矛盾重重，各自割據。胡漢民企圖將他們統一起來，形成一支和南京政府抗衡的力量。二月二日，胡漢民致函何鍵，試探其態度。函稱：

> 幸十九路軍持正不屈，上海得不為遼瀋之續，而政府當道未聞籌戰守之策，遽以遷都洛陽聞。國難益迫，陸沉無日，丁茲時會，不識先生將何以教之？

十九路軍由於得不到南京國民政府的有力支援，在腹背受敵的情況下，被迫於三月初撤離上海。五月，中日《淞滬停戰協定》簽字，胡漢民派楊芷泉攜函西行，聯絡劉文輝、王家烈。函稱：

> 今寧中當局所以謀分拆我西南者，其惟一方策在以西南制西南；弟則反之，以為惟有以西南結西南，始足以確實齊一西南各省之步驟，以自保此乾淨土，亦即為來日推進大局地。

在此前後，胡漢民又致函龍雲稱：

弟以為今後欲復興革命，推展大局，首在黨務之整理，次則為政治上之改革，而西南之精誠團結，力謀建設，尤為當務之急。

自一九三二年起，胡漢民還曾派出使者會見劉湘、鄧錫侯、田頌堯等人，目的都在於調解各實力派之間的矛盾，結成西南反蔣聯盟。

華北方面，胡漢民的主要聯絡對象是馮玉祥。一九三二年三月，馮玉祥得知南京政府正在上海與日本侵略者談判，準備簽定密約，非常悲憤，命部屬張允榮密函胡漢民，告以北方情況，要求西南方面聯絡閩、贛、湘、鄂等省，合謀舉兵。函稱：

蔣氏謀粵之急，已自胡宗南等入浙可睹。惟奸憝毒計，對粵亦將對北，韓遂當其衝。向方亦心憤於滬敗與東北之亡，頗思及時舉義，因請煥公於適當時間入魯主持北方局面。至將來與事諸軍，宋、梁等部已有約定，他在〔者〕尚在協商。設西南能呼應於閩、贛、湘、鄂，因對日之失，動全國之聽，蔣氏可倒也。⑩

向方，指韓復榘；宋，指宋哲元；梁，指梁冠英。中原大戰後，馮玉祥隱居汾陽峪道河，北方反蔣勢力暫時蟄伏。此際，由於不滿南京政府對日妥協，又企圖乘時發動。此函寫於三月十八日。廿四日，馮玉祥自徐州到達泰山，隱居普照寺。過去，人們只知道是爲了養病、讀書，「努力充實學問」。此函說明，馮玉祥此行是應韓復榘之請，目的在於準備北方起義。對於馮玉祥的反蔣計劃，胡漢民自然是支持的。五月五日，胡漢民覆函稱：「過去四五年，只見有個人，而不見有黨」，「凡所措施，無不出於個人私意」。他表示希望知道得更具體一些：

> 亦欲稍聞方略，俾得先事預圖，南方同志精神團結，意志不移，遇有舉措，必竭誠襄助也。⑪

自此，馮、胡二人聲息相通，聯繫日益密切。當年九月，馮玉祥決定以張家口爲抗日基地。胡漢民派曹四勿赴泰山，發展馮加入新國民黨，並提供經費一百萬元。⑫

馮玉祥之外，胡漢民與張學良、韓復榘、閻錫山、孫殿英、石友三等人之間也均有信使往還。十一月十三日，胡漢民致函孫殿英，首稱：「今日黨國外遭於方張之寇，內劫於獨裁之魁，前途危險之極。」次稱：「南北當一致而不當分歧，在動作上，南北當互相促進，而不當各存觀望。」可以看出，胡漢民期望一旦舉事，能夠出現一個南北並起的局面。

華僑歷來是革命黨人的支柱，因此，胡漢民十分重視對國民黨海外支部的工作。一九三二年，他致函美國總支部，指責蔣介石爲「劫持本黨之軍閥」。函稱：

> 過去所施行者，實為民國以前相承一貫之軍閥之治，而非本黨之黨治。蓋在事實上，本黨以軍閥為梗之故，實未嘗一日得行是政策也。

同年，又再次致函美國總支部，指責蔣介石等對日妥協。他說：「苟政府當局甘冒天下之大不韙，而實行屈辱，則爲黨爲國，必須嚴重反對。蓋我人可一致於抗日，不能一致於降日也。」胡漢民的這些觀點，符合海外華僑的民主、抗日要求，因此日益贏得美國、加拿大、日本、南洋等地國民黨組織的支持。

當時，國內出現不少抗日或反蔣組織。公開的如東北民眾抗日救國會、東北民眾討倭軍，秘密的如黃埔革命同學會、浙江革命同志互助社、中華民族自救會、勵進社、青年軍人社等，胡漢民均一一聯繫，予以支持。

胡漢民一貫標榜黨治，在廣泛聯絡各地反蔣力量的同時，便著手組建新國民黨。他在覆蔣振函中說：「所列重建本黨之十問題，弟亦表同意，刻正分途進行，務以嚴明之紀律，團結同志，恢復民十三年以前一種自動革命之精神。」該組織秘密活動，以胡漢民爲主席，鄒魯爲書記長，「只要反蔣最堅決的人」，[13]入黨須宣誓，有自己的中央和地方組織。中央領導機構稱爲「中央幹部」，地方領導機構稱爲「地方幹部」。其建立時間，大體在一九三二年初。當年四月廿九日，鄒魯致胡漢民函云：「（一）觀民兄已入黨，請示以方針」（二）馮處各事，托觀民兄進行，請指示以機宜。（三）津部各事並囑觀民兄同裴、蔣諸同志共負責。」[14]可見，當時新國民黨已發展到一定規模，並在天津建立了分支組織。

新國民黨中央設於廣州，上海及天津等地設有「地方幹部」，上海「地方幹部」由陳嘉祐、熊克武、柏文蔚、程潛、劉蘆隱任「幹部委員」，以劉蘆隱爲書記長，其工作範圍爲蘇、浙、皖、贛、湘、鄂、川七省，每省再設分部，設「分部委員」若干人。不設分部的省分則設有特派員。天津「地方幹部」由裴鳴宇、曹四勿、蔣景瑞、張岱岑等組成。

胡漢民的「新國民黨」雖建立在舊國民黨的基礎上，但實際上是一個獨立的新組織。

三、派遣部隊北上，「以抗日為倒蔣」

蔣介石的對日妥協政策日益爲國人所不滿，胡漢民由於主張抗戰，逐漸爭得國民黨內部抗戰派的擁護。一九三二年十二月，張學良派秘書陳言赴港，會晤胡漢民。十九日，胡漢民覆函，鼓勵其振作精神，堅決抗日。函稱：

比月以來，外侮日深，晏處覆巢，寧有完卵。所期兄以決死之精神為民族求生路。桑榆之失，斷可收於東隅，至於內政意見及南中同志意，經與陳同志詳談，俱托歸報，希深察為幸。

一九三三年一月一日，日軍突襲山海關，三日，山海關及臨榆縣城失守，張學良命陳言致電胡漢民，表示決心抵抗之意。二月四日，胡漢民因不見張的實際動作，派陳中孚攜函北上督促。函中，胡漢民分析日本侵華的特點與中國面臨的危險說：「弟謂日之於中國，其侵略方式為吞食而非鯨吞，故經一度之攻城掠地，即出之以延宕和緩之手段，巧為解脫。當局受其愚蒙，國聯受其欺騙，而日人之計乃大售。苟不能窺破此點，積極抵抗，並進而收復失地，則日人本此政策進行，華北殆將淪亡，中國且為日有。」「九‧一八」事變之後，張學良備受國人指責，有口難言，但他曾將個中情況含蓄地告訴胡漢民。對此，胡漢民表示：

兄前以不抵抗而喪失東北，茲又以不抵抗而喪失榆關。長此以往，國將不國。雖示負最終之責任者當別有人在，顧兄身當其任，究何以自解於國人？縱不為個人計，獨不為數百萬人民之身家性命計耶！

胡漢民稱：西南雖主張抗日，但限於地域，效命無所，希望張學良能團結華北將領，振奮一心，抗擊日本，自己將力為應援。二月廿五日，張學良覆函胡漢民，表示抗日禦侮的堅決意志，希望西南能從精神、物質兩方面給予鼎助。函稱：

良以不才，遭值多難，只思少裨艱局，庸敢計及一身，禦侮決心，誓當不二。

然而，事情並不決定於張學良個人。三月四日，日軍佔領熱河省會承德，進迫長城腳下。七日，張學良致電國民黨中央，引咎辭職，不久出洋。

當時，蔣介石專注於「剿共」。但是，他不能不顧及華北的危急局勢。三月八日，蔣介石抵達石家莊。胡漢民認爲蔣介石的北上將加強對華北的控制，危及將領間已經形成的聯合局面。同月，胡漢民致函陳濟棠、蕭佛成、鄒魯、李宗仁、鄧澤如、劉蘆隱等六人稱：「某爲不抵抗主義者，華北爲某所有，則抗戰之希望已成滅絕。在此時對內對外，非設法打破某在華北之陰謀必無以策善後。」他提出四項對策：

一、選派軍隊北上，參加抗日。胡稱這一行動的目的在於：「一以示西南抗日之誠，一以作華北將領之氣，亦以戢某對日妥協之謀。」胡並指示：「此項部隊對內對外必須與華北將領取同一之態度。」

二、成立華北軍事組織。西南方面除同情贊助外，還須調遣人材，接濟經費，作實際促進。

三、華北軍事組織必須「以抗日救國爲名」，並須籠罩鹿鍾麟、韓復榘、閻錫山、馮玉祥及東北各舊部，西南方面亦應選派軍事人員參加。

四、在北方成立西南統一辦事機構，委派富有資望、能力的同志前往主持，統籌外交、政治、黨務、軍事各方面的工作。

函末，胡漢民表示：「萬不能更持徘徊觀望之態度」，「惟有投袂奮起，知其不可而爲之」。⑮

《淞滬停戰協定》簽字後，十九路軍被調往福建「剿共」，但蔣光鼐、蔡廷鍇等不忘抗日，逐漸與胡漢民等結合。一九三三年一月下旬，李宗仁、白崇禧、蔡廷鍇等聚集廣州，議定於二月二日成立包括廣東、廣西、福建三方的國防委員會，以陳濟棠、李宗仁、白崇禧、蔣光鼐、蔡廷鍇、林雲陔爲委員，電邀四川、湖南、雲南、貴州等省加入，同時，經濟委員會也在醞釀中。鄒魯對此抱有極大希望，致函胡漢民稱：「二事妥，則西南局面定矣。以後當按美國舊例，有贊成之省逐一加〔入〕，可以不戰而定全國。」⑯

西南國防委員會成立後，胡漢民陸續致函馮玉祥、宋哲元、孫殿英、石友三等，建議華北能建立同樣的組織，以便「整齊抗日步調，俾南北兩方於捍衛國家能互相促進」。⑰三月一日，方振武變賣家產，在山西介休成立抗日救國軍，首樹義旗，誓師援熱。當時，華北將領大多主張抗戰，舊西北軍方面並推鹿鍾麟爲總指揮。同月廿四日，鹿鍾麟致電胡漢民、李宗仁等，歡迎西南方面「雄師北指」。電稱：「此次西南若能從速出兵，督促作戰，必能轉移局勢，確定抗日大計。」⑱鹿自中原大戰反蔣失敗後即閒居天津。廿五日，胡漢民覆電鹿鍾麟，對他的「投袂奮起」表示欣慰，告以西南方面正在選派軍隊，對於華北將領的「自救救國」行動，願提供「實際之援助」。⑲

在胡漢民的倡議下，廣東、廣西、福建迅速籌組西南聯軍。胡漢民並致函劉湘、王家烈等，要求同時出動。三月下旬，福建援熱部隊自漳州、龍岩出發，計劃經潮汕、東江至粵漢路與粵、桂兩省部隊會合後通過湖南北上。四月四日，方振武部經過艱苦跋涉，抵達河北邯鄲。十五日，胡漢民致函陳濟棠、李宗仁、蔡廷鍇三人，認爲聯軍北上問題，期在必行，但聯絡北方抗日軍隊亦不可緩。⑳同月，胡漢民派其女木蘭訪問程潛，爭取支持。當時，正是陳誠進攻中央蘇區慘敗之後。廿三日，程潛覆函稱：

> 木蘭侄來，敬悉一切。關於各方情況，盡告木蘭侄面達。自陳誠失敗後，慶父大露恐怖之象，為西南出兵抗日最好時機。若失此機，經彼多方彌縫，將來必更棘手也。㉑

慶父，借指蔣介石。古語云：「慶父不死，魯難未已。」信中，程潛不僅支持西南出兵抗日，而且表達了強烈的反蔣情緒。五月十八日，胡漢民覆函陳嘉祐、程潛，告以一項絕密計劃：

> 西南抗日軍隊出發，以賢初為總師之任。渠以抗日為倒〇〔蔣〕，如能師出武漢，北局有變，一切正可相機而動。㉒

胡漢民要求程潛密告湘軍將領，「忍受此一關，以靜俟大局之推展」，「華北局勢必有急變」。賢初，蔡廷鍇的字。他於四月十二日被推為西南抗日軍總指揮。此函表明，胡漢民、蔡廷鍇等準備在師出武漢之後，與北方協同動作，掀起反蔣高潮。

由於蔣介石堅持對日妥協，因此，當時不少愛國人士（包括中國共產黨人在內）都認為抗日必先倒蔣，胡漢民等人的上述絕密計劃，正是這一思想主張的體現。

四、支持華北抗日力量，籌備粵桂閩三省獨立

華北果然動作了。

熱河省會承德失陷後，中國軍隊在長城一線進行了英勇的抗戰。但是，南京國民政府勇於對內，怯於對外，仍然專注「剿共」，無心對日本侵略作堅決、持久的鬥爭。五月十五日，黃郛受命北上，談判停戰問題。在何應欽支持下，黃郛於廿二日與日方達成協定。廿六日，馮玉祥、方振武在中國共產黨支持下，與吉鴻昌等在張家口成立察哈爾民眾抗日同盟軍，宣布「結成抗日戰線，武裝保衛察省，進而收復失地」。[23]

華北既經動作，胡漢民就準備把他的「師出武漢」計劃付諸實施。五月廿九日，胡漢民在《致袞堯》函中說：

手書到時，寧府之對日屈辱已成事實。此間同志早經決定，聯合華北將領一致反對。煥章同志刻已於廿六日就任民眾抗日同盟軍總司令職，統率長城外各路義軍及西北軍舊部。西南抗日軍亦積極北進，同時則大舉剿共，使西南兵力推入長江。

胡漢民並準備在適當時期回到國內，宣布討蔣，主持一切。同函又稱：

須察省外交、軍事、財政各事準備完竣，然後對誤國、賣國之奸徒聲罪致討，方易收旋轉乾坤之效。弟現正努力為根本之規劃，諸事就緒，自必返國親行主持一切也。

卅一日，塘沽協定簽字，事實上承認日本佔領東三省與熱河，胡漢民極爲憤怒，立即向察哈爾民眾抗日同盟軍撥款，並密電馮玉祥云：

請公立振義師，先就北平擒拿經手訂立妥協之何〇〇、黃〇〇，即行討蔣以抗日……此間當即一致動作。刻撥充〇〇元。㉔

末署「延、馬、遠、衣」。「延」爲胡漢民，「馬」爲蕭佛成，遠爲鄧澤如，「衣」爲鄒魯。㉕電稿中所稱「何○○」、「黃○○」，當指何應欽與黃郛（膺白）。福建援熱部隊出發之後，廣東派出了獨立第四師，廣西派出了第二十四師，準備聯袂北上，何鍵並電令沿途各縣妥爲招待，但是，塘沽協定簽字之後，蔣介石電令蔡廷鍇，命援熱部隊火速回閩。當時，福建援熱部隊已經抵達湖南郴州、耒陽一帶，不得已忍痛回師。六月一日，方振武所派代表到粵，通報稱，馮玉祥的計劃已得韓復榘等北方將領支持，變化在即。同日，鄒魯致電蔣光鼐，報告此訊，電云：

蔣、日妥協，我抗日軍正應挺進，以表民族正氣。況煥章已起於北，盼我軍呼應正切……奈何撤回抗日之師，以阻全國之氣耶！必不得已，亦請屯師原地，俟真如、賢初二兄到粵，商定大計後再定行止。千萬千萬！

鄒魯等一面阻止三省聯軍回撤，一面積極做陳濟棠的工作。當時，在粵、桂、閩三省實力派中，李宗仁、白崇禧、蔡廷鍇、蔣光鼐、陳銘樞等對抗日討蔣都持積極態度，只有陳濟棠猶疑不定，因此，南方要一致動作，必須首先說服陳濟棠。六月三日，蕭佛成致電胡漢民云：

昨與爵密談約三小時之久。弟反覆開陳，謂討蔣不但可以救國，亦且可以鞏固其個人地位。㉖

爵，指陳濟棠。對於陳濟棠來說，最重要的是鞏固他已經取得的地盤和「南天王」的地位，要他參加抗日討蔣，不是一件容易的事。在蕭佛成反覆開導之下，「爵似大覺悟」，表示了討伐蔣、汪的決心，但同時聲稱，必須待蔡廷鍇、陳銘樞、李宗仁、白崇禧等來粵共商。七日，陳銘樞、蔣光鼐、李宗仁、李品仙等抵達廣州，蕭佛成再度與陳濟棠商談，提出：一、西南獨立，與南京脫離關係；福建公開加入西南；若福建出兵浙江，軍餉由粵擔任；二、華北、華中各將領仍須派員與之聯絡，若能先由彼方發動爲佳。當日下午，蕭佛成、鄒魯、鄧澤如、唐紹儀、李宗仁等會談。鄒魯問李宗仁，如果三省獨立，粵不出兵而閩出兵，桂當何如。李宗仁初時感到難以回答，繼而慷慨表示說：「不惟犧牲我們，且犧牲全省人民之利益以從其後。」㉗

在此期間，鄒魯、蕭佛成、陳融等與陳銘樞也進行了緊張的會談。陳銘樞稱：「抗日、剿共必要倒門神」，「門神現時雖未倒而等於倒，倒之之後，應如何辦法，我們應極注意。」陳並再三聲明，他自己並未組織社會民主黨。鄒魯等人對陳銘樞的態度很滿意。六月十日，陳融致函胡漢民報告說：「跛兄連日所談，均甚接近。」㉘一九三一年陳銘樞在香港時，所住旅館失火，從窗口跳下，足部受傷，自此不良於行，胡漢民等因此在密札中稱之爲「跛兄」或「跛哥」。

蔡部回閩，胡漢民的師出武漢計劃便遭到挫折，但他仍積極活動，力圖把握時機。六月十七日，派程天固東行，探詢對美外交；廿三日，派曾伯興北上，聯絡閻錫山；七月三日，致函葉夏聲，建議將各方捐贈援熱部隊的款項移贈方振武部。廿九日，致電海外國民黨人黃滋、陳雨亭、李白儔云：

> 今兩粵業已一致，福建方面尚有餉項問題未能解決，如磋商完善然後正式揭露，一面樹立黨政中樞，號召全國，一面組織聯軍，北出長江。長江、華北各軍半有接洽，推倒國賊，指顧間也。

可見這時候，胡漢民還在準備「北出長江」，並準備「樹立黨政中樞」，「推倒國賊」，公然和南京政府對著幹。電中說明：「福建方面尚有餉項問題未能解決」，顯然包含著向海外募捐的意思在內。

在粵、桂、閩三省實力派中，粵方最富，桂、閩比較拮据。倘使陳濟棠不肯拿出錢來，桂、閩二省很難長期支持一場對蔣介石的惡戰。據蔣光鼐覆鄒魯電云：

> 所示辦法，本無不可，但未審已否商得桂方同意？本軍窮餓，倘無兩月積糧，不敢輕動……乞予一次先撥百萬，以資應付。㉙

末署「光。文。」文為十二日。此電雖未署確切月份，但所述內容可與上述胡漢民電相印證，其時間當不會相距很遠。

有幾天，財政問題似乎不大了。八月一日，胡漢民致函陳嘉祐云：

今財政問題粗告解決，惟西南軍事動作如何進求一致，財政問題如何籌劃挹注，俾達粵、桂、閩三省聯軍分出長江之目的，仍在詳密規畫之中。

然而，胡漢民樂觀得太早了，財政問題不是輕易可以解決的。果然，八月十八日，胡漢民《覆袞堯》電又云：

此間一切仍在計劃推進中，粵將領所視為困難者厥為財政，故一切措施，遂未能放手做去。至內部意見，雖有小小不同，然於倒某救國一點固甚一致也。

電中所稱「粵將領」，當指陳濟棠，這位財神爺不肯拿錢，其他種種，當然無法「放手做去」。

正當胡漢民在南方為財政和內部「小小不同意見」而苦惱之際，北方卻風雲突變。馮玉祥成立察哈爾民眾抗日同盟軍後，浴血苦戰，迅速收復察北大片失地，進而準備規復東北四省。

然而南京政府一面組織大軍「圍剿」，一面分化瓦解，同盟軍的境況日益艱難。八月五日，馮玉祥通電收束軍事，交出察省軍政大權，隨即回泰山隱居。馮的失敗給了胡漢民巨大打擊。廿四日，胡漢民電馮云：「左右入魯，抗日工作亦由此告一段落。觀察大勢，時局更新，似尚有待。」三十日，致電柏文蔚，除了希望他繼續維繫「長江軍事」外，特別說明，「廣東方面推動不易，今方別尋途徑」。㉚可見胡漢民對陳濟棠已經很失望了。

馮玉祥退入泰山以後，中共河北「前委」決定支持馮部方振武、吉鴻昌兩軍繼續奮鬥。方、吉將抗日同盟軍易名抗日討賊軍，明確揭起反蔣旗幟，準備沿熱察邊境，經十三陵、小湯山等地，東進冀東。㉛九月二十日，方、吉兩軍進入河北。廿三日，方部進佔牛欄山，作襲擊北平準備。對抗日討賊軍，胡漢民曾力圖予以支援。九月廿五日，致電蕭佛成等，聲稱方部「且進取密雲，當不忍其給養之不給，坐視其覆亡」。廿九日，方振武致電胡漢民，宣稱「在鈞座指導下抗日討賊」。「即令犧牲萬有，亦所不辭」。方並稱，華北外交關係重要，要求胡選派幹員，常駐天津主持一切。㉜十月五日，方振武致電胡漢民，報告在南口、昌平、湯山一帶的勝利，聲稱計日可達北平城郊，要求胡漢民「推動各方火速出兵，以收南北夾擊之速效」。㉝六日，再電胡漢民：

不日直搗北平，務希火速推動，群起討賊，國家幸甚！倚戈陳詞。㉞

方振武的崛起再一次燃起了胡漢民的希望。他致電陳融說：「假如其遂能入北平，或可造一與西南同樣局面，爲聯軍會議制以待各方之進展耳。」㉟六日，胡漢民決定以廣東後援會名義一次撥給方部軍費三萬元至五萬元，㊱但是，這筆款項未及寄出，方軍即因孤立無援失敗。

儘管馮玉祥、方振武先後失敗，但是，胡漢民仍然認爲，華北是具有潛力的地區。十月十九日，胡漢民任命何子佩爲華北軍事聯絡專員，要求他代爲慰問華北同志，說明胡的內政、外交主張以及對於全國的規畫。胡漢民爲其規定的工作方針爲：

一、切實團結華北革命將領，通電討賊，並肅清盤踞北平之反動勢力，樹立華北之中心救國組織。

二、以相等於政務委員會、軍事委員會之組織爲最宜。華北將領之通電發出，組織成立，西南即樹立黨政中樞，正式宣告與賣國政府斷絕關係，並領導華北及長江之革命力量，聲討獨夫，從事抗日。

三、爲外交上之運用計，不妨暫以安定華北爲主張，而不以抗日爲標榜，但華北將領之通電必須痛數獨夫罪狀，示與賣國政府絕緣，無復有妥協餘地。

四、華北將領通電發出、組織成立後，此間即派遣大員北來，規畫一切。其財政外交上之責任，純由西南革命政府負之，但華北將領必須於抗日目標下切實堅持並接受西南革命政府之領導，完成討賊抗日之全功。㊲

在派出何子佩的同時，胡漢民又分函閻錫山、馮玉祥。致閻函總結前數月失敗的經驗教訓，認爲「不獨南北未能一致，即北與北間亦多隔閡」，要求閻「領導群倫，使華北力量團結，與西南爲一致」。[38]致馮函則通報南方情況，說明「此間主旨，仍在團結粵、桂、閩諸省，相時而動」。[39]

五、福建事變期間

胡漢民計劃中的西南獨立，由於陳濟棠遷延猶豫等原因，終於未能發動，然而福建方面卻終於等不及了。

十九路軍調福建「剿共」後，陳銘樞遭到蔣介石、汪精衛的壓迫，無法在南京立足。一九三三年一月，憤而赴歐洲考察，同年回國，活動於香港、福建之間，聯絡李濟深、蔣光鼐、蔡廷鍇等人，計劃反蔣，同時派人與中國共產黨聯繫，討論合作問題。九月，與紅軍訂立抗日反蔣協定。十月陳銘樞、李濟深等在香港聚會，決定在福州成立反蔣抗日的人民革命政府。十一月十六日，李濟深派其弟李濟汶持函面見胡漢民，函稱：

> 深南歸，已歷一載，本意在追隨吾師之後，團結西南各省，共同討賊救國。顧蹉跎一載，數失良機，而有實力之當局者持重如故，循此而往，勢不至任國賊斷送國家不止。而十九路軍以處境較困，責任較明，有義無反顧，迫不及待之勢。連日得其函

電，促往商討討賊大計，照連日報章上所載情形，亦似有即行發動討賊之趨勢。故深決定即行前往觀察督促，進行一切。

李濟深要求胡漢民「督促西南各省同時回應，共同討賊」，並對閩中各事隨時加以指導。十八日，李濟深與陳友仁、徐謙等到達福州。二十日，召開中國人民臨時代表大會，議決廢除中華民國年號，成立中華共和國人民革命政府。廿一日，李濟深等通電脫離國民黨，旋即組織生產人民黨。同日，陳銘樞、李濟深、蔣光鼐、蔡廷鍇四人聯名致電胡漢民、蕭佛成等，指斥蔣介石獨裁禍國，媚日殘民，追述三省近年來共謀反蔣的歷史。電報以「陳涉發難於先」自喻，以「沛公繼起於後」喻胡，要求胡漢民等「本歷來之主張，爲一致之行動」。㊵

三省聯合倒蔣本來是胡漢民夢寐以求的事。但是，福建方面改國號，造新黨，特別是聯共產黨等做法，都超出了胡漢民所允許的範圍。因此，最初他頗爲遲疑，不知道應該如何答覆陳銘樞等人的來電：「措詞太硬，則寧方得意，桂方懷疑；太軟則慮跛等有以藉口爲反宣傳，發生其他之不利」。㊶經過反覆考慮，他決定了如下對策：

對寧閩——兩罪兩責而偏於責寧。十一月廿七日，胡漢民致電馮玉祥稱：「大致對寧對閩，今後將同在我人反對之列。」同日，又致電楊虎城稱：「閩中之變，亦實南京賣國政策激之使然，否則何至鋌而走險，自棄其抗日剿共之歷史至於此極，故我人固宜罪閩，然尤當罪寧也。」當時，廣東有人主張蔣介石下野，胡漢民贊成這一主張，認爲這樣可以：一、示天下以公道；二、消釋十九友（**指十九路軍——筆者**）一部分之熱憤；三、使桂方及其他反蔣者同情於我。㊷西南執行部和西南政務委員會根據胡漢民的意見，曾經發電要求蔣介石、汪精衛「避路讓賢」，電稱：「推尋禍始，不能不深咎於獨裁政局之罪深惡極也。」

對粵桂——「救正調和」。陳濟棠和陳銘樞有矛盾，因此，他的興趣一在於防閩，二在於防共；李宗仁則急於反蔣，福建事變後立即致電陳濟棠等，建議三省合兵，開府廣州，樹立中樞。㊸胡漢民對這兩種態度都不滿意，他曾在一封信中說：「爵專心對閩，故反蔣不敢太著力；不專心對蔣，幾欲與閩附和而忘卻共匪之爲禍。」㊹這裏說的「不」以及其他密札中的「不孤」，均指李宗仁。十一月下旬，廣西方面兩次派人會晤胡漢民，催促行動。第一次，胡漢民答以「派人與各方接洽，爲召集各省代表一致反蔣之預備」；第二次，胡漢民答以「討蔣以桂爲前方，粵爲後方；防共以粵爲前方，桂爲後方」。㊺

儘管胡漢民對福建方面的做法不滿意，但是，事變的發生畢竟造成了一種形勢，使他覺得有機可乘，因此，一度考慮過組建政府問題。十一月卅一日，他致函陳融說：

> 開府地點是一問題，而第一步似以廣西為適當，其理由有五：人心信仰，無復懷疑一也；素無財富之名，則不必鋪排，而各方來者易於應付二也；因湘鄂吃緊易於聯絡應援三也；外交較易應付，不遽為紅毛、矮子之威脅四也；敵用飛機襲擊及閩中大軍之使用俱不便五也。㊻

胡漢民並告訴陳融，閩變初起時，他曾就此和李宗仁商量過，如果現在陳濟棠仍以先發爲難，不願意在廣州開府，則不如選擇廣西。十二月中旬，他又致電在上海的陳群、孫科、何士楨等人稱：「前此欲以組府號召天下討蔣，今則當促動與聯合反蔣之戰線進行，至蔣勢窮蹙，然後組府。」㊼十八日，致駐美國三藩市總幹部電稱：「組府一事，尙非今茲所可實行。」顯然，胡漢民的「組府」計劃碰到困難，不得不向後推延了。

福建事變後，南京政府企圖拉攏胡漢民及西南實力派。十二月十一日，張繼等到港，與胡漢民會談，呼籲團結，邀其入京。胡漢民答稱：「你們請我到南京，我想請你們出南京，何以故？因爲要你們認清自身的地位，尊重自身的人格，不附和軍閥去叛黨賣國。」他提出，南京當局是導致事變的「罪魁」，必須實行政治和黨務的根本改革。㊽十五日，胡漢民發表《對時局宣言》，提出解決國是的八項主張，聲稱：「今日中國政治之現象，一絕對的軍閥統治之現象也。槍之所在，即權之所寄。」《宣言》稱：「獨裁賣國之南京軍權統治，叛黨聯共之福建統治，必同時清除之，以組織一真能代表國家人民利益之政府。」㊾《宣言》並提出「帶兵者絕對不得干預政事」，「中央與地方實行均權制度」等主張。廿二日，張繼等訪問粵、桂後回港，再次與胡漢民會談。關於此次會談內容，胡漢民密告陳融說：

弟見淵時，已動以閩事無論如何必先赤化而終落倭人之手，倭得閩則兩廣亦將

為其他之某國之染指，故此時粵桂難以坐視，而桂尤不能久忍，故惟有政治解決之一途。㊿

淵，指張繼。(51)所謂「政治解決」，胡漢民概括爲「蔣汪下野，福建回頭」八字。當時，南京政府積極準備對閩用兵，胡漢民擔心此舉會使十九路軍與共產黨的關係進一步加深，竭力加以反對。他說：

如此，不論勝負，閩軍與八字腳之結合必愈深而無從自拔矣。彭德懷、朱德附八字（腳）後已使門神辦不了，假如十九號赤化……走險愈深，豈易收拾耶！(52)

同月廿八日，胡漢民在《覆袁冠新等》函中又說：

人民生計垂絕，國脈危於累卵，凡可以循和平軌道以貫革命之主張者，皆當遵從。總之，南京統治弟以為實不足定。

此函表明，在軍事倒蔣屢屢失敗之後，胡漢民「政治解決」的意識再度萌生了。福建事變領導人之間一開始就存在著矛盾。十二月中旬，十九路軍將領致電胡漢民，聲稱「事先未明真相，全爲一二野心家包辦，致鑄此錯」，53要求胡派人前往指示辦法。胡旋即派黃河鯉（澧）前往，指示以「復國徽、復黨籍爲先決，捕八字腳爲貢獻」。54所謂「復國徽、復黨籍」，即要求廢止中華共和國稱號，恢復國民黨黨籍；所謂「捕八字腳」，即反共。一九三四年一月，南京政府對十九路軍發動「討伐」，福建人民政府日益危急，李濟深、陳銘樞電告胡漢民，表示願按其辦法，「取消一切組織，回十九路軍本來，連屬西南」。55胡旋即致電在上海的程天固，請其迅速與孫科商量，設法使蔣軍停止進攻。56但是，第十九路軍已呈土崩瓦解之勢。一月廿一日，沈光漢、毛維壽等通電「脫離人民政府，擁護中央」。其後，胡漢民曾爲保護十九路軍的殘餘力量做過一些工作。廿四日，胡漢民致電閻錫山云：

> 現閩中荒謬之政黨組織已無形解體，故於善後一切，正督促各方進行，務使此抗日討賊之力量得以保護。

二月二日，陳濟棠派人至龍岩會晤蔡廷鍇，接洽收編十九路軍殘部，得到蔡的同意。該部旋即改編爲粵軍獨立第三旅。

六、再次聯絡張學良

胡漢民一直將東北軍視爲重要的抗日反蔣力量。一九三三年三月，張學良決定下野出洋，十二日，抵達上海。廿五日，胡漢民派何思毅持函勸阻，函稱：

自熱河淪陷，吾兄去職，華北局面日趨混沌。兄典軍東北，久歷歲時，今為人所乘，有懷莫白。聞將有遠適異國之志，弟以為個人權力為輕，黨國安危為重，恝然遠行，似非其時。即不得已而行，亦須力策善後，挽回危局。是非所在，天下不乏同情，此間同志正具決心為兄後盾也。

四月八日，張學良覆函，對胡漢民的關懷表示感謝，聲言決不敢拋棄救國責任。函稱：

良乍息薪勞，閉門自訟，乃蒙遠垂記注，勖以方來，高誼殷隆，曷勝感奮。撫時多艱，恥痛毋忘，苟圖少補涓塵，敢委匹夫之責。

但是對於胡漢民的建議，張學良卻完全沒有任何答覆，僅說：「尚祈時錫教言，俾其待罪之身，多叨宏益。」

福建事變爆發，張學良得到來自國內秘書的電報：「現在有一種動向在拉我們加入反對蔣介石的派系，務請立即返回。」57於是，張學良決定東歸。他一面派陳博生赴閩表示支持，同時電派陳言赴港向胡漢民致意。十二月廿三日，胡漢民派劉顯丞迎接張學良，報告國內政情及胡的意圖。一九三四年一月六日，張學良，胡漢民在香港會晤。八日，張學良抵達上海。十二日，陳言北返，邀劉顯丞同行。胡漢民委託二人再次向張學良陳述自己的意圖，勸張「徹底做去」，函稱：

> 至對大局主張，亦斷不以環境之轉變而有所移易也。國事至此，有救亡之責者，不當狃於目前之小利，惟宜徹底做去，則中國庶有可為，想存亡絕續之間，先生必能熟之。

劉顯丞抵滬後，張學良為了躲避特務的注意，於深夜在一個外國人的家裏約見劉。張稱：「已下決心爲將來北方之主動，目前則仍與汪蔣敷衍，免其猜忌。」張並稱該計劃「須與兩廣互爲呼應」，囑劉顯丞回港報告，如西南方面主張仍前不變，則東北當密派軍事代表來粵切商。(58)胡漢民得到劉顯丞的報告後，即致函陳融，命其與陳濟棠密商。函稱：「弟意我人此時宜厚結廣西而密與北方聯絡，沉機觀變。如伯兄意亦謂然，弟當令劉秘密上省，以備伯兄面詢一切。」(59)三月一日，張學良就任豫、鄂、皖三省「剿匪」總司令部副總司令，胡漢民認爲此事「利害各半」，再次致函陳融說：

我已囑劉顯丞可即與小張切商軍事之聯絡，小張就「剿匪」職，其部隊將來必調長江上下游，此點利害各半，利在與南方聯絡，而害在易被分割、分化也。⑥⓪

同月廿七日，陳濟棠在廣州召開國民黨西南執行部、西南政務會聯席會議，李宗仁自桂前來出席，他積極贊成聯絡張學良的方針。會後，陳融致函胡漢民說：「此間聯小張，亦政策之一變，此事不孤亦甚著力，言非合南北之力以挾門神不可。」⑥①西南的反蔣派們一直渴望著能演出《水滸》中「武松醉打蔣門神」的痛快淋漓的場面，張學良的歸來使他們增添了幾分希望。

哈佛所藏胡漢民檔案中沒有胡、張之間進一步聯繫的資料，看來是張學良逐漸懷疑反蔣抗日而傾向於擁蔣抗日了。

七、開府西北與軍事倒蔣夢想的破滅

福建事變失敗後，胡漢民一面聯絡張學良，一面將目光注視到西北。

胡漢民和閻錫山之間信使往來頻繁，和楊虎城也早有聯繫。六月七日電楊，希望他「內除奸囟，外抗暴日」。八月廿六日，再電云：「望團結各同志，密為策進。」十一月廿七日，三電云：「尚希一致奮起，共為主義效力。」同日，致電吉鴻昌云：

> 今後救國大計，厥惟歸本主義，致力於西南、西北之聯絡。今平津各地勢為暴日所必爭，曷若萃我主力，樹軍事力量於西北。[62]

此電表明，胡漢民的目光在向西北轉移了。

一九三四年一月，孫殿英率部西進寧夏，準備就任青海西區督辦一職。在一九三三年的長城抗戰中，孫殿英部曾在赤峰英勇阻擊日軍，得到輿論好評，因此，中國共產黨派南漢宸、常黎夫等人隨孫部工作，準備在適當時機，會同紅軍與楊虎城的西北軍，摧毀寧夏、青海的回軍，通電反蔣抗日。[63]胡漢民不瞭解上述情況，但他也企圖依靠孫殿英，聯絡閻錫山、楊虎城，開府西北。一九三四年二月十日，胡漢民致電孫殿英，指示其「鞏固寧夏，進圖甘肅。倘有可爲，宜圖進取；否則保存實力，期爲後此之抗爭」。同月十五日，胡漢民致函陳融說：

> 孫殿英勢力似不可侮，晉閻為助，已成分開之秘密。局面展開，或有如梯雲所云，晉、陝、桂聯合倒府、組府之望。[64]

梯雲，指伍朝樞。「晉、陝、桂倒府、組府之望」云云，反映出胡漢民等屢遭失敗之後的新尋求。

然而，胡漢民過於樂觀了。寧夏、青海一直是馬家天下，南京政府命令孫部西進，一是為阻止孫部和馮玉祥等抗日力量結合，一是為了借刀殺人。孫軍一進入寧夏，即與馬鴻逵部交火，屢戰不利。同年二月，何應欽下令對孫部實行圍剿，孫殿英餉盡彈缺，一再致電胡漢民、陳濟棠呼籲援助。陳濟棠本已答應資助數萬元，但不見行動，口惠而實不至。二十日，胡漢民再函陳融，要求由總部撥借二十萬元。函稱：

孫之成敗，實與南北大局攸關。未審伯南兄前許之數萬元已匯去否？弟意此時牽制門神，不使即以全力對我者惟此一路，且可因此牽動晉、陝抗△〔蔣〕，最低限，閻、韓、楊、孫亦不能不因此團結自保。⑥⑤

廿一日，胡漢民致電李自立，提出孫部給養斷絕，希望楊虎城與晉綏當局予以實際援助。三月七日，胡漢民再電孫殿英，指示其團結西北陝、綏、晉諸友軍，「逐漸醞釀，形成一革命集團」。

在西北各種軍事力量中，楊虎城是願意援助孫軍的。孫、楊之間約定，共同通電，呼籲抗日反蔣，稿子已經擬好並經孫殿英簽字，未及發出，孫殿英就失敗了。⑥⑥二十日，孫殿英通電下野，離開部隊。

在舊中國，完全缺乏從事公開的民主政治活動的條件，各派政治力量的角逐最後都不得不取決於軍事。胡漢民是一介文人，他所依靠的主要是各地軍閥和地方實力派。這些實力派，各有山頭，各有利益所在，他們往往把保存自己放在第一位，很難形成一股統一的力量。

抗日討賊軍失敗後，方振武南逃香港，吉鴻昌隱居天津，但二人都鬥志彌堅。方振武草擬了一份在黃河、長江流域的軍事工作計劃，經胡漢民、鄒魯等同意後，自動申請去廣西、湖南邊境活動。㉗吉鴻昌則與南漢宸等組織中國人民反法西斯大同盟，積極聯絡各地抗日反蔣力量。胡漢民一度派熊克武去天津活動，準備在當地建立「北方軍事委員會」。㉘一九三四年九月，又派劉少南北行，聯絡于學忠、吉鴻昌等。㉙十一月九日，吉鴻昌等在天津國民飯店研究工作，被國民黨軍統特務包圍，劉少南當場犧牲。㉚

在一次次的失敗之後，胡漢民的軍事倒蔣夢想終於破滅。

八、抵制五全大會

在胡漢民的支持下，西南不僅長期維持著半獨立狀態，而且在黨務上，也對南京國民黨當局採取不合作政策，盡力抵制各種會議。

還在一九三二年三月，國民黨在洛陽召開四屆二中全會，胡漢民即以「政見不同」爲理由，拒絕參加。㉛一九三三年三月，國民黨中常會籌議於七月一日召開臨時全國代表大會。同月二十日，胡漢民致電閻錫山說：

今日當局對日既出於不和、不戰、不守、不走之一途，大勢所趨，惟歸屈辱，欲嫁其屈辱之罪責，則必力求為分謗計，故召開臨時全國代表大會之說，遂為南京黨部所決議。西南同志於寧中此議，固持反對，如反對不成，則惟有為對抗會議之籌備。

四月四日，唐紹儀、胡漢民等通電反對，認爲召集全國臨時代表大會「不獨無此必要，且不當行」，迫使南京方面取消此議。

根據國民黨黨章，第五次全國代表大會應於一九三三年十一月召開。當年八月，唐紹儀、蕭佛成、陳濟棠即致電國民黨中央反對，迫使南京方面不得不宣布展期一年。

一九三四年一月二十日，國民黨在南京召開四屆四中全會。會前，胡漢民、鄒魯等策劃了一項「倒汪」計劃，企圖由鄧澤如出面提出彈劾汪精衛的議案。鄒魯致胡漢民函云：「事雖對容甫，實意仍在沛公。」⑫可見，該計劃雖以彈劾汪精衛爲名，而實際矛頭仍在蔣介石。不過，鄧澤如的彈劾案未能提交會議討論，而蕭佛成等二十六人提出的「改革政治」案則得以修改通過。該案第二條稱：「對於東北四省領土仍未恢復，本黨應引以自責，更應精誠團結，集中國力，充實中央，共救危亡。」第三條稱：「政府之目的在努力維護國權，解放民權。故對外必須抵抗帝國主義之侵略，以保障國家之獨立；對內應依法確實保護人民言論、出版、集會、結社一切自由，同時遵依《建國大綱》，實行地方自治，使人民有參與政治之機緣及其能力。」這些地方，顯然反映出西南派政治主張的部分勝利。

一九三四年七月，胡漢民鑒於五全大會召開期近，於廿三日致電陳雨亭、李白儔說：

> 關於五全會問題，海外支部不妨準備參加。倘西南發動能早，不參加固無問題，否則亦可運動各方擬具重要提案，根據黨綱，就現狀抨擊其殆〔貽〕誤黨國。

八月十二日，南京方面宣布將於十一月十二日召開五全大會，討論召集國民大會、修改總章、推進黨務、確定施政方針等四項議題。胡漢民仍然反對召集這樣一次會議。廿四日他致電李烈鈞等，表示將「從根本上破壞」寧方計劃，但如來不及，也準備派人參加，提出西南方面的根本主張。九月八日，胡漢民、陳濟棠、李宗仁等二十一人致電國民黨中央，認為南京方面所提議題，「空洞落漠」，「無一及於當前救亡之大計」。胡等自提議案四項，要求「整飭政治風紀，懲戒喪權辱國之軍政當局」，「確立外交方針並國防計劃，以維護國家之生存」。⑬該電通稱「齊電」，發出後，南京方面「置而不議，受而不答」，嚴禁各地報紙登載。

廿五日，胡漢民等二十九人再電國民黨中央，提出兩項要求：一、履行本黨「人民有言論出版自由權」之政綱，容許一般人民對於政治、外交之建議及批評。二、厲行本黨民主集權制，予中央委員及海內外各級黨部、黨員對於黨務、政治、軍事、外交應有充分建議及批評之完全自由。胡漢民等激烈地批評南京方面「黨同伐異，自為派系，鉗制同志，變本加厲」。電稱：「苟不能恢復黨員對於時政之建議、討論、批評之自由，則此種大會斷不足以代表全黨之意志，徒爲少數人所把持，以施展其僭竊本黨之陰謀。」胡漢民等並要求，給予黨員以選舉代表之完全自由權。該電通稱「有」電。㉔

十月十七日，胡漢民發表《爲五全大會告同志》，聲稱五全大會「只是軍權統治的五全大會」，不是中國國民黨的五全大會。㉕胡漢民作了寧方不接受齊、有兩電的充分思想準備，計劃在必要時單獨召開代表大會，宣布蔣介石、汪精衛等「叛黨、賣國罪狀，開除其黨籍」，同時，建立新的黨的「中樞」。㉖

對於胡漢民等人的做法，南京方面自然很惱火。但是胡漢民在國民黨內擁有很高的威望，他的周圍又團聚著一批老國民黨人和地方實力派。南京方面不能無視這一股力量。爲了促進寧粵合作，十月八日，南京方面推孔祥熙出面致函胡漢民，聲稱五全大會開幕在即，邀請胡「早日命駕來京，主持一切」。十月中旬，王寵惠攜孔函南下，面見胡漢民、蕭佛成等。王稱：「此來只以第三者之資格，作雙方意見之傳達，絕非代表北方任何人或任何方面。」㉗又稱：「南京中央同志很盼望和平，希望西南同志對於南京種種舉動，予以諒解。」㉘王並稱：汪對胡展堂先生毫無惡意，蔣則力促余迅速南下，徵求西南對時局意見，以使合作問題得以早日解決。㉙

十月廿八日，胡漢民對法報記者發表談話，對王寵惠此行表示不滿。胡稱：「當道諸人僅於口頭上希望余等對彼所實行之政策予以諒解，忽略事實及國家之危機，而趨重私人之情感方面，以求私人間之諒解。此種態度，恰與余歷來對事不對人的主張相反，極爲余所不取。」胡並進一步指責：「南京政府之上，尚有一南昌之太上政府，彼以一軍事領袖，在行政上而可以擅自發號施令，並擅自召集各級文官訓話，又可以組織藍衣黨，企圖以法西斯主義代替三民主義。」⑧⓪

自一九三三年一月起，胡漢民即在香港創辦《三民主義月刊》，作爲反蔣輿論機關。王寵惠南來前後，胡漢民多次致函《三民主義月刊》和鄒魯等人，要求加強對法西斯主義的研究與批判。十月十八日函提出「就時局現狀及本黨主義、歷史，總論南京軍閥藍化中國政策之荒謬」，同時指定《三民主義月刊》四卷五期爲「反藍專號」。胡漢民並親爲該刊撰寫《武漢統治者的法西斯蒂運動》，指責蔣介石「保存著中國國民黨的招牌，變更中國國民黨的實質」，「以三民主義爲標榜，而實際推行的，乃是武力統治的獨裁專制主義」。

召開五全大會本來是汪精衛的主張，蔣介石的興趣並不很大，西南方面既然強烈反對，蔣介石也就主張從緩，指示南京方面宣布五全大會延期，於十二月十日先行召開四屆五中全會，以便騰出時間，繼續做胡漢民等人的工作。胡漢民再次勝了一個回合。

九、王、孫說合與蔣、胡通信

胡漢民既不肯入京，又不同意召開五全大會，蔣介石只好作讓步的準備：一是部分採納胡漢民的「均權」方案，一是設法使對日妥協、名聲不好的汪精衛下台。

胡漢民被釋後，即積極提倡「均權」。一九三一年十一月，他從上海到廣州，在非常會議和國民政府聯合紀念週上發表演說，稱：「滿清以集權而亡，袁世凱以集權而死，今之人以集權而亂。」⑧廣州「四大」中，胡漢民又與孫科、陳濟棠、李宗仁、伍朝樞共同提出「實行均權以求共治案」。一九三四年二月至三月，他連續發表《論均權制度》、《再論均權制度》等文，提出具體方案，同時指責南京方面標榜集權，實為「集權於南京軍閥」。胡漢民聲稱：「實行均權制度，是中國今日唯一的需要。」

同年十一月，蔣介石、汪精衛擬訂了一項中央與地方「均權」的方案，提出：法制方面，中央規定政治原則，地方制定實施辦法；用人方面，地方可選擇保薦，由中央任命等。該方案於廿七日由蔣、汪以聯名通電的形式發佈。同月末，蔣介石派王寵惠、孫科再次赴港，會晤胡漢民。王、孫攜有蔣介石及蔣介石、汪精衛、居正、葉楚傖、陳果夫、于右任等中央常委的函件。蔣函云：

> 茲請亮疇、哲生兩同志代謁左右，商承黨國大計，祈與詳洽一切，並懇早日命駕莅滬，俾得面罄所懷。

蔣介石等六人函云：

黨國大計，亟待解決，深盼先生駕臨京滬，無任跂禱。

十二月三日，王、孫到港，次日會談。王、孫「鄭重」代表蔣介石要求胡漢民等人諒解，並稱：蔣介石已認爲內政外交確有改革必要。王、孫特別談到蔣汪廿七日通電係由蔣定稿，汪副署，聲稱其所以要求與胡見面，乃是爲了「當面決定一切方案，期於施行適當」。胡漢民則批評廿七日通電不是「根本辦法」。王、孫又稱：蔣介石的意思是：「不只局部問題可以改造，即全個問題亦可改造，對水雲不成問題」。水雲，宋代詞人汪元量的號，這裏借指汪精衛；「不成問題」云云，暗示汪精衛可以下台。對此，胡漢民表示說：「我向來對事不對人，但以爲如此可使一切事情圓滑易行，則我亦不反對。」㉜在多年的矛盾衝突之後，蔣介石採取主動，派人道歉，胡漢民感到了某種滿足，因此會談氣氛「和好」。在此後的會談中，胡漢民提出治本與治標兩個方案。所謂治本，即要求蔣介石接受一九三一年粵方提出的黨政改革案和齊、有兩電；所謂治標，即開放人民言論集會之自由，確定入川剿共，不作大兵壓境之威脅，對於此間朋友同志，不得敵視，而猖獗殺人之組織須即解散。㉝

孫科和胡漢民有聯盟反蔣的歷史。某日下午，他和胡漢民作了一次深談，孫稱：「先去水雲，終是一手段，且此時不須西南說話，只作爲改用比較可以接納西南政府之人，則兩方接觸，不致急劇。」孫並稱，他本人無意重作馮婦，建議推孔祥熙出任行政院長，他說：「門之誠意，尚不可知，什麼院長滋味，我亦不願再嘗，不如再用門之所暱，如庸之者。」胡漢民認爲倒閣一類運動不足以救亡，撤去汪的院長，換湯不換藥，也不足以求諒解，因此表示說：「此事我不反對，然亦不能說是贊同，至於門無誠意，則我看得甚爲清楚。」[84]

十二月八日，孫科先行北返，行前，孫科問胡漢民還有什麼具體意見，胡稱：「須先確定今後之政治基礎爲軍權統治，抑爲民權統治」，把這個問題解決了，和平便有了途徑，協作也有了頭緒。[85]他托孫科帶一封信給蔣介石：

> 自民二十年後，久闕音問。亮儔、哲生兩兄來，藉獲手書，甚感關注。弟三年養疴海隅，而時受風寒侵襲，血壓久治未低。聞尊體近日亦不能無小病，視以前精力稍遜，誠為兄繫念不已。國家大計，弟以為總理已垂示甚周，故數年來仍悉心體認而莫敢外。此次與亮、哲兩兄所談，亦惟此旨，即托其一一面達，其間亦非片楮所能盡也。

這封信有原則，有禮貌，冷淡中略露幾分情誼，顯示了胡漢民對寧方的合作要求既不接受，又不拒絕的態度，留有充分的伸縮餘地。但是，在其他場合，胡漢民對蔣介石的攻擊火力並未減弱。十二月十五日，胡漢民發表文章指責南京方面「剽竊總理之均權主張，希望在軍權統治之下實行其均權制度」。[86]然而，這不過是一種姿態。一九三五年一月二十日，王寵惠分訪蔣介石、汪精衛，商談迎胡入京及合作問題。廿八日，胡漢民派李曉生北行，與王寵惠、孫科會談。二月初，蔣介石接見李曉生，十一日，蔣介石致函胡漢民稱：

> 弟決入川剿赤，以後道途日遠，關山間隔，徒切想念。黨國危急，四顧茫茫，甚盼後方同志，無間彼此，以謀團結，以挽垂危之局，弟所望者惟此而已。曉生同志轉述厚意，故人情殷，敢不心領，亦望先生為國珍重。

表示「入川剿赤」，算是答應了胡漢民的一項條件，「故人情殷」云云，算是表達了重修舊好的願望。

本來，在王寵惠等開始說合之際，胡漢民密告何士楨等稱：「必須掀起更大的風潮，形成分裂、對抗，乃有效果。」現在，經過王、孫說合之後，胡漢民的態度變化了。三月五日他覆電李曉生說：

> 入川剿赤與對日堅持，皆與我人意見上已漸趨近，而徹底改革一切錯誤政策更為必要，惟有暫以分工為合作。(87)

雖然還強調「分工」，但畢竟出現「合作」的字眼了。

十、拒絕日本侵略者的引誘

中國的分裂狀態有利於日本侵略，因此，日本帝國主義者使用各種手段，力圖加深並擴大中國的分裂。福建事變後，日本方面不斷派人拉攏胡漢民，表示願意提供武器和金錢的支援，甚至以支持胡漢民當總統相餌。胡漢民的原則是，堅決要求收復東三省，可以接受日方援助，但不接受任何附加條件。

一九三四年二月，日本有幾個武官到港，「問候」並探詢胡漢民對中日前途等問題的主張，胡答稱：

> 日本是侵略國，中國是被侵略國，中日兩國要恢復友好關係，唯一的辦法只有日本自動交還東三省給中國。

日本武官詭稱：「日本並沒有侵略滿洲，滿洲獨立，是三千萬滿洲國人民的願望，這種民治精神，日本不能干預。」這幾句話引起胡漢民的厭惡，他立即正顏厲色地斥責說：

> 你們來是拜候我的嗎？來拜候我，是應該講實話的，不講實話，就請你們出外

去。我不知道甚麼是「滿洲國」人民的民治精神，只知道東三省是中華民國的領土。你們做這種假戲來欺騙世界，還把這假戲來向我巧辯嗎？⑧⑧

其後，胡漢民即發表文章，闡明孫中山「聯合世界上以平等待我之民族共同奮鬥」的思想。他宣稱：中國的外交政策，應當確立於「保障中國領土主權完整」這一基點上。「凡能幫助中國達到這個目的的，德謨克拉西的國際也好，希〔布〕爾什維克的組織也好。我們不妨同情協作。」⑧⑨還在一九三三年，胡漢民就鼓勵西南方面與蘇聯發展貿易關係，並派陳群赴滬致力此事。這裏，聯俄制日的思想就更加明確了。

日本武官的初次探詢失敗。同年四月八日，又由萱野長知出面致函胡漢民，鼓勵中國實行「不戰」政策。函稱：

今東四省已成獨立，而外蒙、伊犁、青海、新疆、康藏等處，亦歸英俄競奪之區。雲南一角，忽成英國勢力範圍，東亞危機實不堪寒心也。弟以為保全中國之道，唯有不戰二字而已。

同函並稱：救國之大策，在於繼承犬養毅與孫中山的遺教，實行「日華和平的合作」。萱野說：

世界大和平者，即在國境之撤廢，在世界大同，是吾人之最終理想也。但現在締結日華兩國關稅互惠條約，為平等資格而實行木堂、中山兩先輩之遺志，打世界的大和平之先手，長江南北皆可望風合流無疑也，則是和平統一之初步。

萱野聲稱：如胡漢民贊成此意，「即應宣布西南獨立，進就總統之職，弟必行積極之援助，亦運動敝國迅速承認西南政府。」他表示，將於五月上旬來華接洽。(90)

萱野是孫中山的老朋友，同盟會時代曾積極支持中國革命。胡漢民的覆信稱：

手教誦悉，言及孫總理平生之主張，尤令人感慨不已。蓋現實之狀態，去之益遠，其責任果誰負耶！

言外之意是，蔣介石和南京當局違背了孫中山的主張，中國現狀和孫中山的遺願相距甚遠。胡漢民表示：「足下能來一遊，至所歡迎。」

同年，日本特務土肥原賢二策劃在中秋節前實現「華北自治」，疆域包括長江以北各省及山西、陝西、甘肅、青海、新疆、察哈爾、綏遠與寧夏等地，由吳景濂負責政治，吳佩孚負責軍事。計劃確定後，派唐寶鍔赴粵與鄒魯商談，聲稱如粵方軍隊討伐蔣介石，可提供軍械，並借款五千萬。㉑此事胡漢民未予理睬。

這一時期，到廣東活動的還有日本特務和知鷹二，由曾任廣州市長的劉紀文接談。胡漢民指示說：

> 弟處無論如何仍抱定收復失地之議，而地方局部之接洽，紀文等既已進行，則其無條件而可為物質之大助者，自不妨與之斟酌也。㉒

一方面反帝，一方面又希望從帝國主義得到援助，這是胡漢民的悲劇，也是近代中國不少愛國人士的悲劇。

對於日方的拉攏和引誘，胡漢民一概採取「推而遠之」的應付辦法，他曾在一封信中說：

> 去年以來，矮子之儔，多方求門路，弟皆推而遠之，與談三民主義，與談日本立國之精神，與言反對軍國主義，反對法西斯蒂。㉓

一九三五年三月二日，土肥原親自到香港會見胡漢民，標榜「中日提攜」，企圖挑動兩廣出兵倒蔣，以便日本出兵華北；胡漢民則闡明孫中山的「中日親善」思想，「實以中日平等爲基礎」，要求日本改變侵華政策。㉔土肥原密詢日俄交戰時，中國孰爲左右袒，胡稱：「須交還滿洲。」福建事變時，陳銘樞等和日本方面有聯繫，胡漢民告誡親信說：

> 福建信使往還，門神乃詳知之以為口實，而跛哥等則未食羊肉，先惹一身臊也。故外交無定則，惟視本身利害如何而定，不可遂失政治之立場一也；不可上當如跛哥二也；粵與英密切，不使猜疑而敵視三也。[95]

胡漢民是個有操守的政治家，他在和日本方面的交往中，確實不曾喪失民族立場。

十一、出國與歸來

塘沽協定後，日本帝國主義加緊侵略華北，「精誠團結，共赴國難」日益成爲全國人民，包括國民黨內愛國分子的迫切要求。同時，由於形勢逼迫和各方推動，蔣介石也在作抗日準備。一九三五年春，鄒魯向胡漢民建議，改變西南與中央的關係，幫助蔣介石抗日。[96]胡漢民接受鄒魯的建議，於六月九日離港赴歐。行前，發表談話，聲稱此行目的在於「易地療養」，「外間傳言種種，殊非事實」，「余之主張政策，亦不以時地爲轉移而有所變易」。[97]

在國外期間，胡漢民和國內始終保持密切聯繫。八月八日，鄒魯致函胡漢民，報告各方動態。當時，日本軍國主義者正在唆使華北實力派「討蔣」，藉以分裂中國，鄒魯則針鋒相對地提出一項旨在「實質抗日」，聯絡「各省各方」的大團結計劃。函稱：

> 蔣之問題，係政治好壞問題；日之問題，係民族存亡問題。況今之華北討蔣皆受日指揮或迫脅，靡論不能成，即成亦成日人世界也。

鄒魯的這封信，將民族利益置於派系利益之上，預示著國內各派政治力量與蔣介石和解，共同抗日的前景。

要抗日，就必須堅決反對南京妥協派的主要代表汪精衛。自一九三四年一月國民黨四屆四中全會起，胡漢民、鄒魯、鄧澤如、蕭佛成等人即謀劃倒汪。此事得到南京方面不少國民黨元老的呼應。一九三五年九月十二日，黃季陸致胡漢民函云：

> 陸定明日啓程赴滬一行，目的在對時局有較深之觀察，以便應付，同時頗欲乘寧方倒汪失敗之後，對寧漸呈離心之勢力者必多，能乘時利用，或於吾人之進展不無裨益也。
>
> 陸之所慮者為寧方對日外交似漸有頭緒，若待其成而後反對，不利殊甚。今次所定之計劃，惟一目的即在鼓動政潮，明顯對立，一面造成汪精衛賣國政權之不穩，同時即所以使其屈辱外交之不易進行也。

當年六月十九日，蔡元培在中央政治會議上率先向汪精衛發難，質問其「對日外交究持何策」。吳稚暉、于右任、戴季陶、孫科等繼起回應。三十日，汪精衛稱病休養。七月廿四日，中央政治會議決定，由孔祥熙代理院務。但是，日本方面隨即施加壓力，蔣介石不得已，只好請汪精衛復職。函中所稱「寧方倒汪失敗」指此。從此函可以看出，汪精衛復職後，西南方面決定繼續鬥爭，掀起更大的政潮。

十六日，蕭佛成、陳濟棠、李宗仁致電國民黨中央，舊話重提，要求將一九三四年九月八日齊電所列「懲戒喪權辱國之軍政當局」等案列入五全大會議題，但南京方面仍然以種種理由加以推拒。其後，西南方面又要求重選代表，並提出：「黨的精誠團結，當團結於大會合法進行之下；不當團結於一二人玩弄黨權之下；國家之精誠團結，當團結於有效救國方針之下，不當團結於一二人喪權辱國之下。」⑱十一月一日，國民黨召開四屆六中全會，汪精衛在致開幕詞後即遇刺，妥協派遭到一次打擊。會議通過了馮玉祥、李烈鈞等二十二人提出的救亡大計案，國民黨的內外政策開始發生變化。

爲了打開僵局，蔣介石於十一月四日派戴季陶、馬超俊飛赴廣州，會晤陳濟棠、李宗仁、蕭佛成等，敦促留粵中委參加五全大會，一面派王寵惠的親信魏道明赴歐，邀請胡漢民歸國，共同主政。戴、馬之行大致順利，魏道明則碰到較多困難。胡漢民態度強硬，不忘舊嫌。他委託程天固與魏會談，程提出：「倘胡先生在黨的地位得到解決，其他一切問題便可迎刃而解。」又稱：「（胡先生）現在主張以抗日救國爲唯一主旨，故一切政治措施應以軍事之準備爲至要，而負此責任者，他早已認定非蔣氏莫屬。黨與軍之責，各有攸關。其他問題，自易商量。我信黨軍分負責任一點，爲蔣胡歸好之先決問題，不得不先向蔣氏說明，並須得其同意之確實表示。」⑲魏立即致電蔣介石請示，蔣覆電贊成。

十一月十二日，五全大會開幕，蔣介石聲稱：「絕對不訂立侵害我們領土主權的協定，並絕對不容忍任何侵害我們領土主權的事實。」⑩十二月七日，五屆一中全會選舉胡漢民爲中央常務委員會主席，蔣介石爲軍事委員會委員長兼行政院長。胡漢民聽到這一消息時，「面有悅色」，隨即與程天固等草擬改組中樞計劃，擬以王寵惠爲行政院長，顏惠慶爲外交部長。⑪

在蔣介石及有關方面的一再電催之下，胡漢民於十二月廿七日自法國啓程回國。一九三六年一月六日，蔣介石派魏道明先期至新加坡迎接。其致胡漢民函云：

尊駕返國，欣感之懷，非言可喻。茲先請伯聰兄專程代表來新迎接，並候長途起居之勞，無任想念。務請即日蒞臨京中，共濟時艱。佇候之誠，不盡縷縷，伯聰兄必能代致一切也。

一月十五日，胡漢民抵港，在書面談話中要求：「黨應恢復爲有主義、有精神之黨，力除過去渙裂渙散之錯誤」；「政府應改造爲有責任、有能力之政府，力矯過去畏葸苟安之錯誤」。[102]廿五日抵廣州，多次發表談話，批評南京國民政府「對於人民多務壓抑，不務領導」。[103]他說：「余今日之工作，為如何促進政府之覺悟，並如何團結全國抗戰之力量，俾中華民族最後之自救。」[104]從主張反蔣抗日，推翻南京政府，到主張「促進政府之覺悟」，「團結全國抗戰之力量」，反映出胡漢民思想的巨大變化，也曲折地反映出近代中國歷史即將進入一個重要的轉折時期。

五月十二日，胡漢民因突發腦溢血於廣州逝世。

（本文為提交一九九一年在瀋陽召開的九一八事變六十週年國際學術討論會的論文，原載《抗日戰爭研究》，一九九一年第一期。）

①《胡先生親筆函電及批註》，哈佛燕京學社圖書館藏。本文凡未注明出處的未刊函電，均藏該館，不一一注明。

②《致粵非常會議各委員電》。

③《亡國之三無主義》，《胡漢民先生政論選編》。

④《致粵省市黨部函》。

⑤《致馮玉祥》。

⑥《致粵中央》。

⑦孫科：《廣州中國國民黨第四次全國代表大會開幕詞》，《中國國民黨歷次代表大會及中央全會資

料》（下），第八十三頁。

⑧《廣州轉上海來電》。

⑨展：《跋廣州轉上海來電》。

⑩張允榮：《致展堂先生函》，一九三一年三月十八日。

⑪《致馮玉祥》。

⑫曹四勿回憶，引自謝幼田：《謝慧僧先生年譜長編未刊稿》。其具體時間則據曹四勿先生向本文作者面述情況考定。

⑬曹四勿回憶，引自謝幼田：《謝慧僧先生年譜長編未刊稿》。

⑭鄒魯：《致展兄函》。函中所稱「觀民」，指熊觀民；馮，指馮玉祥；裴，指裴鳴宇。

⑮《致伯南、佛成、海濱、德鄰、澤如、蘆隱》。

⑯《致展兄》，一九三三年二月一日。

⑰《致韓復榘、石友三》。

⑱《廣州轉李德鄰先生轉季雨農先生》。

⑲《致鹿鍾麟》。

⑳《致伯南、德鄰、賢初》。

㉑《致展公》，一九三三年四月十三日。

㉒《致護黃、頌雲》。

㉓《馮玉祥就任民衆抗日同盟軍總司令通電》，《國聞週報》，第十卷第二十二期。

㉔《致煥公》。

㉕延為胡漢民自署；馬，馬鳴，蕭佛成化名，取佛教中馬鳴菩薩之義；遠，鄧澤如化名，鄧字遠秋；衣，鄒魯化名，取鄒、魯為衣冠文物之邦之義。

㉖《廣州來電》。

㉗陳融：《致福兄電》。

㉘《黃梅致福兄》（陳融致胡漢民）。

㉙《秋夢致福兄函》（陳融致胡漢民）。

㉚《致烈武》。

㉛《吉鴻昌將軍犧牲五十週年紀念輯》，河南人民出版社一九八四年版，第五十頁。

㉜《天津來電》。

㉝《廣州來電》。

㉞《廣州來電》。

㉟《致力兄》。

㊱胡漢民：《致陳濟棠》。

㊲胡漢民：《致何子佩》，一九三三年十月十九日。

㊳《致閻錫山》，一九三三年十一月二日。

㊴《致馮玉祥》。

㊵《陳銘樞等來電》，《胡漢民先生政論選編》。

㊶《致力兄》。

㊷《致力兄》。

㊸《致福兄》。

㊹《致力兄》。按，李宗仁，字德鄰。《論語・里仁》有「德不孤，必有鄰」的說法，故胡漢民等以「不孤」、「不」作為李宗仁的代名。

㊺《致力兄》。

㊻《致力翁》。

㊼《工致力翁》（胡漢民致陳融）。

㊽胡漢民：《政治上之責任問題》，《三民主義月刊》第三卷第一期。

㊾《胡漢民先生政論選編》。

㊿《工致松兄》（胡漢民致陳融）。

51《禮記・中庸》：「溥溥淵泉，而時出之。」張繼，字溥泉，故以淵代指。

52《工致松兄》。

53轉引自胡漢民《駐三藩市總幹部》，一九三三年十二月十八日。

54《工致力翁》。

(55)《致力、海》（致陳融、鄒魯）。

(56)《致力、海》；參見鄒魯《致展兄》（一九三三年十二月廿一日）

(57)傅虹霖：《張學良的政治生涯》，遼寧大學出版社一九八八年版，第九十八頁。

(58)《四工致松兄》（胡漢民致陳融）。

(59)《四工致松兄》。

(60)《致力翁》。

(61)《致延兄》。

(62)《致世五總指揮》。

(63)米暫沈：《楊虎城傳》，陝西人民出版社一九七九年版，第五六至五七頁。

(64)《四工致松翁》。

(65)《四工致松兄》。

(66)米暫沈：《楊虎城傳》，第五十七頁。

(67)胡漢民：《致鄒魯函》，一九三四年五月十六日；一九三四年六月二日；《致佛成、海濱》，一九三四年六月。

(68)胡漢民：《致蕭佛成》，一九三四年一月四日。

(69)胡漢民：《致于學忠函》，一九三四年九月廿一日。

(70)《吉鴻昌將軍犧牲五十週年紀念專輯》，第五十九頁。

㉛《對十九路軍以援絕撤退淞滬之談話》，《遠東日報》，一九三二年三月四日。
㉜鄒魯：《致展兄函》，一九三四年一月廿一日。
㉝《齊電》，《三民主義月刊》四卷四期。
㉞《三民主義月刊》四卷四期。
㉟《三民主義月刊》四卷四期。
㊱《致南洋英屬總支部整理委員會函》，一九三四年九月廿五日；《致鄒魯等函》，一九三四年九月三十日。
㊲《蕭佛成先生關於寧粵合作之談話》，《三民主義月刊》四卷五期。
㊳《和平運動》，《三民主義月刊》四卷五期。
㊴《蕭佛成先生關於寧粵合作之談話》，《三民主義月刊》四卷五期。
㊵《胡先生為寧粵合作對法報記者之談話》，《三民主義月刊》四卷五期。
㊶《論均權制度》，《三民主義月刊》三卷二期。
㊷胡漢民：《致松兄》。
㊸胡漢民：《致松兄》，一九三四年十二月十七日。
㊹《工致力兄》。
㊺《和平協作之真偽》，《三民主義月刊》五卷一期。
㊻《軍權與均權》，《三民主義月刊》四卷六期。

㊇《四工致曉兄》。

㊈胡漢民：《國際現勢觀察遠東問題》，《三民主義月刊》三卷三期。

㊉胡漢民：《國際現勢觀察遠東問題》，《三民主義月刊》三卷三期。

⑨⓪此函僅署四月八日，年代據內容及萱野行蹤考定。

⑨①《力致福兄》。

⑨②胡漢民手跡，未署年月。

⑨③胡漢民手跡，未署：工，十六日。

⑨④胡漢民：《論所謂「中日提攜」》，《三民主義月刊》五卷三期。

⑨⑤胡漢民手跡，未署：工，十六日。

⑨⑥鄒魯：《回顧錄》，《鄒魯全集》（二），台灣三民書局版，第四五四頁。

⑨⑦《出國談話》，《三民主義月刊》五卷六期。

⑨⑧《西南中央根據齊有兩電主張向五全大會從新提出議題之銑、巧、東、文四電》，《三民主義月刊》六卷五期。

⑨⑨《程天固回憶錄》，香港龍門書店一九七八年版，第二八四至二八七頁。

⑩⓪《先總統蔣公思想言論總集》，台北，第十四卷，第三八一頁。

⑩①《程天固回憶錄》，香港龍門書店一九七八年版，第二八七至二八八頁。

⑩②《抵港時書面談話》，《三民主義月刊》七卷二期。

⑽《在廣東各界歡迎大會中之演說詞》，同上。
⑽《胡漢民先生對國事之談話》，一九三六年二月廿二日，《胡漢民先生歸國後之言論》（二）。

一項南北聯合打倒蔣介石計劃的夭折

——台灣所藏閻錫山檔案一瞥

閻錫山生前不僅注意保存自己的檔案，而且還專門設立機構，截收民國時期的各方電報，因此，台北國史館所存閻錫山檔案內容極爲豐富，可以說是研究民國史的一座尚待開發的礦藏。

我訪問台灣期間，曾瀏覽過閻錫山檔案的部分內容，茲就三〇年代一項南北聯合，打倒蔣介石計劃的提出和夭折，略窺該項檔案的價值。

三〇年代初期，天津是華北的政治重地，各派都派有代表常駐。閻錫山在天津也設有聯絡處，其負責人爲傅覺民，任務是與各方聯繫，收集情報，收轉各方文電。當時，各方打給閻錫山的電報常常是先打給傅覺民，再由傅打給山西清鄉督辦楊愛源，由楊加以處理。本文所述，即爲此類電報。

一、日軍侵略華北，胡漢民等加緊倒蔣，爭取閻錫山，支持馮玉祥

一九三三年三月，日軍侵佔熱河，進攻長城各口。五月卅一日，中日雙方在塘沽簽訂停戰協定，南京國民政府讓出察哈爾北部與河北東部大片國土，並在事實上承認了日本對於東三省和熱河的佔領。其後，日本帝國主義即在冀東建立僞組織，蓄謀進一步擴大侵略，建立所謂華北政府。

塘沽協定加深了華北危機，也加深了國民黨內部的派系糾紛，以胡漢民爲首國民黨西南執行部和西南政務委員會（簡稱西南派）企圖利用這一時機，加緊反蔣活動，計劃出兵北上。六月四日，傅覺民致電楊愛源，彙報西南情況云：「塘沽簽字喪權太甚，西南倒蔣，更爲積極。惟對出兵事，須另定辦法。」①在日軍侵略熱河時，廣東、廣西、福建三省曾組織西南聯軍，以十九路軍抗日名將蔡廷鍇爲總指揮，出師援熱，但因蔣介石阻止，師至湖南郴州而返。本電所言出兵，指當時西南方面正在醞釀新的倒蔣軍事行動。

在三〇年代初期的反蔣派系中，最具實行精神的是馮玉祥。塘沽協定簽字前幾天，馮玉祥即在胡漢民等人的支持下，組織察哈爾民眾抗日同盟軍奮起救國。第二天，西南派即通電支持，表示願爲後盾。塘沽協定簽字後，李宗仁、陳銘樞、蔣光鼐等於六月七日在廣州會議，就反蔣抗日問題達成初步意見。十日，胡漢民、鄒魯致電閻錫山，要求閻公開表態支持馮玉祥，並就近予以實際援助。電稱：

煥公崛起，請公就近援應，並號召各方，與之一致，無使受各個擊破，是所切禱！閩、桂、粵諸處，人已齊集廣州，商討蔣計劃。乞示我周行，無任遠盼。

西南派是一個複雜的派系，在反蔣抗日上雖然有共同語言，但其內部仍然矛盾重重。傅覺民將此電轉報山西的同時，特別說明：胡漢民等西南元老派、在野的李濟深、陳銘樞與廣東陳濟棠之間，「主張仍不能完全一致，故一時仍不易有開展作法」。閻錫山有鑒於此，決定暫時觀望。

蔣介石和地方實力派之間本來就存在著種種矛盾。日本帝國主義對華北的侵略不僅加深了中華民族的危機，而且嚴重威脅著華北以至華東地區部分實力派的利益。爲了自保，不少派系都有投入抗日反蔣潮流的動向。五月下旬，華北各實力派代表在天津會商，山東韓復榘的代表表示，將通電「數蔣誤國之罪」，並與西南方面保持一致。其辦法是：由閻錫山領銜；如閻有顧慮，則請楊愛源及山西將領參加聯署；如楊愛源亦不便參加，則請山西方面「盡力援助」。②電發，山西方面沒有反應。

閻錫山統治山西多年，既工於權術，又老於世道。他雖然和蔣介石有矛盾，但中原大戰時他已經有過反蔣失敗的經驗，要他再一次挑頭反蔣，「號召各方」，自然不是一件容易的事情。

二、南北兩方計劃會師長江，共討蔣介石

馮玉祥察哈爾舉事之後，南北各派反蔣力量都曾計劃有所行動。南方，胡漢民等準備組織與南京相對立的政府，成立西南聯軍，北出長江；北方，梁冠英等推中原大戰時的前敵總指揮鹿鍾麟爲首，準備出兵武漢，與胡漢民等會師。七月六日，傅覺民電楊愛源報告稱：（一）西南出兵刻下積極進行，俟將來到達相當地方時，剿共、倒蔣即雙管齊下。（二）馮玉祥就職多日，大家認清已無良好辦法，但甚望他能支持下去，以待時局之變化。（三）梁冠英、張印相、上官雲相等均有代表往返相商，俟西南出兵到湘，即擁戴鹿瑞伯（鍾麟）進佔武漢。傅覺民並稱，李宗仁、白崇禧已派前同李宗仁夫人來過山西的瞿雨農來津，共商進行。傅電顯示，一個南北同時出兵，會師長江，共同推翻南京國民政府的計劃正在醞釀中。

三、胡漢民等企圖成立政府，公開與南京抗衡，雖成立有日，而終成泡影

西南方面雖然積極準備成立政府，出兵北上，但是，並未能實行。其原因，七月十日前後，西南方面曾致電傅覺民說明：「此間討蔣，本已一致，只因軍事、財政略有困難，故軍事當局稍有躊躇，現已積極促開新局。」十一日，再致一電，較前電說得更爲具體，略云：

此間剿共，因相持千餘里，未能一時將軍隊抽回，加以金銀價本年起落太鉅，金融發生恐慌，遂致未能即時成立政府，宣布討蔣。倘今後剿共仍成相持之局，將來即由閩、桂出師，湘、浙原定計劃決不變更，請促各方一致奮起。千夫所指之蔣，決無不倒之理也。

當時，陳濟棠周旋於兩種政治力量之間，既支持胡漢民等反蔣，又接受蔣介石的「剿共」指令。當年六月一日，陳通電就任「剿匪」軍南路總司令，佈置對中國工農紅軍作戰。本電所稱因「剿共」，「未能一時將軍隊抽回」，以及所謂「金融發生恐慌」，均指陳濟棠。看來，陳濟棠的態度發生了變化。因此，胡漢民等不得不將希望轉寄於福建、廣西方面。「湘浙計劃」云云，當指由廣西、福建分別出兵進軍湖南和浙江。

然而，世事正如浮雲蒼狗，在接連給華北方面發過兩通令人沮喪的電報後，胡漢民等卻突然派人到天津，給華北實力派們送來了一連串令人振奮的好消息。據稱：陳濟棠的態度堅定了，與陳銘樞、李濟深、李宗仁的緩急之爭也由於胡漢民的調停解決了。不僅如此，陳濟棠還派人到香港表示，歡迎胡漢民入粵，組織政府。七月廿一日，傅覺民致電楊愛源云：

關於倒蔣抗日，伯南（陳濟棠）與真如（陳銘樞）、任潮（李濟深）、德鄰（李宗仁）素來主張緩急不同，因胡漢民之從中調處，近已完全一致。伯南昨已派林翼中來港，謁漢民表示決心，歡迎漢民入粵，主持大計。胡漢民等主張於最近期間組織政府，陳濟棠表示唯命是聽。據來人言，西南政府不久即可組織，胡漢民不久即可入粵主持一切。③

消息既然如此之好，韓復榘便首先積極起來，他表示：「只要西南方面有具體辦法，彼可起而回應。」④其後，胡漢民、李宗仁等一再給傅覺民來電，聲稱「正積極籌備」。⑤七月廿六日，胡漢民、蕭佛成、鄧澤如、鄒魯聯名致電楊愛源稱：「此間一切籌備已妥，日內即可發表。」胡等並稱，已致電閻錫山：「請其領導北方同胞，一致動作」。在天津的各地實力派代表也紛紛表示擁戴閻錫山。八月四日，傅覺民電閻錫山稱：「在津諸同人對我公之爲人均深讚佩，除逕電我公外，並祝代爲達意」。⑥

然而，華北的反蔣分子並沒有高興多久。過了幾天，西南方面又來電稱：「大計已定，不日發動，但因陳濟棠一人關係，至今仍不能有所表現。」⑦原來，問題還是出在陳濟棠身上。三〇年代初期，陳濟棠遊移於反蔣與擁蔣之間，一方面，他挾胡漢民以自重，對蔣保持半獨立狀態，另一方面，他又不願真正擁胡，以免胡等威脅他的地位。對此，後來李宗仁分析說：「陳濟棠盤據廣東，儼然是嶺南之主。如在廣東組織政府，則黨中元老以及陳（銘樞）、蔣（光鼐）、蔡（廷鍇）等人將接踵而至，這樣則抗日反蔣未成，而陳濟棠先已失去其在廣東惟我獨尊的局面。」⑧李宗仁的這一分析，是符合事實的。

西南方面既不能出兵北上，華北和各地的反蔣實力派自然不敢輕動。作爲地方實力派，其中除部分人確實具有愛國思想，如馮玉祥外，其他不少人並無固定的政治主張，而是以割據和自保作爲最高利益。爲了自保，反蔣可，擁蔣亦可，抗日可，親日亦可，完全視形勢和條件是否於己有利而定。八月五日，馮玉祥因勢單力孤，被迫交出察哈爾省大權，回泰山隱居，華北的抗日反蔣潮流暫時沉寂。

四、反蔣抗日乎？團結禦侮乎？

爲了使華北實力派不致過於失望，九月下旬，唐紹儀、蕭佛成、鄧澤如、陳濟棠、李宗仁、鄒魯以西南政務委員會名義聯名致電北方將領，堅持必須討蔣才能抗日。電稱：

今日國勢阽危已極，始為日本暴力所侵陵，繼為蔣日密謀勾結所危害，亂亡之禍，不可終日，故必討蔣始足以抗日，始足以救亡，已為舉國所公認。或有以國難方殷，宜協力禦侮，而不宜自起糾紛者，此其自誤誤國，特為南京政府精誠團結，共赴國難之口號所蒙蔽，蔣氏反而利用國難，排除異己，賣國家以求獨裁，自難再事容忍。⑨

從本電看，當時國民黨內部也存在著兩種意見，一種是「討蔣始足以抗日」，一種是「協力禦侮」。胡漢民等堅持前者，反對後者，要轉移到後者方面來，還有一段過程。

日本帝國主義分子一方面不斷製造侵華事件，企圖擴大侵略；另一方面則扶持反蔣勢力，企圖製造糾紛，混水摸魚，以華制華。日本軍方和特務機構有專人做胡漢民等西南派的工作。從閻檔看，塘沽協定簽字後不久，日本方面就表示：「願助西南倒蔣。」⑩七月，日本方面宣稱，蔣雖讓步屈服，而日本仍不願從此了事，以後當更變更方略，與蔣爲難。⑪八月中，又在華北派中表示：「凡係確實倒蔣分子」，均將加以援助。⑫在日方一再拉攏下，西南派中一度有聯日的主張。十月十四日，傅覺民致電山西稱：「西南年來以爲倒蔣抗日並重，近來已變更主張，以爲倒蔣必須連日。」⑬不過，由於胡漢民等堅持民族大義，西南派中的聯日主張沒有成爲主流。北方的方振武即使處於困境，寧可失敗也拒絕和日方妥協。⑭

五、福建方面不能忍耐，決定甩開廣東，聯絡廣西，但最後只能單幹

在南北反蔣潮流先後沉寂之後，福建方面不能忍耐了。李濟深、陳銘樞等決定甩開陳濟棠，與廣西合作。他們先後派人北上稱：「陳濟棠倘真不幹，彼等將推李宗仁爲西南軍事首領，積極討蔣。」⑮資料表明，這以後，福建方面和閻錫山的談判也似乎相當圓滿。閻錫山

提出注意對日外交、迎接張學良回國兩點，福建方面完全接受。十月廿一日，傅覺民致電山西云：「閩雖一隅，而其勢甚壯，寧府已乏善處之方。」傅並稱：「若再遷延日久，桂、粵亦將另有舉動，而華北之孫（殿英）、韓（復榘），聞亦將有同情之表示。」這樣，形勢似乎又樂觀起來。

果然，過了兩天，李濟深就派人通知華北各反蔣派系：閩桂聯盟已經形成，經濟問題也解決了。十月廿三日，傅覺民致電山西稱：

> 李與真如（陳銘樞）、李宗仁等已結合一致，得華僑經濟之助，在閩、桂組府，暫不要黨。先連合南北實力派，共同推動現在僵局。

在此情況下，閻錫山派人到天津，與福建代表進一步商談。

十一月二十日，福建事變爆發。但是，由於它另建國號，另建黨派，並且聯合共產黨，因此遭到胡漢民、陳濟棠等人的反對。李宗仁雖與福建方面有約，但因廣東方面反對，他也不敢貿然從事。關於此，陳濟棠後來回憶說：「余審度其所作所爲，既不尊奉總理，又不要黨，實感無限驚異，故當事變發生後數日，余即在西南政務委員會，提通過反對此次事變之議案。當會議進行之際，李宗仁曾持異議，謂不可遽而通過，主張暫時靜觀其變，余事先已接獲情報，謂李宗仁與閩方已早有默契，今觀此而益信，余遂決意及早表明余之態度，故不顧李之反對，力主通過，眾亦贊成。」⑯

胡漢民等雖不願與福建方面合作，但企圖利用福建作為王牌，從政治上打擊南京政府，逼迫蔣介石與汪精衛下台。十二月八日，傅覺民致電山西稱：

黃建平昨日返津，謂兩廣實力派與元老派已商妥一種挽救時局及逼蔣、汪下野辦法，特派代表北來，向各方商洽，過濟時與韓晤商，韓極端贊同，並由趙式中代表隨同赴并。

黃建平，廣西李宗仁的代表。從本電看，胡漢民等已將該計劃付之行動，聯絡過韓復榘，並準備進一步聯絡閻錫山等。十二月十四日，傅覺民偕同黃建平、趙式中到達山西。⑰只不過蔣介石迅速對福建方面取得了軍事勝利，胡漢民等人就計無可施了。

六、孫殿英懷著與楊虎城聯盟的希望孤軍西進

在長城抗戰中，孫殿英所部有較好表現。馮玉祥成立察哈爾抗日同盟軍期間，南京國民政府一直竭力防範孫部參加同盟軍，企圖將孫部調往西北。六月十五日，蔣介石接受何應欽的意見，任命孫殿英為青海西區屯墾督辦。同盟軍失敗之後，蔣介石進一步加緊了對華北、西北異

己力量的防範。孫殿英與陝西實力派楊虎城陸續派人到天津，聯絡各方反蔣力量。孫、楊的代表都表示：自馮玉祥下野後，處境日益惡劣，決心共同討蔣。孫殿英的代表並稱：已多方請人與韓復榘接洽，「盼切實結合，造成一新局面」。

胡漢民的新計劃失去實施可能，孫殿英的聯合韓復榘，開拓新局面的計劃也因故未能成功。十一月下旬，孫殿英與馬占山聯合，準備進軍西北。⑱其後，部分原東北義勇軍投入孫部，但馬占山並沒有參加。⑲孫殿英西進之後，原計劃與楊虎城聯盟，打下蘭州，以便胡漢民在當地建立反蔣政府。不過，孫部在到達寧夏後也很快失敗了。

（原載《百年潮》，一九九七年第六期。）

①《天津傅覺民致楊督辦定密支電》，029700，特種史料檔案，第廿二卷，一九三二至一九三三。

②《天津傅覺民致楊督辦定密支電》。

③《傅覺民致楊愛源電》，一九三三年七月廿一日。括弧中人名為本文作者所注。

④《傅覺民致楊愛源電》，一九三三年七月廿五日。

⑤《傅覺民致楊愛源電》，一九三三年七月三十一日。

⑥同上，一九三三年八月四日。

⑦《傅覺民電》，一九三三年八月十七日。

⑧《李宗仁回憶錄》，政協廣西文史資料委員會版，第六五八頁。

⑨《楊愛源致傅覺民》，一九三三年九月三十日。

⑩《天津傅覺民致楊督辦定密支電》。

⑪《傅覺民致楊督辦世電》，一九三三年七月卅一日。

⑫《傅覺民電》，一九三三年八月十七日。

⑬《傅覺民電》，一九三三年十月十四日。

⑭《傅覺民電》，一八三三年十月十九日。

⑮《傅覺民致楊愛源電》，一九三三年八月十七日。

⑯《陳濟棠自傳稿》台灣傳記文學出版社一九七四年版，第五十一至五十二頁。

⑰《徐永昌日記》，一九三三年十二月十五日。

⑱900，《傅覺民儉電》，一九三三年十一月廿八日。

⑲《李純華等致各方通電》，《民國檔案》，一九九五年第一期。

二十世紀三〇年代初期國民黨內部的反蔣抗日潮流

——讀台灣所藏胡漢民資料

一九九一年，我曾根據美國哈佛燕京學社所藏檔案寫過一篇題爲《胡漢民的軍事倒蔣密謀及蔣胡和解》的文章，闡發本世紀三〇年代，胡漢民數度密謀以軍事行動推倒南京國民政府的事實。①一九九六年，我訪問台灣期間，又在國民黨黨史會及國史館等處讀到了一批文件，可以進一步加深對上述史事的瞭解。這些文件反映出九・一八事變後，由於對南京國民政府對日妥協政策的不滿，國民黨內或明或暗地翻滾著多股反蔣抗日的潮流。

一、陳銘樞、蔡廷鍇、蔣光鼐

潮流之一是以陳銘樞、蔡廷鍇、蔣光鼐爲代表的十九路軍勢力。國民黨黨史會所藏陳銘樞致胡漢民函云：

昨承面示，十九路軍餉經去電代為請求，謹代該軍全體感謝。樞本晚返京，因無別情，不及再聆指誨。賢初、啓秀尚在上海，經囑伊等，不時踵教。區區所存，兩人最能瞭悉，望先生不吝訓督，無異樞之晤對也。②

此函無年月，僅署「十五夕」。按，胡漢民於一九三一年十月十四日被釋，自南京抵達上海，十一月廿五日離滬赴港。在此期間，陳銘樞曾於十一月三日、十八日兩次到滬。據此，知此函爲一九三一年十一月十五日作。函中所言賢初，指蔡廷鍇；啓秀，指譚啓秀，時任第十九路軍補充旅旅長。

九一八事變後，陳銘樞、蔡廷鍇所領導的第十九路軍調駐滬寧，負責長江三角洲一線的衛戍任務。十九路軍具有愛國思想，因此得到胡漢民的支持。本函稱：「十九路軍餉經去電代爲請求」，可知胡漢民在上海時曾積極設法解決十九路軍的軍餉問題。「去電」，當指向廣東陳濟棠方面發電。根據其他資料，後來陳濟棠曾應胡漢民之請，按月爲十九路軍提供過部分軍餉。③

一九三二年一月，日軍悍然進攻上海閘北，十九路軍奮起抗戰。五月，南京國民政府與日本訂立《淞滬停戰協定》。其後，十九路軍被調往福建「剿共」。同年，蔣光鼐致胡漢民函云：

日前已托瑞人兄再來港（廿四由滬啟程）面陳，甚欲得一具體辦法，到時請賜接見。此間環境日益惡劣，而財政關係又不能不遷就。擬於最短期間統一全省稅收，稍有辦法，即可放手做事。匆匆布覆，未盡之言，統由河澧兄代達。

末署「晚光鼐拜上。十七。」所用爲駐閩綏靖主任公署用箋。按，蔣光鼐被任命福建綏靖公署主任，時在一九三二年七月，但他不肯就職，一直托詞休養，在廣東故鄉東莞辦公益事業。直到同年九月二十日，才因蔡廷鍇等力勸，到福建就職。瑞人，指鄧瑞人，銀行家，十九路軍與各方聯繫的使者；河澧，指黃河澧，胡漢民與福建方面的聯繫人。

十九路軍調到福建後，仍念念不忘救國，並積極與在香港的胡漢民聯繫，合謀討蔣抗日。從本函可知，蔣光鼐到福建後，一面從統一全省稅收著手，藉以充實經濟力量，一面通過鄧瑞人、黃河澧，與胡漢民商量合作辦法。「而財政關係又不能不遷就」，「稍有辦法，即可放手做事」云云，可見當時困擾十九路軍，束縛其手腳的還是財政問題。

胡漢民在香港反蔣，依靠的是廣東實力派陳濟棠。同年十二月二十日，蔡廷鍇致胡漢民函云：

瑞人、河澧兩兄攜回手諭敬悉。關於將來一切事宜，已復〔派〕瑞人兄與各前途接洽矣，但仍以伯南兄之意進行，請便中轉知伯南兄為禱！餘事已請河澧兄面呈。④

伯南，指陳濟棠。據本函可知，鄧瑞人、黃河灃帶回了胡漢民的指示。根據胡的指示，福建方面又派鄧瑞人與各方接洽，並再派黃河灃攜蔡廷鍇、譚啓秀等人函與胡漢民磋商。「仍以伯南兄之意進行」，可見，陳濟棠在西南反蔣派中的地位。

福建方面的動作，蔡廷鍇的信講得比較簡單，譚啓秀的信則講得比較詳細。譚信首稱：「蔣氏以獨裁之手段，每思壓服全國以自雄，故對於兩粵及十九路軍多懷惡意。吾儕丁此時艱，當謀所以應付之策。」譚信繼稱：蔣光鼐（憬然）、蔡廷鍇（賢初）二人認爲：東南一帶能與蔣介石相抗的只有粵、桂、閩三省，因此，已派鄧瑞人前往廣東、廣西，動員陳濟棠與李宗仁。其中，李宗仁「對於反抗獨裁，早具決心，當然不成問題」，而陳濟棠則「意志不堅，見利思遷，未敢深信」，但形勢又不能不以其爲中心，因此，蔣、蔡二人擬請胡漢民與鄒魯一起就近做陳濟棠的工作，堅定其決心，譚稱：

> 夫勢分斯弱合乃成，就東南現勢而論，惟有粵、桂、閩三省聯成一氣，則內可以遏蔣氏之專橫，外足以抗暴日之侵略，而衡其趨勢，當然以伯南為中心。

譚啓秀希望以胡漢民的「德望威儀」，能夠「感悟」陳濟棠，「團結一致」，將三省的政治、軍事、財政「同治一爐」，從而形成三省同盟。譚稱：倘能如此，「不特不憂蔣氏之獨裁，而暴日、赤匪亦不足平也。」譚函並稱：福建地方餉項不敷，財政棘手，地丁錢糧已收至廿四年，地方稅亦抽收至廿二年四月，因此要求胡漢民「以愛護十九路之誠」，向陳濟棠陳請，在廣東原允協助十九路軍經費的基礎上，每月加給二十萬元。

除蔡、譚二函外，黃河澧還帶去了蔣光鼐致胡漢民一函，內稱：

> 文燦先生來，藉奉手教，拜悉一一。此間因匪軍傾巢來犯，現正疲於應付，萬一匪作殊死戰，則前途未堪設想。竊念西南為整個集團，宜如何取得共同動作，以謀發展，此鼐等所日夜焦思者。今日之關鍵在伯南，倘伯南有決心，則鼐等當一惟其命，必無猶豫，望我公策動之。餘情仍請文燦先生代陳。⑤

文燦先生，指黃河澧。「今日之關鍵在伯南」，蔣光鼐此函在寄希望於陳濟棠，請胡漢民出面「策動」方面與蔡廷鍇、譚啓秀函並無二致，所不同的是多了一個「匪軍傾巢來犯」問題。

蔣介石調十九路軍到福建是為了和中國工農紅軍作戰，因此，蔣光鼐等不得不兩面開弓，即一面反蔣，一面「剿匪」。這種情況自然使十九路軍處於十分尷尬、困難的局面。為了騰出手來反蔣抗日。蔣光鼐於一九三三年三月派李章達赴粵，與陳濟棠、李宗仁等簽訂《三省聯防約章草案》，繼而又與陳銘樞同赴廣州，商議脫離南京國民政府，「三省獨立」，自福建出兵進攻浙江。⑥同年九月、十月，派人去蘇區，與紅軍簽訂《反日反蔣初步協定》。但是，由於陳濟棠首鼠兩端，猶疑不決，三省的反蔣抗日計劃始終無法付諸實施。十一月，蔣介石對蔣光鼐、蔡廷鍇的活動有所察覺，於十七日派自用飛機兩架到福州，接蔡廷鍇到南昌會晤，責令表態。這樣，就迫使蔣、蔡等倉促行動，與李濟深、陳銘樞等共同發動「福建事變」。

十二月十七日夜，蔡廷鍇致胡漢民函云：

河澧兄帶來鈞諭及面述各件，均奉悉種切。此次我軍發動倒蔣，略有錯誤，係一時激於義憤，但事前奉諸公電召，嗟〔磋〕商倒蔣大計，結果徒托空言，致使鍇與十九路全體將士失望。當時鍇與憬然處境已死而求生，走頭〔投〕無路。蔣賊已派飛機兩架，限鍇飛南昌表示態度，否則作違令罪，為勢所迫。我公所謂挺〔鋌〕而走險者，亦係死中求生，望公恕宥。事至今日，只有向蔣賊決死戰，雖死亦無恨。倘我公能推動西南即行倒蔣，鍇負責一切，為〔唯〕我公是從。否則，黨國前途絕望，寧可鍇負人，勿以人負我。其餘已與河澧詳談，已請其將鍇意代為詳報，尚懇特賜訓誨，俾有遵循為禱！

胡漢民雖然支持三省聯合反蔣，但他堅決不同意福建方面聯共，也不同意福建方面改國號、造新黨等做法，於是，即派黃河澧赴閩，要求福建方面「復國徽，復黨籍」，「捕八字腳」（捕共產黨人——筆者），⑦蔡函所稱「河澧兄帶來鈞諭及面述各件」，指此。函中，蔡廷鍇要求胡漢民立即推動西南各實力派共同倒蔣，並願歸順胡漢民麾下，「唯我公是從」。

胡漢民雖然爲西南各實力派所擁戴，但他只是有名無實的精神領袖，陳濟棠不點頭，各事均無從進行。事變發生後，西南方面仍然處於無所作爲狀態，而蔣介石卻雷厲風行，於十二月中旬派十餘萬軍隊入閩，先後攻陷延平、水口等地。一九三四年一月十四日，蔣光鼐與李濟深、陳銘樞、黃琪翔等撤離福州，抵達龍岩。當時，十九路軍已完全處於劣勢。胡漢民希望保存這一支抗日反蔣力量，向福建方面有所建議。二十日，李濟深、陳銘樞、蔣光鼐致電胡漢民、鄒魯云：

> 尊電極以保全十九路軍為念，感激之私，如何可言！但現與蔣敵短兵相接，無迴旋之餘地，請公設法使粵桂當局向蔣制止對閩用兵，十九路軍歸西南政務委員會節制，餉項有著，則一切謹如尊命，否則，蔣逆必欲消滅我軍而遂其莫予毒之志。我軍主力向〔尚〕完整，有與周旋到底，作偉烈之犧牲而已。賢初在軍前指揮，先此奉覆，再佇明教。⑧

李濟深等要求胡漢民等設法由兩廣當局出面，使蔣介石停止軍事行動，而將十九路軍改歸胡漢民等人的西南政務委員會。這當然是不可能做到的。

李濟深等發出電報的當天，十九路軍主力隨毛維壽投蔣，福建事變徹底失敗。

福建事變失敗，蔡廷鍇偕譚啓秀等出國作環球旅行。一九三四年九月十八日致胡漢民、鄒魯、蕭佛成、鄧澤如等函云：

鍇此次因環境所迫，不得已而亡命歐美，再圖追隨諸公之後。現國勢至此，先派啓秀兄回國聽候諸公訓示一切。鍇所經過各國情形並由啓秀兄面陳，仍望時賜教益，不勝禱盼！

蔡廷鍇出國後，一路宣傳十九路軍事蹟，聲稱「此世誓與日寇不兩立，與國賊不共存，決心堅持一貫之主張，繼續徹底抗日救國，矢志不渝」。⑨他派譚啓秀先期返國，正是爲了保持和國內抗日反蔣力量的聯繫。

二、馮玉祥

潮流之二是以馮玉祥爲代表的原西北國民軍勢力。一九二九年、一九三〇年兩年，馮玉祥曾多次舉兵反蔣，但均告失敗，被迫隱居汾陽山村，但反蔣之志不減。九一八事變後，馮玉祥出於愛國熱情，重新活躍於政治舞台。一九三一年十一月十七日致胡漢民函云：

先生離寧赴滬，舉國欣慰，而一切言論，莫不以正義為指歸，發奸擿伏，輿論翕然，遙企高風，欽敬無量。此次和平會議，全國屬望，惟蔣氏不悛，滅絕信義，從中作梗，破壞統一，舉國袍澤，莫不切齒。現四全大會雖已分開，而未來艱難，仍多棘手。至希先生領導群倫，共籌至計，俾真正統一之政府早日實現，不僅弟個人所企望者也。現在北方情形無大變化，弟居此未敢自逸，倘能裨益黨國者，當竭力赴之也。

胡漢民被釋後，在上海積極發表抗戰言論，抨擊蔣介石的對日妥協政策，得到國民黨內抗日力量的擁護。當時，寧粵雙方正在上海召開和平統一會議，馮玉祥派張允榮（省三）等到上海與胡漢民聯繫，胡漢民於十月廿七日覆函馮玉祥，對他的愛國熱誠予以肯定。⑩此函爲馮玉祥覆胡漢民之作。

上海和平會議決定寧粵雙方分別召開國民黨第四次全國代表大會，然後進一步謀求合作。馮玉祥此函表達了希望胡漢民出面，「領導群倫」，建立統一政府的願望。

一九三二年三月十三日，馮玉祥再致胡漢民函云：

國難日亟，積憂成痗，海天南望，益切欽崇，敬惟履祉咸吉為祝。祥喉病未見減輕，現住徐州醫院。茲囑熊觀民弟赴港面謁，就聆榘誨，尚懇開示周行，俾有遵循為幸！餘事統由觀民面陳。

當時，十九路軍正在上海艱難抗戰中，三月九日，日本又操縱溥儀在東北建立僞滿洲國，馮玉祥憂心國事，派熊觀民到香港與胡漢民磋商辦法。當日馮玉祥日記云：「抗日爲第一要事；不抗日，唯死而已。」⑪

馮玉祥當時的計劃是，聯絡韓復榘、宋哲元，由他自己主持北方，而由西南方面出面，聯絡福建、江西、湖南、湖北各省實力派，南北呼應，共同倒蔣抗日。⑫胡漢民支持馮玉祥的計劃，於五月五日覆函，表示只要北方有所舉措，南方同志一定「竭誠襄助」。⑬五月十二日，馮玉祥再致胡漢民一函云：

頃托任、何兩同志代致一函，計蒙鑒察。近辱國更甚矣！茲請張省三同志趨前面報一切，即請指示。

任，指任援道；何，指何世楨。二人均爲胡漢民派往馮玉祥處的使者。當時，《中日上海停戰及日方撤軍協定》已經簽字，該協定規定中日雙方軍隊在上海周圍停止一切敵對行動，日軍撤至事變前原駐地區，受到各界人士的普遍反對，李宗仁等甚至以袁世凱的二十一條相比。馮函所稱「近辱國更甚矣」，指此。

馮玉祥與胡漢民由於在反蔣抗日上立場相同，因此雙方使者往來頻繁。一九三二年七月胡漢民派許崇灝北上。同月廿五日，馮玉祥致胡漢民函云：

頃承遣派許崇灝君北來，藉奉大教，備悉種凡。國事艱屯，外患環逼，自應修明內政，固結團體，方足以禦敵侵掠而應潮流。慨自建國以來，我邦人士之本此精神終始如一者，厥惟中山先生。乃大亂敉平，哲人遽萎，每懷先烈，曷勝傷心！幸吾兄篤守正諦，南服宣勤。靜珠海之波瀾，謀神州之根本。高懷卓識，無讓前徽；逖聽風聲，彌令傾倒。弟雖不敏，區區為國為民之願，素抱不逾。有利於此，無不竭誠努力以從。

許崇灝，字公武，廣東番禺人。曾任粵軍總司令部顧問。一九二八年任兩粵賑災委員會委員。一九二九年十二月兼代考試院秘書長。函中，馮玉祥表示：「區區爲國爲民之願，素抱不逾。有利於此，無不竭誠努力以從。」這說明，二人在反蔣計劃上已經達成共識。

一九三三年一月一日，日軍突襲山海關，華北危急，蔣介石被迫派兵北上，但是，他的精神灌注所在還是江西的「剿共」軍事。同月末，南京政府決定將北平故宮文物南遷，裝箱待運，輿論強烈批評其重古董而不重土地、人民。馮玉祥激忿地在日記中寫道：「古物已運往上海。這是什麼政治，會有這樣的糊塗混賬啊！」⑭二月十四日，馮玉祥托淩昌炎攜函面見胡漢民，尖銳地指責蔣介石。函云：

自榆關失陷以來，表面上雖有調動大軍開赴前方之舉，而實際上如兵站之設置，彈藥之補充，軍費籌撥等等，迄未舉辦，是無異趕十餘萬大軍於絕境，此云抗日，真為欺人之談。現在軍隊已怨言四起，軍心既失，遑論應戰。南京政府對於華北之漠不關心有如此者！對於古物南遷之事，雖經各方竭力反對，終不能打消其原議。其賤人而貴物，已屬乖謬。近且以古物探借外債，藉以維持其政治生命。倘此事一成，恐國家將從此更多事矣！奈何奈何！

馮玉祥要求胡漢民迅速籌劃，使西南方面一致行動，拯救華北。函稱：

祥以為華北之存亡，南京方面早已置之不顧，如西南諸賢達應時勢之要求，順人民之意向，奮起救亡，頹勢可挽。否則華北恐不保矣！

爲了挽救華北，一九三三年三月間，胡漢民等決定組織西南聯軍北上抗日，馮玉祥等也決定在北方同時發動，不幸均先後失敗。此後，馮、胡間仍然信使往來，不絕於途。一九三四年一月，胡漢民派曹四勿到泰山見馮。同月十二日，馮玉祥派李興中攜函到香港見胡，函云：

曹四勿同志抵泰，道及尊況，不勝佩慰。國難日深，救亡圖存，端賴藎籌。茲遣李興中同志趨前候教，敬請指示一切。

自一九三三年一月起，胡漢民即在廣州創辦《三民主義月刊》，提出要根據三民主義「批判時事」，「評衡學術」，指責蔣介石所實行的「個人主義的寡頭政治」。一九三四年十月，南京政府為了實現寧粵合作，派王寵惠攜孔祥熙函南下，勸胡漢民北上參加國民黨五全大會。十一月廿七日，蔣介石與汪精衛聯名通電，提出中央與地方實行均權的五項原則。同時，再派王寵惠、孫科南下，勸說胡漢民等與中央「團結」、「協作」。這一期間，胡漢民連續在《三民主義月刊》發表談話或文章，提出與南京方面的合作條件，認為「在軍權統治之下，不能實行均權制度」。⑮胡漢民的這些言論，深合馮玉祥的心意。一九三五年一月九日，馮玉祥致函胡漢民云：

劉、熊二同志北來，得讀手教，敬悉種切。至於所囑指導與指揮之點，更為欽佩無已。近讀《三民主義月刊》，知偉論益為光明正大。蓋今日言團結則非此不可也。

劉，指劉定五；熊，指熊觀民。一九三四年十月，馮玉祥陸續派二人到廣東、香港等地，分別會見陳濟棠、胡漢民等人，就抗日反蔣等事有所商談。十一月廿三日，胡漢民覆函馮玉祥，主張「嚴切準備」。內稱：「我人此時在革命工作之進行上，與其爲局部之指揮者，不如爲全部之指導者。」⑯本函所稱「至於所囑指導與指揮之點」，指此。

三、程潛、陳嘉祐、柏文蔚、張知本、黃季陸等

潮流之三是以程潛、陳嘉祐、柏文蔚等爲代表的長江中下游部分國民黨元老、官吏和軍人。

程潛於一九二八年被李宗仁拘禁，同年十一月解除監視，其後即寓居上海，逐漸成爲湖南及上海地區反蔣派的領袖。當時，在他周圍的有柏文蔚、黃復生、熊克武、張知本、黃季陸、何世楨、桂崇基及原湘籍軍人、官吏陳嘉祐、陳嘉任等。

一二八事變時，程潛目睹十九路軍英勇奮戰的事蹟，十分振奮；但他深切瞭解蔣介石的對外妥協，對內鎮壓的政策，因此，又十分沉痛。一九三二年二月十七日，程潛致函胡漢民云：

> 我軍禦日，連戰皆捷，民族前途，頓呈曙光，此誠可慰。惟自應戰迄今，當局始終秉安外攘內之旨，牢持而未嘗稍懈。蓋國家將亡，必有妖孽，正誼宜其消沉矣！

他要求胡漢民早定計劃，及時行動，函稱：

際茲寇深魔長，存亡呼吸，諒公早儲碩畫，以為吾黨人士救國之旨歸。第就管見所及，居今日而欲黨不自我毀，國不自我而亡，惟有樹立中心，決定大計，集中革命力量，摧毀腐惡勢力，捨此更無術以倖存。吾黨為國人詬病久矣，吾黨主義則如日月經天，初未嘗為國人所詬病也。是欲收集全民族對於吾黨之信仰，要在樹立三民主義以為之鵠，信受奉行，不涉虛偽。

函中所稱「樹立中心」，「集中革命力量，摧毀腐惡勢力」，實爲要求胡漢民自立政府，團結各派反蔣力量，推翻蔣介石的統治。函中所稱「要在樹立三民主義以爲之鵠，信受奉行，不涉虛僞」，則是要求胡漢民實行孫中山真正的三民主義。

函件繼稱：

長江上下游表面似為妖氛所彌漫，其實人心未死，各部對於獨夫，亦多心懷攜貳，得此良機，促之反正，當不甚難。弟於此致力久矣，惜財力綿薄，尚未徵諸實用也。方今千鈞一髮，繫於西南，望領挈群賢，速定大計，樹立中心以端本，團結實力以待時，庶有豸乎！引領南望，不盡瞻依。

程潛長期經營兩湖，在當地廣有力量，但他也因爲財政原因，不能行動。因而寄希望於西南方面。

一九三三年二月，日軍進攻熱河，湯玉麟不戰而退。在天津的新國民黨人，派劉承烈赴港。三月四日，陳嘉祐致函胡漢民云：

此間各情，經歷次電聞，當邀察悉。劭襄同志自北歸，專程來港，必尤能備呈〔陳〕種切也。熱戰我軍不敗而退，日夕數百里，全熱指顧將非我有，一般人對寧府之所謂抗戰，咸識其為欺騙政策。吾人於此，不能不有積極之主張與行動，以慰眾望。公及南中同志計必早籌及此，敬乞賜示，俾所遵循。鄙意托劭襄同志代達。

劉承烈出發後，新國民黨繼派劉人瑞赴港。三月八日，陳嘉祐再致一函云：

劭襄計已到港，頃石麐又自北歸，談北方情況甚詳，茲來港面陳種切，想我公必有以指示之也。熱河失陷，舉國同憤，介石搶外以對內之野心，已為人所共見，吾人於此不能不有積極之主張，以慰國人之望。昨在滬同人曾有電陳左右，計邀察及。務乞我公提挈西南同志，急起直追，作有效之奮鬥，甚所盼幸。

陳嘉祐曾任湘軍第六軍軍長，國民黨一大代表。北伐時期留守廣東。三〇年代初追隨程潛反蔣，在湘籍軍人中有一定影響。

同年三月一日，方振武在山西成立抗日救國軍，於四月四日抵達河北邯鄲，一面北進，一面派徐午陽及其弟方芷南二人赴滬，向程潛乞援。同月，程潛致函胡漢民，將二人轉介於胡漢民。函云：

> 叔平兄能排萬難，與獨裁者相左，衝破此沉悶之空氣，殊堪欽佩。現徐、方二君南來，用特介紹，乞賜接洽，並予以實際上之援助，俾得奮勇前進，至所感禱耳！

程潛函中所稱「實際上之援助」，主要指的是經濟，這一問題程潛無力解決，胡漢民也無力解決。徐、方二人到港後，胡漢民不得不爲之向陳濟棠、李宗仁、蔡廷鍇呼籲。當時，南京國民政府一意堅持對日妥協政策，方振武等部的零散抗日行爲自然不能取得多大成效。

在方振武北上抗戰失敗之後，陳嘉祐、程潛曾計劃在湖南有所動作，但胡漢民認爲就時機、財政、現有實力三方面考慮，條件還不成熟。八月一日，胡漢民覆陳嘉祐函云：

> 弟對湘局，認為遲早必須刷新。粵、桂軍事當局亦同此意。惟時機、財政及現有實力三者，皆當考慮，故尚不能不以審慎出之。⑰

胡漢民當時的計劃是：首先建立中樞領導機構，然後與廣東、廣西、福建三省共同組織聯軍，北出長江，因此，胡漢民指示：要在總體規劃「妥籌決定」之後，再著手「改造湘局」問題。

除陳嘉祐外，柏文蔚在長江中下游一帶也有所活動，企圖發動軍隊起義。對此，胡漢民也不贊成。同年九月覆柏文蔚函云：

徐同志談長江軍事情形甚悉。然苟無中心之領導機構，則此種向義之軍隊，必日即解體，為反動軍閥所各個擊破。⑱

函中所稱「中心之領導機構」，指胡漢民正在組織的新國民黨。一九三四年一月廿七日陳嘉祐致胡漢民函云：

養晦歸，得悉種切，故祐擬南來暫作罷。滬上報紙所載，寧方攻閩甚極〔急〕，將何以挽救之？否則唇亡齒寒矣。朱同志稼田係安徽老革命黨，業經祐紹介加入團體，並曾經呈請中央指派工作，以黨務停頓中止。茲因叔平兄之召來港，特紹介至公處一談。如有使命之處，當能為黨效勞也。⑲

本函作於福建事變期間。所稱「紹介加入團體」，即指成立不久的新國民黨；所稱「呈請中央指派工作」，即指新國民黨中央。

新國民黨中央成立後，胡漢民於一九三三年十一月決定在上海設立地方幹部，以陳嘉祐、熊克武、柏文蔚、程潛、劉蘆隱爲幹部委員，並以劉爲書記長，下轄蘇、浙、贛、鄂、湘、川七個分部。一九三四年七月廿九日，程潛致胡漢民函云：

> 數月以來，音問益疏，而大局沉悶，日趨黑暗，其為危亡之徵，抑或光明之兆，殊未卜也。海上同志意志頗堅，惟自蘆隱由粵返滬後，頗形消極，似多不信蘆隱。最近幾度集結，然亦無異於牛衣相對，徒喚奈何！弟不自度量，奮與賊鬥，又已七閱月矣，雖無十分成效，然以《南針》頗能喚起社會注意，致為群賊所恨，疲竭萬分，欲罷不能。至於兩湖內部之事，因著手久，頗有成效。茲特遣閻復同志前來報告湘情，即乞接納指示，俾有率循。

蘆隱，指劉蘆隱，同盟會會員。曾任國民黨中央黨部宣傳部長。一九三二年辭去在國民黨中央及南京國民政府的職務，到香港參加西南方面的反蔣活動。從程潛致胡漢民函看，他受胡漢民之命到上海工作後，不能得到其他人的支持，上海工作出現停頓狀態，因此，程潛很著急。

《南針》，程潛於一九三二年一月在上海創辦的雜誌，半月刊，以「闡揚三民主義，並力求其實現」爲主旨。發刊詞稱：「實現三民主義之道」，在於「黨內同志，各自痛改前非，去其私欲，秉至公至誠，一致團結，在同一意志同一行動之下，嚴格防止黨的官僚化、派系化以求黨之健全完整，建設民主政治，實行自治改革體制，以與日本作持久戰之準備，以期收復國土，保持國家之獨立，而求中華民族之解放。」

四、孫殿英、楊虎城

潮流之四是孫殿英、楊虎城等北方和西北實力派。

在反蔣鬥爭中，胡漢民非常重視華北和西北，和孫殿英、楊虎城等早有聯繫。

胡漢民在任命熊克武爲新國民黨上海地方幹部時，即曾提出北方工作重要，希望柏文蔚和熊克武能「參加負責」，⑳此後，胡漢民在天津成立北方軍事委員會，熊克武即銜命北上，訪問孫殿英、閻錫山等人。台灣國民黨黨史會藏有一份談話紀要，其中孫殿英部分共七條：

一、如西南組府或出兵最近能實現，則即暫留晉綏，以待出動華北，但須由津方商得閻之同意，總之，無論去留，一聽胡先生命令。

二、請西南給以名義，如政會委員或其他，亦可以示切實關係，以便號召部下。

三、望西南即不能急切出兵，亦須早日組府，予以軍事名義，如西北邊防督辦之類，當即通電討賊。惟此時給養望稍予接濟。

四、如上述三項不能實現，即決志西行，排除萬難以赴之，擬先取蘭州以為根據地，再占涼州，與虎城聯絡。蔣如不加阻止，則與之敷衍，否則即通電討賊，仍附屬於西南，此時望西南亦予以援助。蘭州得手後，如胡先生及熊、蕭、唐、鄧、鄒諸先生有意前往，亦可在蘭組府。否則坐視蔣賊日大，遷延愈久，打倒愈難。

五、請予虎城以軍事名義，使之領導西北各軍，殿英願附之，用以堅其心，遂其志，且亦易於推動也。並望津方派員切實致意，務期一致行動。

六、擬請設法挽張，早日返國，以免東北軍為蔣金錢所分化。

七、請即派員來部主持黨務，領導一切，使全軍有所信仰。

從內容看，以上七條應是孫殿英對胡漢民和西南方面提出的要求。一九三三年長城抗戰中，孫部有較好表現。長城抗戰結束後，孫部是留在晉綏一帶，還是西進甘肅、寧夏，成爲一個急待解決的問題。孫殿英提出，如果胡漢民能迅速出兵北上，或在西南組織政府，則孫部將留在晉綏，以便在華北回應；如果組府與出兵一時均不可能，則孫部將決意西進，取蘭州爲根據地，以便胡漢民等到當地組織政府。

孫殿英提出的是一項包括西北軍、東北軍在內的大計劃。當時，胡漢民對陳濟棠已經很失望，急於開闢新領域，因此贊同孫殿英在西北組府的意見。但是，胡漢民深知，要實現這一計劃，必須得到閻錫山的支持。因此，又派熊克武到山西與閻及其親信楊愛源（星如，心如）談話。閻、楊當時都表示支持胡漢民，贊同孫殿英西進。

二人表示：

一、西南各省同志目前甚望能切實團結，以赴事機，現在環境縱難出兵，亦盼能早日組府，以領導各方同志，以慰各方同志之望，否則群龍無首，各自苟安，終難以成大事。

二、望西南速定外交方針，且須確有辦法，否則對內縱能成功，亦恐難於持久，甚至於終歸失敗，目前華北形勢尤為顯著。

三、華北局勢全在魯、晉、東北三方之合作，一切自不成問題。晉方始終追隨西南之後，可勿顧慮。惟魯與東北希望熊先生能久在天津，切實聯絡，並望能挽張回國，使十數萬東北軍整個為我所用。

四、孫軍西行為目前最緊要問題。蓋西去不僅足以圖生存，且可以作將來東入潼關之策源地，而打破蔣之西北主義，尤裨益於大局，晉綏受惠更無論矣！

閻、楊的這一段談話，可以說甜蜜之至。不僅擁護胡漢民作為反蔣派首領，支持他成立政府，而且答應對孫殿英的西進提供物質幫助：「擬俟其一到寧境即助以款三十萬，彈二十五萬，以後如再需要，更當源源接濟，務期於成。」二人並建議，熊克武一面催孫殿英速行，同時派人與楊虎城聯絡。

熊克武對孫殿英、閻錫山的態度非常滿意，向胡漢民提出三項建議：

一、組府出兵縱難定確期，亦盼能示以大要範圍，以便應付一切，激動各方沉悶心理。

二、華北將領心理多存對內尚易，對外維難。苟外交無辦法，倒蔣終難成功。尤以華北局勢，多視外交為轉移，故望速定外交大計。

三、殿英竭誠擁護，殊不易得，尤以其能說能行為華北諸將領中所難能。苟善用之，實將來之基幹，故目前擬請密給以政委名義，並預給以軍事名義，如西北邊防督辦之類，以備將來軍事行動時之用。至虎城不妨許以軍分會。

可以想見，胡漢民對熊克武的工作多麼滿意。然而，後來的事實證明，閻錫山、楊愛源騙了熊克武。孫殿英部按計劃西進了，閻錫山不僅沒有給予任何援助，反而和蔣介石配合起來圍剿孫軍，使得胡漢民的西北計劃最終失敗。

以上所述，僅據台灣國民黨黨史會所藏胡漢民資料，它是當時國民黨內反蔣抗日潮流在文獻中的部分反映，可以說，只是露出海面的冰山一角。

一九二八年、隨著二次北伐的勝利和東北、新疆的相繼易幟，北洋各派退出政治舞台，蔣介石統一了中國，但是，這種統一只是暫時的、形式上的。國民黨內部本來就存在著不同的派系和實力集團，北伐勝利之後，由於政見分歧和權力、利益分配等多種原因，這種內部矛盾遂演化爲激烈的武裝衝突和政權對峙，其集中反映就是一九三〇年的中原大戰和一九三一年的寧粵分裂。九一八事變後，民族危機加深，這本來是一個團結禦侮，全力對外的契機，但是，蔣介石對外忍讓，對內強硬，企圖首先以武力削平其他政治、軍事派別，這樣，反蔣抗日便成爲國民黨內外愛國民主派和若干實力集團的共同要求，而這，也就醞釀著新的分裂和新的內戰以及給予日寇以可乘之機的巨大危險。只是在盧溝橋事變，南京國民政府確定抗日方針之後，國民黨才實現了全黨的團結，中華民族也才實現了前所未有的團結。

馮玉祥說過：「抗日，仇敵能化爲同志；不抗日，同志將化爲仇敵。」㉑信然。

（原載《歷史研究》，一九九八年第一期。）

①《抗日戰爭研究》一九九一年第一期，收入拙著《尋求歷史的謎底——近代中國的政治與人物》，首都師範大學出版社一九九三年版，又台灣文史哲出版社一九九四年版。

②本文所引，凡未注出處者，均為台北中國國民黨黨史會所藏資料。

③蔣光鼐：《對十九路軍與「福建事變」的補充》云：「過去每月靠粵省補充費五十萬元。」，《蔣光鼐將軍》，團結出版社一九八九年版，第二一六頁；參見《中華民國大事記》一九三二年八月十一日條，中國文史出版社版，第四〇二頁。

④本函所用為第十九路軍總指揮部用箋，箋側填有中華民國二十一年字樣。

⑤本函所用為福建省政府用箋，末署「晚蔣光鼐拜上，廿三。」按，南京國民政府於十一月廿九日免去楊樹莊的福建省主席職務，改任蔣光鼐為省主席兼民政廳長。

⑥陳融：《致福兄電》，美國哈佛燕京學社圖書館藏，參見本書《胡漢民的軍事倒蔣密謀及胡蔣和解》。

⑦《工致力翁》（胡漢民致陳融），美國哈佛燕京學社圖書館藏。

⑧末署：「深、樞、鼐。」「一月廿日下午二時卅分到。」旁有墨筆批註：「此跛、矮、小來電。」

⑨《蔡廷鍇自傳》，黑龍江人民出版社一九八二年版，第三四三頁。

⑩《致馮玉祥》，哈佛燕京學社圖書館藏。

⑪《馮玉祥日記》，一九三二年三月十三日。

⑫參見本書《胡漢民的軍事倒蔣密謀及胡蔣和解》。

⑬同上。

⑭《馮玉祥日記》，一九三三年二月九日。

⑮胡漢民《軍權與均權》，《三民主義月刊》四卷六期。

⑯《致馮玉祥函》，哈佛燕京學社圖書館藏。

⑰胡漢民《致陳嘉祐函》，美國哈佛燕京學社圖書館藏。

⑱胡漢民《致柏烈武函》，同上。

⑲本函僅署廿七日。據函中云：「寧方攻閩甚極〔急〕」，知為一九三四年一月作。

⑳胡漢民《致上海各同志函》，美國哈佛燕京學社圖書館藏。

㉑《馮玉祥日記》，一九三五年一月八日。

一九三五年國民黨內部的倒汪迎胡暗潮

——讀台灣所藏胡漢民旅歐期間往來電報

一九三一年二月，蔣介石軟禁胡漢民，自此出現寧、粵分裂局面。同年，發生九一八事變，蔣介石被迫釋放胡漢民。不久，胡漢民定居香港，領導以兩廣等省地方當局爲代表的「西南派」，秘密進行反蔣活動。雙方長期對立，勢同水火。但是，由於日本侵華得寸進尺，民族危機日益加深，雙方都逐漸產生團結禦侮的想法。一九三五年六月九日，胡漢民接受鄒魯等人意見，偕其女胡木蘭、秘書程天固離開香港，赴歐療養，爲改變關係創造條件。

旅歐期間，胡漢民和在國內的原西南派的鄒魯、李宗仁、陳融、蕭佛成、李曉生、王養沖等人之間，仍然保持著密切的函電往來關係。有關資料，起於一九三五年七月，止於同年十一月。胡漢民當時曾請人抄錄在一本練習簿內，今存台灣國民黨黨史會。該稿言簡意晦，多用暗語，文字亦多訛誤。但是，治史有如航海，不僅要觀察洋面風濤，而且要探測深層潛流。研讀這一抄稿，可以幫助人們認識這一時期國民黨內的許多秘密。

一、汪精衛稱病休養，迎胡回國浪潮興起

汪精衛於一九三二年一月出任行政院長，一九三三年八月兼外交部長，把持內政外交大權，積極推行對日妥協政策，爲國民黨內的抗日派所不滿，不斷出現倒汪浪潮。

一九三二年五月，中日淞滬停戰協定簽字，于右任以未交立法院審議爲理由，要求中央監察委員會懲戒汪精衛，首開倒汪先例。①一九三三年十一月，李烈鈞聯絡吳稚暉等，以立法院等處爲講壇，多次指責塘沽協定以來汪精衛的外交政策，繼續推進倒汪行動。②一九三四年一月，胡漢民鑒於溥儀將於當年三月傀儡登場，認爲是一個重要關頭，不能放過，指示「應做一次大宣傳」，「攻擊南京政府誤國、賣國」。同時具體指示由廣東方面以監察委員名義起草一份彈劾汪精衛的稿子，交西南政務委員會委員李曉生帶到上海，聯合署名，在適當時候發難。③蕭佛成遵照胡漢民指示，於同月廿四日在國民黨四屆四中全會上提出：「對東北失地問題，政軍領袖應負責引咎。」④同年三月，李曉生致電胡漢民，聲稱「彈汪案正設法進行中」。⑤此後，倒汪氣氛即逐漸濃烈。

十二月，孫科、王寵惠等銜蔣介石之命南下香港，企圖說服胡漢民北上參加國民黨四屆五中全會。據稱：「寧滬空氣對水雲（汪精衛）皆極惡劣，于髯（于右任）真要率全體監委以去就力爭。」⑥其間，孫科並曾單獨向胡提出，準備出面要求汪精衛下台，代以爲蔣介石喜歡的孔祥熙。⑦胡漢民不願在蔣介石的統治下做傀儡，希望倒汪並倒蔣，因此，對孫科的計劃與

趣不大，對人稱：「集中倒汪，已非本旨。」「我來汪去，何異前年扶汪去孫？我何能蹈汪覆轍！最高不過做黎元洪、徐世昌耳，而豈我輩所屑！」⑧儘管如此，國民黨內仍然有相當一部分人主張先轟汪下台。

一九三五年六月十九日，蔡元培在中央政治會議上帶頭向汪精衛發難，責問其「對日外交究持何策」。孫科拍案大罵：「不料以一二小人公然賣國！」⑨三十日，汪稱病休養。七月三日，汪精衛入上海醫院治療肝病。十五日，轉赴青島。汪精衛稱病後，行政院院務由副院長孔祥熙暫代。當時，國民黨內部普遍出現迎接胡漢民回國的意見。孔祥熙企圖討好，於七月四日接見李曉生，對李說：「如展公有事委辦，無論事之大小，必盡力遵辦。」⑩接著，又致電西南派的核心分子鄒魯，要求他來滬，但鄒魯要孔祥熙或南京政府的其他要人南下，移樽就教。⑪鄒魯的計劃是要把輿論造足，形成全國一致的迎胡運動。十日，鄒魯致電胡漢民：「南京迎胡說甚盛。」十八日，再電云：

> 汪行，迎胡益急。弟欲使各省一致，除粵、桂外，已囑少炯入湘，顯丞入滇，另派亮疇晤閻伯川、韓復榘、宋哲元、楊虎城等。

少炯，指楊熙績；顯丞，指劉震寰。入湘，是爲了聯絡何鍵；入滇，是爲了聯絡龍雲。廿七日，鄒魯再電胡漢民：「赴各省之人悉出動，此次必造成全國統一迎胡之事實。」鄒魯的目的是借此給蔣介石施加壓力，同時也爲胡漢民歸國以後的執政製造輿論。

二、蔣介石既想留汪，又想與胡漢民和解

汪精衛到青島休養後，原本訂於八月中旬回南京復職。此事引起部分國民黨中委的恐慌，擔心「汪返而對日屈服將更變本加厲」。八月七日，覃振、石瑛、王陸一、焦易堂等在國民黨中央政治會議提出，設置外交委員會，以免外交大權集中於一人，同時提出，請汪精衛辭去外交部長兼職。⑫當時，汪精衛因「華北外交屈辱，備受國人指摘，中央亦多不滿」，於八月八日自青島致電蔣介石及國民黨中央，要求辭去行政院長及外交部長職務，藉以「試探中樞意旨」。⑬但蔣介石還希望汪精衛「暫行備位」，於第二天，即以國民黨中常會名義派葉楚傖、蔡元培前往慰留。十日，王養沖電胡漢民云：「汪精衛辭去本兼各職。葉楚傖、蔡元培奉蔣中正命前往。」蔣介石和汪精衛有矛盾，但當時二人都推行對日妥協政策，有汪在前台，蔣有不少便利之處。因此，蔣是不會輕易將汪拋開的。

蔣介石一方面挽留汪精衛，一方面則力圖與胡漢民和解。八月十二日，黃紹竑受蔣介石委派，到廣州會晤陳濟棠，商談寧粵合作事宜。十五日，到廣西與李宗仁、白崇禧會談。關於黃紹竑到粵情況，鄒魯電胡漢民報告說：

季寬來，表示蔣決心抗日，並先撤西南兵及行均權。立夫頃飛蓉晤蔣，亦促進此事。全局如何推動，須兄自負責。目前過渡可由南京中人自擇。

為了對抗南京政府的集權主張，西南方面一直主張「均權」，在各地組織國民黨執行部、政務委員會和軍事委員會，辦理地方黨務、政務、軍務。一九三四年春，胡漢民陸續發表《論均權制度》、《再論均權制度》等文，主張將均權推向全國。文章抨擊蔣介石等稱：「所謂集權，是要集權於南京軍閥；所謂擁護領袖制，是要擁護南京軍閥去專制一切。」⑭本電轉述的蔣介石三項意見：決心抗日，撤去對付西南的軍隊，同意實行均權，表明蔣介石力圖與胡漢民和解。

除通過黃紹竑與西南接觸外，蔣介石又於八月二十日通過孔祥熙致電胡漢民，表達問候之意：「尊體如何？繫念。請隨時示知近情，俾釋遠念為盼。」胡漢民鑒於蔣介石主動表示友好，便於廿一日通過王寵惠覆電：「承念至感。弟到歐後稍勝在港時，惟尚比常人血壓高四五十度。昨始檢查身體，醫者為專門名家，待看其報告如何。」湯山被囚後，胡蔣之間一度尖銳對立，現在雖仍言不及義，畢竟互通音問了。

三、汪精衛回京復職，倒汪派繼續抗爭

汪精衛的辭職本來就是虛情假意，蔣介石一時也還不想甩開汪精衛，因此，汪的復職是遲早的事。

汪精衛辭職後，胡漢民即積極規劃未來的內閣藍圖。他屬意王寵惠，擬以其出任行政院長，致電鄒魯、陳融云：「吾人宜推轂闊老，勝於他人。」⑮闊老，即指王寵惠。王和胡觀點相近，關係密切。一九三四年三月，溥儀僭位稱帝，汪精衛竟稱：「實無所用其驚異」。第二天，王寵惠即致函胡漢民，指責汪精衛稱：「昔之以推翻滿清自居者，近則厚顏聽其復位矣！」同函並對胡寄以希望，聲稱「弟生平所服膺者，只有二人。總理在，總理而已；總理不在，先生而已。」⑯因此，胡漢民在致電李宗仁時表示：「內政擬以王亮疇緩衝。」⑰

胡漢民主意既定，孫科即出面向蔣介石建議，並謂宋子文、孔祥熙等均持同一意見，但蔣介石不聽。⑱八月十九日，蔣介石、汪精衛回到南京。二十日，王養沖以暗語致電胡漢民報告：「門、水回京，水復職。」門，蔣門神，代指蔣介石；水，代指汪精衛。廿二日，國民黨中常會開會，汪精衛照例繼續表示辭職，蔣介石則表示挽留，眾人不說話，汪精衛遂以沉默表示同意復職。⑲

汪精衛雖然復職了，但是，國民黨內部的反汪派仍不肯罷休。八月廿九日。鄒魯致電胡漢民，認爲汪之突然復職，是由於運動日本外務大臣廣田弘毅，向蔣施加壓力的結果。電稱：

汪突反職，由汪運動廣田，向蔣說話。現孫（科）、于（右任）、居（正）、戴

（季陶）及二陳（立夫、果夫）仍力進行逐汪迎胡，蔣亦恨汪借日壓己。六中全會時決改組政府。各方〔盼〕兄歸甚切。

三十日，李曉生也致電胡漢民稱：

> 孫科竟與居正、于右任、戴季陶、孔祥熙、兩陳等一致反對汪精衛，但無具體辦法。蔣曾經表示，汪如果決不復職，亦不勉強。故汪雖復職，尚有問題。第六次中全會議決改組政府，俟五全大會再訂將來大計。

李曉生並告訴胡漢民，四川民政、財政已實現統一。蔣一意經營四川，無心南向，並詢胡行程。鄒魯、李曉生的電報顯示：胡漢民、蔣介石之間的矛盾有可能緩和，而和汪精衛的鬥爭則方興未艾。

四、胡漢民開始調整外交政策

九一八事變以後的事實表明，對日妥協是條死胡同，那末，南京政府的外交路線應該如何確定?當時，國民黨內部出現兩種意見，一種是聯俄，一種是聯英美，也有人主張既聯俄，又聯英美。胡漢民、鄒魯和陳濟棠都主張聯英美。胡漢民很早就提出派人赴歐美聯絡，以對付日本。⑳胡漢民赴歐後，鄒魯、陳濟棠都要求胡漢民利用機會，與擔任海牙國際法庭正法官的王寵惠（亮疇）共同推進對英美的外交，並改善和加強與港英當局的關係。七月廿六日，鄒、陳致電時在瑞士的胡漢民云：

寧有兩派，一、親日統一固謬；二、聯俄抗日亦非至計。請兄與亮兄到英，為英美之外交工作，並以華南同對日關係，請英密示港督，與粵結合。

此前，英國《泰晤士報》有西南派勾結日本的說法，二人要求胡漢民「力破之」。㉑同日，陳融也致電胡漢民，告以蔣介石已派張群、陳儀赴日勾結，「我人必須得英美緩〔援〕助，望早到英與商。」

廣州接近香港，陳濟棠自國外採購的武器必須通過香港內運，因此，西南派極爲重視和港英當局的關係。八月二日，陳濟棠、鄒魯聯合致電胡漢民，要胡轉囑王寵惠，與港英當局協商。電云：

近港對西南軍器經過為難，請囑亮兄商英港，仍持去年以前對西南軍器經港，概納外交進行。盼示。

「仍持去年以前」云云，可見此前的武器內運都是經過港英當局同意的。

西南派在倒汪上與孫科、于右任有聯盟關係，但是，孫、于都主張聯俄，和西南派不盡相同。七月廿七日，鄒魯電詢胡漢民，如何處理這一矛盾。電稱：「孫、于、居在京負責達到改變政局。惟孫、于主張聯俄抗日，應如何覆之？」當時，胡漢民反對日本侵略，但是，也反對蘇聯，稱之為「蘇俄帝國主義」，曾著文要求蘇聯「中止在華之一切赤化活動」，「放棄在新疆、外蒙的侵略行動」。㉒接到鄒魯的電報後，胡漢民於八月廿四日覆電，堅持此前立場，電云：「聯俄利害前此論之甚詳。共禍未除，適滋糾紛。」但是，該電也顯示出，胡漢民正在慢慢調整自己的外交政策。電云：「或以孫、于之主張，兄等此時不必過於反對矣！」同年冬，他進一步支持程天固訪蘇，探詢蘇方意見，「對於我國萬一與日本交戰所採之政策為如何」？㉓

二〇年代初期，胡漢民一度主張聯蘇；一九二七年以後，胡漢民成為堅決的反蘇派，但在民族危機日益加深的情況下，他不得不對自己的立場有所修正。

五、動員華北實力派自治、自保

寧粵對立以後，西南派的策略是廣泛聯絡各地實力派，對抗南京政府。其中，胡漢民、李宗仁等尤爲重視的是華北的馮玉祥、閻錫山、韓復榘等人。一九三五年六月，在日本威脅下，中央軍被迫撤出平、津及河北。同月，宋哲元部二十九軍馮治安部奉令拱衛北平。此後，西南方面又加強了和宋哲元的聯繫。

日本侵略者得寸進尺，企圖進一步製造「華北國」。七月六日，何應欽被迫與日本華北駐屯軍司令梅津美治郎達成「何梅協定」，同意罷免一批中國官員，解散河北省黨部、禁止排日運動等無理要求，平津等地有隨時爲日軍佔領的危險。當年七月，李宗仁致胡漢民電即稱：華北事急，宋哲元、韓復榘等人非常掛念胡漢民的情況。李建議胡致電慰問。同月，李宗仁派黃建平到山西，促進華北地方實力派聯合，成立統一組織。黃稱：「西南亟盼華北有一組織後，即向中央進迫，能不用兵，即達到均權共治，亦不一定非用兵不可。」㉔當時，宋哲元、韓復榘等亟謀自保。宋哲元認爲：「華北在日本壓迫，中央不管的處境下，不能不自己聯合。」㉕韓復榘也認爲：「與其坐以待斃，不如早自打算。」㉖他們計劃推閻錫山爲首，韓復榘爲副，成立組織，自治自保。

西南派密切注意華北形勢的發展。八月五日，李宗仁致電胡漢民云：

> 蔣派王克敏求梅津承認，梅拒絕。軍人尚未一致。海、外兩省主與蔣妥協。現商陳濟棠，派中、援北上，並擬派季文相助。祈示。李宗仁。

王克敏，時任代理行政院駐平政務整理委員會委員長；梅津，指梅津美治郎。中，指陳中孚，日本通，時任西南政務委員會委員。援，指任援道，軍人，三〇年代經常充當西南派與北方實力派的聯繫人。季文，指王季文，桂系政客，曾任眾議院議員。從李宗仁計劃派到北方的三個人看，顯然是爲了進一步加強與宋哲元的聯繫，並直接插手對日交涉。一九三五年十二月成立冀察政務委員會時，陳中孚出任外交委員會委員長，任援道任外交委員，而王季文則成爲西南派常駐宋哲元部的代表。

胡漢民同意李宗仁的派人計劃。八月中旬，覆李宗仁電云：「伯南同意，不妨派人一行。但真崎去職，外報謂急進派失勢，確否？」㉗真崎，指真崎甚三郎，日本皇道派軍閥巨頭。一九三一年，任駐台灣軍司令官。一九三二年任參謀本部次長，後改任陸軍教育總監。一九三五年七月被罷免。在日本侵華過程中，日本政府和軍方中始終存在不同派別，其起伏分合極大地影響並制約著對華政策，因此，胡漢民對日本政局變化極爲注意。

李宗仁也同樣注意日本政局的變化，八月廿九日致胡漢民電云：「軍政部因永田案及西南遲緩，由外務對寧暫行妥洽。」永田，指日本陸軍軍務局局長永田鐵三少將。由於真崎被解職，皇道派的相澤三郎中佐對此不滿，於八月十二日將永田鐵山砍死。「西南遲緩」，當指西南派的反蔣行動。電末，李宗仁詢問胡漢民說：「陳濟棠已囑中北上。鄙人只有促華北變化，尊意以爲何如？」李宗仁希望，華北實力派能迅速聯合起來，與西南爲犄角。對李宗仁的意見，胡漢民極爲同意，當日即覆電表示：「弟與尊見同。」

當時，日本侵略者也在鼓動「華北五省自治」，支持地方實力派反蔣，以便實現其分裂中國，逐一吞併的陰謀。西南派所推動的華北實力派的自治自保，雖與日本侵略者不同，但極其便於爲日寇所利用。歷史證明，只有團結，才能抗日。

六、計議對抗六中全會與五全大會

爲了和西南派和解，九月五日，國民黨中常會開會，蔣介石提出，將原定九月二十日召開的四屆六中全會展期至同年十一月一日，第五次全國代表大會不變，仍訂於十一月十二日舉行。在公開和私下，蔣介石都表示，要「力謀團結」。㉘

西南派不願放棄進攻姿態。九月四日會商對六中全會的對策時，鄒魯提出：一、請各國開太平洋和平會議；二、請政府解職以謝國人。會議決定向胡漢民請示。㉙九月十日，西南方面再次會商，決定：一、由西南方面的中委將一九三四年的齊、有兩電再次提出，列爲五全大會議案；二、由個人簽名，聯名提案，建議召開太平洋各國會議；三、秘密通知各省同志，推舉代表，向南京方面爭取出席五全大會的出席權，不得已時，在西南召開五全大會。㉚

一九三四年，國民黨中央決定於當年十一月十二日召開五全大會，議題爲召集國民大會、修改總章，推進黨務，確定施政方針等四項。九月八日，胡漢民、陳濟棠、李宗仁等致電南京，認爲南京方面頒佈的五全大會議題「無一及於當前救亡之大計」，胡等提出：（一）整飭政治風紀，懲戒喪權辱國之軍政大員；（二）嚴懲一切淆亂社會危害黨國禍首；（三）確立外交方針並國防計劃以維護國家之生存；（四）確定最低限度生產建設計劃，取消破壞工商業及國民生計之媚外關稅稅則並整理財政救濟農村。以上各條，條條指向南京國民政府和蔣介石，稱爲「齊電」。

該電發出後，南京方面「置而不議，受而不答」，並且封鎖新聞，嚴禁披露，因此，胡漢民等於九月廿五日再次致電南京，提出在五全大會召開之前，先實行二事：（一）履行本黨「人民有言論及出版自由權」之政綱，容許一般人民對於政治、外交之建議及批評。（二）厲行本黨民主集權制，予中央委員及海內外各級黨部、黨員對於黨務、政治、軍事、外交，應有充分建議、討論及批評之完全自由。該電稱爲「有電」。由於西南方面的不妥協立場，南京方面不得不宣布五全大會延期。現在西南方面重提「齊」、「有」兩電，表明西南方面的根本立場不變。

但是，在外患日深的狀況下，西南派中的部分人也不得不表現出和蔣接近的動向。還在八月中旬，王養沖即致電胡漢民說：

> 中北上，李宗仁力主，爵贊，衣與力辯論，中請尊裁，並云：「蔣中正外交途徑工作激急，未許視若無物。吾人放棄原定計劃，分別擬具放棄打倒獨裁函詳報。」

中，仍指陳中孚；爵，指陳濟棠；衣，指鄒魯；力，指陳融。本電所述鄒魯與陳融關於陳中孚北上的辯論顯然與對日、對蔣政策有關。所謂「放棄打倒獨裁」，即指放棄打倒蔣介石的計劃。顯然，陳中孚已經朦朧地感覺到，必須團結對日。

九月十四日，鄒魯致胡漢民電云：

前蔣在滇，晤顯丞。對兄表示甚誠。囑其事團結。志舟復力促之。志舟近亦急於實現。弟擬囑顯丞經赴川晤蔣，能促成亦事所固佳，名〔否〕則票（？）真相為應付。

志舟，指龍雲。當年五月十四日，蔣介石從貴陽到昆明，龍雲曾向蔣提出消弭內爭，抵禦外侮問題，據說：「蔣有極誠懇之表示」。㉛此電顯示出，蔣當時也曾向劉震寰（顯丞）表示過和胡漢民和解的願望，要求劉致力於西南與南京的「團結」，此事並且得到龍雲的積極支持。有鑒於此，鄒魯準備派劉震寰入川，再次與蔣介石會晤。同日，胡漢民即覆電表示同意，電云：「顯赴川亦佳。但宜得陳（濟棠）、李（宗仁）同志〔意〕。」顯然，胡漢民也在考慮採取某種主動了。

七、繼續醞釀倒汪

汪精衛復職之後，國民黨內部的倒汪迎胡潮流仍然暗暗發展。黃季陸於九月中旬到滬寧兩地「鼓動政潮」，轉了一圈之後，回粵報告說：「寧皆反汪，並希西南有積極做法。」㉜當時，不少人希望胡漢民回國。九月廿二日，李曉生致電胡漢民，轉達許崇智的意見，建議胡漢民利用時機立即返國，以「提倡團結、抗日、剿共」號召各方，「如此則以我公爲主體，似與被動的受歡迎而後回來頗有分別」。㉝十月八日，在上海的何世楨、陳群、李曉生等也聯名致電胡漢民，要求胡漢民回國。電稱：

> 汪復職後政局愈混沌。六中、五全相繼開會，政治季節正在此時。兄能出其不備，毅然歸國，影響甚大。國難已亟，披髮攖冠，只有我輩。居、孫暨南京各方同志一致主張。陳伯南利令智昏，無心救國。竊為事機已迫，請速圖之。心所謂危，不敢緘默。行止如何，懇加明示。

不過，胡漢民這時身體狀況不佳，還不能回國，但他也盼望儘早趕汪下台。十月八日，胡漢民覆電李曉生稱：「南京同志既多數除奸，何尚不決！望兄等努力奮鬥。」胡漢民本來反對單獨「倒汪」，此時則持積極態度了。

爲了繼續與南京方面對抗，西南方面於十月七日決定，單獨在廣州召開五全大會。十月十五日，蕭佛成、鄒魯致電胡漢民：「寧五全會必開，我方必對抗。宣言、政綱懇公主稿，航寄或電示綱要。」胡漢民贊成蕭佛成等意見，同日覆電表示：「請兩兄主稿，宜多對寧府責言。弟但從同志後，不能屬思。」胡漢民對南京國民政府諸多不滿，因此，仍然持強烈批評態度。

八、汪精衛突然被刺，倒汪派不戰而勝

國民黨的中央全會和代表大會常常是各派政治力量的角逐場所。蔣介石確定在一九三五年十一月召開四屆六中全會之後，南京政府內外的倒汪派就將轟汪下台的希望寄託在該次會上。九月五日，鄒魯致電胡漢民報告說：「六中去汪，反要之於孫。居受二陳，進行甚力。」㉞據此可知，計劃在會上帶頭發難的人選爲孫科，而當時在南京國民黨內積極活動的人物則是受二陳委託的居正。一切均已準備就緒。十一月一日，國民黨四屆六中全會在南京開幕。在儀式結束後攝影時，汪精衛突遭原十九路軍排長、愛國志士孫鳳鳴槍擊，重傷就醫，被迫請求辭去本兼各職。這樣，倒汪派就不戰而勝了。

一九三五年十一月十二日，國民黨五全大會開幕。西南派沒有按原先計劃抵制，而是派鄒魯、劉蘆隱、黃季陸等出席會議，鄒魯並在會上作了「團結救國」的演說。在長期分裂之後，寧粵雙方出現和解現象，預示著國民黨的內外政策將會發生變化。不過，人們也注意到，西南

派的軍事領袖陳濟棠、李宗仁、白崇禧等都沒有參加。這顯示出，國民黨的「團結救國」之舉還只能說剛剛起步。

十二月七日，胡漢民在五屆一中全會上被選舉爲國民黨中央常務委員會主席。西南派的鄒魯、劉蘆隱、劉紀文、黃季陸等進入中央執行委員會。同月廿七日，胡漢民由歐洲啓程回國。不過，胡漢民回到廣州後，很快因病去世，未能發揮應有的作用。

（原載《近代史研究》，一九九七年第四期。）

①《于右任先生年譜》，台灣國民黨黨史會，一九七八年版，第七十一頁。

②《唐有壬致黃郛》，一九三三年十一月三日、四日，沈雲龍《黃膺白先生年譜長編》，台灣聯經出版事業公司一九七六年版，第六三六頁；參見本書《黃郛與塘沽協定善後交涉》。

③《工致力翁》（胡漢民致陳融），美國哈佛燕京學社圖書館藏。按，原電均用化名，括弧中所注本名，為筆者考證所知，以下均同。

④《邵元沖日記》，一九三四年一月廿四日。上海人民出版社一九九〇年版。

⑤《廣州轉來上海電》，一九三四年三月廿七日，美國哈佛燕京學社圖書館藏。

⑥《工致力兄》（胡漢民致陳融），一九三四年十二月。美國哈佛燕京學社圖書館藏。

⑦《工致力函》（胡漢民致陳融函），美國哈佛燕京學社圖書館藏。

⑧《致上海毅、鶴、湄兄》（致上海何世楨、陳群、湄兄），美國哈佛燕京學社圖書館藏。

⑨《中興報》，一九三五年八月四日。

⑩力電（陳融電），一九三五年七月五日。台北中國國民黨黨史會藏。以下凡未注明出處者，均同。

⑪衣電（鄒魯電），一九三五年七月十日。

⑫《王世杰日記》，一九三五年八月九日，台灣中研院近史所版。

⑬《邵元沖日記》，一九三五年八月十四日。

⑭《論均權制度》，《三民主義月刊》第三卷第二期。

⑮《覆衣、力各電》（覆鄒魯、陳融各電）。

⑯《王寵惠致胡漢民函》，一九三四年三月二日，哈佛燕京學社圖書館藏。

⑰《民覆不電》（胡漢民覆李宗仁電）。

⑱《九月十七日堯電》（九月十七日李曉生電）。

⑲《邵元沖日記》，一九三五年八月廿二日。

⑳《胡漢民致柏文蔚書》，轉引自《柏文蔚覆胡漢民書》（四月十三日），哈佛燕京學社圖書館藏。

㉑《棠、魯宥電》（陳濟棠、鄒魯電），一九三五年七月廿六日。

㉒《英美協調與國際的分惠》，《三民主義月刊》五卷三期；《遠東問題之解決》，《三民主義月刊》五卷五期。

㉓《程天固回憶錄》香港龍門書店一九七八年版，第二八三頁。

㉔《徐永昌日記》，台灣中研院近史所版，一九三五年七月卅一日、八月三日。

㉕同上，一九三五年十月二日。

㉖同上，一九三五年七月卅一日。

㉗《覆不電》（覆李宗仁電）

㉘《九月五日衣電》（九月五日鄧魯電）。

㉙《九月五日衣電》。

㉚《九月十日衣電》（九月十日鄧魯電）；又《九月十一日沖電》（九月十一日王養沖電）。

㉛《龍雲為蔣介石在滇有亟謀統一的表示徵詢意見電》，雲南檔案館編《國民黨軍追堵紅軍長征檔案史料選編》（雲南部分），檔案出版社一九八七年版，第五八八至五八九頁。

㉜《十月七日魯電》（十月七日鄧魯電）。

㉝《九月廿二日堯電》（九月廿二日李曉生電）。

㉞《九月五日衣電》。

張學良說：楊虎城是西安事變主角

——美國所藏張學良檔案新發現

在西安事變中，楊虎城是張學良的親密合作者。我在美國閱讀張學良的口述史及其相關檔案資料時，楊虎城是注意的重點之一。結果發現部分新資料，有助於西安事變研究的進一步深入。

一、陪襯？主角？

一九五六年十二月，蔣命張學良回憶西安事變時，曾特別指問楊的情況。當時，張學良的回答是：「平心而論，西安之變，楊虎城乃受良之牽累，彼不過陪襯而已。」但是，到了上一世紀九十年代，在回答張之丙姐妹的訪談時，張學良卻說：「西安事變就是楊虎城，當然我們兩個人，那是楊虎城不平啊。」又說：「那西安事變……那可以說他是主角哇，不過名義是我，我是主角了。當然由我負責任。」從「陪襯」到「主角」，反映出張學良晚年對楊虎城在事變中的作用有新的估計。

根據張學良所寫《西安事變反省錄》，在事變前，楊虎城曾兩次向張學良進言，希望張對蔣介石有所行動。

第一次在一九三五年。當年十月初，東北軍第六十七軍一一〇師何立中部自延安回防甘泉途中，在大小嶗山受到紅軍第十五軍團徐海東部伏擊，全軍覆沒，何立中等被擊斃。同月二日，蔣介石在西安建立剿匪總司令部，蔣自任司令，以張學良爲副。十月九日，蔣、張命楊虎城以所部主力在宜川、洛川一線設防，阻止紅軍向南發展。當時，楊虎城已對「剿共」持消極態度。他向張學良陳述，無錢又無補給，並且發牢騷說：「剿匪」等於「無期徒刑」。「以中央軍之數量，東北軍之精銳，皆未能消除共匪，區區如彼之軍隊，能何爲乎？」同年十一月，東北軍第五十七軍一〇九師牛元峰部在陝北直羅鎮受到毛澤東指揮的紅軍圍攻，被俘五千三百人，繳槍三千五百餘支。這兩支部隊先後被殲，編制也就失去，蔣介石並不從兵員、財政上給予補充。張學良覺得這是蔣介石借剿共消滅異己，曾向楊虎城透露「倦於剿匪」的心情。楊虎城所部在「剿匪」中也受到過相當損失，同樣得不到補充，對蔣介石也有怨氣。一九三六年三月，高崇民等在西安出版題名《活路》的小冊子，提倡東北人與西北人合作，聯合抗日。楊虎城同意高的主張，便向張學良建議：向蔣公進言，停止剿匪，團結抗日，節省東北軍和西北軍的消耗。

第二次在一九三六年十二月初。當年十一月，蔣介石飛抵洛陽，進一步策劃「剿共」。張學良於十二月二日隻身飛洛，向蔣介石進言，要求停止內戰，一致抗日，同時要求釋放上海救國會七君子。雙方發生尖銳衝突。張指責蔣「這樣專制，這樣摧殘愛國人士，和袁世凱、張宗昌有什麼區別」，蔣嚴厲表示：「我是革命政府，我這樣做就是革命！」「匪不剿完，決不抗日。」在閱兵時，蔣甚至聲色俱厲地聲稱：「主張容共者，比之殷汝耕不如！」蔣的頑固態度使張學良「有如涼水澆頭」，對蔣絕望。回到西安後談起有關情況，向楊問計，有何方法可以停止內戰。楊在張立誓抗日後，對張稱：「待蔣來西安時，余等可行『挾天子以令諸侯』之故事。」楊的這一想法，已經包含了武力扣蔣的內容，可以說，西安事變的計劃已經成形。後來的西安事變基本上是按照楊的這一思路發動的。

對楊虎城的建議，張學良的最初反應是「愕然」，可見，此前他從未有過類似的念頭。直到張學良向蔣介石進言，一再碰釘子之後，才採納楊議，「決行強諫劫持之謀」。在《西安事變反省錄》中，張學良稱：假如自己當時與何成濬或張群共處，就不會有西安事變發生，可見楊虎城「造謀」的重大作用。張學良晚年之所以稱楊爲西安事變「主角」，當是基於這一考慮。

二、楊虎城的「小傢伙們」

「挾天子以令諸侯」雖出自楊虎城之口，但是，張學良認爲楊虎城出身草莽，不會懂得這一歷史掌故，因此，在一九五七年所寫《坦述西安事變痛苦的教訓敬告世人》一文中，又進一步補充說：

在另一方面，我西安剿匪一位重要的夥伴——陝西綏靖主任楊虎城將軍……他非常熱衷抗日而不願剿匪。這是由於他有兩種心情：一為保存實力，一為趨向時髦。我們兩個人雖非故交，短時間卻結為好友，彼此間無話不說，無事不談。在當時，他已竟（經）被共匪滲透，是利用他另作一個角色——關於這個問題，我並沒有確實的證據（我寫這篇文字，盡力的十分忠實，除非我記憶上小有差錯。我準備任何人向我挑戰……）現在我已曉得，中共的重要幹部，他的偽大使王炳南，當時是在楊的幕中。

我在洛陽歸返西安之後，同楊虎城相談之下，彼此大發牢騷。某一日，又談這個問題時，我問計於他，他沉吟了一下說：「我那些小傢伙們（這是指他的智囊團）倒有一個計策，等待蔣委員長再到西安時，我們不使他離去，我們來一個挾天子以令諸侯」……請注意，他一開口就說「那些小傢伙們」，那證明他背後已有人鼓動他，是利用他來推動我、試探我。

根據張學良的這一回憶，「挾天子以令諸侯」的創意者不是楊虎城，而是他的「那些小傢伙們」，張學良怕別人不明白，還特別加了一個括弧，說明「小傢伙們」就是楊虎城的「智囊團」。這是張學良前此在任何場合都沒有談到過的。

楊虎城的「小傢伙們」是哪些人呢？張學良只談到了中華人民共和國成立後出任波蘭大使的王炳南。王的父親原係楊部高級參謀，與楊私交極好。王在日本、歐洲求學，經費均由楊提供。一九三六年四月，中共駐共產國際代表團委派王到西安，與楊商談停戰抗日問題。此後，王就住在楊的公館裏。

張學良在和張氏姐妹的談話裏，進一步談到了楊虎城和中共的關係。他說：

楊虎城要緊的是王炳南。楊虎城手底下一定比我手底下厲害。不但是文人，還有新城的一個師，差不多都是共產黨。他自己實實在在，他的太太是共產黨。我判斷他的太太就是帶著任務來的……就是當年他的政治部主任……那時候在新城，共產黨的幾個都是女的。

王炳南實實在在的名義就是楊虎城的秘書……楊虎城很聽他的話。

張學良聲稱，楊虎城「新城的一個師，差不多都是共產黨」，顯然誇大了，但是，楊虎城的夫人謝葆真確係共產黨，在楊軍政治部工作。她是在一九二八年一月，經中共黨組織批准和楊虎城結婚的。

楊虎城和中共的關係比張學良所知還要密切。早在一九二七年冬，楊虎城就要求加入中共。他的部隊政工人員中，即有中共黨員十六人。一九二八年十月，楊虎城在日本東京期間，中共中央決定批准楊的入黨要求，指示東京市委辦理，但由於楊很快回國，未能辦理相關手續。一九三四年，楊部警衛團有共產黨員二百餘人。一九三五年十一月，中共北方局南漢宸委託楊的駐北平代表申伯純向楊傳達中共的《八一宣言》。一九三五年十二月，毛澤東、彭德懷派汪峰攜親筆函件會見楊虎城，商談聯合抗日事宜。同月，中共北方局也派王世英到西安和楊虎城會談。一九三六年，毛澤東再派張文彬攜函見楊，達成互不侵犯、建立軍事聯絡等三項口頭協定。此後，張文彬即以十七路軍政治處主任秘書名義長駐楊部。西安事變前，在楊虎城身邊工作的共產黨員，除王炳南，張文彬等外，還有米暫沈、宋綺雲、王菊人、申伯純等人。他們都深得楊的信任，參預機密。楊虎城所稱「我那些小傢伙們」，顯指在他身邊工作的共產黨人。

三、張、楊衝突

蔣介石在《西安半月記》載，十二月廿四日夜，「聞楊虎城堅決不主張送余回京，與張爭幾決裂」。在《西安事變反省錄》中，張學良也曾述及：在送蔣離陝問題上，與楊虎城發生歧見，言語急躁，幾乎同楊決裂。但是，《反省錄》所記，仍覺語焉不詳。關於此事，張學良《敬告世人》書有更詳細的敘述。

張首述楊虎城幕中激烈派的態度及楊所受影響：

楊虎城的反對蔣委員長返京，那不是出諸他自己，而是出諸楊的幕中滲透分子，煽動楊，說我出賣他。所以當時楊虎城對我說：「你是受了蔣夫人、宋子文、端納情感誘惑，有反初衷，你犯了溫情主義，你是同蔣宋兩家有私誼上的關係，可以和平了結。我楊某可是不肯作斷頭將軍的，要幹就幹到底。」

張繼述本人的「氣怒」：

我說：「這樣的國家大事，豈是私情問題，我們不顧一切的行動，是為了發動要求蔣委員長領導我們抗日，今日已確知抗日前途有著，那麼我們還要蠻幹下去，必使內戰擴大發生，而使蔣委員長失去領導，而走向相反的方向，那才是真的有反初衷呢！你怕死嗎？你若是怕死，何必要發動這種大膽的叛變行為？我將隻身護送蔣委員長入京，上斷頭台我一人承當，我決不牽連任何人。」

楊、張之間的這一段對話。不見於其他記載，可補西安事變史乘之不足。

端納、宋子文、宋美齡等到達西安後，經過談判，雙方達成停止內戰、一致抗日，改組行政院等協定，但是，蔣介石只同意以「領袖人格」保證，不肯簽字。這樣，在放蔣問題上，西安方面就出現分歧。有的人主張繼續扣蔣，命蔣在西安發號施令；有的人同意放蔣，但堅持蔣必須簽字；還有人則提出，讓蔣在西安對全國作廣播講話。從張學良的上述回憶看，楊虎城最初是反對無條件放蔣的，二人的衝突即由此發生，並且迅速激化。

張、楊激烈衝突之際，周恩來在場。他勸張「小加休息，容他們會議商討商討」。其後，經周恩來說服，楊虎城同意放蔣。關於此，張學良回憶說：「他的這一番爭論，經周恩來一說之下，即為平息。」

米暫沈的《楊虎城將軍傳》稱：「一時盛傳有楊不同意放蔣的說法。」上述資料證明，張楊衝突，並非只是「盛傳」，而是的的確確發生過的事實。

（原載《炎黃春秋》，二〇〇二年第十一期。）

西安事變前後國共談判史實訂誤

——評陳立夫《成敗之鑒》兼評他對於蘇墱基君的批評

說明：一九七七年，陳立夫在其《參加抗戰準備工作的回憶》一文中首次公佈了周恩來致陳立夫、陳果夫函，以括弧注明：民國二十四年九月收到。

其後，沈雲龍等著文認爲，該函作於一九三六年，而非一九三五年。一九九四年，陳立夫出版回憶錄《成敗之鑒》，繼續堅持舊說。一九九五年七月，台灣《傳記文學》發表蘇墱基《周恩來致陳果夫、立夫函年份剖析》，對一九三六年說作了詳細論證。蘇文稱：「陳立夫所堅持的二十四年完全是誤記：這個問題至此可以拍板定案，再無爭論餘地了。」然而，今年一月份，《傳記文學》又發表了陳立夫的文章，引用蔣介石的「手著」及其他材料，再次堅持周函作於一九三五年之說。陳文稱：「執行周函有關之大事者爲余，年已九十六矣，余記憶力並不衰退，且有其他物證可爲余助，蘇君自以爲是，宜其所考據者均爲似是而非之文件。余若放棄責任，不予以糾正，則歷史之真相永不彰明，豈不爲歷史學家之恥乎！」

筆者是一九三六年說的主張者之一。①一九九五年七月，筆者爲參加美國加利福尼亞州立大學菲士那分校張緒心教授在香港召開的一次討論會，曾作文論述《成敗之鑒》一書中關於周函繫年等問題上的訛誤。一九九六年一月，讀了陳立夫批評蘇墱基的文章後，又續作一文。現將兩文聯綴爲一篇發表。

一、評《成敗之鑒》

一九九四年，陳立夫先生出版了他的回憶錄《成敗之鑒》。由於作者長期擔任國民黨要職，多年參與密勿，因此，他的回憶錄的出版立即引起了海內外學人的關注。閱讀之後，感覺該書提供了不少史料和看法，可以作爲治中國近代史的參考。可述者如：

中山艦事件發生前蔣介石準備出走時陳立夫的「建言」；

一九二七年春國共分裂前夕，陳立夫提議以「打鬥」辦法區分共產黨人；

「調統機構」的建立，國民黨與國民政府的組織，均「學自蘇俄」；②

胡漢民的性格與胡漢民被囚事件；

西安事變後，陳立夫向蔣介石建議乘機進攻延安，未被採納；

一九三八年在漢口對德使陶德曼的建議；

陳立夫與國民黨中央組織部在歷屆選舉中的作用；

國民參政會的成立；

抗戰期間的教育；

等等。

它們或爲人們提供了前所不知的史料，或爲重大歷史事件提供了佐證。有些問題，雖然作者當時感情激烈，但寫回憶錄時卻冷靜而公正地作了敘述，例如，承認一九二七年上海「清黨」時，「無辜人民之遭害者更不計其數，言之至爲痛心」等，都是對歷史有責任感的持平之論。③但是，讀後也突出地感到，該書還存在不少問題。

一九三一年「九·一八」事變後，日本帝國主義對中國的侵略有增無減，民族危機日益加深。一九三五年，蔣介石爲了準備對日抗戰，命令陳果夫、陳立夫兄弟對外解決與蘇聯的關係，對內解決對中共的關係兩大問題。根據蔣介石的指示，陳果夫，特別是陳立夫做了許多工作。這些工作，必將長久地載入中華民族的史冊，但是檢核《成敗之鑒》的有關記載，卻十分不能令人滿意：不僅過於粗疏簡略，而且訛誤嚴重。

現分幾個問題闡述如下：

（一）周恩來致二陳函的寫作時間

《成敗之鑒》一書說：民國二十四年九月，國民黨軍在陝北一帶圍剿中共的殘餘部隊，延安一帶隨時有被消滅的危險，因此，「周恩來寫信給我大哥果夫和我，希望我們政府不要再圍剿他們，他們願意聽中央，和中央共同抗日。其信經香港黃華表與曾養甫兩同志轉來」。接著，陳立夫在回憶錄中全文引錄了周恩來的信，並以括弧注明「民國二十四年九月收到」。

信真實無訛，有周恩來的手跡爲證，但是，時間並非一九三五年，而是一九三六年。理由如次：

周函云：「分手十年，國難日亟。」周恩來一九二六年在廣州任國民革命軍政治訓練部特別政治訓練班主任，陳果夫在國民黨中央組織部工作，陳立夫在蔣介石身邊任機要科秘書。同年八月，陳立夫隨軍北伐。十二月，周恩來秘密前往上海，任中共中央組織部秘書兼中央軍委委員。至一九三六年，恰爲十年。

周函云：「近者寇入益深，僞軍侵綏已成事實，日本航空總站且更設於定遠營。」僞軍，指僞蒙軍，一九三六年五月，內蒙王公德穆楚克棟魯普在日本帝國主義者策劃下，成立「內蒙獨立政府」，建立僞蒙軍。八月，僞蒙軍進犯綏遠東北地區。周函所稱「僞軍侵綏」，指此。

周函云：「敝方自一方面軍到西北後，已數作停戰要求，今二、四兩方面軍亦已北入陝甘，其目的全在會合抗日。」按：一九三五年十月，紅軍第一方面軍到達陝北吳起鎮。一九三六年八月，紅軍第二方面軍、第四方面軍到達甘南，準備與第一方軍會師。如果周函作於一九三五年九月一日，則其時紅軍還沒有進入甘肅呢！

周函云：「敝方現特致送貴黨中央公函，表示敝方一般方針及建立兩黨合作之希望與誠意，以冀救亡禦侮，得闢新徑。」一九三六年八月廿五日，中共中央致函國民黨中央及國民黨全體黨員，肯定蔣介石在確定對日抗戰方針上的進步，再次呼籲停止內戰，組織全國的抗日統一戰線，抵抗日本帝國主義的進攻，保衛並恢復中國的領土主權。④公函表示：準備在任何地方、任何時候派出全權代表與國民黨談判。周函所稱「致送貴黨中央公函」，指此。公函並稱：「察北的日僞軍又大舉向綏遠進攻了。綏遠、寧夏、內蒙、甘肅各地遍設特務機關之後，又在這些地方建立航空總站與分站了。」此正與周函所言「僞軍侵綏」及日本在定遠營設立航空總站的情況相合。

周函云：「現養甫先生函邀面敘。」自一九三五年末，蔣介石指示駐蘇武官鄧文儀和中共駐共產國際代表團接觸後，南京國民黨方面曾通過多條管道和中共聯繫。一九三六年八月廿七日，中共聯絡員張子華（即周恩來九月一日函中所言黃君）自南京到達陝北保安，向中共中央彙報到南京聯絡的情況，同時攜回曾養甫邀請周恩來赴南京談判的信件及聯絡密碼。⑤周函所稱「養甫先生函」，指此。

以上種種內證無可辯駁地說明，周函顯作於一九三六年九月一日，而非一九三五年九月一日。陳立夫信後所記，顯係事後追記之誤。

（二）一九三六年周恩來是否到過上海、南京

《成敗之鑑》一書接著寫道：

> 與中共交涉時，我方代表是我和張沖，中共代表是周恩來。這項談判，必須有第三國際代表參加，那就是潘漢年。他們兩人必須先得到我方的安全保證，始肯來上海。

又稱：

為對外必須表示全國一致抗日起見，我們要求他們在戰爭爆發以後，即需發表共同抗日宣言，表示全民一致，其內容須包括下列四點原則：

（一）徹底實現三民主義而奮鬥。

（二）取消一切反政府之暴動及赤化運動，停止以暴力沒收地主土地的政策。

（三）取消紅軍，改編為國民革命軍，受軍事委員會的統轄，擔任抗日戰爭之任務。

（四）取消蘇維埃組織，改為行政區，以期全國政權之統一。

再稱：

這四項原則，中共當然同意。後來周、潘二人由我們招待至南京居住，由我直接和他們談判，使他們更為放心。經多次磋商，宣言及條件的文字都已大體談妥，周恩來就想回延安覆命。我命張沖陪他去西安，順便往見張學良，由周口中說出，我們雙方共同抗日，大致已有協定，以免張學良再唱抗日高調，藉以保存實力。潘則留京滬續洽，不料事隔幾天，西安事變忽起，當時張沖、周恩來都在西安，外人罕知其原因為何？

陳立夫以上回憶牽涉到較多問題，這裏，首先要考察的是，一九三六年周恩來是否和潘漢年一起到過上海、南京？

根據現有資料，周恩來當年活動日程如下：

一月：在陝北瓦窯堡，先後出席中共中央常委會議及政治局會議。

二月：佈置李克農等到洛川與張學良會談，到清澗和劉志丹等指揮攻打義合鎮。

三月：到綏德溝口，沿黃河南行，進入山西，聽取中共北方局王世英、張子華和曾養甫接觸情況的彙報；出席中共中央政治局會議。

四月：回瓦窯堡；出席中共中央常委會和政治局會議；到膚施，與張學良會談。

五月：出席中共中央常委會與政治局會議。會見第二次到陝北的張子華，聽取張與曾養甫、諶小岑談判情況的彙報；致函諶小岑，歡迎他到陝北來「商討大計」。

六月：出席中共中央政治局會議及中共中央常委會；由於國民黨軍進攻，指揮部隊撤退到磁窯；月底，赴安塞。

七月：在安塞聽取劉鼎關於東北軍情況的彙報；會見美國記者斯諾

八月：出席中共中央政治局會議。卅一日，致函曾養甫表示：「蘇區四周□□□，弟等外出不易。倘兄及立夫先生能惠臨敝土，則弟等願負全責保兄等安全。萬一有不便之處，則華蔭之麓亦作爲把晤之所。」書發，沒有回音。

九月：一日，致函二陳。廿二日，再次致函二陳，指定潘漢年爲聯絡代表前去談判。廿八日，張子華自廣州致電周恩來，聲稱曾養甫邀請周恩來到香港或廣州談判，但周恩來只同意以西安爲談判地點。

十月：出席中共中央政治局會議；致電張子華，要他轉告曾養甫、陳立夫，中共中央決定由潘漢年進行初步談判。

十一月：出席中共中央政治局會議；與毛澤東共同致電張子華，要他轉告陳立夫及曾養甫：「只要國民黨方面不攔阻紅軍抗日去路，不侵犯紅軍抗日後方，紅軍願首先實行停止向國民黨軍隊攻擊。」電報提議：「國民黨方面，立即下令暫時停止西北各軍向紅軍進攻，雙方各守原防。」電稱：在確保安全的條件下，周恩來可以赴廣州談判。在雙方主要代表未會談前，擬派潘漢年先與陳立夫、曾養甫會談。十五日，離保安，先後到河連灣、洪德等地與彭德懷、賀龍等會晤。三十日，回保安。⑥

十二月：十二日，西安事變爆發。十五日，偕羅瑞卿、張子華等啓程赴西安。十七日到達。

可見一九三六年，在西安事變之前，周恩來的活動範圍沒有超出陝北和山西。《成敗之鑒》一書所云「招待至南京居住」，「想回延安覆命」，「命張沖陪他去西安」云云，都並不正確。

一九三七年三月廿二日，周恩來應蔣介石之邀，與張沖自西安飛上海，會晤宋美齡，請她將中共中央的談判條件交給蔣介石。隨即由潘漢年陪同，到杭州和蔣介石談判。四月初，回到延安。五月下旬，再飛上海，轉赴南京、廬山，與蔣介石會談。七月七日，和博古、林伯渠再飛上海。十三日（或十四日），第二次到廬山和蔣介石談判，旋即赴上海，返延安。當年八月九日，和朱德、葉劍英飛南京，與張沖等談判，直到同月廿一日，回延安參加中共中央政治局擴大會議爲止。陳立夫在《成敗之鑒》中的有關回憶，可能是將兩年中的事實混記在一起了。

（三）關於所謂「四項原則」以及潘漢年、陳立夫之間的談判

陳立夫的上述回憶談到「四項原則」，並稱中共「當然同意」，又稱：西安事變前，宣言、條件已「大體談妥」。情況是否如此呢？答案仍然是否定的。

一九三六年五月，在和中共北方局代表周小舟談判中，陳立夫確曾與曾養甫商量，並經蔣介石同意後，提出過四項條件：

（一）停戰自屬目前迫切之要求，最好陝北紅軍經寧夏趨察、綏、外蒙之邊境，其他游擊隊則交由國民革命軍改編；

（二）國防政府應就現國民政府改組，加入抗日分子，肅清漢奸；

（三）對日實行宣戰時，全國武裝抗日隊伍自當統一編制；

（四）希望（共產）黨的領袖來京共負政治上之責任，並促進聯俄。⑦

六月底，七月初，中共北方局代表又曾與陳立夫的代表諶小岑等商定：

（一）參加民族革命之一切武裝力量，不論黨派，在同一目的下，實現指揮與編制之統一。

（二）共方放棄過去一切足以引起國內階級糾紛之活動，國方可承認蘇維埃主要區域在民主政府指揮之下作爲特別實驗區。

（三）國方在共方承認全國武裝隊伍應統一指揮與編制的同時，即行停止圍剿，並商定其武裝隊伍之駐紮區域，與以其他國軍同等之待遇。

（四）在共方決意接受國方上述軍事政治主張之原則下，國方執行：一、抗日民族革命之民主自由，但其限度以不反黨國爲原則。二、紅軍之駐紮區域採商定方式，依雙方之同意而決定。三、蘇維埃政權取消係指蘇維埃之獨立於中央而言，其地方組織形式可適當保留。四、共方之表示與國方所負之義務應在同時實行，其實現方式由雙方協定後實行之。⑧

以上四條，只是雙方代表初步達成一致，並未最後敲定。七月四日，陳立夫將第（二）條修改爲：共方如同意國方上述之主張，應於此時放棄過去政治主張，並以其政治軍事全部力量置於統一指揮之下，將第（四）條修改爲：國方在共方決意放棄蘇維埃政權的條件下，即以國方爲主體，基於民主的原則，改善現政治機構，集中全國人才，充實政府力量，以負擔民族革命之任務。此後，雙方繼續處於協商狀態中。

十一月十日，潘漢年和陳立夫、張沖在上海滄州飯店舉行會談。此次會談，由於潘漢年在第三天就向毛澤東、張聞天、周恩來等寫了非常細緻、具體的書面報告，不僅談判內容、雙方對話，就連當事者的聲音笑貌都有追記。因此，使我們今天對此次談判可以有非常清晰的瞭解。其過程是：

潘遞交周恩來致蔣介石及陳果夫、陳立夫信。陳問潘：是「代表周個人或代表毛」？潘答：「代表整個蘇維埃政府與紅軍，並非代表任何個人」。陳請潘陳述中共方面的合作條件，潘講了中共中央不久前起草的《國共兩黨抗日救國協定草案》的大概，詢問南京方面的意見。陳聲明代表蔣委員長作答覆：「第一，中共既願開誠合作，就不應有任何條件。第二，對立的政權與軍隊必須取消。第三，目前軍隊可保留三千人，師長以上人員一律解職出洋，半年後召回，按才錄用；黨內與政府的幹部可按才適當分配南京政府各個機關服務。第四，如果軍隊能如此解決，則你們所提政治上各點都好辦。」陳講完後，笑著問道：「這條件恐不易接受吧？」

潘漢年當然感到國民黨方面的條件突然變苛刻了，但他也笑著說：「這是蔣先生站在剿共立場的收編條件，不能說是抗日合作的談判條件。請問陳先生，當初鄧文儀在俄活動，曾養甫派人去蘇區，所談均非收編，而是合作，蔣先生爲甚目前有如此設想？大概誤會了紅軍已到無能爲力的時候，或者受困日本共同防共協定之提議，磋商合作條件尙非其時？這樣消耗國力的內戰，眼見一時尙無停止可能，日本乘機進攻之野心當亦繼續無已，南京日來標榜之決心抵抗，未知從何做起？歷史上未見對外對內兩重戰爭可以同時並進，先生以爲如何？」

聽了潘漢年的回答，陳立夫安靜地閉上眼睛，想了想，輕聲說道：「是的，條件很苛刻，談判恐一時難於成就，不過周恩來如能全權代表軍事出來與蔣先生面談，或者保留的軍隊數目尚可斟酌，如由三千可擴大爲一萬之數。無論如何，蔣先生中心意旨，必須先解決軍事，其他一切都好辦。你我均非軍事當局，從旁談判也無結果，可否請周恩來出來一次？」

「如果蔣先生無談判合作之必要，我想他不會來。」潘答。

「蔣先生答應，如周出來，他可以和周面談，或者那時蔣先生條件不致太苛也難說。」陳稱。

「那麼要不要把蔣先生所提收編各點同時打電報給裏面呢？」潘帶著一點滑稽笑聲問陳。

「這樣周恐不能來。暫時不提也好，看周到底願不願與蔣先生親自談。」陳考慮之後說。

「這豈不成了我騙他出來？何況正在交戰激烈之際，暫時停戰問題不解決，我想他是無法出來的。」潘稱。

「能否停戰，蔣先生意思要看你們對軍事問題能否接受來解決，而軍事問題，雙方談了必須負責，因此必須雙方軍事直接負責人面談。」陳答。

在陳立夫堅持要周恩來出來談判的情況下，潘漢年試圖改變談話中心，提出爲了雙方軍事負責人面商，先談無條件暫時停戰，各守原防，被陳拒絕。彼此長時間沉默之後，張沖提出，如果周恩來肯出來，他負責保障其安全。陳也表示，周的安全沒有問題，建議潘先打一個只提要周出來與蔣談軍隊問題的電報，至蔣所提各點，待覆電再說。

「整個問題的談判恐一時難以成熟，可否就陳先生所管各種政治的群眾運動，以及反政學系、漢奸等局部問題先行談判，以形成將來整個合作的基礎？」爲了打破僵局，潘漢年再度轉移話題。

「這樣不可以。」聽了潘的提議，張、陳相視，表示驚異，陳立夫想了很久，回答道，「必須整個來談，並在唯一領袖的意志下進行工作。」他再一次提出，請周恩來出來談判，要潘漢年給周打電報。潘不便固拒，答應了。

張沖送潘漢年走出飯店，他悄悄告訴潘，陳立夫對委員長所提辦法也很失望，他們將盡一切力量促成此事。⑨

潘漢年第一次和陳立夫的談判經過如上。

十一月十六日，潘漢年應張沖之邀第二次去南京。十九日，陳立夫自洛陽向蔣介石請示歸來，與潘繼續談判。陳稱：蔣堅持原提各點無讓步可能。他要求潘將蔣所提收編辦法報告陝北，遭到潘的拒絕。潘提議先談暫時停戰辦法，以便雙方軍事長官就近面商一切；陳等則稱如軍隊條件不解決，無從停戰。雙方辯論激烈，潘稱：「如蔣先生堅持繼續剿共甚至聯日反蘇，前途如何？輿情如何？全國人民對蔣先生之稱謂如何，實堪杞憂。養甫先生轉告我們關於合作辦法，關於軍隊一點，離我們所提原則尙遠；今蔣先生所提較養甫先生所講更遠，這從何談起。」陳則稱張子華所述曾養甫意見純屬子虛。至此談話無法繼續下去了，潘漢年表示準備晚車回上海。當晚，張沖來見潘漢年，婉言陳立夫左右爲難，事當雙方繼續努力，並稱，陳還是希望潘將蔣的意見電告陝北。潘稱：「這樣豈不是恩來更不能出來？」張答：陳先生亦如此對蔣說過，但蔣說不妨，周還是會出來的。陳先生以爲周如能與蔣面商，條件可斟酌。⑩

十二月初，陳、潘之間還談判過一次。陳表示可將保留紅軍的人數由三千增至三萬，其他條件不變。十二月十日，中共中央致電潘漢年，表示「根本不能同意蔣氏對外妥協對內苛求之政策，更根本拒絕其侮辱紅軍的態度」，堅持「紅軍不能減少一兵一卒，而且須要擴充」，「離開實行抗日救亡任務無任何商量餘地。」⑪同日，周恩來致電張學良，告以和蔣介石談判情況，表示：紅軍可在抗日救亡的前提下，改換抗日番號，劃定抗日防地，服從抗日指揮；彼方如有誠意，須立即停戰，並退出蘇區以外，靜待談判結果。紅軍決心以戰爭求和平，絕對不作無原則的讓步。⑫可見，西安事變前，中共與陳立夫之間並未達成任何協定，因而，《成敗之鑒》一書對中共和張學良的指責也就失去根據。

一九三七年，國共兩黨間經過頻繁談判。七月十五日，周恩來起草《中共中央為公佈國共合作宣言》，其中提出：

一、孫中山先生的三民主義為中國今日之必需，本黨願為其徹底的實現而奮鬥。

二、取消一切推翻國民黨政權的暴動政策及赤化運動，停止以暴力沒收地主土地的政策。

三、取消現在的蘇維埃政府，實行民權政治，以期全國政權之統一。

四、取消紅軍名義及番號，改編為國民革命軍，受國民政府軍事委員會之統轄，並待命出動，擔任抗日前線之職責。⑬

此宣言於七月十五日由中共中央交付國民黨。九月廿二日，國民黨中央社公開發表，第二次國共合作正式形成。

可以看出，除三、四兩條次序顛倒外，《成敗之鑒》一書所提到的「四項原則」正是中共中央宣言所提的四條，但這已經是西安事變發生八、九個月之後的事了。

（四）潘漢年與共產國際往來電文問題

《成敗之鑒》又寫道：

事變發生，中央連夜召開緊急會議，其結論如下：（一）對張、楊採取嚴厲態度，依據歷史教訓，凡元首被挾持，中央態度軟弱者，元首必被害，故中央決意討伐；（二）令何敬公主持討伐軍事，迅速入關；（三）其他有助於蔣公出險之一切措施，齊頭並進。我就根據第三項與曾養甫兄商定，立即請杜桐蓀同志趕赴上海約潘漢年來京，次日即令潘致第三國際一電，大意如下：「張楊之叛變劫持蔣委員長，全國軍民均不齒其所為，蔣如有不幸，中國失去抗日領袖，日軍可極容易佔領中國，此將於蘇聯為最不利，國民政府採嚴正之態度，以應此變。」

再次日又去一電如下：「昨電諒達，周恩來同志如尚在西安，擬請立即去電令毛澤東及周恩來兩同志影響張楊，協助蔣委員長出險，此則於中蘇兩國均有利也。」兩電用密碼（**潘之密碼在我處**）發出，由南京與莫斯科直通之電台拍發，次日接第三國際覆電大意如下：

潘漢年同志：兩電均悉，所見甚是，已電令毛澤東、周恩來兩同志遵照執行。

這一段回憶中，關於國民黨中央連夜開會的情況，證以留存下來的會議記錄，大體屬實，但是，關於潘漢年的兩通電報以及共產國際的回電則很可疑。

第一，《成敗之鑒》的有關回憶和陳立夫以前的回憶不一致。五〇年代，陳立夫接受夏蓮蔭訪問時的回憶是這樣的：

參加十二月十二日會議之後，回到家裏，當晚無論如何不能入眠，我不斷問自己：我能做什麼？第二天早晨，我請潘漢年到我家來，要求他致電共產國際，分析西安形勢。作為共產國際代表，他應該電陳意見，幫助決定政策。我建議他指出，如果蔣先生出了什麼事，其結果將是災難性的。中國將失去抗日的領導人。日本由於企圖征服我們，必然發動侵華戰爭，其後，目標將轉向蘇聯。其結果不僅關係中國的存亡，也將關係蘇聯。我還建議他報告，人們一致反對張學良，支持蔣先生。他同意並且起草了電報，我們將他譯成密碼發出了。此前，為了和共產國際通訊，他將密碼轉交給了我們。

為了免得周恩來在西安火上加油，次日，我要求潘漢年再次致電共產國際，報告全國一致反對張學良，同時希望共產國際指令周恩來，設法保證釋放蔣先生，至少，指令他不要「加油」。第二天，接到了來自共產國際的一份電報，中稱：收到了潘的兩份電報，他對形勢的分析是正確的。共產國際贊同他的觀點，並已按建議致電周恩來。「我有這三份電報的副本。不幸，一九三八年和其他重要文件一起丟失了。」陳立夫補充說。

共產國際給了中國共產黨一項指令，大意是：蔣先生的安全意味著蘇聯的安全。

陳立夫接著說。⑭

陳立夫講得很清楚，潘漢年的兩通電報和共產國際的覆電副本早在一九三八年就丟失了。因此，五〇年代接受訪問時，對電文內容只有一個模糊、籠統的回憶，而在九〇年代的回憶時卻有了具體的措辭，人們不得不提出問題，電文從何而來，它的可靠性如何？

首先，第一通電報使用了「叛變」、「劫持」等字樣，不類潘漢年口吻。

其次，第二通電報稱：「周恩來同志如尚在西安」。前已論證，西安事變前，周恩來根本沒有離開陝北，因此，所謂「如尚在西安」云云，只能是陳立夫在錯誤記憶基礎上的虛構。

第三，陳立夫在接受夏蓮蔭訪問時，絕口未提毛澤東，何以在第二次回憶時，卻出現了毛澤東？

第四，西安事變時，中共中央的「總負責」是洛甫（張聞天），負責和共產國際電訊聯繫的也是洛甫。毛澤東只是軍委主席，很難設想，共產國際的電報只「電令毛澤東、周恩來兩同志遵照執行」，而完全不提洛甫。

西安事變後，潘漢年確曾和陳立夫有過聯繫。十二月十九日，毛澤東致電潘漢年，指示他「向南京接洽和平解決西安事變之可能性，及其最低限度條件」。⑮廿一日，又指示潘向陳立夫提出五項合作抗日要求，表示可在上述條件有相當保證時，「勸告西安恢復蔣介石先生之自由」。⑯諶小岑也回憶，曾養甫告訴他，潘漢年已經到了一次南京，他和陳立夫同潘漢年在中央飯店談了一次，交換了解決西安事變的意見。諶小岑又回憶說，潘是以第三國際和中共中央的代表身分來同陳立夫、曾養甫談話的，談話內容是雙方同意西安事變可以在停止內戰，一致對外的條件下和平解決，讓蔣介石回到南京。⑰但是，陳立夫所說，他要潘漢年致電共產國際以及共產國際回電等情節，目前還沒有其他文獻可以證明，陳立夫回憶的有關電文內容尚難視爲信史。

（五）不算離題的話

人類歷史不可能事事都有文字記載。歷史當事人的回憶之所以可貴，就在於它能提供文獻無徵，特別是只有一二人知道的私房資料，此其長處；但是，也正由於文獻無徵，記錯、記亂的可能性極大，此其所短。而一旦記錯記亂，他人不加考察，或者沒有足夠的文獻資料可加考察，那就可能造成謬誤流傳、真相堙沒的後果。因此，歷史當事人在寫作回憶錄時一定要慎之又慎，要儘量利用一切有助於喚起記憶的文獻資料，對涉及的人物、地點、時間，要作必要的考核與考訂。同樣，歷史學家們在使用有關回憶錄時也不可不愼之又愼。

檢核《成敗之鑒》一書中的史實訛誤，有些是並非陳立夫先生親歷，僅憑耳聞或猜想所致，如，北伐時期蔣介石派邵力子去馮玉祥處聯絡，派黃郛去張作霖處聯絡，徐州會議的「三項協定」，北伐軍和平進入北京、天津的原因等，或非事實，或與事實相左，但是，大多數錯誤則由於記憶失真。人的記憶常常靠不住。事隔多年，僅憑記憶，訛誤自然難免。現存國共談判當事人的有關回憶，差不多都有這樣那樣的錯誤；陳立夫先生以九十高齡回憶自己的早年經歷，自然靠不住的地方會更多。但是，如果在撰寫回憶錄時，能夠查考文獻資料，或請歷史學家幫助，上述錯誤是可以避免或減少的。

除史實訛誤外，《成敗之鑒》所披露的內幕史實似乎太少。陳先生稱：他追隨在蔣介石身邊，「參與了很多機要，整整地有二十五年之久」。現在的回憶錄似乎和這一地位不大相稱。陳先生又說：他寫這份回憶錄，「希望能爲國民革命史實，提供若干補充說明，也爲中華民國史，提供若干真實史料，爲歷史作見證」。現在看來，《成敗之鑒》還未能完成這樣的任務。《成敗之鑒》存在的其他問題尚多，限於篇幅和時間，不擬一一論述了。

據聞，陳立夫先生精力尙佳，是否有可能對《成敗之鑒》作比較充分的修改呢？

二、評陳立夫對蘇墱基君的批評

關於周恩來致二陳函的寫作年份，蘇墱基君《周恩來致陳果夫、立夫函年份剖析》一文言之甚詳，與敝見相合，本已無話可說。及至讀了立夫先生《糾正蘇墱基君對周恩來函時間考據之錯誤》一文後，覺得仍有不能已於言者。

立夫先生說得對，周恩來致二陳函是關係國民政府改變對內對外政策的一份重要文件，關於它的寫作年份，自有認真考據，加以確定的必要。

（一）考訂文件寫作時間最重要的是內證

人所盡知，如果一份文件自身沒有署明寫作年代或所署年代可疑時，最重要的是檢核文件自身，看看它在哪些方面留下了可資考訂的證據和痕跡。周函雖不長，但有關印跡頗多。它們或涉及收信雙方的生平離合，或涉及近代中國的重要時事，都是據以考訂函件寫作時間的可靠證據。這些證據，考證學上稱爲「內證」。循此以求，該函的寫作年代本是不難確定的。但是，立夫先生未能注意於此，而要求助於秦孝儀先生；秦孝儀先生又不加深考，舉蔣介石氏所著《蘇俄在中國》所述爲證，該書稱：

> 到了二十四年的秋季，陳立夫向我報告，周恩來在香港與我駐香港負責人曾養甫，經由友人介紹見面，希望我政府指派代表與他們商談，而且他只要求從速停戰，一致抗日，無其他條件。周恩來又於九月一日致函陳果夫及立夫，申明中共要求停戰抗日的立場。

蔣氏是當事人之一，他判斷函件作於民國二十四年，於是立夫先生就據以立論了，《糾正》一文稱：

由於上述為蔣公之手著，已足以證明周函之來為民國廿四年秋，而非二十五年明矣！

至此，立夫先生似乎覺得已經功德圓滿、真相大明，然而，人們要問：「蔣公手著」就是可信的嗎？

要考訂一份文件的寫作時間，除了「內證」外，考據學也重視文件以外的證據，例如其他文件的記載、當事人或相關人的回憶等，此類證據，稱之爲「外證」。陳立夫先生拿出來的就是一種「外證」。然而，「外證」情況複雜，必須具體分析，區別對待。有的有權威性，有的則沒有。如果立夫先生拿出來的是蔣介石一九三五年的日記，或者當年的其他什麼文件，那麼，人們是可以相信，並且從此緘口不言的。然而，立夫先生拿出來的是《蘇俄在中國》，這就不然了。

人的記憶常常靠不住。《蘇俄在中國》寫作於一九五六年，據事件當年已有二十年之遙，「蔣公」並非超人，同樣有記錯的可能。這樣的「外證」是難以使人信服的。

《蘇俄在中國》並非一本寫得很嚴謹的書，其錯誤隨手可以撮舉。例如，除周恩來致二陳函的寫作時間是錯的以外，關於一九三五年周恩來在香港與曾養甫談判一事也是錯的。人們只要翻檢有關史書，就可以知道：整個一九三五年，周恩來都在長征途中。當年七、八、九三個月，則在雪山、草地中跋涉，怎麼可能到香港談判？事實是：一九三六年六月，潘漢年受中共駐共產國際代表團委派，回國和國民黨談判，途經香港，陳果夫派張沖前往會見，約定聯繫辦法。《蘇俄在中國》一書的錯誤是潘冠周戴了。

立夫先生以為凡「蔣公手著」就可信，這就走進誤區了。

（二）《蘇俄在中國》的執筆人是陶希聖，致誤的原因在於陳立夫本人

是什麼原因造成了《蘇俄在中國》的上述錯誤呢？

五〇年代，立夫先生接受美國哥倫比亞大學東亞研究所夏蓮蔭女士的口述歷史調查時曾有下列問答：

「您是否曾向蔣先生報告，周恩來經過友人的介紹，已和曾養甫打交道，希望政府指派代表和中共談判？」夏蓮蔭問。

「一九三五年秋，我派曾養甫去香港。果夫和我告訴他，如果中共表示談判和平的願望，我們準備討論。但是，不能說出這一主意來自蔣先生，而只稱這是我們的意見。我們打算在容共上向前走一步。」陳立夫答。

「為什麼我們選派曾養甫去香港？因為他的同學諶小岑在那裏。實際上，我們都是北洋大學的同學。諶是湖南人，積極參加五四運動，思想略微左傾，雖然不是共產黨，但很親共。他已經逐漸轉變。五四運動後，我們一起在《北洋季刊》工作，曾經是好朋友。他在香港做什麼？爲報紙、雜誌寫文章。他有共產黨朋友。諶瞭解雙方都願意接觸，經過諶，周恩來和曾養甫獲得了見面機會。共產黨在上海已經失敗，我們摧毀了他們的中央機關，他們發現難以繼續工作。周恩來抵達香港，他們可能接到莫斯科的命令，要求他們和我們合作。」

「曾養甫和周恩來討論得如何？」夏蓮蔭再問。

「我不知道。」⑱

將《蘇俄與中國》的有關段落和立夫先生與夏蓮蔭女士的上引對話加以比較，可以看出，在周恩來、曾養甫香港會談這一問題上，二者除詳略不同外，潘冠周戴的情況完全一模一樣。

「九月一日，周恩來是否給果夫先生和您寫過一封信，重申中共停止內戰，和政府一道抗日的願望？」夏蓮蔭女士繼續提問。

「是的。曾養甫將信帶給了我們。在這封信裏，中共表達了停止內戰，抵抗日本的願望。周恩來很聰明，他寫信給我們弟兄，可能是想，如果他去南京，接觸處於能保證他的安全這一位置的人是必要的。我有周這封信的手跡。我的秘書在台灣爲我保存著原件。蔣先生在寫作《蘇俄在中國》之前，陶希聖需要這封信，我複製了一份給他。」陳立夫繼續答。⑲

好了，真相至此可以說大白了。《蘇俄在中國》一書是陶希聖協助蔣介石完成的，他應該就是該書的真正執筆者。當他向立夫先生索要周恩來致二陳函時，必然會詢問該函的寫作時間及其前後情況，而立夫先生在爲陶希聖複製該函時，也必定會包括信尾立夫先生自己添注的「民國二十四年九月收到」等字樣。至於所謂周恩來、曾養甫香港會談之說，也必然是立夫先生與陶希聖的談話內容之一。

立夫先生當年向陶希聖提供了錯誤情況，四十年後，又用根據自己提供的錯誤情況寫成的書爲自己作證，看來記憶真是太作弄人了。

（三）陳立夫赴蘇另有原因，和周恩來致二陳函無關

立夫先生之所以堅持周函作於一九三五年的另一理由，是他和張沖的赴德時間。

立夫先生的說法是：在周恩來來函之後三個月，蔣公瞭解到蘇俄在東方所採取的政策，因此，派他本人和張沖一起赴俄交涉。二人隨程天放大使赴德上任所乘郵輪啓程，準備自柏林轉赴蘇聯。立夫先生考證出：該輪啓航時間爲「廿四年十二月廿四日，抵德爲廿五年元月，（程天放）呈遞國書爲二月二十七日」，因此，周函應作於民國二十四年。

不錯。程天放上任所乘郵輪啓航、抵德等時間均確鑿無誤。但是，蔣介石決定派陳立夫和張沖赴蘇聯辦交涉卻另有原因，與周恩來致二陳函無涉。

蔣介石早有要抗日，必須解決對蘇與對共兩大問題的想法。一九二七年十二月，由於蘇聯駐廣州副領事哈西斯等參與指揮中共在廣州的暴動等原因，蔣介石決定斷絕和蘇聯的外交關係。一九三一年九・一八事變後，在日本帝國主義的侵略威脅下，蔣介石又逐漸傾向於聯俄制日。一九三二年，他派顏惠慶向蘇聯外交人民委員李維諾夫提出兩國復交問題，建議締結互不

侵犯條約。一九三三年初，日本侵略軍進攻山海關等長城要隘時，蔣介石聯俄制日主張進一步明確。當年一月十七日日記稱：

倭寇之所最忌者為我聯俄與派兵入熱二事，而其志在得熱河，建要塞，以防中俄將來聯合攻滿也。我第一步對俄復交，乃與〔予〕以第一打擊。今復派兵入熱，使其不能垂〔唾〕手得熱，是其第二打擊。總以與俄有關係之點，研究打擊方法，先使其精神受脅然後再與接洽。⑳

這裏說得很清楚，「對俄復交」是打擊「倭寇」的重要辦法之一。一九三四年初，蔣介石制訂的「攘外」計劃又規定：「聯絡美、俄，厚交英、意」。㉑當年五月五日日記稱：「對俄則聯絡其感情。」㉒同年秋，蔣介石派蔣廷黻赴蘇訪問。一九三五年七月，孔祥熙訪問蘇聯駐華大使鮑格莫洛夫，詢問「蘇聯政府是否打算同中國簽訂互助條約」。㉓同年十月十八日，蔣介石在孔祥熙住宅會見鮑格莫洛夫，詢問蘇聯是否同意簽訂一項「實質性的真正促進中蘇親密關係並能保障遠東和平的協定」。㉔此後，當蔣介石瞭解到共產國際和中共駐共產國際代表團的態度後，決定加快聯絡蘇聯的步伐。事情的經過是：一九三五年七月至八月，共產國際在莫斯科召開第七次代表大會。八月二日，季米特洛夫在會上號召各國共產黨「在無產階級統一戰線的基礎上建立廣泛的反法西斯人民陣線」。八月七日，中共代表團長王明在會上報告，他在敘述了由於日本帝國主義者「野蠻進攻」而造成的中國民族危機之後說：

我認為，中國共產黨和中國蘇維埃政府應當發表一項聲明，向一切政黨、團體、軍隊、群眾組織和著名的政治家說明情況，請他們準備參加進去組成一個統一的國防政府。我在這個國際講壇上宣布，共產黨中央和蘇維埃政府準備在組成這樣一個政府的談判中採取主動，並願與一切不願作亡國奴的人們，在大家都能接受的綱領的基礎上，為了挽救我們的祖國，撇開在其他重要問題上的分歧，共同參加這個政府。紅軍準備戰鬥在這個聯合的軍隊的最前列，與其他軍隊攜手並進，唯一的條件是這些軍隊停止進攻紅軍，真正反對日本帝國主義及其代理人。

同日晚，王明又在會上重申這一呼籲：

一切不願作亡國奴的同胞們，一切願意保國衛民的軍官和士兵兄弟們，一切願意參加抗日救國神聖事業的黨派和團體們，國民黨和藍衣社中一切真正愛國愛民的熱血青年們，一切關心祖國的僑胞們，中國境內一切受帝國主義者及其走狗壓迫的民族（蒙、回、韓、傣、苗、黎等等）的兄弟們，中國共產黨竭誠歡迎你們與蘇維埃政府一起參加全中國統一的國防政府。㉕

同時，王明表示，紅軍準備同「一切願意手拿武器去救國的軍隊，一切願意參加抗日戰爭的官兵和將領們組成抗日聯軍」。其後，王明又在《共產國際》、《救國報》等處發表了《爲反帝統一戰線而鬥爭和中國共產黨的直接任務》等一系列文章。

當時，鄧文儀任中國駐蘇使館武官，他讀到王明的報告和發表在《共產國際》等處的文章後，在回國時向蔣介石提交了一份摘要，於是，蔣介石立即召開高級幹部會議，提出統一全國共同抗日的主張。㉖同時，蘇聯駐華大使鮑格莫洛夫也向蔣介石表示，蘇聯政府願同南京方面具體談判軍事互助問題。㉗於是，蔣介石一面命鄧文儀立即返回莫斯科，找王明談話，討論聯合共產黨抗日問題，一面派陳立夫、張沖秘密前往柏林，準備轉道訪問蘇聯，討論和蘇聯的軍事互助問題。可見，陳立夫、張沖二人一九三五年末赴蘇，與周恩來致二陳函完全無涉。立夫先生將兩件事情攪在一起，並以之作爲周函寫作年代的證明，仍然是記混了。

歲月不饒人。在回首往事時，不能過分相信自己的記憶；在寫作回憶錄時，要千方百計地利用檔案文獻資料，並作充分而嚴謹的考證。這就是我們通過討論周恩來致二陳函所應該得出的共識。至此，關於周恩來致二陳函的寫作年份的爭論是否可以休止了呢！

（原載《近代史研究》，一九九六年第三期，其中部分內容曾以《蔣公手著及其致誤真相》為題連載於台灣《中國時報》，全文收入《陳立夫回憶錄討論會論文集》，台北《國史館館刊》一九九七年六月、《新華文摘》一九九六年第九期轉載。）

①參作見拙作《陳立夫與國共談判——讀陳立夫口述歷史之一》，北京《團結報》，一九九一年九月廿八日；收入拙著《海外訪史錄》，社會科學文獻出版社一九九八年版。

②《成敗之鑒》，台北正中書局，一九九四年版，第一〇五、一五二頁。

③《成敗之鑒》，第一〇四頁。

④《中共中央文件選集》（十一），中共中央黨校出版社一九九一年版，第七十七至八十八頁。

⑤《周恩來年譜》，人民出版社，中央文獻出版社一九八九年版，第三一九頁。

⑥以上日程，據《周恩來年譜》。

⑦《南京方面一九三六年五月十五日提出之談判條件》。

⑧《南京方面一九三六年七月四日二次提出之談判條件》。

⑨《潘漢年關於與國民黨談判情況給毛澤東等的報告》，《文獻與研究》，一九九三年第五期。

⑩《潘漢年關於與國民黨談判情況給中共駐共產國際代表團的報告》，同上。

⑪《周恩來年譜》，第三三二頁。

⑫《周恩來年譜》，第三三二頁。

⑬《中共中央為公佈國共合作宣言》，《周恩來選集》，上卷，人民出版社一九八〇年版，第七十六至七十八頁。

⑭哥倫比亞大學珍本和手稿圖書館藏。

⑮《毛澤東年譜》，人民出版社，中央文獻出版社，第六二六頁。
⑯同上，第六二七頁。
⑰西安事變前一年國共兩黨關於聯合抗日問題的一段接觸》，《文史資料選集》，第七十一輯，中華書局一九八○年版，第十七頁。
⑱美國哥倫比亞大學珍本和手稿圖書館藏，英文打字本。
⑲美國哥倫比亞大學珍本和手稿圖書館藏，英文打字本。
⑳《蔣介石日記》仿抄本，一九三三年。
㉑《蔣介石日記》仿抄本，一九三四年卷首。
㉒《蔣介石日記》仿抄本，一九三四年五月五日。
㉓《鮑格莫洛夫致蘇聯外交人民委員部的電報》，《近代史資料》總七十九號，北京中國社會科學出版社一九九一年版，第二一八頁。
㉔同上書，第二二○頁。
㉕《共產國際有關中國革命的文獻資料》第二輯，北京中國社會科學出版社一九八二年版，第三九四、四○四頁。
㉖《潘漢年與鄧文儀一九三六年一月十三日談判情況紀要》，參見楊奎松《失去的機會》，廣西師範大學出版社一九九二年版，第四至五頁。
㉗《鮑格莫洛夫給蘇聯外交人民委員部的電報》，《近代史資料》總七十九號，第二二四頁。

附錄一

張學良及其西安事變回憶錄

——讀張學良檔案

張學良的西安事變回憶錄，有文字和口述兩種類型。文字型主要有四種：一、由蔣經國修改定名的《西安事變反省錄》；二、《雜憶隨感漫錄》中的有關章節；三、《恭讀〈蘇俄在中國〉書後記》；四、《坦述西安事變痛苦的教訓敬告世人》。口述型主要有兩種：一、唐德剛的訪談錄。二、張之宇、張之丙姐妹的訪談錄。以上六種回憶錄分別完成於二十世紀五〇至九〇年代。二〇〇二年七月，我到美國哥倫比亞大學珍本和手稿圖書館閱讀了新近開放的張學良檔案，本文將以之爲據，闡述張學良上述回憶錄的產生經過，同時探討張學良這一時期的思想狀態及其變化經緯。

一、張學良奉命回憶

西安事變是近代中國的驚天動地的事件，但是，他的發動者張學良很快就處於被軟禁狀態，長期保持沉默。張學良就西安事變寫回憶，始於一九五六年十一月，完全出於蔣介石的命令。

當時，蔣介石早已退守台灣，正在著手寫作《蘇俄在中國》一書（實際由陶希聖執筆），企圖借此總結和共產黨人打交道的經驗。一九五六年十一月二十日張學良日記云：

> 老劉前日連夜去台北。今日返，午飯後來余屋，告知我，彼係被總統召見，告他令我寫一篇西安事變同共產黨勾結經過的事實，再三囑咐要真實寫來，並說此為歷史上一重大事件。言後又再告劉囑余要安靜。

老劉，指負責看守張學良的國民黨軍統特務隊隊長劉乙光，是張、蔣之間的聯繫者。張學良接到蔣的這一指示後，「百感交集，十分激動，決心不計個人利害，詳述前因後果」，但是，他已多年不再回憶此事，不知由何下筆。當日，他曾向劉乙光談西安事變經過約兩小時，談完又後悔，覺得違背了自己不久前所立「寡言」之誓。這一天晚上，張學良「興奮過甚，前思後想，反覆追思」，一夜未能睡好。

從西安事變送蔣返回南京之日起，張學良已經被蔣介石軟禁了近二十年。此際，正軟禁於高雄西子灣，處於重重看守中，但是，蔣介石對張還是不放心。一九五六年十一月十三日，蔣介石單獨召見劉乙光，詢問張學良的讀書、身體及年齡，命劉向張宣布蔣的兩項禁令：不准收聽中共廣播；不准同警衛人員接近。張聞聽之後，頗有震雷貫耳之感，「反覆思維，深自反省」，決意自十一月十六日起，「寡言，讀書，默思」，「死裏求生，改頭換面，作一番復活功夫」。他對西安事變的回憶就是在這種情況下開始的。

十二月五日，張學良將西安事變回憶錄寫成，不過，那其實是寫給蔣介石的一封長函，首云：「劉乙光同志轉下鈞示，令良將西安事變前後事實，寫一回憶呈閱。聆悉之下，百感交集，惶悚無似。良本下決心，永世不談此事，所以無任何隻字記載存留。而多年來，更不願自尋煩惱，曾自勉連回想亦不再事回想，忽聞斯命，准良將此歷史大事自白，欽佩鈞座之偉大，感激對良之高厚，起而自奮，決心完全坦述，上供鈞座之參考，下垂後人之昭戒。」在長函中，張學良回憶了他和李克農、周恩來等人的聯繫，但聲明發動事變並未向共產黨「徵詢商議」。「如認爲西安之變，由於中國共產黨之宣煽，則不如說，由於良之不學無術，魯莽孟浪。」在寫作前，蔣介石曾通過劉乙光向張詢問楊虎城的情況。張稱：「平心而論，西安之變，楊虎城乃受良之牽累，彼不過陪襯而已。」「至於楊虎城到底同共黨是何等關係，是如何得以結合，良實不知其詳。」

張學良寫這封長函，自稱「主旨在真實」，除記憶上的訛誤外，沒有故意在史實上說假話，但是，長函只寫到他本人發動事變爲止，事變發生後的情況，如拘留蔣介石，宋子文、宋美齡來西安和周恩來談判以及周恩來和蔣會面等情況均略而未談，他本人和共產黨的關係也談得很膚淺。張學良怕蔣介石責備，於十二月六日補寫了一段，特別說明：「假如鈞座對於某事內容或某人之言談，或另有其他之事，欲詳細知道，請明加指示，再專就該一事詳細陳述，如記憶不清者，再詳為回憶。良補此書者，是惟恐鈞座對某一事件，良或漏書，或欠清楚，認為良有意規避。然內中也有諸事，盡力簡述，或覺於正題無關，或覺此時不當再為提起，並非有不錄真實之意也。」當夜，張學良將長函抄好，於六日交給劉乙光，要求務必於當日送達台北。

二、蔣經國要求寫出西安事變的全過程

十二月十日劉乙光自台北回到高雄西子灣，向張學良交回長函。據稱，蔣介石不在台北，只見到了蔣經國。小蔣要張學良完整地寫出西安事變全過程，至蔣介石與張學良等離開西安後三日為止。劉並稱：總統的著意之點，在「真實知道共黨是如何的作到了這項工作，以為反共鬥爭研究資料」。張學良聽後，覺得十分為難，日記云：「不能不寫真實，又不能不為長者諱。」所謂「長者」，當然是指蔣介石。張學良當夜再四思量，終於找到了一種方法，「真而諱可也。」

蔣經國急於看到張學良的修改稿，於十七日電催劉乙光到台北。當日，張學良續致蔣介石一函，說明回憶西安事變時的考慮：

> 良未寫事變當時之事，非有他，實有不忍言者：自愧行為過於醜劣，再多關鈞座於良個人者為多，實難下筆；而其中事實，鈞座多已知之矣。鈞座已知之事，俯乞萬死，庶良不再為追述，茲謹就鈞座未知之事，略陳如下。

張學良爲「有所不寫」找到的理由是：「鈞座已知之事」，何必要我來寫！函中，張學良著重敘述了和蔣在華清池兩次談話之後的衝動心情，很快就轉入自我批判：認爲「此事最重要處，是在當事者良之個人」。他檢討自己：一、滿腹憂患，固執己見，不計利害。二、對共黨無深刻之研究，無正確之認識。函稱，本人之所以犯錯誤，原因在於：痛恨日本人，「徹底確認彼等非要征服中國不止，無調協餘地，非作殊死鬥不可」；而對共產黨，「總覺得同是中國人，不過是所見者不同，權利之事，今日可爲敵，明日在某一目標下又可爲友矣」。最後，張學良總結稱：共產黨「善用攻心之策。彼等早在我方浸透，將內部真實的情緒瞭如指掌，而後所喊的口號和其行動，皆迎合我方上下之心理，使認爲是同道好友，自墮其彀中」。同時，張學良批評國民黨的宣傳，「本主觀之點，室中杜撰，不能對症下藥，所以常鑿枘不入，不起重大作用也。」

張學良所欲爲「長者諱」的，正合蔣介石的心意，所以，張學良的西安事變回憶始終是一份缺少關鍵之處的不完整的記錄。

三、蔣介石要求駁斥「成交」說

在西安事變中，宋美齡、宋子文二人曾代表蔣介石和周恩來等談判，達成改組行政院，肅清親日派、中央軍撤兵並調離西北，釋放愛國領袖等九項協定。蔣介石也曾在與周恩來會面時表示，要停止剿共，聯共抗日。在這一情況下，西安事變得以和平結束，張學良才主動送蔣介石返回南京。但是這一經過，蔣介石始終不願公之於世。他的《西安半月記》僅在十二月廿三日簡單地記載：「是日，子文與張、楊諸人會談約半日，對於送余回京事，眾意尚未一致。」對於他本人和周恩來的見面與談話，竟一字全無。

一九五五年，郭增愷在香港《熱風》雜誌發表《西安事變感言》一文，對所謂張、楊閱讀蔣的日記後受到感動，因而幡然悔悟一說表示質疑，認爲西安事變的解決是蔣與張、楊之間的「成交」，「宋子文和蔣夫人是保證者」，他本人也是「見證人」中的一個。蔣介石對此文很不滿意。一九五六年十二月十八日，劉乙光到達台北，將張學良的回憶長函面交蔣介石。同月二十日，蔣即傳喚劉乙光，聲稱「（張學良）對共產黨（的認識）已有進步，我甚安慰。他將來對革命還可以有貢獻。」同時命劉將郭文轉交張學良，要張在回憶錄中加以駁斥：「這篇東西（指郭文）對我們倆都有關係，必須有以闢明以示後人。」言談之間，給劉的感覺是，蔣「需要甚急」。

郭增愷何人，張學良已不復記憶；在回憶錄中駁郭，必須說假話，張學良感到「甚難寫，弄的不三不四」。思考再三，張學良僅將回憶修改兩小段，另寫《慨中國文人之無行》一文，中云：

有郭增愷其人者，當年在西北公路局任職，為楊虎城之孌佞。……此人真不知羞恥者。我等當年讀過蔣總統日記之後，自認抗日之事已有著落，追悔孟浪，不明領袖謀國苦衷，恭送總統回京，自動隨從請罪，說不到什麼條件成交，更談不到見證，就是有見證的話，恐亦輪不到該郭增愷名下。

此文重點仍在於論證送蔣返京，出於受蔣日記之感動，而非「條件成交」，企在體蔣之意，維護其「偉大領袖」的形象。同時，張學良並於十二月廿一日致蔣一函，聲稱讀郭文之後「可氣亦殊可笑」。函云：

此人為誰，良誠已忘卻，假如良所知的那人是對，彼乃一小丑角色。他不是共黨，他是屬於共黨尾巴的第三黨，在第三黨中也不是什麼重要者。當年曾為楊虎城嬖幸官僚政客之流亞也。在回憶文中難將其人攙入，茲僅就其胡說之處，針對如上，以證其無的之言，另寫一紙以駁之，未審可用否？

十二月廿一日，張學良將寫好的文與函交給劉乙光，立送台北。與劉約定，如認爲不妥，先來一電話，以便準備再寫。

函上，蔣介石沒有再提出新的要求。郭增愷方面，則由張學良在美國的經紀人伊雅格出面斡旋，由張簽付美金支票六千一百元，郭遂不再說話。

四、張學良要求「受訓」

張學良所寫西安事變回憶和對郭增愷文的處理都使蔣滿意。十二月廿四日，蔣將自著精裝《解決共產主義思想與方法的根本問題》及一九五七年日記本一冊交給劉乙光，作爲對張學良的獎賞，同時要劉傳達兩句話：「共產黨必敗」「（張）對反共抗俄，有貢獻處」。張學良得悉後，「中夜反覆自思」，決定給蔣介石及宋美齡各寫一信。次日，張學良將信函交給劉乙光，請他派人送往台北。劉認爲信件重要，表示必須本人親送。

國民黨對擔任高級職務的黨員有輪訓制度。張學良在一九二九年加入國民黨，擔任過中央監察委員、執行委員、政治委員會委員等職。一九五一年十一月，張學良致函宋美齡，「請示黨員歸隊」。一九五四年十月，劉乙光調台北陽明山受訓，張學良也想爭取受訓機會，曾致函張群，但未有下文。此際，張學良揣摩蔣的意思後，再次向劉表示受訓心願，要劉上達。劉爲了避免說錯話誤事，要求張學良寫一份節略給他。

一九五六年十二月廿五日，劉乙光到台北，蔣介石於當夜九點接見。對張的受訓心願，蔣連說好好。劉追問何時？蔣答：須佈置佈置。同月廿七日，劉乙光尚未起床，蔣即電話召見。蔣稱：張受訓一事，貿然從事，恐外間之人有些不諒解，甚或引起風潮；或有人對張侮辱，反而壞事，須先有步趨。其辦法是，張先寫一書，敘述個人經歷、抗日情緒，對共產（黨）的觀感等，公開發表，改變外間觀感，然後方可進行。蔣的意思是要張通過親身經歷，公開反共。張學良得知後，情緒激動，一夜未能成眠。次日，情緒更爲激動。日記云：

「早起，蠢性又發，在老劉處大發牢騷。回來胡寫信，後經老劉苦說，趙四亦加勸言。下午睡過，自感矛盾，即決從事反共，又何顧小小顏面問題。總統賜給機會，准我由九一八以前寫起，這是何深用意！同時外間是有人懷恨切深。把信改書，囑老劉明早去台北。余稚氣太勝，須力加痛改。」

廿九日，劉乙光向張表示，信中仍有不妥之處，張學良此時情緒已經平靜，立即改寫信件，交劉送往台北，並且寫了兩句詩：「昨夜一陣瀟瀟雨，狂風吹去滿天雲。」

五、蔣經國為張學良的回憶定稿

自一九五七年年初起，張學良即遵照蔣介石之命，撰寫範圍更廣的回憶。四月廿二日完成，命名爲《雜憶隨感漫錄》。該稿一部分回憶張作霖，題爲《我的父親和我的家世》；另一部分回憶自己，題爲《我的生活》。其中涉及西安事變的有《我之與國民黨》與《出洋歸國與管東》兩節。該稿指責中共「包藏禍心，別有所圖」，讚揚蔣在西安事變中「剛正嚴厲」，自貶行動魯莽，思想幼稚，可恥而又可笑。張並在致蔣函中聲言，本人對該稿並不滿意，請蔣指示修改之處。廿三日，張將該稿交劉乙光送往台北。

五月一日，劉自台北歸來，告張已將該稿交蔣經國，等了幾天，沒有動靜。同月五日，蔣介石召見劉乙光，聲稱張所寫「係歷史重要文件」，「有價値，有貢獻」，「如不到台灣，無此文」，要張親筆寫一份。同時，蔣並稱，張前所寫回憶西安事變的函件，須加編整，由張親筆抄寫，交高級將領參考。同日，蔣經國召見劉乙光，聲稱總統已將張的函件交自己修改。五月十日，蔣經國將修改稿及《雜憶隨感漫錄》原件退給劉乙光。張學良收到後發現，蔣經國已將自己去年十二月五日和十七日寫給蔣介石的函件合併，改爲一篇文章，題名《西安事變反省錄》，但內容並無重大變動。

五月十一日，張學良按蔣介石要求，開始抄寫《西安事變反省錄》，至十九日抄畢。自二十日起，抄寫《雜憶隨感漫錄》。六月十日，蔣經國召見劉乙光。張學良即將《反省錄》抄稿交劉，要他在必要時呈上，請劉同時聲明：張「不滿意這本，寫的不整齊，假如不急用，請帶回再繕」。劉乙光到台北後，向蔣介石說明張意，蔣稱：「留下我研究研究。」蔣並表示，擬將張遷至較近之處。蔣經國還送了一些芒果給張。六月廿四日，劉乙光再次被召到台北，蔣經國將蔣介石所著《蘇俄在中國》一書交劉，要他轉交張學良。六月三十日，張學良抄完《雜憶隨感漫錄》。致蔣介石函稱：「楷書能力太低，日僅千餘字，又不整齊，時有錯漏，請罪。」第二天，劉乙光去台北，爲張學良選擇新住址，張學良就將信函及書稿一起交劉。

自七月三日至十四日，張學良將《西安事變反省錄》工工整整地又抄了一遍。

六、奉命撰寫《蘇俄在中國》讀後感

蔣介石的《蘇俄在中國》一書在敘述西安事變時，採用了張學良回憶的部分內容。一九五七年八月上旬，蔣介石召見劉乙光，詢問張學良讀過該書沒有。劉答稱：張在未收到此書前已每日在收音機上聽過，收到書後又立即讀了。蔣詢問張讀後「怎麼樣的說法」？劉答：「張嘆惜未能早讀這樣的書」。在此同時，蔣經國也同劉長談過一次。小蔣提出，張學良可以寫一點讀《蘇俄在中國》的感想，將西安事加進去，以便公開發表。

對蔣經國的意旨，張學良不敢怠慢。八月十四日，張學良與劉乙光商量，想請他轉商小蔣，請人幫忙，儘快寫成。他對劉表示，自己「決心做到誠、敬二字，不作鄉愿」。但是，張學良很快又改變主意，決定仍由自己動筆，簡短點，寫成後送蔣經國閱後再定。八月十八日，張學良將《恭讀〈蘇俄在中國〉書後記》一文寫成，交給劉乙光。劉重申蔣經國的意見，要張將西安事變寫進去，但張學良卻表示：「利用讀總統之著作而來敘述自己的私事」，「不大合宜」。他要求劉先將此稿交給蔣經國一閱，如不合適，拿回再寫，或者徑由蔣經國將西安事變事加進去。張稱：「我恐怕時間太久，如果發表，有點失卻時限。」

該稿仍有部分篇幅涉及西安事變。關於延安會談，該稿稱：「我當年同周恩來在延安初次會見之時，他那和美言詞今日猶在我的耳中。」「他的態度十分誠懇，使我深受感動。」與《西安事變反省錄》不同的是，張學良進一步回憶到了毛澤東，聲稱「毛澤東爲加強我的信念，曾經寫了一件東西，親自簽名於其上，表示抗日合作，絕對服從的誠意。」該稿還回憶了所受章乃器、黃炎培、張季鸞等人的影響：

當年使我心情激動者，章乃器是其中之一個。有一次，我向他勸募「獻機」捐款。

章說：「你們若是真為了抗日，我願意連褲子都賣了去買飛機，但是，你們從事內戰，殺害自己的同胞，我絕對的一個銅子也不出。」

有一次黃炎培經過洛陽，去慰勞綏遠的軍隊，我在歡宴的席間，對黃笑著說：「黃先生，你們上海各界有點不公平。我們西北駐軍多年辛苦，你們未曾慰問。」黃立即答曰：「你們是剿匪，打內仗，我們不但不願意慰問你們，我們是反對這個內戰，也就是反對你們，誰來慰問你們哪！」這些言詞和那爽直的態度，使我心中甚受刺激。

關於張季鸞，該稿稱：「我同共產黨在陝北的會談，張季鸞是知曉的。這是因為一位過去的共產黨，在我部中服務的政訓處副處長黎天才曾經告訴我，張季鸞是同情共產黨的，他曾到過莫斯克，寫過頌揚蘇聯的文章，共產黨看張季鸞和戈公振是一樣的人物。所以在當時，在蔣委員長尚未到西安之前，曾同張季鸞詳談過，徵求他對於『停止剿匪，聯合抗日』的意見，他十分贊成，認為蔣公到來，我應當破釜沉舟，痛切陳述。」

這些地方，都是張學良前此回憶西安事變時未曾談到過的。此文經劉乙光送到蔣經國處以後，小蔣只說了一句：「放在這裏。」

七、主動撰寫《敬告世人》書

蔣介石父子關心張學良的西安事變回憶，本意在為反共政策服務。一九五八年三月十日，劉乙光告訴張學良，所寫西安事變回憶已秘密在高級幹部中公佈。劉估計，蔣介石前言張學良受訓，須先有「佈置」，此事可能是「端倪」，要張「應有準備，而無荒疏」。五月十七日，宋美齡突然到張學良的寓所訪問，約談半小時。張稱：對總統我非常想念，渴望看一看他。今日看見夫人，我十分快活，但又悲傷。張並表示：「對人生已看透澈，對名祿之心毫無，而罪人受此優渥，十分不安。如仍能於人類與國家有貢獻，則不計一切，只不過今日余已爲過去之人，不知能貢獻什麼？」張的這一番話，旨在探詢自己恢復自由的可能性。宋美齡告訴他，自己即將去美。對張的試探，宋只表示：「你從來是一爽直之人，你的話，我一定轉達。」

張學良繼續設法爭取自由。八月三日，他在報上讀到前東北大學秘書長周鯨文的一份反共談話，想模仿著寫篇東西，請劉乙光向蔣經國處「探聽探聽高峰的意旨」，並且「想請一個人幫一幫文字上的忙」。八月四日，張學良早晨六點起床，開始動筆。他聽說蔣介石要南來，想在蔣到達高雄西子灣時遞上去。同月廿四日，張學良聽說蔣已北返，決定慢慢寫。此時，張已將該文定名爲《坦述西安事變痛苦的教訓敬告世人》。他在日記中寫道：「如此文字允許公佈，我則今後爲一反共戰士矣。」兩天後，文章寫成，交給劉乙光，劉要他簽名以示鄭重。

在該文中，張學良稱譽蔣介石是「現代對共產主義鬥爭中唯一的有明見、有經驗、英勇果毅、不屈不撓的一位老戰士」，聲稱自己過去「受了欺騙，受了愚弄，受了利用」，已經「徹底覺醒」，因而要「竭盡綿薄，現身說法，對共產主義者實行口誅筆伐」。在回憶西安事變時，張學良承認自己受到身邊共產黨人的影響。他說：「在那時，我左右已有共產分子滲透，而我不自知，以爲這些人是抗日愛國分子，對於他們喜悅而加以親信。他們已確實知道我的一切，那自然就是共產黨知道了我的一切。他們不斷的鼓動我立即抗日；慢慢的提出來剿匪是消滅抗日的武力問題；再進一步提出來，要是真正抗日，必須停止剿匪，聯合共產黨。另外共產黨的周邊，『民盟』和『救國會』的分子對我加以鼓勵和刺激，使我自動的感覺著：對於報殺父的不共戴天之仇，對於雪東北淪陷，世人詬病我『不抵抗』的恥辱，對於國家爭取自由平等，非聯合共產黨而抗日不可。這實在是共產黨對於我施用攻心戰術無比的成功。」張學良還提到楊虎城身邊的共產黨人——「小傢伙們」對楊的影響。關於此，筆者擬另文敘述。

九月二日，劉乙光到台北，呈交張文。蔣經國閱後表示「甚為感動，已呈老先生矣」。當時，張學良正鬧眼病，蔣經國要張移住台北治療。十月十七日蔣經國召見張學良。這是兩人第一次見面。張向蔣經國表示：「富貴於我如浮雲，唯一想再踐故土耳！」其後，經蔣經國斡旋，蔣介石於十一月廿三日在大溪召見張學良。

這次會面，據張學良記載：「老先生親自出來，相見之下，不覺得淚從眼出。敬禮之後，老先生讓我進入他的書齋，我說總統你老了！總統也說：你頭禿了！老先生的眼圈也濕潤了。相對小為沉默。」蔣問張近來讀些什麼書，張答以讀《論語》及梁啓超文，蔣稱：「好好，看《論語》是好的，梁氏文字很好，希望你好好的讀些書，返回大陸，你對於國家還能有重大的貢獻。」張學良沉吟之後，問蔣：「我可以陳述陳述我的話嗎？」蔣答：「可以！可以！」張即向蔣檢討：「我先前一直存著一個幻想，誤認共產黨也是愛國分子，希望國共合作了救中國。」「我是幼稚愚魯，我不怨恨任何人，只恨我無識。」張並向蔣表示：「我知道我們將來都是會寫在歷史上的，我自己奮勉，不只是為了自己，同時是為了二位。」接著，張聲稱自己

「現在讀書有點費力，很想請教一位有道之士。」蔣要張提出人選，張即提出錢穆、陳大齊、勞幹等人。張又問蔣「應該看什麼書」，蔣推薦《大學》和王陽明的《傳習錄》。其後，蔣談到西安事變，聲稱「西安之事，對於國家損失太大了」。張在日記中稱：「我聞之甚爲難過，低頭不能仰視。」蔣隨後表示：「我到高雄，我們再談。」會見結束後，蔣並將張送到廊外。

蔣氏父子的先後接見，使張學良心頭升起希望。據看守張學良的人回憶，當時張「以爲要放了，那興奮的樣子，真是手舞足蹈。」一九五九年四月下旬，張學良眼疾復發，不能讀書，臥床不眠，曾經胡亂謅了幾首詩：

> 不肖聽人喚，聰明空自負，一覺黃粱夢，懺悟向誰訴！
> 空負怨天願，罪孽罄難書。聖明憐未棄，夕陽照征途。

詩中除明顯的悔過語言外，還可以看出，張學良不僅希望蔣氏父子能給予他自由，而且希望出來之後做點事。不過，蔣氏父子並沒有滿足他。六月十五日，蔣介石到高雄西子灣官邸召見劉乙光，詢問張學良的近況和身體情形，卻沒有實踐在大溪時和張見面再談的諾言。蔣經國則表示，此行太忙，也許不能來看張，答應贈張汽車一輛。七月廿五日，張學良與宋美齡長談，宋稱：「你的問題，時間還要久啦。須要有忍耐。我人一切都是上帝的安排，願多作禱告。」自此，張學良對自由不再抱幻想了。一九六一年六月廿六日，張學良到劉乙光家，劉告以「一、受訓事,目前不可能。二、爾後安靜生活。」張學良在日記中寫下了四個字:「金石之言。」

八、《懺悔錄》風波

張學良平靜下來了,但是,一九六四年,一件意外的事卻引起了他的激動。當年七月一日,台北出現了一本題爲《希望》雜誌的創刊號,該刊「特載」欄有一篇《張學良西安事變懺悔錄摘要》,內容就是蔣經國定稿的《西安事變反省錄》,只不過作了刪節。同月七日,這篇《懺悔錄》又被台北《民族晚報》分段轉載。張學良從報上讀到之後,立即給蔣介石寫信,說明「這個東西可不是我發表的」,「誰發表誰的責任」。蔣介石爲此非常生氣,結果,《希望》雜誌被查禁,創刊號全數收回,黑市由每本台幣十元漲到一百元。蔣經國當時已擔任「國防部部長」,《希望》雜誌是小蔣所掌握的軍方政治部辦的。

多年以後,張學良對此事的解釋是:蔣經國「在一個軍事會議上公開給他們看,說我這個人,過去說這些事,是一個很大的教訓。有人就偷著把這個信發表了」。張並稱,他和蔣介石之間「暗中約會(定)」,我們倆應該守秘密的事」。張學良被軟禁之後,他和蔣介石並無多少見面機會,不可能有什麼「暗中約定」。倒是西安事變期間,雙方有過默契:不發表協定及談判經過。一九三六年十二月廿七日、廿八日,西安《解放日報》及中共方面相繼公佈了談判中的六條協定，引起宋子文和宋美齡的強烈不滿，批評這一做法「無信義」，兩宋並通過宋慶齡轉告中共代表，「無論如何不得再宣布他們的談話內容」。看來，張學良的所謂「暗中約定」，指的是西安事變時期達成的相關默契。

九、回歸本真，聲明「我就是共產黨」

爲了恢復自由，張學良按照蔣氏父子的希望，對西安事變說了相當多的懺悔的話，也作了若干反共表態，但是，張學良還是沒有能恢復自由。自此，他就緘口不言了。一九七五年，蔣介石去世。一九八八年，蔣經國去世。一九九〇年六月一日，以「總統府資政」張群爲首的八十位友人在台北圓山飯店爲張學良慶祝九十大壽。此後，張學良基本上恢復了自由。同月十七日及八月四日，他兩次接受日本廣播協會電視台訪問，第一次向媒體公開談論西安事變。一九九〇年一月廿五日，他開始接受美國唐德剛教授的訪問。一九九一年十二月十七日，開始接受美國張之宇、張之丙姐妹的訪問。這時，在對西安事變等問題的看法上，張學良才逐漸回歸本真。

在九〇年代的訪談中，張學良仍對中共經歷的兩萬五千里艱難長征表示敬佩，自述當年曾和部下討論：「我們都是帶兵的人，誰能夠把這個軍隊帶成這個樣子了？我們試試！」「他能這樣子，你不能小看他。你不能，他這夥人怎麼能這樣？」張學良肯定，共產黨得民心，而國民黨不得民心。他說：「大部分（民眾）支持它，那厲害。」「爲什麼共產黨剿不完，就是他得民心，我們不得民心。」「把這地方消滅了，那個地方又起來了。」他毫無遮掩地坦率表示：「一般人都不知道我的心理，我簡單的說，我可以說我就是共產黨。」「我同情他們，不但同情他們，我擁護他們，這是真正我內心……」

西安事變前，張學良和蔣介石有過激烈辯論。對此，張學良回憶說：「我跟蔣先生言語衝突就是這個問題。我說你要想剿滅共產黨，你剿滅不了他們。」「他們共產黨怎麼能這樣？因爲咱們中國的老百姓多數支持他。」又說：「（蔣先生）把民眾的力量看得不高，估計得低」，「罵我失敗主義」。我說：「我們要考慮，我們自個兒爲什麼我們有這麼大的力量不能把它消滅了？」「你消滅不了，應聯合他。」關於發動事變的動機，張學良自述說：「我主要的敵人是日本人，共產黨跟我們爭，那還是中國人。」他說：「（蔣）認爲在中國能夠奪取他政權的，只有共產黨。我就不同，奪不奪取（政權），共產黨也是中國人。」張學良批評蔣不能容忍共產主義，「思想頑固至極」，甚至藉端納的話批評蔣是「騾子」，「很難把他說服」。這些地方，已經完全和幽禁期間誠惶誠恐，口口聲聲自稱「罪人」的張學良完全不同了，可以說，大體上已經恢復了西安事變時期張學良的本真狀態。蔣介石關了他幾十年，但是，對張學良的思想影響收效甚微。張學良的所謂「懺悔」只是在特殊壓力下的一種自我保護，通過「改頭換面」，藉以「死裏求生」。

不過，關於西安事變的解決過程，張學良仍然堅決不說。當張氏姐妹詢問有關情況時，張學良表示：「要知道西安事變怎樣解決的，現在我決不說。」「現在都知道了怎麼回事，何必還要我說呢？」「何必非要出自我之口呢？」「出自我的口就是傷人。」「我傷害任何人就是損失我自己人格。」對蔣介石的看法，張學良也不願多說，更不願深說。某次訪談中，張學良批評蔣，剛說了一句：「他這人就是爲他自己的」，馬上警覺地詢問：「你沒有錄音吧？」又一次，張談到「蔣先生很窄小」，準備舉例說明時，趙四小姐插言說：「你不要在這講這種話！」張學良也就立即打住，不再往下說了。

張學良雖自命新潮人物，甚至被張作霖視爲「左傾分子」，但是，他的思想中仍然保有中國傳統倫理的濃烈成分。西安事變後，他在南京一再表示：「如蔣先生命我作什麼皆可，他人余不接受。」其所以到了九〇年代還在爲「爲長者諱」，自然還是傳統倫理思想的作用。

（原載《百年潮》二〇〇二年第九至十期。）

附錄二

孔祥熙所藏西安事變期間未刊電報

——讀孔祥熙檔案

西安事變期間，孔祥熙任南京國民政府行政院代院長，負責處理有關事務。他藏有大量關於事變的電報和文件，其間頗多外間少見或從未見過的。現從哥倫比亞大學珍本和手稿圖書館所藏縮微膠捲中擇其未刊而重要者介紹如下：

一、《張學良致宋美齡電》（一九三六年十二月十二日）

張學良發動事變的當日，曾與楊虎城等十九人聯名致中國國民黨中央執行委員會、國民政府主席林森、各院部會等，提出八項要求；另有張氏以個人名義致孔祥熙電，說明發動事變的苦衷。此外，還有一電致宋美齡，全文云：

蔣夫人賜鑒：

學良對國事主張，當在洞鑒之中。不意介公為奸邪所誤，違背全國公意，一意孤行，致全國之人力、財力，盡消耗於對內戰爭，置國家民族生存於不顧。學良以待罪之身海外歸來，屢盡諫諍，率東北流亡子弟含淚剿共者，原冀以血誠促其覺悟。此次綏東戰起，舉國振奮，介公以國家最高領袖，當有以慰全國殷殷之望，乃自到西北以來，對於抗日隻字不提，而對青年救國運動，反橫加摧殘。伏思為國家、為民族生存計，不帽（忍以）一人而斷送整個國家於萬劫不復。大義當前，學良不忍以私害公，暫請介公留住西安，妥為保護，促其反省，決不妄加危害。學良平生從不負人，耿耿此心，可質天日。敬請夫人放心，如欲來陝，尤所歡迎。此間一切主張，元巳文電奉聞。揮淚陳詞，佇候明教。張學良叩。文。

本電主旨也在於說明發動事變的苦衷，希望得到宋美齡的理解，其中對蔣介石有激烈的批評，但也有某種回護，例如「不意介公爲奸邪所誤」等句，目的在保留轉圜餘地。電報特別表示，保證蔣介石的安全，歡迎宋美齡來陝，對促使宋美齡下決心以和平手段解決事變，顯然有重要作用。「綏東戰起」，指傳作義部對在日軍支持下入侵綏遠的僞蒙軍的反擊和進攻。此戰實由蔣介石、陳誠等所部署，不過外界對此並不了解。

二、《孔祥熙致樊崧甫電》（一九三六年十二月十二日）

樊崧甫爲孔祥熙的「及門弟子」，時任南京中央軍洛陽前線指揮。西安事變後，樊即調集兵力集中潼關，對西警戒偵察，並電孔祥熙、何應欽報告。同日，孔祥熙覆電嘉勉。電云：

急。洛陽樊師長崧甫弟勳鑒：

松密。西安事變，吾弟率旅前進，警護偵察，進行神速，足證愛護委座、愛護國家，至佩至慰。兄已密囑敬之兄妥為佈置，星速應援，請安心應付。洛陽治安，尤盼加意維護為要。兄即晚赴京，並以奉聞。文亥。滬寓。

三、《宋美齡覆張學良電》（一九三六年十二月十三日）

事變發生時，宋美齡在上海。當夜，她和孔祥熙及蔣介石的澳籍顧問端納匆匆返回南京。此前，南京國民黨中央已決定褫奪張學良本兼各職，交軍委會嚴辦，國民政府並下令拿辦張學良。十三日晨，宋美齡讀到張學良來電，力排眾議，主張對事變不採取「急劇之步驟」，隨即決定派端納及黃仁霖赴陝，查明情況。同日，宋美齡覆電張學良。電云：

西安張副司令漢卿兄勳鑒：

奮密。昨在滬上，驚悉西安兵變，即晚來京，接奉文電，深以為慰。吾兄肝膽照人，素所深佩，與介兄歷共艱危，誼同手足。在滬未接電前，已知其必承吾兄維護，當決無他；來京獲讀尊電，具見愛友之赤誠，極為感慰。惟精誠團結，始足以禦侮抗敵；沉著準備，乃足以制勝機先。介兄自九一八以來，居處不寧，全在於此。吾兄久共軍機，夙所深悉。凡吾兄有所建議，苟利國家，無不樂於採納。介兄以地位關係，不得不加以慎重，藉避敵人耳目。吾兄賢明，當必深諒此意。我國為民主制，一切救國抗敵主張，當取公意。只要大多數認以為可，介兄個人當亦從同。昨日之事，吾兄及所部將領，或激於一時之情感，別具苦衷，不妨與介兄開誠協商，彼此相愛既深，當可無話不說。否則別生枝節，引起中外疑懼，不免為仇者所快，親者所痛，想吾兄亦必計及於此。至如何安慰部曲，消弭事端，極賴蓋籌。介兄一切起居，諸祈照拂，容當面謝，並盼隨時電示一切為荷。蔣宋美齡叩。元。

張學良的來電是善意的、友好的，宋美齡此電也不得不報以同一態度，除對張發動事變表示諒解外，特別強調張、蔣之間的友誼，希望二人「開誠協商」，「只要大多數認以爲可，介兄當亦從同」，已經暗示了接受條件，轉變國內外政策的可能。後來宋美齡回憶西安事變時曾說：「余覆以長函致張學良，告以彼等此舉將使國家前途受嚴重之打擊，余深信其魯莽滅裂之舉動，初無斷送國脈、陷害領袖之惡意，應及時自拔，勿貽噬臍之禍。」宋美齡此電同時以書信的形式交端納帶去，所以宋美齡回憶時稱爲「長函」。將宋美齡的回憶和原電相較，可以發現，兩者的口吻、語氣有很大的不同。

四、《孔祥熙致張學良電》（一九三六年十二月十三日）

張學良十二日致孔祥熙電是打到南京的，他在上海從電話中得悉張電內容後，曾立即覆電張學良，肯定其「愛友愛國」發動事變事出有因，「或兄痛心於失地之久未收復，及袍澤之環詞籲請，愛國之切，必有不得已之苦衷。」他當時最迫切的是要和張學良建立無線電聯繫，以便談判。電云：

西安張副司令漢卿勳鑒：

奮密。返上各電，未知得達否？現弟對於國事，尚有種種意見，亟待奉商。尚希指定電台一處，以便隨時通訊，而免延誤。佇盼電覆為荷。弟孔祥熙叩。元秘。印。

五、《孔祥熙致楊虎城電》（一九三六年十二月十三日）

事變初起，孔祥熙不明底細，因此，單獨致楊虎城一電，企圖說服楊，由楊出面說服張學良及諸將領，電云：

西安楊主任虎城兄勳鑒：

一密。漢卿兄及兄等公電均奉悉。當此危疑震撼之秋，捨精誠團結無以救亡抗敵。介公自九．一八以後，居處不寧，全在於此。蓋抗敵準備，無時不縈腦際。吾兄與介公久同袍澤，夙共患難，其一言一動早為吾兄所洞悉，亦為國人所共見。此次西安將領主張，與介公意見僅有時間之不同，而衷心策劃，初無二致。其所以不願騰諸口說者，當係地位關係，不得不出諸審慎，借避敵人耳目。吾兄諒必同此見解。漢卿兄及所部將領怵於國難，意或激於情感。惟當此風雨飄搖之際，為共支危局計，不妨開誠協商，以介公之虛懷若谷，當無不儘量容納。倘託名抗敵救亡，而劫持主帥，自起糾紛，則不惟足招棟折榱摧之禍，亦且反為仇者所快，親者所痛，是以救亡始者適以速亡，以抗敵倡者轉以資敵。不義不智，徒貽中外之譏。諸將領素具愛國赤誠，寧能見不及此。吾兄光明磊落，風義夙敦，務乞轉達漢卿兄暨諸將領，動以情感，曉以大義，俾非常事態立予消弭，則功在國家，豈有涯涘。弟今晨蒞京，正與中央協商，俾內外主張共趨一致，仍祈吾兄益勵初衷，多方疏解。如荷見教，幸隨時電示為禱。弟孔祥熙叩。元秘。印。

本電是打給楊虎城的，因此，對西安事變的譴責用詞較重，例如「劫持主帥」，「不義不智」云云，但是，孔祥熙提出，「不妨開誠協商」，這倒是爲解決事變指出了一條正確的道路。

六、《孔祥熙致邵力子電》（一九三六年十二月十三日）

邵力子時任陝西省主席，十二月十二日曾列名於張學良、楊虎城等人的聯名通電中。十三日，孔祥熙致電邵力子，望其代爲剖白蔣介石的「胸懷」，並關心其起居。電云：

西安邵主席仲輝兄勳鑒：

奮密。漢卿兄及兄等公電均奉悉。此次之變，殊出意外，聞者咸駭。介公自九一八以還，無日不作抗敵準備，在準備未完，自不敢輕言啓釁，且以地位關係，一言一動輒為中外所注意，更不得不沉著以將事。我兄追隨介公有年，相知素深，當喻乎此。今與漢卿、虎臣諸兄共事一方，相處既久，當能將介公胸懷代為剖白，自不難共見以誠，轉移變患，諒在藎籌。介公起居情形，尤望時加愛護，俾釋懸念，並盼見覆是禱。弟孔祥熙。元秘。印。

孔祥熙在這裏又提出了一個原則：「共見以誠」，這是正確的。但是，在政治鬥爭中，又是很難做到的。

七、《孔祥熙致劉峙電》（一九三六年十二月十三日）

劉峙時任開封行營主任，事變後，即率軍西進。十三日，孔祥熙致電劉峙，囑其「就近設法」營救蔣介石。電云：

開封劉主任經扶兄勳鑒：

門密。昨據報，西安事變，無任驚駭。頃據黃總團長來電，藉悉我兄已率軍西進，迎衛委座，忠義勇為，至深感佩。現在中央對內對外，業已決定整個辦法，絕不因一時事變稍〔涉〕張皇。務望我兄就近設法，俾委座得早離險境，是所盼禱，並將現在情形，隨時電示為荷。弟孔祥熙。元秘。印。

八、《孔祥熙致張學良電》（一九三六年十二月十三日）

上電之後，孔祥熙又有一電：

西安張副司令漢卿我兄勳鑒：

漢密。文亥滬寓電諒達。弟今晨抵京，始獲讀吾兄震電，深以為慰。惟查抗日禦侮，舉國同心，中央同人，初無二致，惟慮倘無充分之準備，徒速國家之滅亡。介公主政中樞，赤忱報國，凡所施設，罔不博採周詢。六中全會決議，非至和平絕望時期，決不輕棄和平；非至最後關頭，決不輕言決裂，實圖存之國策，為整個之主張，然軍事方面，則準備整理，積極進行。蓋必審慎周詳，庶收最後之勝利。衡之民眾袍澤，激於憤慨，發為激烈之主張，僅有時間之不同，決非宗旨之異趣。我兄弼主軍事，夙贊戎機，對此情形，當所洞悉。弟與我兄，幸托交親，十有餘載，歷共患難，誼若弟昆。此次之事，當必因所部之痛切鄉邦，環詞籲請，激一時之情感，為急切之主張。然介公之於我兄，夙共艱危，久要契好，對於貴部，精誠愛護，亦邁尋常。兄等有何匡時至計，苟屬有利國家，當無不可從長計議，遽加兵諫，似越恒情。倘竟引起糾紛，國家前途必致不堪設想，將使仇者快意，親者痛心，瞻念前途，不寒而慄。尚冀持以審慎，藉挽狂瀾，言公言私，同深感幸。另致介公一電，即煩譯交。弟孔祥熙叩。寒秘。印。

此電原稿通過端納帶往西安，後又通過電台拍發。從電報內容看，本電起草時間爲十三日，但實際拍發時間爲十四日，所以電尾署名爲「寒」。長期以來，蔣介石採取「攘外必先安內」方針，對日本侵略，一再忍讓妥協，委曲求全，引起國人的強烈不滿。西安事變的發生，即基於這一情緒。孔祥熙懂得，要和平解決事變，必須先消弭這一情緒，因此，他在電報中努力爲蔣介石對日政策辯解，說明他和群眾的要求，「僅有時間之不同，決非宗旨之異趣」。電報對張學良的兵諫有婉轉的批評，但同時又表示體諒，要求張持之以冷靜，從長計議匡時救國各種問題。電報末稱，「倘竟引起糾紛，國家前途，必致不堪設想」，這是很有見識的觀點。後來西安事變之所以能和平解決，正是各派都取同一認識的結果。

九、《孔祥熙致蔣介石電》（一九三六年十二月十三日）

要和平解決事變，只勸張學良是不行的，還必須同時勸說蔣介石，因此，在拍發上電的同時，孔祥熙又請張學良轉交蔣介石一電，電文云：

> 張副司令漢卿我兄勳鑒：漢密。請轉介兄賜鑒：
>
> 日昨據報，西安兵變，深用懸繫，急於晚車回京。今晨抵京，獲讀漢兄公私兩電，始悉詳情。查抗敵禦侮，國人皆同此心。中樞同人，初無二致。吾兄以一身繫天

下之安危，言行關國際之視聽，自不能不周詳審慎而輕有所主張。在諸袍澤，痛鄉邦之淪亡，激一時之情感，主張或近操切，當亦由於愛國之熱忱，衡之事勢，當殊途而同歸，並非有何異趣。兄與漢兄，患難相依，久要契好。中樞之措施，漢兄盡所稔知，此次之事，當出迫不得已，別有苦衷。弟意任何主張，苟利國家，皆無不可從長計議。當此大敵當前，倘使別生枝節，既損前方之士氣，轉授敵人以乘我之機。瞻念前途，實深憂懼，望即洽商漢兄，早弭變亂，以紓國難。弟孔祥熙叩。裏。秘二。印。

本電原稿也通過端納帶往西安。它起草的時間與實際拍發的時間均與上電同。它是給蔣介石看的，但又是請張學良轉的，所以必須雙方都能接受，兩不得罪。因此，它既爲蔣介石的對日政策辯解，又爲張學良的兵諫說情，結論是雙方「殊途而同歸，並非有何異趣」。末云：「弟意任何主張，苟利國家，皆無不可從長計議」，雖然與致張學良電詞句相近，但由於是打給蔣介石的，因此，其意味也就很不相同了。

十、《孔祥熙致張學良電》（一九三六年十二月十四日）

勸了張學良，也勸了蔣介石，還必須提出解決事變的方案來。當時，張學良駐南京辦事處的電台已和西安恢復電訊聯繫，因此，孔祥熙又致張學良電云：

西安張副司令勳鑒：

鬥密。昨電及端諾顧問攜去電稿計達。細繹兄通電所列八項，其中多條，中央決議早已實行，即有尚待商榷之部分，亦不難開誠商洽，由中央決定。至我兄對於介公個人，昨承電示，保證安全，具見愛友至忱，無任佩慰。惟留陝過久，複雜分子乘機羼入，必陷兄於易發難收之境。萬一危及安全，兄將何以自白？此間及各界人心均形憤激，愈久則愈難諒解，一旦決裂，則函關以內固糜爛不堪，而國力損失慘重，尤非兄所忍聞。故為兄計，惟有請兄陪伴介公，即日南下，兄等意見即可提出中央，於公於私，莫此為善。至兄個人安全，弟敢以全家身命擔保，決無任何問題。萬一有為難之處，或先派負責人員二入南來，共謀解決方策，或由留陝諸公中一二人，如雨岩、翼如等先隨端顧問返京，以求解決之途徑。如此則兄之主張，既可昭示國人，一切誤解亦可早日冰釋。此與吾兄一生成敗及國家安危，關係至重。夙承厚愛，敢布誠悃，務乞三思而圖利之，並盼電覆為禱。弟孔祥熙叩。寒。

孔祥熙當時最擔心的是蔣介石的安全，也擔心發生內戰，因此以全家身命爲擔保，要求張學良立即送蔣介石返回南京。當然，他懂得這不是輕易可以做到的，因此，又提出第二方案，即由陝西方面派代表，或允許蔣的隨行人員蔣作賓、邵元沖等隨端納返京協商。他當然還不知道，事變當日，邵元沖因企圖越牆逃走，被士兵開槍擊傷，正好這一天在醫院中去世。

十一、《商震致孔祥熙電》（一九三六年十二月十四日）

張學良的原警備旅長劉多荃與河南省主席商震關係深切。十二月十三日，孔祥熙致電商震，建議「選派妥員」，前往西安，通過劉多荃勸說張學良。十四日，商震覆電孔祥熙，聲稱已派劉多荃之弟劉多麟前往。電云：

特急。南京孔院長鈞鑒：

元秘電敬悉。△密。漢卿劫持委座，躬冒不韙，乖謬之行，令人髮指。弟因此事之重要，昨已與經扶兄細加商討，首步辦法竟與鈞座所見相同，並已由弟密派劉多荃之弟劉多麟馳往西安，妥為接洽。情形如何，容再奉達。特覆。弟商震叩。寒巳。省機。印。

十二、《孔祥熙致萬福麟電》（一九三六年十二月十四日）

萬福麟爲奉系舊人，長期在東北陸軍任職。一九二九年任黑龍江省主席，一九三一年九一八事變後任第五十三軍軍長，駐防保定。十四日，孔祥熙致電萬福麟，勸其利用和張學良的關係進行疏解，特別以綏遠抗戰爲例，說明中央已有「抗敵之心」。電云：

保定萬軍長壽山兄勳鑒：

養密。報載吾兄對記者談話，於西安事變表示服從領袖，聽命中央，憂國之忱，溢於言表，循誦之餘，不勝傾佩。介公赤誠為國，數十年如一日。此次綏中之戰，中央抗敵之心，亦足表示於天下。蓋禦侮圖存，中樞同人及介公固已無不人同此心，心同此理。漢卿兄身居中委，對於國家大計如有意見，盡可從容建議中央，何至出以兵諫，徒召糾紛。當此內憂外患交迫之時，詎容更起蕭牆之變。吾兄與漢卿兄相處有年，交誼素篤，尚祈責以大義，動以私情，或漢卿兄別有困難，亦盡可開誠相告。倘能因兄一言，翻然悔悟，護送介公重返國都，則一切誤會，悉可渙然冰釋，廉、藺之交復見於今日矣。專電奉達，佇盼惠覆。弟孔祥熙。寒秘。印。

十三、《薛岳致孔祥熙電》（一九三六年十二月十四日十五時收）

薛岳時任貴州省主席，他曾於十二月十四日以川黔將領及全體官兵名義發表通電，激烈攻擊張學良，要求中央「明令討伐」，「共剪凶頑」。同日，又單獨致電孔祥熙，表示「誓以頭顱熱血擁護中央，救護領袖」，但是，他的這封電報卻透露了一個秘密，是「遵令致電詰責」的，電云：

> 限即刻到。南京行政院代院長孔：
>
> 元秘電奉悉。委座一身繫國家民族存亡，年來領導群倫，致力安內攘外事業，凡有血氣，莫不愛戴！而張學良竟敢稱兵劫持，為外寇張目，直欲亡我國家民族，痛恨曷極！岳誓以頭顱熱血擁護中央，救護領袖，不與張逆共戴一天。除遵令致電詰責外，謹此奉覆。職薛岳。寒巳秘。筑。印。

十四、《商震致孔祥熙電》（一九三六年十二月十四日發，十五日收）

商震除派劉多麟入陝活動外，又致電孔祥熙，建議調兵遮斷西安方面與中共的聯繫。電云：

> 南京行政院孔院長鈞鑒：
>
> 元電奉悉。密。語長心重，無任欽佩。委座既被劫持，院務由公負責，舉國上

下，誓竭擁戴之誠。張逆喪心病狂，用心莫測。愚見似應一面設法曉以利害，一面調集師旅，遮斷叛軍、共匪聯絡之路線，促其恢〔悔〕悟。國事至斯，義無反顧。復陳微悃，敬祈垂察。商震叩。寒。印。

本電當時曾發表過，但「曉以利害」以下至「促其悔悟」一段被刪去，當係南京方面不願暴露其軍事策略之故。

十五、《宋子良致孔祥熙電》（一九三六年十二月十四日廿三時五十分發，十五日九時三十分收）

宋子良時任廣東財政特派員兼省財政廳長，事變後，他努力穩定財政金融。十四日，致電孔祥熙，報告有關情況，並表示，願去西北探視蔣介石。電云：

南京財政部孔部長庸兄賜鑒：

良密。此間金融，經弟昨日召集銀錢業會商，盡力維持法幣與毫券比價。今日市面平穩，省行方面終日只售出法幣九十萬元，港紙經滬方儘量賣出，外匯亦已回跌，堪請釋注。西北事變，群情憤慨。此間財政金融均已佈置妥當，前途不致發生恐慌。

如須派弟至西北探視介兄，亟願前往，任何犧牲，在所不惜。嶺南消息遲滯，尚乞隨時電示一切為禱。弟子良叩。寒。印。

十六、《張學良覆孔祥熙電》（一九三六年十二月十五日）

張學良發動兵諫，目的在迫使蔣介石抗日，當然不希望擴大事態，孔祥熙既已多次來電表示和平解決的願望，因此，張學良覆電云：

南京孔院長庸之兄勳鑒：

元秘、文亥漢密。寒晨先後奉到。端納來，獲誦尊函，並聆所述，殷殷籌國，至佩藎懷。介公委員長安全無恙，起居如常，特盼釋念。弟等此舉，純為實現救國主張，絕無一毫對人私見，尊論救亡須舉國一致，極佩卓見。弟等此舉，正所以要求一致。至對委座，已再四涕泣陳詞，匪惟不蒙採納，且屢被斥責。弟受委座知遇，絕無負氣之理。但委座主張，堅決莫移，已絕對不能否認，故不得已而出此。弟等抗日主張，敢信萬分純潔，決不願引起內爭。如有違反民意，發動內戰者，自當獨負其責。弟等絕不敢多所顧慮，只圖自全，坐視國家民族危亡而不救。瀝膽直陳，詳由端納函達。承詢通電一節，弟於京滬原設兩台，皆可隨時應用，並祈賜以維護，俾資便利。

又為各方徹底明瞭真相計，歐亞飛機之京陝航程，請飭即日恢復，此間必負責保護。救國之願，彼此所同，開誠指示，至所祈禱。弟張學良。刪申。印。

孔祥熙在十二日致張學良電中曾說：「必須舉國一致，方足以救亡圖存。」本電中張學良明確表示：「弟等此舉，正所以要求一致。」他並特別說明，發動兵諫，並非初心，只是由於蔣介石態度固執，才不得已而有此舉。當時，南京的討伐派們正大肆活動，內戰有一觸即發之勢，對此，張學良嚴正申明：「弟等抗日主張，敢信萬分純潔，決不願引起內爭，如有違反民意，發動內戰者，自當獨負其責。」這就給了某些不顧民族大義，企圖混水摸魚的人以警告。

十七、《孔祥熙致張學良電》（一九三六年十二月十五日）

孔祥熙急於要知道事變的真實情況，建立和張學良的對話管道，因此於十四日電中要求張學良允許蔣作賓、邵元沖先回南京。十五日，再電張學良，重申此意。電云：

張副司令漢卿我兄勳鑒：

鬥密。寒電諒達。兄為保衛介公，留居西安，至為感慰。惟雨岩、翼如二兄，俱係文職，與軍事無關，留陝過久，延誤堪虞。且京陝電訊接洽，輾轉需時，而真意所在，仍難盡悉。似不妨先送雨岩諸兄回京，俾將尊意宣達此間，則一切問題，當不難迎刃而解。如何？仍候明教。弟孔祥熙叩。咸秘。印。

十八、《孔祥熙致蔣作賓等電》（一九三六年十二月十五日）

事變中，蔣介石的隨行人員同時被扣，孔祥熙在與張學良的頻繁聯繫中，不忘致電被扣人員，表示慰問，這是他的細心之點。電文云：

西安張副司令漢卿兄請飭譯轉蔣雨岩、蔣銘三、邵翼如、陳辭修、陳武鳴、陳雪暄、錢慕尹、朱一鳴、萬耀煌、衛煜如諸兄同鑒：鬥密。委座留陝，兄等侍從，瞻企賢勞，無任馳繫，專電奉候起居。弟孔祥熙叩。咸秘。印。

十九、《劉峙覆孔祥熙電》（一九三六年十二月十五日）

劉峙屬於討伐派。十五日，他覆電孔祥熙，報告軍事佈置情況。電云：

南京行政院孔院長：

元秘電奉悉。密。西安事變，至為痛心。刻第二五軍尚固守咸陽，職決率大軍西進，現先頭樊軍正進抵華陰，其餘各師均賡續輸送中。中央大計，仍祈賜示，俾便進行為禱！職劉峙印。寒巳。印。

二十、《樊崧甫致馮玉祥、孔祥熙、何應欽電》（一九三六年十二月十五日）

孔祥熙除致電張學良、楊虎城進行疏導勸解外，又力圖分化東北軍及楊虎城的第十七路軍。楊部馮欽哉師駐大荔，事變後奉命接防潼關，但馮拒不奉命，派人與樊崧甫聯繫，聲稱「決不盲從作亂」。此外，第六九師師長楊澄原、第一〇五師師長劉多荃也均派人與樊接洽。十五日，樊崧甫致電孔祥熙等，報告有關情況。電云：

限即到。南京軍委會副委員長馮、行政院代院長孔、軍政部部長何：

密。（一）馮軍長欽哉派郭副師長景唐、少校參謀徐恩賢來潼，表示不受偽命真意。現商定對匪軍及奉軍絕對打，對陝軍任收容；不為中央後患。（二）六九師楊澄原飭派上尉副官劉安平來潼聯絡，已將進展情形告知。（三）一〇五師師長劉多荃及第一旅旅長唐君堯派該旅參謀長高志恒來潼，使中央設法調解，免除戰事。恐其泄漏軍情，暫行留部，轉送開封，一面函慰劉、唐。（四）現以二八師集中華陰，進佔華縣。職樊崧甫。刪巳。參戰印。

本電亦存於國民黨「總統府」機要室檔案中，台灣所出《革命文獻》第九十四輯曾加以收入，但文字及標點均有誤，關鍵文字「現商定對匪軍及奉軍絕對打」，脫落「絕對打」三字，故在此重新刊佈。

二十一、《張學良覆孔祥熙電》（一九三六年十二月十五日廿一時五十分發，一九三六年十二月十六日八時三十分收）

十三日，孔祥熙曾請張學良轉致蔣介石一電。十五日，張學良覆電，已轉呈。電文云：

孔部長庸之兄鑒：

漢密。兄上委員長寒、秘二電，業經轉呈矣。特覆。弟張學良。刪酉。印。

二十二、《孔祥熙致張學良電》（一九三六年十二月十五日）

由於通訊堵塞，孔祥熙未能及時收到張學良的覆電，因此他著急起來了。十五日電張學良云：

急。西安張副司令漢卿兄勳鑒：

鬥密。先後奉上各電迄未得覆，豈其均未入覽，抑吾兄被人劫持，不得自主，無任馳繫。自吾兄劫持介公以來，中央同人憤激萬端。然猶以吾兄平日為人，素重信義，不虞其有他故，一再去電勸解，尚冀仍本愛國初衷，送回介公，俾得將尊見提付公議解決，以奠國本，而明心跡。不意時已數日，迄無表示，其將挾介公一人以居奇耶？殊不知國為民主，事決多數，介公現雖為軍政之長官，究屬中央分子之一，在中央固屬愛護介公，而當此外患重重之際，究亦不能置整個民族及國際地位於不顧，將必不能久任吾兄空挾介公一人之質，以貽全民以無窮之禍。此理甚明，寧待贅述。倘吾兄不此之圖，則中央為保持民族生存計，勢不得不棄私情而取公義。萬一不幸，結果所至，不惟兵連禍結，徒損國家民族之元氣，亦恐同歸於盡，立招分崩離析之慘禍。在吾兄以救亡抗敵始，豈不以速亡資敵終乎？以吾兄之明智，縱不為國家民族計，獨不為自身子孫計乎？現在禍機迫切，間不容髮，繫鈴解鈴，惟在吾兄，弟意為今之計，最好吾兄一面嚴飭所部各隊，仍駐原防，聽候商決；一面親送介公至并，弟即邀中央負責同人前往會商，則任何問題當不難當面解決。否則，不聽忠告，調隊備戰，一任共黨滋大，則中央斷無坐致滅亡之理。弟與吾兄相與有年，情感至厚，為公為私，不得不再進忠言，尚希吾兄熟計而慎圖之。如何？仍盼明教為幸！弟孔祥熙叩。成。

此電起草時間為十五日，但實際拍發時間為十六日。由於電訊不通，孔祥熙不能及時與張學良對話、交流，因此產生了種種疑惑，如懷疑張學良被人劫持，不能自主，又懷疑張學良「將挾介公以居奇」等等，因此情緒不免激動起來。電報中，孔祥熙表示：「必不能久任吾兄空挾介公一人之質」，「中央為保持民族生存計，勢不得不棄私情而取公義」，這就是說，南京國民政府準備不考慮蔣介石的個人安全而採取自認為正確的行動了。事實上，這也確是南京討伐派們的主張。然而，孔祥熙畢竟懂得那樣做的結果必然是：「兵連禍結，徒損國家民族之元氣」，「立招分崩離析之慘禍」，因此，他又冷靜下來，提出了一項新的解決方案：張學良將蔣介石送到太原，孔祥熙親率中央負責同人前往協商。這一方案後來雖因情況變化並未實施，但是卻表現了孔祥熙為和平解決西安事變而作出的新的努力。

二十三、《錢宗澤致張群電》（一九三六年十二月十五日）

十四日，端納到達西安，見到蔣介石，並偕蔣遷居高桂滋公館。十五日，端納自西安飛洛，以長途電話向宋美齡報告：蔣介石在飲食起居上受到優禮；張、蔣開始談話；張學良盼望宋美齡及孔祥熙入陝。下面的電報係錢宗澤據端納在洛陽所述向外交部部長張群的報告：

部長張鈞鑒：

衛密。極機密。本日端納顧問由西安回洛，據云：委員長住張學良之旁樓甚安。張要求接受主張，委員長初甚反抗，以後云，無論如何，須回南京方能辦。但對方認無保障，有請求孔部長赴西安之意。總之，內幕情形似有轉機。謹密陳。職錢宗澤叩。刪酉。

二十四、《孔祥熙致張伯苓電》（一九三六年十二月十六日）

爲了對張學良進行疏導，拯救蔣介石，孔祥熙幾乎利用了一切可以利用的關係，下列電報即是一例。

重慶中央銀行，乾密，即刻譯送南渝中學張校長伯苓兄道鑒：

西安事變，舉世震駭。國家命脈所繫至巨。吾兄與漢卿相知甚久，此時一言九鼎，當有旋轉之效。可否即請尊駕逕飛西安，力為勸導，抑先飛京，面商進行之處，敬乞迅賜電覆，無任禱荷！弟孔祥熙叩。銑秘。京。印。

二十五、《張學良覆馮玉祥電》（一九三六年十二月十六日）

事變當日，張學良、楊虎城曾聯名致電馮玉祥、李烈鈞，說明發動原因，請馮、李「或遠賜教言，或躬親來陝」。次日，張、楊又聯名電馮，再次請其命駕來陝，共決大計。同日，馮玉祥覆電張學良，要求張學良先放蔣介石回南京，馮本人可以約同知交多人，留居陝西作爲擔保。本電是對馮電的答覆，電云：

南京馮副委員長煥公賜鑒：

元電敬悉。辱承愛護，感洽肌髓。介公力圖自強，誠人所共知，亦良所深信。惟國事日非，不容自諱。統一僅坐形式，外交不妄〔忘〕妥協。出兵援綏，尤未能傾注全力。在國家未至存亡關頭，尚可從容處理，而今則河山半壁，幾盡淪亡，國勢之危，已如累卵。若猶諱疾忌醫，始終隱忍，則民族立國精神淪喪殆盡，何以為國？何以為人？良等以為國難至斯，事事須求徹底，空談團結，決不能搔著癢處。我公素抱抗日決心，為海內青年志士所共仰，一切言行，尤異凡庸，還乞進一步開誠賜教，俾救國之策得早施行。總之，良等此舉，對事而非對人，介公果能積極實行抗日，則良等束身歸罪，亦為〔所〕樂為。純潔無私，可質天日。他人或有不知，而堅決抗日如公者，應能見諒。至先送介公回京一節，抗日主張及行動未能實現以前，勢難遵辦。我公關懷良等困難，並願為之擔保，具佩隆情。惟良等苦悶，惟在抗日未能及早實施，致國本日危，復興無望，此外私人方面，固無困難可言。擔保一層，尤無必要，蓋良固不憚以七尺之軀，換得主張之實現也。公愛良至厚，良望於公者亦至殷。痛切陳詞，敬希鑒察。張學良叩。諫午。印。

馮玉祥當時任軍事委員會副委員長，在南京國民政府的要員中，馮是堅決主張抗日的。但是，在十二月十三日覆張學良電中，馮玉祥卻說了一些言不由衷的話，如歌頌蔣介石「力圖自強」，「政治軍事逐漸進步」，「國事已真正統一，外交已真正不屈」云云。本電中，張學良反駁了馮的這些說法，強調指出，「國事日非，不容自諱」，要求馮能「進一步開誠賜教」。電中，張學良堅決拒絕了先送蔣介石回京的要求，對馮表示願到陝作爲擔保一事，張學良表示全無必要。「不憚以七尺之軀，換得主張之實現」等語，充分表現了張學良爲國家、民族利益不惜犧牲個人的崇高愛國主義精神。

二十六、《陳儀致孔祥熙電》（一九三六年十二月十六日）

陳儀時任福建省主席，他堅決主張以軍事力量進攻西安，並切斷中共與西安方面的聯繫。

電云：

急。南京財政部孔副院長：

咸秘。京電奉悉。奮密。委座安適，至慰。此時最要者：（一）須以極速極大的軍事力量克服西安，並截斷赤匪與逆軍聯絡路線，庶可救出委座。倘遷延時日，正式赤匪一入西安，張逆必被摒沒落，則危險極矣。（二）指揮必須統一，步伐必須整齊。以上兩項，業已電陳何部長，當荷同意也。陳儀。銑巳。印。

二十七、《孔祥熙致閻錫山電》（一九三六年十二月十六日）

事變發生後，張學良曾致電閻錫山，請其回應，閻當即召開高級幕僚及重要將領會議。十三日，閻錫山覆電張學良等，提出四個問題：第一，兄等將何以善其後？第二，兄等此舉，增加抗戰力量乎？減少抗戰力量乎？第三，移內戰爲對外戰爭乎？抑移對外戰爭爲內戰乎？第四，兄等能保不演成國內極端殘殺乎？閻並通過其駐南京代表趙丕廉（芷青）將該電出示孔祥熙。十六日，孔祥熙覆電閻錫山，肯定他所提出的四個問題，告以端納赴陝情況，要求閻電商張學良，先行護送蔣介石至太原。電云：

太原閻主任百公勳鑒：

一密。昨上寒電，諒邀尊覽。芷青兄出示覆漢卿、虎城寒電，語意沉痛，指示國家利害，至扼切要。所質四個問題，尤深欽佩，漢卿等見之，當亦有所感動。昨派端納飛陝，頃據其由洛電稱，介公在彼安全，並謂漢卿自稱，此次舉動，激於一時情感。頗露（自）悔孟浪之意，似此情形，我公如能出任斡旋，或易尋出解決途徑。弟意請我公電商漢卿，先將介公護送至太原，弟當邀同中央負責人前往，一切問題，即在太原開會討論，由公負責保證。鄙見如是，可否？敬候酌奪。我公經驗甚深，此外尚有較好解決途徑，並望統籌見示為感。致漢卿電，倘有需弟聯名之處，即請繫銜拍發。弟孔祥熙叩。刪秘。印。

二十八、《程天放致南京外交部電》（三六六號，一九三六年十二月十六日、十七日五時十五分收）

程天放時任駐德大使，此電報告德國對事變的反應及汪精衛的活動，電云：

關於院長事，迭電均奉悉。此次消息傳播後，德輿論均責備張學良而表同情於中央政府，深以中國正在統一進步之中而發生意外為遺憾。各大報尤多著論頌揚院長功績。前數日雖屢載院長噩耗，經使館一再闢謠，知係某方惡意宣傳，已不置信。僑民對此極憤慨，均告以靜候中央解決。惟因事出非常，放對一切交際應酬，均暫托故謝絕。又放奉汪主席電召，定十八日赴義，館務由譚參事處理，謹聞。旅費容後報。程天放。

二十九、《孔祥熙致張學良電》（一九三六年十二月十七日）

南京方面通過端納得知蔣介石的確切情況後，態度轉趨強硬。十六日，南京國民黨中央政治委員會決議，任命何應欽爲「討逆軍」總司令，討伐張學良。同日，南京空軍轟炸渭南等地，向張學良施加軍事壓力。十七日，國民黨中央常務委員會召開會議，委員們紛紛發言，「語殊激昂」，決議貫徹討伐方針。會後，孔祥熙再電張學良：

西安張副司令漢卿我兄勳鑒：

漢密。昨據端納自洛陽電話報告在陝訪晤情形，茲得接誦刪申電，俱悉一切。陝變起後，全國各地公私法團、全軍袍澤，無不憤慨。昨日全國報界宣言，尤足表示各地輿情。尊論要求一致云云，可謂適得其反。且歐美各國輿論，無不一致斥責。英文《泰晤士報》，想兄處當經閱悉。日前蘇俄輿論，亦稱陝變以反日運動為投機，實際為敵作倀。可見無論中外，對兄此舉皆持反對。至言抗日，則陝變適足以搖動綏邊前線之軍心。統帥既被劫持，而徒空言抗戰，天下寧有此理！兄等任何意見，中央採納與否，必先集議討論，然後始可決定。介公個人並非中央全體。最好兄能伴同介公回京，或至太原，共同計議。且自事變發生以來，弟因與兄素日交好，相知最深，以為此事動機，或出於一時衝動，稍假時日，兄必翻然憬悟。不意函電信使，至再至三，而反有集中軍隊，準備攻豫情事，幾至令人無詞以對。蓋劫持領袖愈久，吾兄所負責任愈重，且激起民憤愈深。兄縱不為本身計，寧獨不為國家民族計，不為子孫計耶？國家民族之存亡，繫於兄之一念。懸崖勒馬，及此不遲。誼若弟昆，再進忠告，專覆布意，願聞明教。弟孔祥熙叩。洽秘。印。

事變初起，孔祥熙給張學良的電報，口氣都比較婉轉，本電則不同，「劫持領袖愈久，吾兄所負責任愈重」，「懸崖勒馬，及此不遲」等等，都是以前電報中不曾出現過的。

三十、《孔祥熙致張學良電》（一九三六年十二月十七日）

孔祥熙雖然態度轉趨強硬，但仍然盡力爭取和平解決，其方法之一，是動員東北軍的故舊及張學良的親人出面勸說。十五日，孔祥熙邀前吉林省省長王樹翰（維宙）由北平來南京，與前東北軍將領王樹常（庭午）聯名致電張學良，表示願入陝晤商。同時又致電于鳳至夫人，請其率子女由英國電西安，勸張學良送蔣介石回南京。十七日，孔祥熙爲二王入陝事致電張學良。電云：

張副司令漢卿我兄勳鑒：

鬥密。頃晤廷五、維宙兩兄，謂日前擬相約來陝，曾電兄請示行止，迄未奉覆。未審該電已達覽否？如何？盼即電示。弟孔祥熙叩。秘。印。

三十一、《宋子良致孔祥熙電》（一九三六年十二月十七日九時二十五分發，同日十六時十分收）

蔣介石的安全牽繫著宋氏家族每一個人的心，遠在廣東的宋子良聽說南京方面將派宋子文去陝西，表示「如必須派人前往，無寧弟去」。電云：

急。南京財政部孔部長庸兄賜鑒：

良密。西北分子複雜，漢卿為人利用包圍，跋扈橫行，決非情感所能激動。聞中央將派大哥前往調解。此間中央地方軍政當局僉謂不可，弟意亦然。大哥負國家經濟重任，去而再被挾持，則事態更形嚴重，應付更感困難，必致影響整個國策。如必須派人前往，無寧弟去，此間財政已佈置妥善，金融有季高兄負責，無慮其他。如何？乞電示為盼。弟子良叩。銑。印。

三十二、《孔祥熙覆宋子良電》（一九三六年十二月十七日）

南京方面認爲，派人入陝是個重大問題，因此意見歧異，顧慮重重。孔祥熙收到宋子良的電報後，旋即覆電，肯定他的意見，但表示須待自陝釋回的蔣鼎文（福州綏靖公署主任，隨蔣介石赴陝被拘）報告後再定。電云：

急。廣州宋廳長子良弟勳鑒：

良密。銑電悉。弟見甚是。現蔣聘三君今抵洛，明晨到京報告，俟得確息續聞。熙。銑秘。印。

三十三、《中行秘書處致孔祥熙電》（一九三六年十二月十七日十一時三十分發，同日十四時三十分收）

孔祥熙於一九三三年出任中央銀行總裁。該行總行設於上海。它是一個金融機關，但同時也收集情報。下面的電文向孔祥熙報告了端納赴陝情況及四川劉湘的態度與措施，即是證明。

急。南京譚處長轉呈部長鈞鑒：

乾密。頃據洛處銑電稱：寒電計達。端納昨晚電，據云：委座與張比鄰而居。委座表示張等要求應提請政府核辦，故張來見委座，更無可言。張談，舉動係部下意思，現僅就前次要求，提出重要者四條，並請部座或宋部長赴陝，再行恢復委座自由等語。又據渝行銑電稱：昨公安局何局長召集中、中、交三行會議，謂奉劉主席電諭，渝市金融，應請三行切實維持，銀幣暫勿他運，撥款萬勿緊縮，以安人心而維金融等語。渝市表面現尚安謐，惟人心不免惶恐。銅元因奸商居奇囤積，價格稍漲。日僑大部分離渝。職等鎮靜服務，一切相機應付，祈釋注等語。又據蓉行銑電稱：本目劉督辦召集各軍將領會議，一致擁護中央對內對外政策，並設法營救委座，態度極為鮮明。省政府並決定竭力維持法幣。又本日省府出示，維持金融，並召集各機關首長及商會宣布省府切實維持法幣宗旨，討論安定市面金融辦法：（一）令軍警取締投機操縱；（二）由中央、中國、農民三行儘量供應角票及輔幣；（三）又以川洋價漲，影響法幣信用，令領鈔各行暫停購買硬洋，共維市面等語。又據鄭行銑電稱：鄭陝間明碼電報，今日已通，惟電話尚未通，傳聞委座甚安全，端納顧問前日已返京覆命矣，各等語。謹電轉陳。中行秘書處叩。鎳。

金融穩定、市場穩定於經濟穩定、社會穩定至關重要。事變發生後，孔祥熙、張學良等都曾密切注意這一問題，並採取了相應的措施，本電所述四川情況反映出劉湘在這一問題上作出的努力。

三十四、《有田致天津領事密電》（二九三號，一九三六年十二月十七日）

事變期間，孔祥熙擔心日本如加緊侵華，將使張、楊兵諫之舉獲得國內外同情，並促成中共與張、楊的聯絡；又擔心日本擾亂中國金融，造成物價波動。因此，他極爲注意日本方面的動態，本電即爲其收集的情報之一，電云：

中國為防止西安事變勃發後所引起的法幣制度及匯兌的動搖，刻正努力是維。因該件對日亦有最大密切之關係，睹市場之推移如何，我方應採之方策，現正慎重交涉中。尚希在華日本銀行，除必要政策以外，積極的助長中國經濟之發展，切勿使之惡化，而加以嚴密的指導是幸（該件已與財政部協商）。

有田，時任日本外相。十二月十六日，日本首相、海相、外相、陸相等會議，決定對西安事變「暫時靜觀形勢」。同日，外、陸、海各局長會議，認爲「此時對華經濟機構，決有積極援助合作之必要」。本電即發於會後。

三十五、《孔祥熙致閻錫山電》（一九三六年十二月十八日）

閻錫山接受孔祥熙的調停委託後，決定先行派趙戴文（次隴）、徐永昌（次宸）二人赴陝。十八日，孔祥熙電閻錫山云：

閻主任百公勳鑒：

一密。子青兄轉示各電，均悉。弟咸電請公電勸漢卿陪同介公飛晉，一切問題，在太原開會集議。次隴、次宸兩兄飛陝，弟意最好能由兩兄在陝約同漢卿等伴同介公同回太原，尊意想亦謂然。即請轉知兩兄，並電商漢卿照辦為荷。餘情已囑子範代陳矣。弟孔祥熙叩。巧。

三十六、《駐日大使館致南京外交部電》（七一九號，一九三六年十二月十八日發，十九日三時收）

事變期間，日本政府決定繼續支持南京政府。十八日，有田根據駐華大使川越茂的電報向內閣作了報告。同日，駐日大使館電告南京外交部云：

有田本日在閣議報告，除提及英、德，談要點外，云：根據川越電，略謂：張學良勢孤，除陝甘外，均一致擁護中央。張學良起事原因，仍在促院長抗日，未被採納。又謂，我國對日本靜觀態度咸表好感云云。東日載國民黨政權有安定性，應承應（此字疑衍——筆者）認，國府在政治、經濟上有統制力。初時有主張對華重新檢討，另樹政策者，至是已漸消滅之。有田對英、德訪，印象似尚良好。此間各報對我政府處置事變迅速穩妥，均表好意。敬陳。駐日大使館。

三十七、《朱鶴翔致南京外交部電》（一七二號，一九三六年十二月十八日發，十九日十七時收）

朱鶴翔時為駐比利時公使，他向南京外交部報告了日方宣傳及當地部分華僑的反應。電云：

連日日方宣傳中國統一假面具完全揭穿，西安事變足以說明日德協定之必要，打破英美迷信云云。已隨時設法駁斥。此間僑民及學生，以綏事正在進展，張學良突有此叛國之舉，予敵人以機會，均極憤懣，紛請代電中央，迅予戡亂並營救院長出險，以息謠諑而定人心。除將連日部電情形宣示，加以安慰外，特奉聞。朱鶴翔。

三十八、《張學良致孔祥熙電》（一九三六年十二月十九日五時五分發，同日十八時四十分收）

孔祥熙利用東北軍的故舊對張學良做工作，張學良也借此對故舊說明發動事變原因，爭取同情和支持。十八日，張學良致電孔祥熙，複述致王樹翰、莫德惠（柳忱）電大意。該電至十九日才發出。電云：

南京財政部孔部長庸之兄勳鑒：

篠秘電悉。鬥密。庭午、維宙兩兄來陝，至所企盼。其來電迄未收見。弟前致維宙、柳忱一電，未審得達否？該電大意，略謂文日之舉，純為積極實現抗日救國主張，如中央確能改變政策，積極領導抗日，行動實現後，用我則願作先鋒，罪我亦願束身歸罪，否則，救亡無方，空言商洽，非弟本意云云。恐前電有失，請兄再將此意轉達庭午、維宙兩兄為盼。再，兄之「寒」、「寒秘三」、「咸秘二」三電均奉悉，倍承關注，尤深銘感。日內子文、墨三兩兄即將來陝，似無庸再由雨岩、翼如兩兄傳達意旨矣。並聞。弟張學良叩。巧亥。機。印。

張學良希望孔祥熙將此電大意轉告王樹常與王樹翰，「救亡無方，空言商洽，非弟本意云云」，實際上是說給孔祥熙等人聽的，意思是要南京政府拿出實際行動來。

三十九、《閻錫山致李鴻文電》（一九三六年十二月十九日）

十八日，山西省駐南京代表李鴻文致電閻錫山。次日，閻錫山覆電云：

李子范兄鑒：

巧酉電悉。我對營救介公出險，應盡力設法，公義私情，均當如是。其他說法，絕對不可有，亦絕對不可談，恐有害於事之成也。山。效申。機。

此電值得特別注意。電中，閻錫山表示了盡力營救蔣介石的決心，同時，堅決反對「其他說法」。這「其他說法」的內容，大有可研究、玩味之處。

四十、《孔祥熙致馮欽哉電》（一九三六年十二月十九日）

馮欽哉十七日致電孔祥熙，聲稱楊虎城派代表許海仙來，據云：此次事變，除楊一人外，十七路軍各官長事前概未與聞。又稱，楊虎城「擁護委座」，「絕對負責保護」。馮並要求孔祥熙「速籌善策，營救委座及虎城」。馮電給了孔祥熙以幻想，十九日，孔電馮，命其與楊設法營救蔣介石。電云：

急。大荔馮軍長欽哉兄勳鑒：

嘯密。篠戌電奉悉。陝變發生，舉世震駭，吾兄力持正義，至佩忠忱。十七路各官長事前概未與聞此變，尤見愛國人同此心。虎城兄素重義氣，且夙愛戴介公，當事變初起，弟即意其或為環境所迫，決無其他。今承電示，果如所料。吾兄與虎城兄相知最深，仍希就近設法，俾獲介公一同出險為禱！現在匪氛待靖，中央已任命兄為渭北剿匪司令，並以貴軍給養，此後或有問題，已托于院長將月餉攜致。嗣後公私方面如有需弟協助之處，即盼電知。弟孔祥熙叩。效秘。印。

四十一、《孔令侃致孔祥熙電》（一九三六年十二月十九日）

樊崧甫一面積極主張向西安施加軍事壓力，一面向孔祥熙要官，並通過在財政部工作的弟弟樊光（震初）要錢。但他又不直接找孔祥熙而是向孔令侃提出。十九日，孔令侃致電孔祥熙云：

南京孔代院長鈞鑒：

部密。（一）據樊光報告，謂本來中央命令，派徐庭瑤為潼關前敵總指揮，崧甫當呈商指揮之困難情形，現已委徐為總指揮，樊副之。惟因此次時事緊張，當初委座批該軍部經常費為七千餘元，軍需署縮減為三千餘元，致一切均感困難。希鈞座設法補助若干，以便指揮。（二）副總裁云：今晨公債市場已到上星期之市價，外匯並無賣出一文。人心尚佳，靜待時局轉好。特謹聞。侃叩。皓。

此電電尾有字跡云：「奉批，先匯一萬元。原電送國庫司歸卷。」當係承辦人字跡。

四十二、《樊光致孔令侃電》（一九三六年十二月十九日）

孔祥熙批准先匯一萬元，樊光立即致電孔令侃報告。電云：

上海公館孔令侃兄鑒：

度密。尊致部座電奉悉。關於樊部軍費，已奉諭先匯一萬元，以供臨時支應。嗣後當每月酌予補助，請轉知震初，即電告崧甫，並勖以努力奮鬥。給養補助方面，部座自可協助維護。弟光叩。效。

四十三、《張學良致孔祥熙電》（一九三六年十二月十九日發，二十日收）

何應欽就任「討逆軍」總司令後，立即開始行動。十七日，中央軍第二十八、三十六、五十七等師進入潼關，空軍轟炸三原、富平。面對討伐派們的洶洶氣焰，張學良毫不示弱，十九日電孔祥熙云：

孔院長庸之兄勳鑒：

咸、洽兩電均敬悉，沁密。前電拍發稍遲，致勞切念，復承拳拳故舊，再三見教，至感。銘三兄到京，想已悉此間真況。中央同人果愛國家、愛介公，自當推人來陝商洽。抗日實現以外，別無所求，更無金錢與地盤思想。區區志願，蘊之已久，決非一時衝動。中央對弟主張如無辦法，勢難送介公返京。弟之部隊，初未前進，而中央軍進入潼關，佔據華陰一帶，反誣此間準備攻豫，抑何顛倒事實之甚耶？如中央必欲造成內戰，弟等亦惟有起而自衛，誰負其責，自有公論也。特覆。弟張學良。效戌。

空言無益，一個實際行動比一百句漂亮話有力得多。「中央同人果愛國家、愛介公，自當推人來陝商洽。」張學良的這一要求是合理的，也是無法拒絕的。電中，張學良再次聲明，行動出於抗日，並無其他目的，同時威武不屈地表示：「中央如必欲造成內戰，弟等亦惟有起而自衛，誰負其責，自有公論也。」充分表現出對正義的力量和信心。

四十四、《張學良致蔣鼎文電》（一九三六年十二月十九日發，同日廿二時四十分收）

為了制止南京討伐派的軍事行動，十七日，張學良通過蔣百里與蔣介石商定，派蔣鼎文攜帶蔣介石致何應欽的親筆信返回南京。張學良對蔣鼎文的東返寄以深切希望，他知道，南京的討伐派們不會善罷甘休，因此致電蔣鼎文，請其勿因「眾口呶呶遂不盡言」。電云：

蔣主任銘三兄勳鑒：

巧亥電敬悉。鬥密。此間要求，惟在抗日，委座已表示容納。此種情形，兄已徹底明瞭，請兄返京，確是誠心誠意，力謀解決此事。若大家能仰體委座之意，為國家著想，使抗日實現，則國際地位立時提高，委座得享千秋萬世之令名，豈不善哉！文日之舉，純為愛國家，愛介公，絕無金錢欲望，但求國家不亡，絕不顧任何犧牲。此情兄已盡知，想到京以後，應不至因眾口呶呶遂不盡言。總之，抗日主張如不能實現，難送委座返京。南京同人如能平一時之忿氣，為整個事體打算，則一切一切，〔不〕難辦〔到〕。否則，不顧大局，必欲用武力以對內，須知弟等發動此種驚人大事，豈能視同兒戲！一條生命，早已置諸度外。為自衛計，為保存抗日力量計，絕不憚起與周旋。誰造內亂，誰誤國家，自有天下後世之公論也。弟部並未前進，而中央軍已闖入潼關。是中央早已敵視此間，不惜國家與民命。中央既已不惜，弟等雖惜，亦復何用！國家安危繫於一念。請兄轉達南京黨政諸公，共審慮之！如尚欲求解決，仍請子文、墨三兩兄即來此間，極為歡迎。否則只好各行其事，咎不在我矣！弟張學良。皓至。

本電透露了一個重要訊息：「此間要求，惟在抗日，委座已表示容納。」電中，張學良特別說了一段話：「弟等發動此種驚人大事，豈能視同兒戲！一條生命，早已置諸度外。為自衛計，為保存抗日力量計，絕不憚起與周旋。」這是說給南京的討伐派們聽的，字字鏗鏘有力，擲地有聲，充分表現了張學良的魄力和大無畏精神。此前，宋美齡曾通過端納轉告張學良，孔祥熙因係行政院代院長，不能離職赴陝，建議以宋子文或顧祝同代，因此，電末，張學良對二人表示歡迎。

四十五、《閻錫山致趙丕廉電》（一九三六年十二月十九日收）

孔祥熙一直希望張學良能將蔣介石送至太原，因此對閻錫山的斡旋寄以希望，決定付以全權處理之任，並決定派黃紹竑赴晉面商。閻錫山本已決定派趙戴文、徐永昌赴陝，得知黃紹竑即將來晉的消息後，命趙、戴暫緩成行。十九日，閻錫山致電趙丕廉，以有關情況電云：

趙芷青兄：

密。次隴、次宸本定今晨飛陝，因中央派黃季寬兄來晉，已令稍待，與季寬兄面談，藉知京中近情，俾資到陝後之應付。並囑漢卿之代表先行返陝，與漢卿切實說明，必須次隴、次宸能與介公單獨談話，方可前往，以免徒勞往返。山。號〔皓〕。

四十六、《閻錫山致孔祥熙電》（一九三六年十二月十九日）

孔祥熙請出了王樹翰、莫德惠、王樹常，三人準備在赴陝之前，先行飛晉。十九日，閻錫山覆電孔祥熙，對三人表示歡迎。電云：

南京孔院長庸之兄勳鑒：

巧、巧秘兩電誦悉。△密。維宙、柳忱、庭功〔午〕三兄涖晉，極所歡迎。次隴、次宸本擬今日飛陝，因季寬來晉，擬俟晤談後再行。知注並聞。弟閻錫山。皓午二。機。印。

四十七、《閻錫山致趙丕廉電》（一九三六年十二月十九日）

閻錫山在即將派人赴陝斡旋之際，突然接到了「中央將領」的來電，反對派人，這使閻頓生疑慮，致電趙丕廉云：

芷青兄鑒：

緯密。皓午及未二電均悉。次隴、次宸本日未赴西安，業於皓電告知。漢卿代表到晉，窺其言詞之間頗有悔禍之意，但尚不能認為確有轉危為安之方。惟中央將領有電我反對派員赴長安者。我認今日介公之安危即國家之安危，轉危為安，非救出介公不可。救介公非攻下長安所能做到。今日營救介公，並非無隙可乘，而難處在無擔當此責任之人，恐難一直進行，不生障礙，希密商庸之兄為盼。再乘（？）元首而言新主，為有效解決之方，歷史上此例很多，但今則不然。黨國初建，介公統馭，非名分問題，乃人的問題也。山。皓酉。

閻錫山曾是一九三〇年中原大戰時反蔣的主帥，而且也認爲歷史上另立「新主」的例子很多，但又認爲，當時必須營救蔣介石，「今日介公之安危即國家之安危」，「救介公非攻下長安所能做到」，因此，力主和平解決，指示趙丕廉與孔祥熙密商。

四十八、《何應欽代電》（一九三六年二月十九日）

十八日下午四時，蔣鼎文回到南京。十九日，孔祥熙、何應欽、宋美齡等會議，作出兩項決定。同日，何應欽將會議結果電告「討逆軍」東路集團軍總司令劉峙及各將領。電云：

急。南京孔代院長鈞鑒：

頃致前方劉總司令及各將領一電文曰：皓日下午一時半，孔院長祥熙、居院長正、孫院長科、葉秘書長楚傖、宋委員子文、王委員寵惠、蔣夫人宋美齡、何部長應欽等，在孔院長私邸會談營救委座之最後辦法。決定如左：（一）准宋委員子文用私人資格名義赴西安營救委座。（二）准許至十二月養日止，暫行停止轟炸。但張、楊所屬各部，在此期間不得向南移動。各該逆部如仍向西安、渭南前進，我空軍即向行動部隊轟炸。以上二項，為最後之容忍。但我軍之集中偵察與攻擊準備，仍須積極進行，不得延誤，希即轉飭遵照等語，特此奉聞。何應欽叩。皓未、鎮二。印。

本電表明，南京領導人終於在營救蔣介石問題上取得了部分共識。但是值得注意的是，何應欽在電報後半部拖了個尾巴，據此，南京空軍隨時可對張學良、楊虎城的軍隊進行轟炸。

四十九、《宋美齡致張學良電》（一九三六年十二月十九日）

南京方面決定派宋子文赴陝經歷了一個曲折過程。十九日，宋美齡電告端納，宋子文決定入陝，但其後就「阻力橫生」。於是，宋美齡又去電取消前訊。其後，宋子文力爭以「私人資格」前往，才作出決定。其間，宋美齡有電致張學良云：

> 限即刻到。西安張副司令漢卿兄勳鑒：
>
> 漢密。子文兄於本午乘容克機飛陝，到希賜洽。蔣宋美齡叩。效。

五十、《孔令侃致孔祥熙電》（一九三六年十二月十九日十九時十五分發，同日廿一時三十分收）

大概是何應欽代電的後半部引起了關注，杜月笙從吳鐵城處得知消息後，即向孔令侃進言，孔令侃隨即致電孔祥熙。電云：

孫代院長鈞鑒：

令密。頃由杜月笙面告：吳鐵城得南京確息，謂政府忽又有準備轟炸西安及逆軍之決議。若為安定日人心理之宣傳，則可任其播揚，否則營救委座之企望必將全功盡棄等語。謹轉呈。侃叩。效。

五十一、《張學良致張群電》（一九三六年十二月二十日一時卅五分發，同日九時三十分收）

十五日，張群致電張學良，爲解決事變斡旋。二十日，張學良覆電云：

南京外交部張部長岳軍兄勳鑒：

删電承示各節，至感關懷。弟之恒率，兄應早知，文電既已揭櫫八項主張，則八項以外，自無餘事，口是心非，弟不為也。進一步言之，目的惟在積極抗日，八項主張，不過發動抗日必備之條件，果能立時發動全國抗日，則一切自不成問題。弟既發動此舉，一切犧牲尚何所惜。非至抗日主張實現，殊難送委座南歸。聞中樞諸公多為私人意氣之爭，危詞聳聽，有意內戰，此匪特與弟主張背道而馳，且置國運及介公於不顧，甚非所敢聞也。掬誠奉覆，並請將此意酌向中樞諸公說明為盼。弟張學良。皓亥。機。

本電起草於十二月十九日。張群可能懷疑張學良有其他目的，所以張學良在本電中明確聲明：「目的惟在積極抗日。」當時，南京討伐派們意氣激昂，擺出一副關心蔣介石和國家民族命運的架勢，本電尖銳地指出，這些人「危詞聳聽，有意內戰」，是真正「置國運及介公於不顧」的人。

五十二、《宋美齡致宋子良電》（一九三六年十二月二十日）

宋子良曾經要求代替宋子文赴陝，本電中，宋美齡告以蔣鼎文回京後所述情況，並告以宋子文已飛陝。

廣州宋廳長子良弟鑒：

良密。巧電悉。介兄被困，迭派端納、黃仁霖二君前往探視。日昨銘三總指揮回京，得悉介兄安適如常，略以為慰。昨日大哥飛洛，今晨八時飛陝，俟得詳情，再為轉告。粵省財政重要，吾弟暫時不必北來，尤望安心處理為盼。美齡。號。

五十三、《孔祥熙致白崇禧電》（一九三六年十二月二十日）

事變初起，廣西駐西安代表劉仲容曾致電李宗仁、白崇禧，勸其回應。電稱：「此間兵諫事，想已見諸張、楊兩公通電。今後實際救國大計正待共商，尤盼副座（指白崇禧——筆者）能乘機來此，共商一切。盼覆。仲容。誕。文。印。」此電爲南京當局截獲。二十日，孔祥熙致電白崇禧，邀請他來南京「協商大計」，反映出南京當局對廣西方面的戒心。電云：

桂林白委員健生兄勳鑒：

統密。陝變突生，中央決議，軍事由煥章兄及軍事委員會常委負責主持。現在中央同人盼兄早臨，協商大計。桂省軍務有德鄰兄負責，想兄可以分身北來。即盼早日命駕，共圖匡濟。如行期已定，仍希先覆，俾便歡迎為禱。弟孔祥熙叩。號秘。印。

五十四、《何應欽致閻錫山電》（一九三六年十二月二十日）

趙丕廉接到閻錫山十九日電後，出示何應欽，何即於二十日覆電閻錫山，聲稱「此間將領並無反對尊處派員赴長安者」。電中，何應欽並告以黃紹竑赴晉及飛機發生故障等情，聲稱趙戴文、徐永昌「先赴西安一行亦佳」。電云：

特急。太原閻主任百川兄勳鑒：

密。芷青兄出示皓西電敬悉。此間將領並無反對尊處派員赴長安者。季寬兄赴晉，未攜有何種具體方案，乃持孫、孔、居、葉、馮、李、朱、程、唐及弟聯名函，請兄全權負責調處，因飛機在汴發生故障，改乘專車赴晉，明日未必能達。為應付事機起見，次隴、次宸兩兄如能先赴西安一行亦佳。如何？請兄卓裁。弟應欽。哿申。秘。

五十五、《居正等致閻錫山電》（一九三六年十二月二十日）

孔祥熙委託閻錫山出面斡旋一事得到居正、孫科等人的同意。十九日，黃紹竑攜帶居正等公函飛太原，因飛機故障中途改乘火車，所攜公函改由孔祥熙以電報拍出：

特急。太原閻主任百川先生勳鑒：

奮密。屢在敬之兄處得讀尊電，於中央執行紀律之嚴整，介公迅速脫險之計劃，兼籌並顧，至佩藎謀。弟等固兢兢守中央之立場，不敢稍離，而於營救介公脫險之心寤寐未釋。環顧國中，能深識此事之癥結，熟權公私之兩宜者，莫如先生。乞即向漢卿愷切勸導，即日送介公到太原，並敢以弟等一切為先生全權處理之擔保。茲特請季寬兄晉謁面陳。不盡縷敘，並候隨時指示。弟居正、孫科、孔祥熙、戴傳賢、張繼、王寵惠、何應欽、葉楚傖（下缺。應為馮玉祥、李烈鈞、朱培德、程潛、唐生智——筆者）。

五十六、《孔祥熙致閻錫山電》（一九三六年十二月二十日）

孔祥熙接到閻錫山十九日電後，即向何應欽查詢，何否認其事。二十日，孔祥熙致電閻錫山，進一步詢問有關情況。電中，孔祥熙並告以黃紹竑行程改變等情，電云：

特急，太原閻主任百川先生勳鑒：

一密。芷青兄出示兄皓電敬悉。詢敬之兄，據云，此間將領並無反對尊處派員赴長安之事，並已有電致兄，想邀鑒及。至該電是否有人具名，請兄查明電告，俾便查究為幸！季寬兄本擬乘機直飛太原，因機至汴發生故障，改乘專車赴晉，明日恐未必能到。同人所致兄函，現以電拍去，想已達覽。中央同人現以全權托兄，請即負責進行，弟等願為後盾。如有見教之處，仍祈隨時電示為荷。弟孔祥熙叩。哿秘。印。

五十七、《閻錫山致何應欽、孔祥熙電》（一九三六年十二月二十日）

李金洲受張學良、楊虎城派遣，與閻錫山商談後返回西安。十九日，張、楊致電閻錫山，再次陳述除抗日外絕無他圖以及決不造成內戰等意。二十日，閻錫山將張、楊電文轉告何應欽與孔祥熙。電云：

南京何部長敬之兄、孔院長庸之兄：

〇密。頃接漢卿、虎臣皓申電：李君金洲返，具述尊意及經過情形，敬悉。洞察愚情，指示周摯，感佩何可言喻。良等願再為公告者，不〔除〕抗日之外，絕無他圖；為抗日而受任何犧牲，在所不惜。予決不造成內戰。茲事體大，動關安危，惟望我公不棄，切實指教。李君定明日返并。並聞。特先電聞。弟山。號午。機。印。

五十八、《孔祥熙致徐永昌電》（一九三六年十二月廿一日一時二十分發）

閻錫山派趙戴文、徐永昌赴陝。廿一日，孔祥熙致電徐永昌，加以鼓勵。電云：

太原徐督辦次宸兄勳鑒：

奮密。介公留陝未歸，全國至為觖望。現在百公設法斡旋，請兄與次隴先生同赴西安接洽。以兄與漢卿多年袍澤，相知甚深，此次不辭辛勞，前往一行，當可面晤介公，商承一切，並對漢卿婉加勸解，令其感動，幡然悔悟。如獲隨同介公先赴太原，復與百公詳加商討，自可得圓滿之解決，此行於國家安危關係綦切，舉國上下，屬望甚殷。特電馳候，並祝成功。弟孔祥熙叩。號秘。印。

五十九、《孔祥熙致宋子良電》（一九三六年十二月廿一日）

宋子文於二十日上午飛抵西安，會見張學良、蔣介石，並通過郭增愷瞭解到周恩來和中共方面的態度，廿一日，回南京報告：「介公在陝，確屬安全，漢卿態度尚可理解，前途頗有開展之望。」當日，孔祥熙致電宋子良云：

廣州宋特派員勳鑒：

良密。馬電悉。文弟四時回京，漢卿已有悔悟意，前途頗可樂觀。知注特覆。兄箇秘。印。

六十、《宋美齡致張學良電》（一九三六年十二月廿一日）

宋子文歸來，宋美齡進一步獲悉蔣介石與西安方面的情況，致電張學良云：

張副司令漢卿先生勳鑒：

子文兄本午後四時安抵京，知注特聞。蔣宋美齡。箇。

六十一、《張天樞致孔祥熙電》（一九三六年十二月廿一日）

爲了利用馮欽哉，分化張學良與楊虎城、東北軍與第十七路軍之間的關係，孔祥熙特派與馮有舊的張天樞赴陝。十八日，張天樞抵達潼關，即與樊崧甫聯繫。廿一日，張以「知」爲化名致電孔祥熙，報告軍事進展及在西安內部策反情況。電云：

財政部總座鈞鑒：

（一）頃晤樊軍長，云：我軍已進佔華州。昨渭南有奉軍二團，被我炸散，死傷千餘。

（二）西安城內奉軍，只劉多荃一師，余為楊之警衛一二旅暨孫蔚如部。劉為商啓予從小養大者，已派劉之胞弟到西安運用反正。

（三）頃已與欽哉通電話，悉奉軍一營昨日渡河，為馮軍擊退，並定明日派汽車來潼，迎知赴同。

（四）崧甫云：某等乘毅公留陝，將圖攫得軍隊，業在前方已有相當準備，並謂以後電呈部座，不可對外宣布，以防陰謀派之注意。謹聞。知（張天樞）叩。效。

本電有兩點值得特別注意，一是劉多麟至西安對劉多荃進行策反，一是樊崧甫所述「某等」乘蔣介石西安被拘之機，「將圖攫得軍隊，業在前方已有相當準備」等語，反映了南京政府內部，確有「陰謀派」存在。電中所稱「毅公」，當代指蔣介石。

六十二、《黃濤轉劉文島致孔祥熙電》（一九三六年十二月廿一日十五時收）

一九三五年十一月，汪精衛在國民黨四屆六中全會上被刺。次年二月赴歐洲治傷，事變發生，他正在義大利。二十日，駐義大利大使劉文島致電孔祥熙，報告汪精衛的態度。該電由上海黃濤轉，電云：

南京部長孔鈞鑒：

度密。頃接劉大使一電，文曰：密。汪意謂委座未出前，只能兵圍，不能開火。懇堅持。齊亞諾亦電勸張。島。號。等語，謹轉陳。黃濤叩。馬。

齊亞諾，義大利外交部長，曾任駐中國代辦，與張學良相識，事變後致電張稱：「汝係吾友，茲若與共產黨聯盟，即成吾敵。中國苟無蔣介石將軍，即不見重於人。」云云。

六十三、《樊崧甫致孔祥熙電》（一九三六年十二月廿一日二十時三十分發，廿二日十三時十分收）

樊崧甫除要官、要錢外，又為兒子走後門。電云：

行政院代院長孔：

皓秘電奉悉。松密。鈞鑒〔座〕托于院長攜帶軍餉接濟馮欽哉部，均遵命轉告。小兒元彰，蒙推愛提攜，感極。遵即飭其詣府聆訓。此間奉令停止三日進展，惟華縣駐軍，號晨突圍圖竄，當將全部包圍繳械，華縣已佔領。樊崧甫。號。參秘。印。

六十四、《孔令侃致孔祥熙電》（一九三六年十二月廿一日廿二時發，同日廿三時收）

杜月笙雖然不當權，但積極爲營救蔣介石出謀劃策，下列電文即反映出這種情況：

南京孔部長鈞鑒：

度密。頃由杜月笙來電報告，謂據吳鐵城由何部長處得來消息，大約委座可無生命之虞。彼以為中央一方面不遺餘力威脅叛逆，一方面妥為張學良設法，使張於釋放委座後對其安全問題無所顧慮，是為當前要題。上海市場平穩如常，特聞。侃。馬戌。

六十五、《汪精衛致孔祥熙電》（一九三六年十二月廿二日）

事變發生時，汪精衛正在歐洲。廿二日，他覆電孔祥熙，肯定救蔣「雙管齊下辦法」。電云：

孔副院長庸之兄勳鑒：

哿電敬悉。介兄蒙難，諸兄憂勞倍加，弟在遠道，惟有愧憤。急臨之以兵，以奪其氣；居間調停，謀自由之恢復。雙管齊下，辦法至□（此處當缺一字——筆者）。弟今日啓程。汪精衛。養。

六十六、《孔祥熙致閻錫山電》（一九三六年十二月廿二日）

閻錫山派趙戴文、徐永昌赴陝，需要飛機。孔祥熙與何應欽商量，何答以無機可派，孔祥熙不得不要求西安方面派機。廿二日，孔祥熙電閻錫山云：

急。太原閻主任百公勳鑒：

迫密。芷青兄函告：漢卿飛機未到晉，次隴、次宸兩兄需機飛陝。當詢敬之兄，據云：此間無機可派。現已逕電西安，商派一機飛晉備用，特此電達。弟孔祥熙叩。養秘。印。

六十七、《宋子良致孔祥熙電》（一九三六年十二月廿二日十四時二分發，同日廿二時四分收）

廣東長期是反蔣基地，因此，宋子良極爲重視當地實力派余漢謀，黃慕松的態度，專門做了工作。廿二日，電告孔祥熙云：

特急。南京財政部孔部長庸兄鈞鑒：

良密。西安事變之後，此間各界，對於委座安全深為關切。晨晤余、黃兩公商及，以為國家綱紀，固應整飭；委座安全切宜顧及。深願中央通權應付，於可能範圍內求解決途徑。已由兩公會電吾兄表示各界竭望營救委座之意。特電奉聞。弟子良叩。養。

六十八、《蔣鼎文致孔祥熙、何應欽電》（一九三六年十二月廿二日二十時收）

廿二日，宋子文、宋美齡、蔣鼎文飛西安。同日，蔣鼎文致電孔祥熙、何應欽，要求將雙方警戒線後移，電云：

南京孔部長譯轉何部長：

梯密。夫人暨宋部長等已於五時安抵此間，即將部長手書停戰條件交張、楊兩位，轉告前線知照。惟此間同人尚望雙方警戒線均稍向後移，免無知士兵誤會衝突，中央方面最好能將主力撤至華陰附近，華縣仍歸中央軍前線。乞尊裁轉令遵辦。鼎文。養。印。

六十九、《張天樞致孔祥熙電》（一九三六年十二月廿二日廿二時發，廿三日八時收）

張天樞到潼關後，迅速設計了一套在西安內部製造矛盾利用楊捕張的計劃，貌似聰明，實則顢頇，完全不瞭解楊的性格與為人。電云：

財政部總座鈞鑒：

旗密。（一）按張、楊平日互相猜忌，楊向為取巧、尚詐、重利害、無定謀之人，如能商於欽哉，運用得宜，似可使其內部發生變化。知意先派人到西安，表示服從楊虎城，說明中央對楊尚能原諒其苦衷，然後派委員向楊商議，以整個十七路軍生死存亡關係，請楊設法拘捕張，歡送沙公回京，再通電全國，表明此次事變，十七路軍完全為被挾持，同時密與中央軍聯絡，解決東北軍。（二）密派妥人分赴西安附近各縣，散佈東北軍將不利於十七路之流言。（三）由鈞座密囑留京東北要員，密電漢卿，勸其捕楊釋沙，以保全東北軍而作回頭之計。因楊在西安特設有無線電台，將（接）收各方往來密電，各種密本均能譯。（四）楊先誤欽哉之言，暗得勸張之電，聞不利之謠，或能囑其部下，斷然捕張釋沙。詳細辦法，火車中已有函陳，惟以事關重大，未便輕率，尚祈遵裁示遵。如蒙俯准，祈電匯款若干，以資相機運用。款交中國旅行社高茂卿即妥。恐函遲緩，謹再電陳。

知叩。效。

本電所稱「沙公」，當亦代指蔣介石。

七十、《孔祥熙致蔣鼎文電》（一九三六年十二月廿三日）

宋子文、宋美齡等抵達西安，孔祥熙認爲張學良釋放蔣介石的時機已到，致電蔣鼎文，要求張學良履行諾言。電云：

蔣主任銘三兄勳鑒：

梯密。晨電奉悉。關於軍事方面，已由敬之兄電覆，想達。日前漢兄曾言，子文弟如能赴陝，當即能偕同介公回京，想現已至實現時機。介公回京之後，不僅漢兄保衛介公之苦心可大白於天下，而彼等主張自亦不難商討，容納實施。否則，介公留陝，國人皆認其已失自由，即有容納彼等主張之切實表示，亦認為出自脅迫，中央多數主張決不容接受，即希轉告為盼！弟孔祥熙叩。漾亥。

七十一、《李世軍致秦德純電》（一九三六年十二月廿三日）

當宋子文、宋美齡抵達西安，雙方正進行談判之際，北平冀察政務委員會委員長宋哲元和山東省主席韓復榘突然聯名發出電報，提出三項原則：一、如何維持國家命脈；二、如何避免人民塗炭；三、如何保護領袖安全。宋、韓建議「由中央召集在職人員、在野名流，妥商辦法，合謀萬全無遺之策。」當時，孔祥熙急於解救蔣介石，召開這樣一個會議，將使解救一事推延並複雜化，因此，他命李世軍致電北平市長秦德純，要求秦與宋哲元商量，重新考慮所提建議。電云：

萬急。北平秦市長紹文兄勳鑒：

密。此間今日下午接宋公與韓主席自濟南發出聯銜漾電後，中央負責諸公咸認為在此時期，中央表面上雖聲張討伐，而實際則仍積極求政治途徑之解決，在雙管齊下政策下。庶可以斷絕張、楊與共黨之聯合，而救介公之安全，亦以求事變之和平妥善解決也。中央諸公面囑世軍，以此意轉陳宋公，情詞之間頗呈憂色，並謂共匪已派代表周恩來等三人與張、楊切實合作，而彼等尤以抗日號召，似此情形，如不採取軍事與政治兼顧解決之方式，則不但無以救領袖，而對內對外，均無以應付，此至危難之關頭，中央諸公認為漾電發出，將使愛護營救介公之至意，或受延長支離之影響、良以今日之事，危急萬狀，在側面盡可謀政治解決之途徑，而表面上應仍一致擁護中央既定之方式，庶能迅速解決。此當前之大難也。特囑轉陳委座，對於漾電後段之主張，詳審考慮，並盼見示云云，究應如何說明，祈鈞示為禱。弟李世軍叩漾亥。

西安事變初起，南京國民黨內部出現討伐與政治解決兩派，經過辯論，逐漸形成了所謂「雙管齊下」政策，即表面上「聲張討伐」，而實際上「積極求政治途徑之解決」。由於周恩來、羅瑞卿、許建國等人已於十二月十七日抵達西安，與張學良、楊虎城達成協定，紅軍加入由東北軍、第十七路軍成立的抗日聯軍臨時西北軍事委員會。更使孔祥熙確認，必須採取「軍事與政治兼顧解決之方式」。此電對瞭解南京政府在事變期間的對策有重要意義。

七十二、《黃紹竑致孔祥熙電》（一九三六年十二月廿三日）

閻錫山素以圓滑謹慎著稱，決定派徐永昌、趙戴文前往陝西調解，但不久又改變主意，決定派傅作義前往。當時，張學良、楊虎城、周恩來已經達成一致意見，準備在與宋子文談判時提出，要求「改組南京政府，排逐親日派，加入抗日分子」，張、楊並致電閻錫山，徵詢意見，但閻不知如何回答，通過黃紹竑向孔祥熙請示。電云：

孔副院長鈞鑒：

養電奉悉。密，（一）百川對營救事願負責進行，現改派傅宜生前往，以抗日將領之立場，說詞較為有力。傅今到并，明可飛往。（二）昨電百川，以子文、銘三到陝，談改組政府問題，詢百川意見。百川極感答覆困難，不審子文兄等在京有無談及在陝商談情形如何，頗為懸繫。（三）近接桂方來電，態度仍冷靜沉默，尚無惡化。（四）鄂主席職務，竑自維實難肩任，懇早日明令發表准辭職。竑叩。敬午。印。

七十三、《張天樞致孔祥熙電》（一九三六年十二月廿四日零時四分收）

張天樞一面力圖分化張楊，一面積極收集西安方面的情報。廿四日，電孔祥熙獻策云：

急。南京財政部總座鈞鑒：

旗密。（一）確悉張、楊一方在西安與子文、銘三諸公談判條件，一方嚴令部隊漏夜集中。共軍亦積極向西安推進，就事實觀察。其談判是否誠意，抑或為緩兵之計，大有可慮。（二）西安共黨分子近日愈集愈多，萬一張、楊被其包圍，且夜長夢多，愈醞釀，愈棘手。頃與當局密議，請鈞座速與何部長密商，用快刀斬亂麻之策略，一方積極進攻，以隔離張、楊部隊與西安之聯絡，一方派員與其談判條件，同時用空軍至西安城內，稍作示威，方不至受其夸計耳。前一二日，楊尚有慌亂氣象，自宋到陝，反又堅決。近日沙公每日易地而居，甚可慮也。（三）昨楊電欽，說明其軍事計劃，今早又電約欽哉，擇地晤面，詳談一切，欽均未覆。（四）頃欽哉對知堅決表示，此次事變，如能照我們計劃和平解決，固為國家人民之福，萬一決裂為戰，第七軍與楊部作戰，情勢均感困難。若攻擊張部，我軍可有絕大效力。擬祈鈞座向何部長確切密示。總之，欽哉決意不與張、楊公〔共〕事，敬請鈞座早為之謀。謹聞。知叩。漾。印。

七十四、《許世英致南京外交部電》（七三三號，一九三六年十二月廿四日）

許世英時任駐日大使。事變發生後，日本方面產生了重新檢討對華政策的要求，一部分人主張改變方針，改用柔軟手段，誘使中國政府防共排俄。廿四日，許世英致電南京外交部，就中日關係有所建議。電云：

密。日內閣因對華交涉，現可暫事靜觀，樞院不致窮究，年內可以安渡〔度〕。其中央各方對華根本方針，因此時若加激動，恐陷中國於大混亂，在日亦不利，確實放棄武力政策，即關東軍亦決無大舉。華北方面，少數浪人僅藉冀東財力活動，圖造成自治，更難有效。其分別向冀、察、晉、魯進行局部防共協定，同屬投機性質，非中央固定計劃。至內閣本身，因責任，對庶政一新、增稅、電力等案極端不滿，議會開議後一月十日至未定日之旬日間（本句疑有脫誤——筆者），必遭強烈攻擊，對華任何問題，同時仍為論難之焦點。軍部不甘屈服，裂痕頗深，勢必力爭。但繼任人選，近衛以養望而成西園寺第二自命，必不輕試。宇垣本以寺內為台柱，寺內因久原真崎事已為少壯軍人所不滿，宇垣本身亦與少壯派有舊隙，然其活動甚力。此時我方要務，在能鞏固中樞，使對中國有對象可與款洽。如能設法使日本各方深知中國對調整確有誠意，失敗係因日深切誅求無厭，軍人在綏，又處處侵略之故，庶幾正其視聽，俾將來可為我國有益之展開。英。

本電末尾批示云：「所見甚是，應照此進行。」

七十五、《孔祥熙覆閻錫山電》（一九三六年十二月廿四日）

傅作義一九三三年參加長城抗戰，一九三六年又在綏遠抗擊日偽軍，深得人心。閻錫山派傅作義前往陝西調解，孔祥熙自然同意，覆電閻錫山云：

急。太原主任百公賜鑒：

密。季寬兄等抵晉，此間一切情形想已面達。頃由敬之兄轉示季寬兄來電，亦已知悉，敬之已有覆電。現中央切盼陝事早獲適當解決，既已託付我公，仍祈大力斡旋，繼續進行為禱。宜生兄如能同行，極所讚佩。進行情形如何，並盼隨時電示為感。弟叩。敬。京寓。

七十六、《孔祥熙致傅作義電》（一九三六年十二月廿四日）

除致電閻錫山外，孔祥熙又致電傅作義，加以鼓勵。電云：

傅主席宜生兄勳鑒：

密。陝變起後，迭接尊電，極佩藎籌。聞兄將偕次隴、次宸、季寬諸兄赴陝，想以吾兄赤誠，導以大義，責以私情，漢卿等必將有所憬悟。現在國事危急，存亡繫於介公一身。能早日回京，大局庶可安定，否則，國家前途實不忍言，漢卿諸人寧能倖免？兄等啓行有期，仍盼先電；續有所聞，尤盼示知。弟孔祥熙叩。敬。京寓。

七十七、《孔祥熙致韓復榘、宋哲元電》（一九三六年十二月廿四日）

宋哲元、韓復榘的聯名通電給了孔祥熙以極大煩惱，除命李世軍通過秦德純做工作外，孔祥熙又直接致電韓、宋二人，電云：

濟南韓主席向方兄、北平宋委員長明軒兄勳鑒：

自密。頃讀兄及明軒兄漾電，仁言利溥，語重心長，承示三大原則，中央亦早具此心，我輩為愛護國家、愛護人民、愛護領袖，自應本此原則，一致努力。尊見謂各地方長官有何意見，皆應陳請中央，統籌公決，尤為破的之論。漢卿計不出此，西安事變所以為舉國所驚痛也。現欲維持國家命脈，避免人民塗炭，非健強政府之力量不可；健強政府之力量，非先整飭國家之紀綱不可；整飭國家之紀綱，尤非先恢復領袖之自由不可。介公為全國公認之領袖，介公一日不出，則紀綱一日不振，人心亦即一日不安。所謂召集會議一節，更將群龍無首，力量分散。兄等現殷殷以領袖安全為念，即祈迅為共同設法，勸促漢卿，早將介公護送回京。對於黨國大計，盡可從長計議，或提前召集國民代表大會，或先開救國會議，不第漢卿主張可以提付討論，請求公決，即任何方面，亦可各抒所見，供備採擇，然後始可集中意志，集中力量，在介公領導之下，整齊步驟，共赴國難。救亡圖存，庶乎有豸。否則西安情勢惡劣，分子複雜，設因夜長夢多，再生變化，即漢卿本人安全亦未必自保，又何能必保介公之安全乎？至於討伐明令，原為明是非，別順逆，平軍民之公憤，示脅從以坦途，而軍隊調遣，尤在促漢卿之覺悟，防共匪之猖獗，使政治之途徑順利進行，和平之解決早日實現，其維持國家命脈，避免人民塗炭之苦心，與兄等並無二致。兄等公忠體國，主持正義，漾電所述，自當候由中央討論公決。因係知交，特先奉布腹心。尤有進者，漢卿既以聯俄容共為標榜。（下缺）

本電中，孔祥熙和盤托出了他的解決事變的方案：通過政治途徑和平解決，頒佈討伐令，調遣軍隊等等，都不過是一種輔助手段；當前急務是，勸說張學良護送蔣介石回南京，然後才能考慮召集國民代表大會、臨時救國會議等問題。

七十八、《李世軍致秦德純電》（一九三六年十二月廿四日）

孔祥熙發出上電的同時，又打電話給李世軍，要求李通過秦德純，轉商宋哲元，重新發表談話，說明「漾電」（廿三日電）和中央既定政策的關係，實際上要求宋撤回原電中立即召開國是會議的主張。電云：

萬急。北平秦市長紹文兄勳鑒：

密。漾亥電甫發出，孔部長在電話語弟云：宋、韓兩公漾電，謀國深厚，用意至嘉，雖有人認為於目前局勢及兩公原意不無相左之處，但在伊個人，認為並不受若何不良影響，不過電已發出，甚盼委座能立即鄭重發表談話，說明漾電係完全本中央應付事變之既定政策，闡明反共救國以及迅速恢復介公安全之至意，以故目前急要之事，為介公早日回京主持大計，至於主張召集在職、在野名流共議大計，係在介公回京後應有此集思廣益之舉。如能發表如此談話，一則抑制張、楊之氣焰，一則免為日本所藉口，發生種種外交之壓迫。良以張、楊放棄甘肅，與共匪合作，已成事實。此刻唯有在中央一致政策之下，始能應付一切危困之環境云云。孔公殷殷囑咐，謹以陳聞，祈轉呈委座為禱。弟李世軍叩。敬子。

孔祥熙當時有三怕，一怕張、楊與共產黨合作；二怕日本外交上的壓迫；三怕地方實力派獨出主張，與「中央」不合作。他和李世軍的電話談話惟妙惟肖地透露了這種心理狀態。

七十九、《桂永清致孔祥熙電》（一九三六年十二月廿五日收）

中央軍校教導總隊隊長桂永清是討伐派中的積極分子，還在十二月十七日，他即率隊由華縣向赤水西岸進攻。廿五日，他又致電孔祥熙，陳述「軍事進展」和談判的關係。電云：

南京財政部長孔鈞鑒：

衣密。並轉呈夫人鈞鑒：箇電敬悉，感奮莫名。張逆狡獪密謀，我以誠求彼以詐，借和為釀成其奸心，想非至其實力相當消滅時，恐不易就範。逆軍到處劫掠，人民怨恨，我軍士氣旺盛，樂受歡迎。該張逆不敢危害領袖，軍事進展正所以利談判也。現奉令停進在赤水，準備進攻中。桂永清謹呈。印。

八十、《孔祥熙覆桂永清電》（一九三六年十二月廿五日）

孔祥熙並無指揮軍隊權力，接到桂永清電報後，即告以宋美齡已偕宋子文飛陝，並說了幾句空泛的鼓勵話。電云：

華縣桂總隊長鑒：

衣密。電悉。夫人於養晨偕宋委員飛陝，省視委座。吾兄率師靖亂，為奏膚功，誦電極深欣慰，務盼督勵忠勇，迅掃逆氛，早迎委座回京，以慰四海蒼生之望。孔祥熙。有秘。印。

八十一、《孔祥熙致趙戴文電》（一九三六年十二月廿六日）

宋子文、宋美齡到達西安後，形勢急轉直下。十二月廿四日，蔣介石答覆張學良：一、下令東路軍退出潼關以東，中央軍撤離西北；二、委託孔祥熙、宋子文為行政院正副院長，責成孔、宋與張學良商組府名單，命何應欽出洋；三、釋放愛國七領袖；四、聯紅容共；五、召開國民大會；六、聯俄聯英美。同日，蔣介石又當面答覆周恩來：「停止剿共，聯紅抗日，統一中國。」廿五日，張學良伴送蔣介石等飛洛陽，次日，抵南京。同日，孔祥熙致電趙戴文，告以此項消息。電云：

趙主席次隴先生勳鑒：

密。宥電奉悉。委座今午由洛抵京，漢卿亦偕來。此間一切，自可在委座指導之下迎刃而解。知注復聞。弟孔祥熙叩。宥亥。秘。印。

八十二、《駐日大使館致南京外交部電》（七四四號，一九三六年十二月廿八日二時五十分發，同日十八時五十五分收）

西安事變和平解決，日本政府急於瞭解談判內情及南京政府的今後方針，「有無容共備戰」，「是否繼續剿共」，等等。廿七日，駐日使館電云：

五九二號電敬悉。院長安旋，日本除極少數方面或不無嫉忌之意外，均為摯誠，普編〔遍〕為東亞大局及我政府鞏固、秩序安寧、表示真摯慶慰之情緒，尤以金融之安足，更為驚佩。今後看法，仍重在有無妥協條件，妥協內容有無容共備戰。一如七二四號電有田所云及，是否繼續剿共。至對中央，不論是否改組，均信其仍必鞏固，而不脫院長之領導。大使館。

西安事變的歷史意義在於迫使蔣介石和南京國民政府轉變政策，促成第二次國共合作，從而出現了全民抗日救亡的熱潮。從本電可以看出，這正是日本侵略者所最害怕的。

八十三、《戈定遠致孔祥熙電》（一九三七年一月十二日十四時三十分收）

蔣介石回南京後，態度大變。一九三六年十二月卅一日，審判張學良。次年一月四日，決定將張「交軍事委員會嚴加管束」。五日，行政院通過「陝甘軍事善後方案」，任命顧祝同爲西安行營主任，楊虎城與甘肅省主席于學忠撤職留任。同時以五個集團軍的兵力進逼西安。一月七日，宋哲元致電楊虎城、于學忠，聲稱「在今日而言救國，只有精誠團結一途」，勸二人「遵照中央命令辦理善後」。八日，楊虎城覆電宋哲元，說明態度與立場。十二日，冀察政務委員會秘書長戈定遠將楊電轉報孔祥熙。

南京財政部孔部長鈞鑒：

力密。宋委員長致楊虎城陽電，曾經電陳在案，頃接楊覆電文曰：「宋委員長明軒兄勳鑒：陽電敬悉，承注至感。此間唯一主張，始終在積極抗日，漢公前此之不辭鹵莽而留委座於陝者在抗日，繼之不避罪刑而送委座入都者亦在抗日。委座在陝，確曾容納積極抗日主張，事關國信，不容虛構。中央所訂陝甘軍事之善後辦法，遠非委座在陝容納抗日主張之本意，具有陷委座於不信不義之嫌，以言抗日，實不啻南轅北轍。弟與漢公，因主張相同而結合，今漢公被扣，軍隊西迫，弟如放棄主張，即僅就道義論斷，人將謂弟為何如人！兄等熱腸照人，想必不欲竟有友如此。國家艱危至此，精誠團結的如尊論。特我誠往，人以兵來，人我相形，使兄等處弟地位，能不痛心！兄長城抗戰，增光國家，弟心印嚮往，追塵恨晚，務望以聲應氣求之義，作提攜策應之圖。東望燕雲，實深翹企。弟楊虎城。庚戌。」等語。敬以奉聞，祈將最近中央對陝甘辦法略示一二為禱。戈定遠叩。文。印。

張學良離陝後，楊虎城力擔重任。一月五日，他會同東北軍、十七路軍將領通電，抗議南京政府扣押張學良並兵壓西安，從戈定遠所報楊電中也可以看出他的這一態度與立場。電報中，楊虎城明確表示，陝甘軍事善後辦法與蔣介石所承諾的抗日主張不合，「有陷委座於不信不義之嫌」。由於宋哲元是一九三三年長城抗戰的將領之一，因此，楊希望宋能夠「提攜策應」，支持西安方面的正當要求。

八十四、《韓復榘致孔祥熙、何應欽電》（一九三七年一月十四日十一時十分收，同日十五時三十分收）

于學忠既是甘肅省主席，又是第五十一軍軍長。他積極支持「兵諫」；張學良離陝時，命於負責指揮東北軍。一月十一日，他致電韓復榘，宣布恢復張學良自由，中央軍撤出潼關等三項要求，希望韓支持。十四日，韓復榘將于電轉報孔祥熙與何應欽，電云：

分送南京孔部長庸之兄、何部長敬之兄勳鑒：

自密。頃接蘭州于主席孝侯真電，文曰：「西安事變，實有不得已之苦衷，所提主張，意在停止內戰，一致對外，並非走入偏鋒；外傳赤化之説，尤與事實不符，其為故意揑造，不言而喻。自張副司令恭送蔣委員長返京後，已現和平商討之景象。方期集思廣益，共定國是，孰料張副司令留京未返，潼關東撤之中央軍轉而增兵西進，甚至陝甘駐軍亦嚴令限期調動。袍澤聞之，憤慨異常。老子有言：民不畏死，奈何以死懼之！東北軍亡省破家，現所存者只此生命，若並此生命而不許其存在，則死有何懼！中央如欲息事寧人，則下列三事實有提前解決之必要：（一）即日恢復張副司令之自由，可促其返陝；（二）潼關、華縣一帶之中央軍即日東撤；（三）陝甘駐軍照現在位置，暫時不動。至其他問題，或關國家大計，或難即時解決，不妨邀集各方從長計議，求一全國公正之辦法。現在中央軍明言和平，而暗調大軍壓迫，似此辦法，無異抱薪救火，薪不盡，火不滅，遷延日久，更恐無以善其後。此間共同主張，對政治途徑不拒絕，對武力壓迫不屈服，內部團結堅實，所有一切，已有相當佈置。惟目擊國勢阽危，實不願再見鬩牆之爭，吾兄愛護國家，愛護東北袍澤，倍逾尋常，尚乞鼎力斡旋，指示周行，無任盼感。再蘭垣上月文晚稍有軍事，次日即復原狀，現已安謐如恒」等語，弟未便置覆，特電以聞。弟韓復榘叩。寒。印。

八十五、《廣西各界抗日救國會霰電》（一九三七年一月十七日）

李宗仁、白崇禧和蔣介石有矛盾，主張抗日，和張學良等早有聯繫。一月十六日，李、白二人與劉湘聯名通電，要求制止中央軍入陝，消弭內亂，團結對外。十七日，廣西各界抗日救國會再次通電，要求「採取政治方法」解決善後問題，同時要求蔣介石立即領導全國軍民，發動民族抗戰。電云：

南京中央黨部、國民政府、各省市黨部、各省市政府、各民眾團體、各報館公鑒：

連日報載，中央大軍續向西安壓迫，西北軍民亦嚴陣以待，戰雲密布，大有一觸即發之勢。消息傳來，不勝憂懼。竊前次西安事變，舉世震驚，卒賴我委座及西北諸將領咸以國家為重，互相諒解、化險為夷。乃旬日以來，中央對於西安抗戰之主張，未能見諸實行，竟復派大兵入陝，重相煎迫，萬一激成變亂，人將謂中央勇於對內，怯於對外，而亡國滅種之慘禍亦不旋踵而至矣！心所謂危，不敢緘默，用特電懇中央，迅行制止入陝部隊，採取政治解決方法，以弭內戰而培國力，並懇委座立即領導全國軍民，發動民族抗戰。尤盼全國同胞一致主張，以挽危機。黨國幸甚！臨電惶悚，無任盼禱！廣西各界抗日救國聯合會。霰。印。

收）

八十六、《楊虎城致孔祥熙電》（一九三七年一月廿二日零時五分發，同日八時四十分

根據周恩來的建議，楊虎城、于學忠於十六日（銑日）發表通電，表示接受南京政府的「革職留任處分」，要求准許張學良回陝，同日，鮑文樾、李志剛、米春霖等攜帶楊虎城的方案飛南京商談，要求以張學良爲陝甘綏靖主任，楊虎城爲副；陝甘地區由東北軍、第十七路軍、紅軍分駐。十七日，孔祥熙覆電楊虎城，對楊「遵令奉職」，表示「至深佩慰」。十九日，孔祥熙再電楊虎城，認爲米春霖等所提要求「似有擬使陝甘特殊化模樣。勢難完全採納」。廿二日，楊虎城覆電孔祥熙，聲明並無「使陝甘特殊化之意」，同時反駁南京廣播中的「誣衊」。嚴正聲明：「在抗日聯合陣線下聯共則有之。」電云：

南京孔部長庸之兄勳鑒：

奮密。皓電奉悉，承注，無任感激。此間前由米代表等攜呈之解決方案，純就事實著想，用供中央採擇，弟愛戴領袖終始不渝，如委座俯察此間之實際困難情形，凡有訓示，弟必竭誠遵辦，努力運用，只求事實上於國家有利，弟個人得失，在所不計。近日京中廣播，語多誣衊。弟始終忠於本黨，在抗日聯合陣線下聯共則有之，但

絕非容共，絕非赤化，弟無論何時，絕不拋棄本黨之立場也。肝膽之言，想荷洞察，仍乞隨時指示，藉資遵循，實深感禱。弟楊虎城叩。馬戌。印。

八十七、《樊崧甫致孔祥熙電》（一九三七年一月廿三日發，廿四日九時收）

在國民黨將領中，樊崧甫是堅決的主戰派，他曾多次向孔祥熙建議，採取軍事行動。一月十九日，孔祥熙致電樊崧甫，詢問「張、楊、于三人部隊及共軍是否團結一致，政治方式能否解決，或非用兵力不可？」廿三日，樊電覆孔祥熙，促孔「用兵」。電云：

特急。南京財政部孔部長庸之兄：

皓京秘電奉悉。秘密。張、楊、于三部原係同床異夢，近以統馭關係，猜忌頗深，兼之赤匪參入，益呈紛亂狀態。聞現在張、楊各部，分將西安重要輜重移置蒲城、鳳翔，可想見各自為謀之意態矣。擬請迅速用兵，促其分化，一面仍可用政治手腕應付，軍事、政治同時進展，或較易結束。謹覆。樊崧甫。號午。秘。印。

八十八、《孔祥熙致蔣介石電》（一九三七年二月四日）

張學良離陝後，面對蔣介石的軍事壓力，西安內部出現了和戰兩派，以王以哲為代表的東北軍老一代將領支持中共的和平方針，主張通過談判營救張學良，以應德田、孫銘九爲代表的少壯派主張爲營救張學良，不惜對中央軍作戰。一月卅一日，楊虎城、于學忠、王以哲、何柱國、周恩來等會議，決定促進和談成功。二月二日，應德田、孫銘九等集會，認爲王以哲、何柱國等準備投靠南京政府，決定派人捕殺。同日，王以哲被害。四日，孔祥熙致電蔣介石云：

杭州蔣院長鈞鑒：

勳密。據報，西安叛部內變，孫銘九等竟戕害王以哲等四人。回憶去冬駕留陝時，京中同志激於義憤，當時有一部分主張脅以軍威，用機轟炸，弟等因知叛部分子複雜，誠恐惹起變動，鋌而走險，危及我兄安全，關係黨國前途太鉅，堅主對彼等責以大義，曉以利害，動以感情，俾能早日和平解決。復幸天佑中國，吾兄安然脫險，證以西安現狀，回思往事，至今栗栗。陝局善後，想正統籌。竊以為叛部內容複雜，處理稍一不慎，恐致枝節橫生，更難收拾，幸祈垂察。弟。孔。豪。京秘。印。

孔祥熙此電，目的在於獻策並表功，但他清晰地道出了事變初起時南京政府內部的分歧，是一份很有價值的歷史文獻。

八十九、《樊崧甫致孔祥熙電》（一九三七年二月九日）

少壯派的魯莽行動造成了東北軍的分裂。二月三日，扼守東線的劉多荃師自動撤退，中央軍進駐渭南。劉多荃並召集會議，宣布接受南京方案，全軍東開。八日，中央軍進入西安，楊虎城及十七路軍撤到三原。九日，樊崧甫致電孔祥熙云：

孔部長庸公：

松密。本軍先頭部隊昨已到達西安，後繼部隊正在陸續推進，顧主任佳日過此西上，主持行營。本部擬於明後日前往。逆部除城內尚留一小部外，主力已向三原、富平、高陵一帶撤退。楊本人尚在新城，現軍勢已操我手，諒頑強者必能俯首就範，建設西北計劃即可按步實施矣。知注謹聞。樊崧甫叩。佳午。印。

（原載《團結報》，一九九〇年十二月廿二日、廿九日，一九九一年一月二日、五日、九日、二月十三日、二十日、廿三日、廿七日、三月二日。）

揭開民國史的真相（卷四）

蔣介石真相之一

掌權：南京政府

作者：楊天石
發行人：陳曉林
出版所：風雲時代出版股份有限公司
地址：10576台北市民生東路五段178號7樓之3
電話：(02) 2756-0949
傳真：(02) 2765-3799
執行主編：朱墨菲
美術設計：吳宗潔
業務總監：張瑋鳳

版權授權：楊天石
初版日期：2024年1月
ISBN：978-986-146-592-0

風雲書網：http://www.eastbooks.com.tw
官方部落格：http://eastbooks.pixnet.net/blog
Facebook：http://www.facebook.com/h7560949
E-mail：h7560949@ms15.hinet.net
劃撥帳號：12043291
戶名：風雲時代出版股份有限公司
風雲發行所：33373桃園市龜山區公西村2鄰復興街304巷96號
電話：(03) 318-1378
傳真：(03) 318-1378
法律顧問：永然法律事務所 李永然律師
　　　　　北辰著作權事務所 蕭雄淋律師

行政院新聞局局版台業字第3595號 營利事業統一編號22759935

定價 380元

國家圖書館出版品預行編目資料

揭開民國史的真相 / 楊天石著. -- 初版. -- 臺北市 : 風雲時代, 2009.12　冊 ;公分

ISBN 978-986-146-592-0 (卷4 : 平裝). --

627.6　98013675